钱基博论著选

钱基博／著
王玉德 尹阳硕／编

華中師範大學
CENTRAL CHINA NORMAL UNIVERSITY
1903 - 2023

华中师范大学120周年校庆丛书

华大经典文库

HUADA
JINGDIAN WENKU

華中師範大學出版社
HUAZHONG SHIFAN DAXUE
CHUBANSHE

新出图证（鄂）字 10 号
图书在版编目（CIP）数据

钱基博论著选/钱基博著；王玉德，尹阳硕编. —武汉：华中师范大学出版社，2023.8
（华大经典文库）
ISBN 978-7-5769-0221-1

Ⅰ. ①钱…　Ⅱ. ①钱…　②王…　③尹…　Ⅲ. ①钱基博—教育思想—文集　Ⅳ. ①G40-092.6

中国国家版本馆 CIP 数据核字（2023）第 154118 号

编 辑 室：综合编辑室
电　　话：027-67867370
责任编辑：廖国春
责任校对：王　胜
封面设计：甘　英　胡　灿
出版发行：华中师范大学出版社有限责任公司
社　　址：湖北省武汉市洪山区珞喻路 152 号
销售电话：027-67861549
邮　　编：430079
网　　址：http://press.ccnu.edu.cn
印　　刷：湖北新华印务有限公司
督　　印：刘　敏
开　　本：710mm×1000mm　1/16
印　　张：29.5
字　　数：395 千字
版　　次：2023 年 8 月第 1 版
印　　次：2023 年 8 月第 1 次印刷
定　　价：118.00 元

目　录

CONTENTS

目录

CONTENTS

自　　传

钱基博，字子泉，又字哑泉，别号潜庐，江苏无锡县人，生于民国纪元前二十五年。以废历二月二日生，与孟子同生日，兄弟五人，而次居四，与弟基厚孪生。五岁从长兄子兰先生受书；九岁毕《四书》《易经》《尚书》《毛诗》《周礼》《礼记》《春秋左氏传》《古文翼》，皆能背诵；十岁，伯父仲眉公教为策论，课以熟读《史记》、诸氏唐宋八家文选。而性喜读史，自十三岁读司马光《资治通鉴》、毕沅《续通鉴》，圈点七过；而于历代地名，必按图以索，积久生悟，固以精贯顾祖禹《读史方舆纪要》一书，下笔缅缅，议论证据今古。十六岁，草《中国舆地大势论》，得四万言，刊布梁启超主编之《新民丛报》。又以己意阐发文章利钝，仿陆士衡《文赋》，撰《说文》一篇，刊布刘光汉主编之《国粹学报》；意气甚盛。而父祖耆公以家世儒者，约敕子弟，只以朴学敦行为家范，不许接宾客，通声气。又以科举废而学校兴，百度草创，未有纲纪，徒长嚣薄，无裨学问。而诫基博杜门读书，毋许入学校，毋得以文字标高揭己，沾声名也。顾江西提法使陶大均睹其文章，骇为龚定庵复生。招之入幕，从容讽议，而不责以治事。大均早年受业遵义黎庶昌，于湘乡曾文正公为再传弟子，好诗古文词，独许基博文，以为得曾文正所谓阳刚之美；月薪白银百两，尤为优赡。而基博悉以奉父，衣冠敝旧，不改于初。或问何自苦乃尔。或亦誉为少年老成。而基博则应之曰："余年少，又自知嗜欲过人；稍一纵恣，惧回头不得；今手中不留一文钱，欲束身自救以不入于慆淫耳！”同幕作客，咸有所欢。或逢宴会，挟以娱嬉，合尊促坐，男女同席。而基博捧杯微饮，神志湛然。一日夜半，睡酣，大均使召入见。以为有所咨也；亟披衣起。至则幕僚纷侍，大均指一粲者，语曰：“此花榜状头，驰誉旧矣！昼招则人言可畏；故不卜昼而卜夜。君不可不一盼睐！”基博默然，徐曰：“公以风宪官而长夜召妓，岂所以仪刑百僚？”遂趋以出。同座哗笑以为迂儒。大均止曰：“毋然！此君子！”明日诣谒，长揖谢曰：“君少年如此，乃令我辈愧死！然微君不能诤我！亦微我不能容君！”自是不复召妓。休休有容，于大均见之焉。时为民国纪元之前二年也。

迨辛亥革命军兴，同县顾忠琛方以苏浙联军总参谋，攻克南京，延治军书。历任援淮军司令部，陆军第十六师副官参谋，授职陆军中校，调江苏都督府。戎马仓皇，未尝废文史。《吴禄贞传》，席地为草；文出，一时传诵，咸以为传神阿堵，如见生平也。时革命新成功，同事者罔不恣意声伎以歌舞升平；迨日之夕，军部寂无人焉。基博独留守，挟册吟讽，中宵琅琅；卫兵值守门外，未尝不窥而怪焉，或指语以为笑乐。既而民国二年，第二次革命失败，直隶都督赵秉钧、江苏都督冯国璋知其素长者无与，又有诤议，皆以秘书为招。基博自以奉职南方军府，丈夫立身，岂容反复；议论异同，只以救世难而非以图身利。又目睹世乱方兴，飞书走檄，不过以文字为藩府作口舌；文章不以经国，而莠言乱政，匪所思存；谢不往也。会无锡县立第一小学国文教员缺。校长顾祖瑛欲以延之；而月薪二十元，每周任课二十四小时。祖瑛以基博文章有高名，而自二十岁奔走江南北，月薪常在二百金以外；又知其有赵氏、冯氏之招；若以为不足辱也，辞颇嗫嚅。基博笑曰：“君何浅之乎测我也！吾家三世传经为童子师，何所不足于我乎！”既莅事，祖瑛又虑其才高意广，或不屑意于此也。而基博熟讲勤改，诸生翕服；在职二年，未尝一日旷课。祖瑛则大喜过望；而基博亦怡然有以自得也。每语人曰：“吾从前月薪二百，往往萧然块处，时有遐思；而今则哓口瘏音，自朝至于日中昃不遑，乃益以此收放心焉。呜呼！吾知勉矣！”自此委身教学，二十二年以来，历任无锡县立第一小学国文、史、地教员，吴江丽则女子中学国文教员，江苏省立第三师范学校国文经学教员及教务长，圣约翰大学国文教授，国立清华大学国文教授，第四中山大学中国语文学系主任，私立无锡国学专门学校校务主任，光华大学中国文学系主任及文学院院长。其为教也，必诚必信；以为卷怀不可以宏道，乃开诚以示物；显言不可以避患，故托古以明义；务正学以言，无曲学以阿世。徒以二十年来，学潮激荡，长傲纵欲；大师或相诡随，以与为亡町畦。而基博所至，则常思树立师范以矫一世之枉；每太息曰：“昔人媚道以干时君，人知其佞矣！而今之大人先生，乃不屑枉己以容悦不学之后生，我其谓之何哉！”独严气正性，不与诸生为翕翕热。每莅讲室，危言激论，大声发于座上，时亦杂以诙嘲，呻其占毕，多其讯，从学者初惮其严，久则相悦以解；虽持论侃侃，而历小学以至大学，未尝有扞格之学生焉。

基博论学，务为浩博无涯涘，诂经谭史，旁涉百家，抉摘利病，发其阃奥。自谓集部之学，海内罕对。子部钩稽，亦多匡发。而为文初年学《战国策》，喜纵横不拘绳墨。既而读曾文正书，乃泽之以扬马，字矜句炼；又久而以为典重少姿致，叙事学陈寿，议论学苏轼，务为抑扬爽朗。所作论说、序跋、碑传、书牍，颇为世所诵称；碑传杂记，于三十年来民情国故，颇多征见，足备异日监戒。论说书牍，明融事理，而益以典雅古遒之辞出之，跌宕昭彰。序跋则以生平读书无一字滑过，故于学术文章得失利病，多抉心发奥之论。湘乡曾广钧读其文而诧叹焉；既则贻以书曰：“吾子上说下教，虽强聒而不舍，然而仆睹子之学必不大。何者？熔史铸子，裁以昌黎，从前推孙渊如有此萌芽，钱竹汀略创轮椎。吾子益运以豪气，扛以健笔；四十岁后，篇题日富，必能开一文派；特惜言皆有物，较空言格律及虚神摇曳者有难易之分；造诣虽宏，徒侣必不能广耳！”南通张謇以文章经济，为江南北士流所归重；及读基博文而叹曰："大江以北，未见其伦！"吴江费树蔚曰："岂惟江北，即江南宁复有第二手！"而謇尤广为延誉。闻者或疑阿私所好。而不知基博未瞻一面，未通一书。兴化李详论文不囿风气，好称子部杂家之学；顾于并世文人，少所许可；尤力诋林纾，以谓："观其所译小说，重在言情，纤秾巧丽，淫思古意。三十年来，胥天下后生，尽驱入猥薄无行，终以亡国。昔人言王、何之罪，浮于桀、纣。畏庐之罪，应科何律！畏庐既以此得名，可以已矣；而又高论文章，因择举世所宗，又为时贵意旨倾响，复起桐城之焰，鼓之以炉鞴，势令海内学子从风而靡，一与其小说等，而其富厚之愿始毕。此仆所为不平！"而独甚推基博，贻书谓："所重足下者，能多读书而下笔辄古。畏庐偾于豚上，可畏耳！若足下之虎，且相率而辟易。弟自此不敢轻量足下矣！"

基博则复之曰："博生平论文，不立宗派。在曩时桐城之学满天下，博固不欲附桐城以自张；而在今日又雅弗愿捶桐城已死之虎，取悦时贤；拙著《〈古文辞类纂〉解题》，固尝微申厥旨。桐城之文，尚澹雅而薄雕镂，而畏庐则刻削伤气，纤秾匪淡，于桐城岂为当行！而气局褊浅，十五六年前，徒以博偶有掎摭，见之不胜愤愤，无端大施倾轧，文章化为戈矛，儒林沦于市道，属商务不印拙稿，而不知博本勿赖市文为生，有友人介绍博任北师大国文讲座；其时畏庐在北京文坛，气焰炙手可热，亦作臧仓，致成罢论；知者多为不平。然博以为真读书人，正当化矜释躁，征其学养。何意畏庐六十老翁，不能宏奖后进，而党同妒道若是！胜我不武，不胜见笑。博苟卓然有以自立；畏庐尸居余气，文章真赏，来者难诬，身后千秋，尚赖博为论定。而畏庐乃必欲穷之于所往，博岂遂为所穷，徒见其不自量耳！当日固以如是；岂在今日，博转欲拾其唾余，借以自重。及畏庐身价既倒，博撰次《现代中国文学史》，平情而论，胸中既未尝有不平之气，更何必加以寻斧，效恶声之必反！故博前日于畏庐不肯降心以相从；而在时移势异之今日，亦不敢为长者张目，作寻声之骂，呵禁不祥。"而于是详服其有度也！侯官陈衍以文章娱其老寿，年八十岁，称一代宿学；而谓基博曰：“四部之学，以能文为要归；而文章独以昌明博大为上。题事繁多，而措之裕如者；画家之层峦叠嶂也。后贤可畏，独吾子尔！其徒以简洁幽峭称者，皆力之有未逮，抑或其题之只以止此也。”基博谢曰：“虽不能至，不敢不勉！”

基博既以文章教学后生；而著述之刊布人间世者：曰《〈周易〉解题及其读法》，曰《〈四书〉解题及其读法》，曰《读〈庄子·天下篇〉疏记》，曰《韩愈志》，曰《韩愈文读》，曰《明代文学》，曰《国学文选类纂》，曰《模范文选》，曰《版本通义》（以上九种商务印书馆出版）；曰《国学必读》，曰《经学通志》（以上两种中华书局出版）；曰《后东塾读书记》，曰《现代中国文学史长编》（以上两种世界书局出版）；曰《〈文史通义〉解题及其读法》，曰《〈古文辞类纂〉解题及其读法》（以上两种中山书局出版）；曰《〈老子〉解题及其读法》，曰《骈文通义》（以上两种大华书局出版）。其他散篇，杂见《新民丛报》、《国粹学报》、《小说月报》、《东方杂志》、《教育杂志》、《新教育》、《清华学报》、《甲寅周刊》、《青鹤杂志》。自署其著书之室曰“后东塾”，盖读陈澧《东塾读书记》之作，而以明窃比之意。题楹联云：“书非三代两汉不读，未为大雅。文在桐城阳湖之外，别辟一途。”则固有以自信矣。盖商务印书馆出版义兴张振镛所著《中国文学史分论》论次之如此。顾基博独自谓所著文章，取诂于《许书》，缉采教《萧选》，植骨以扬、马，驶篇似迁、愈，雄厚有余，宁静不足，密于综核，短于疏证。文之佳恶，吾自得之；后世谁相知定吾文者耶！

生平无营求，淡嗜欲而勤于所职；暇则读书，虽寝食不辍，怠以枕，餐以饴，讲评孜孜，以摩诸生，穷年累月，不肯自暇逸。而性畏与人接，寡交游，不赴集会，不与宴饮；有知名造访者，亦不答谢；曰：“我无暇也。”文章只以自娱，而匪以徇声气。学道蕲于自得，而不欲腾口说。不为名士，不赶热客，刚中狭肠，孤行己意，而不喜与人为争议；人亦以此容之。饱更世患；又欲以宁静泯圣知之祸。长沙章士钊善持政论，有天下大名。而基博则规以书曰："昔人连称名德。名者，公所自有；德则愿以交勉！独念民国肇造，谈士蜂起。尚集权，则兆洪宪之帝政。言联邦，又启强藩之割据，民亦劳止，汔欲小休；而文士之笔杆，乃与武人之枪支，同恶相济，祸国殃民，然后知诸葛公澹泊明志，宁静致远之为高识。老子曰：'天下神器，不可为也。'往者已矣，来者可追。倘少主张，即少纷纭。公热心人，顾献此一服清凉散！"盖素所蓄积者然也。与物无竞，而律己则严。年二十六岁，入进德会。会之成立，其大旨以革命必先革心；人有不为而后可以有为，相约以"不为"自律；最高者八不；降杀以次至三不者为末级。而基博则卑之，不敢高论，只以"不吸烟""不赌博""不狎妓""不纳妾"四事自约敕。其署名之发起人，曰吴敬恒、蔡元培，其徽章为白银心，悬当胸；银以征其纯洁，心以警其良知，蕲于精白乃心而已。当日以大力者登高之呼，而纷纷藉藉者，胥以入会为荣；迄今二十四年，而澹与相忘于无何有之乡。诸公衮衮，纳妾者不可以更仆数；其他细德出入，更无论矣。独基博龌龊小儒，乃不敢犯戒耳。每谓君子之道，暗然而日章，小人之道，的然而日亡。而今之所谓名流者，亦既流宕忘返，骛名而不课实；言满天下，而有遗行；适见其为小人之的然而已！吾畏之远之而不欲接之！瞻顾朋侪，独多君子。自以为节性之和，不如太仓唐文治。制行之谨，不如同县顾倬、高文海。治事之勤，不如上海王宝仑、嘉定廖世承。识度之渊，不如同县徐彦宽。学问之密，不如慈溪裘毓麟。而文事则差有一得之长。人固不易知，自知亦未易也。弟基厚，少相狎，长相爱；同居数十年，砥行论学，往往面争至发赤，而未尝言财产。顾基博性急不耐事，基厚常以知计宽之。基厚治事精整，服劳地方，内苦其心，而不求谅于人。而基博则肆志为文章以有闻四方。行事不同；而兄弟相戒，勿取非分之财，勿好不虞之誉；世极其变，我践吾常；世肆其乱，我养吾和；抱朴守醇，毋汩其性；不伎不求，何用不臧云。

《江苏教育》迭函来以索基博自传。自念行年四十九岁，庸言之信，庸行之谨，无所补于世；惭不敢应也！顾周佛海厅长则以属稿于武进刘耿侪先生。先生以告，伏念声闻过情，君子所耻。良友厚我，誉我匪实。遂撰次生平如右，不敢以饰也。时在中华人民造国二十四年四月十日，钱基博自述。

（原刊于《光华大学半月刊》，1934 年第 3 卷第 8 期）

第一部分

少年时期

中国舆地大势论

例言

美哉中国之山河，美哉中国之山河！其矿藏为世界第一石炭国，全球莫能及；其植物为世界第一农业国，全球莫能及。有全世界第一之江水（扬子江），有全世界第一之高原（西藏）。可耻哉！我为中国之民族而不知我中国之地理。可耻哉！我为中国之民族而不知我中国之地理。叩禹域之山川，不能详其原委；问中国之郡县，或竟昧其名称。呜呼！萧何知阨塞，马援画攻取，抑何其晰也。当仁不让，舍我其谁？作《中国舆地大势论》。

一、论全球之面积，而亚洲为大；论亚洲之面积，而中国为大；论中国之面积，而本部为大。然则亚洲者，全球之宗主也；中国者，亚洲之宗主也；本部者，中国之宗主也。是论一以本部为主。

一、论文明之发生，莫要于河流。中国者，富于河流之国也。然则欲研究我中国之地理者，乌可不注意于我中国之河流哉？上编一以河流立论。

一、二十四朝历史，一相斫书也。一十八省地理，一交战场也。是故欲研究我中国之地理，尤不可不注意于我中国之兵事。兵事之占优胜与否，实视乎地理之占优胜与否也。中编一以兵事立论。

一、吾尝闻之刘氏（彬）曰："必周知各隅之形势，而后可以论一省之形势。必周知各省之形势，而后可以论全国之形势。"然则欲论全国之形势者，乌可不知各省之形势耶？下编详论十八省之形势。

一、是论宗旨之所在，止欲使人晓得中国舆地大势如此。是故修词立言，务于提要钩元，而不言其详细情形如何。题曰"中国舆地大势论"，以记实也。愿读者勿以举一漏百贻讥，则鄙人之幸也。

第一节　绪论

呜呼！我中国者，岂非天然大一统之国乎？自夏禹成第一次大一统之业，周公成第二次大一统之业，秦政成第三次大一统之业，而后而文字一统，而衣服一统，而风俗一统，而政教一统，车书大同。盛哉不可及已。

或曰：此由于地理之一统也。曷言乎由于地理之一统也。试征诸欧罗巴洲之地理，而知我中国之地理，天然非群雄割据之地理，而共主统治之地理也。惟欧罗巴洲之地理，多蔽天之山岭，多划地之鸿沟，河流交错，山谷纵横，划一块之大陆地，为多数之小平原，不宜于共主统治，而宜于群雄割据，盖天然之地理也。以视我中国地理则何如？虽不乏长江大河之天堑，虽不乏高山大岭之地险而一望平原，万里磅礴，毋边毋涯，毋畔毋岸，实天然一块大一统之大陆也。

吾独曰：我中国之地理，天然非一统之地理也。惟我中国之地理，天然非一统之地理而生差别相，遂致我中国政治上、生计上、学界上、民俗上，莫不生出种种之差别相而不克趋于一统之势。何也？论一国文明之发生，而河流实为其总原因。其河流之能调和于寒、温、热三带间种种之天时、之土宜、之民俗，不致起冲突而常趋于统一者。其河流必南北向者也。何也？惟河流之南北向者为能一贯寒、温、热三带之地势也。其河流之东西向者，适与河流之南北向者成反比例。何也？不能一贯寒、温、热三带之地势也。惟其不能一贯寒、温、热三带之地势，因之而寒、温、热三带间种种之天时、之土宜、之民俗，莫不生出种种之差别相而有相对待之势。总之，河流之南北向者，其寒、温、热三带间种种之天时、之土宜、之民俗之趋势，莫不以统一为归河流之东西向者，其寒、温、热三带间种种之天时、之土宜、之民俗之趋势，要皆以对待为归。盖河流之大较然也。论我中国之河流，莫著于江河二流，而江河者，非南北向而东西向也。然则其地理，非能常统一之地理，而常相对待之地理也。其政治上、生计上、学界上、民俗上之不能一统也。固宜试一读我中国历史，两汉而前，吴、楚雄长于长江流域，秦、晋雄长于大河流域，争长宇内，主盟天下，毋论矣！两汉而后，吴、蜀立国于长江流域，曹魏立国于大河流域，相鼎足。三国而后，六朝建都于长江流域，五胡建都[①]于大河流域，相对峙。自是而五代时，梁、唐、晋、汉争雄大河流域，杨、钱、刘、李割据长江流域。北宋钦宗时，金人北寇，宋帝南渡，而大河流域遂为金人之势力圈，长江流域属宋主之统治下矣！此政治上之不能统一也。吾之所以研究此问题者，则曰长江、大河二流域国都之比较。古之荆扬，东南之泽国也，厥田惟下下；古之雍冀，西北之陆海也，厥田惟上上。此三代以上长江、大[②]河二流域之土宜则然！至于两汉而后，二流域之土宜，适与三代以上成一绝对之反比例。昔之号为陆海者，今则变为瘠土，而仰给东南；昔之号为泽国者，今则变为沃壤，而转输西北。此有余，或彼不足，一贫一富，终不能处于适均之度。此生计界之不能一统也！吾之所以研究此问题者，则曰长江、大河二流域土宜之肥瘠。夷考黄河流域学派，崇力行而喜实验；长江流域学派，尚理想而好虚无。此学界之不能一统也！吾之所以研究此问题者，则曰长江、大河二流域学派之异同。窃案黄河流域民俗，先勇力而娴技击；长江流域民俗，喜文柔而好词章。此民俗之不能

① 都，原作“部”，今据文意改正。

② 原脱一“大”字，兹补足。

一统也！吾之所以研究此问题者，则曰长江、大河二流域民族之气禀。

我中国政治上、生计上、学界、民族不克趋于一统而有相对待之势，何以故？则以地理之不能统于一故。地理何以不能统于一？则以河流莫不东西向而非南北向故。然则欲研究我中国政治界、生计界、学界、民族种种之问题，不可不先研究我中国之地理。欲研究我中国之地理而研究我中国政治界、生计界、学界、民族种种之问题，尤不可不先研究我中国之河流。吾之所以研究此问题者，则曰江、淮、河、济四渎之分合。虽然，欲研究我中国之河流，尤不可不先研究我中国之山脉，南干、中干、北干三干山脉，实与长江、大河二河流相首尾，造物于其间非毋意也。吾之所以研究此问题者，则曰山脉河流二者之位置。

以上种种问题，皆吾国民所不可不研究而吾所必欲研究者也。虽然，凡天下之治事者，不可不有先后之次第。有先后之次第，日斯征而月斯迈焉，是循序而进也。不循先后之次第而进，是躐等而进也。躐等而进，古人所忌。然则吾之所以研究斯种种之问题，乌可不有先后之次第哉！今定其研究之次第如下：一、河流山脉二者之位置；二、江、淮、河、济四渎之分合；三、长江、大河二流域国都之比较；四、长江、大河二流域土宜之肥瘠；五、长江、大河二流域学派之异同；六、长江、大河二流域民族之气禀。以上六节。此外二节：其一曰绪论，绪论者，序著书立说之宗旨也；其二曰结论，结论者，结有余不尽之意味也。凡八节。

第二节　山脉河流二者之位置

禹平水土，主名山河，州辨职方，惟表山川。何也？吾尝闻之叶氏曰："形势以山川为主。"我中国大势，水分二流，山分三干。三干之间，间以二流。两山之间必有一川，恒山九边，北干之瘠也，行于大河以北；衡山五岭，南干之瘠也，行于大江而南。大江而南，水皆北注；

大河以北，水皆南流。河南经济，江北合淮，名为四渎，实则二流也。其山之介于江若河二流间者曰中干。中干实北干之分支也！夫山之从陇西来者，非嶓冢乎？经太白，至终南，始分其派而别其支：一出华潼，渡砥柱，为北干；一由终南，走商雒，为中干。中干经南汝光陈，至徐州渡河，经吕梁下邳邹峄，而汇合于泰山。北干直走医巫闾入海，至高丽，南转，浮登莱，亦结聚于泰山。故泰山为中干、北干合龙之所，而终南为中干、北干分龙之所，实首尾一龙，始终一脉耳！

虽然，舆地非图不明，舆图非说不详。说以详图之原委，图以绘说所指陈，实相辅而行者也。谨列图如下：

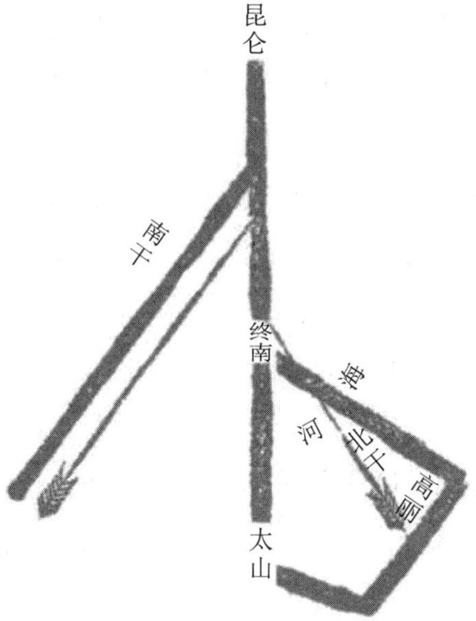

自古言河流山脉二者之位置，盖莫如徐霞客之说。徐霞客之说奈何？曰：《禹贡》岷山导江，乃泛滥中国之始，非发源也。中国入河之水为省五，入江之水为省十一，计其吐纳，江倍于河。案其发源，河出昆仑之北，江出昆仑之南，非河源长而江源短也。欲辨其所以然之故，必先知南龙、中龙、北龙三龙之大势。三龙之大势若何？曰：北龙夹河之北；南龙抱江之南；中龙夹于江若河之间，较南北二龙特短。北龙祇南向半支入中国，惟南龙磅礴半宇内。其脉亦发于昆仑，与金沙江相并南下，环滇池以达五岭。龙脉长，则河脉亦长，江之所以大于河也。盖徐霞客之说如此，而吾据之以绘图者也。绘图毕，而奋笔直书，本徐霞客之意，而重申明其说曰：西哲有言：欲辨其国之文明之易于发生与否，请先辨其国之河流之便于交通与否。欲辨其国之河流之便于交通与否，请先辨其国之河流之可能广阔与否。一衣带水，不足道也。虽然，吾亚洲最广阔之河流，未有不发源于吾亚洲最高大之山岭者也。印度河发源于冈底斯山，阿母河发源于拔达克山，此征诸中国域外之河流则然！淮水发源于桐柏山，汉水发源于嶓冢山，此征诸中国域内之河流则然！由是言之，必其为最高大之山岭，然后有最广阔之河源也。曰江曰河，我中国最广阔之河流也。既为我中国最广阔之河流，则必发源于我中国最高大之山岭。我中国最高大之山岭何？曰昆仑。抑昆仑者，不惟我中国最高大之山岭，抑亦我亚洲最高大之山岭也。呜呼！天欲畀我国民以最易于发生文明之地理，天于是不得不畀我国民以最广阔而便于交通之长江、大河二河流。天欲畀我国民以最广阔而便于交通之长江、大河二河流，天于是又不得不畀我国民以全亚洲最高大而为长江、大河二河流所发源之昆仑矣！抑昆仑者，不惟我中国长江、大河二河流发源之所，抑亦我中国南干、中干、北干三干山脉之所由发生，所谓天下众山水之根也。其山脉起于昆仑之南，并金沙江而下，环滇池以达衡山五岭之干脊，所谓南干也。其山脉起于昆仑之北，由陕甘而入中国，自大积石（东）而西倾（东北），而鸟鼠（东南），而朱圉（东），而陇而汧（踰宝鸡），而太白（东），而终南。终南者，中干、北干分龙之所也。由终南而北，则为北干之脊；由终南而东，则为中干之脊矣。

吾于是而知我中国长江、大河二河流之东西向而不得南北向，非毋故也。何以故？则以我中国南干、中干、北干三干山脉之东西向而不得南北向故，我中国南干、中干、北干三干山脉，既不得南北向而东西向。其长江、大河二河流，必不能绝中干山脉而南北横流者势也。大禹竭胼手胝足之劳而深明其故，于是以大河为北条而长江为南条，导江于华山之阳，导河于华山之阴。华山者，即中干也，一于阴，一于阳，不欲长江、大河二河流绝中干山脉而南北横流失其常度也。武帝以雄才大略之主而未始不明其故，于是导河北行二渠，复禹故迹而不使绝中干山脉而南合淮泗。王景知其故，而导河自荥阳东至千乘入海，则亦导河于中干、北干之间也。之三人者，岂非深明我中国河流山脉二者之所以位置者哉！或曰：汉武帝时，河决濮阳瓠子口，开河口，注钜野，通淮泗。宋太宗时，河决温县、荧泽、顿邱，泛于曹、澶[①]、濮、济诸州，东南流入彭城界，入于淮。真宗时，河流郓及武定州，寻溢滑、濮、澶、曹、郓诸州，浮于徐、济，而东入淮。岂非河流绝中干之山脉而南耶？河流既可绝中干之山脉而南，江流岂难绝中干之山脉而北耶？曰：此河决也，决非河流之常道也。犹人之拘于气禀蔽于习俗以至荡佚为非焉！而曰其性本恶也，甚且以为他人之比例焉，曰凡人之性莫不然。岂其然哉！或曰：河流自金、元来，绝中干山脉而南合淮泗者，盖六百余年矣。犹曰非河流之常道乎？曰：河流于中干之山脉以北，自夏后平水土以奠中州，迄于靖康间，凡三千余年。河流绝中干之山脉而南，自金人决河流以病南宋，迄于咸丰初，凡六百余年。然则河流于中干之山脉以北，乃河流之常道而绝中干之山脉，而南不过自金至清六百余年耳！乌得为河流之常道耶？况自金章宗以后，大德中决蒲口，至正中决金堤。朱明一代，决而北者十四次，决而南者止五次。满清一朝，决而北者十之九，决而南者十之一。更足证河流于中干之山脉以北为河流之常道，河流绝中干之山脉而南非河流之常道也。迨咸丰五年，河忽决铜瓦箱合济，而不由云梯关入海，为由汉至唐数代之故道，行中干、北干二干之中间。北不驾太行之脉，南不驾泰山之脉，盖天然之河槽也。虽河流自是而后，亦不免或决与溢，卒未闻如咸丰以前东冲西突之甚，岂不足证河流本安于中干之山脉以北，而绝中干之山脉而南，非河流之常道哉。呜呼！吾观于图而知长江、大河二河流之东西向而不得南北向，盖

① 澶，原作“亶”，今改正。

天然之地势已。长江发源于昆仑之南，而南干亦发脉于昆仑之南，并长江而下。何也？天将以为长江南行之界也。大河发脉于昆仑之北，而北干亦发脉于昆仑之北并大河而下。何也？天将以为大河北行之界也。中干直贯于江若河之间，天将以为大河南行长江北行之界也。然则我中国长江、大河二河流之东西向而不得南北向，岂非天然之地势欤？

第三节　江淮河济四渎之分合

呜呼！运会靡常，古今异辙。今日之天文，不同于昔日之天文；今日之地理，不同于昔日之地理矣！天官之书，昔毋而今有者若干星，昔有而今毋者若干星，天差而西，岁差而东，是今日之天文不同于昔日之天文也。方舆之纪，昔险而今夷者几何处？昔夷而今险者几何处？荥泽平原，碣石洪波，是今日之地理不同于昔日之地理。就今日之天文不同于昔日之天文而言，莫甚于历法之月差而岁有异；就今日之地理不同于昔日之地理而言，莫甚于河流之时迁而势有变。

甚矣哉！我中国之河流之变迁也，十薮湮其九，三江阏其二，荥泽导为荣川，逆河化为勃海，济川莫辨源流，碣石沦为渤澥，云梦竭，而后水入洞庭湖，大野枯，而后水归南旺泽，非一时一言所能胜道其变迁之大势也。既非一时一言所能胜道其变迁之大势，而必欲以一时一言强道其变迁之大势，其能免举一漏百之诮乎？是故欲论我中国之河流之变迁之大势，势不能不为提纲挈领之计。

为提纲挈领之计奈何？曰河流莫大于四渎，故四渎为河流之主。凡百河流，莫不以四渎为朝宗之所而以四渎为泄水之尾闾焉。然则四渎者，河流之纲领也，以是之故，而天下之言河流者，要当以四渎为主，论我中国之四渎之变迁之大势，盖未有甚于由分而合由合而分之屡变而不一变者也。“大禹导河、积石，至于龙门，南至于华阴，东至于底柱，又东至于孟津。东过洛汭，至于大伾；北过洚水，至于大陆。又北，播为九河，同为逆河，入于海。导江自岷山，东别为沱。又东，至于澧，过九江，至于东陵，东迆北，会于汇；东为中江，入于海。导沇水，东流为济，入于河，溢为荥，东出于陶邱北。又东至于荷；又东北，会于汶；又北东，入于海。导淮自桐柏，东会于泗、沂，东入于海。”此四渎所由名也。《说文》曰：“渎，独也。”以其独流而入于海也。嗣是而夏四百余年，商六百余年，周四百余年，而至春秋之际，山东雄国决鸿沟，江南泽国通邗沟，实四渎由分而合之滥觞也。自是而前，要皆为四渎独流时代；自是而后，渐趋于四渎一统时代。鸿沟决，而济始得由河以达于淮；邗沟通，而江始得由淮以达于泗。秦始皇凿京口而江淮别开交通之路，隋炀帝浚运河而淮河更为转输之径。既而雍冀天府，仰给东南，荆扬泽国，转输西北，而元世祖开会通河以便商贩，明成祖浚会通河以转漕运，遂贯江、淮、河、济之四渎而合江、淮、济、河为一流，而四渎独流之时代以终，而四渎一统之时代以成。岂知天运循环，剥极而复，河道变迁，通极而塞，亘朱明二百余年。满清二百余年，河忽决铜瓦箱入济，而不由云梯关入海，而于是一贯四渎之会通以淤，而于是四渎一统之时代以终。江合于淮而为东南诸水之纪，河入于济而为西北诸水之纪，由四渎一统时代，一变而为二渎分流时代。

惟地势北岸下而南岸高，故河流南趋逆而北趋顺。朱明一代，河流决而北者十四次，决而南者四五次。满清一朝，河流决而北者十之九，决而南者十之一。稽之史册所载，岂非彰明可考者耶？是故草野若顾亭林、钱竹汀、魏源等，廊庙若孙嘉淦、裘曰修、嵇璜等，皆不便河流南合于淮，而力主河流北入于济。然则河流北入于济而不南合于淮，岂非河流之所安而群情之所便者哉！自西北之水利不兴，而仰给于东南，势不得不藉会通河而为转输之计。势不得不藉会通河而为转输之计，始不便河之北入于济，而为会通河之害。盖会通河之淤且涸，必由于河流北入于济。而河流北入于济，未有不决张秋。决张秋未有不冲会通河者，明正统十三年，河决张秋河湾，东流，入于海；景泰三年，河决张秋；

弘治二年，河决金龙口，漫长垣，趋张秋，冲会通河；弘治四年，河第二次决金龙口，漫长垣，趋张秋，冲会通河。案张秋并非河岸，而史屡言决张秋者，以河北决，必由张秋以溃会通河。史以运道为重，故书决张秋也。张秋之东，不及百里，即东阿山，山下即大清河。大清河者，古之济渎也。河决，不能踰山东走，自必顺河北行。故凡言决张秋者，皆由古济渎以入海，而未有不冲会通河者也。欲保会通河而运漕粟，势不得不遏河南流而入于淮焉。惟入于淮，非河流之本性也，故东冲西决，泛滥靡定，抢险合龙，劳费毋已。迨咸丰五年，河决铜瓦箱而遂其就下之性，一泻千里。由大清河入海，时适以海运易河运，而河运时代一变而为海运时代。而南北转输毋藉于会通河，而不患会通河之淤。故河即不妨北入于济而不南合于淮，而会通河淤。会通河淤，而江、淮、河、济四渎之河流，始不相交通矣！夫所以为江、淮、河、济四渎一统时代者，以江、淮、河、济四渎之河流之相交通耳。而交通江、淮、河、济四渎之河流之机括，端赖浮江涉淮溯河经济之会通河。会通河淤，而四渎一统时代不得不一变而为二渎分流时代者。盖理所必至而势之固然者也。呜呼！会通河之关系于四渎，不亦钜哉！不亦钜哉！前此吴夫差开邗沟，秦始皇凿京口，不过交通江与淮二渎之河流。东诸侯决鸿沟，隋炀帝浚运河，不过交通济、河、淮三渎之河流，从未有浮江涉淮溯河经济而一贯江、淮、河、济四渎者。有之自元世祖之会通河始。会通河成，而四渎独流之时代于此焉告终，而四渎一统之时代于此焉告成。会通河淤，而四渎一统之时代于此焉结局，而二渎分流之时代于此焉开幕。岂非我中国河流历史上之一大纪念哉！

历念我中国长江、大河二流域统治于一政府之下，盖未有过于六百年之久者也。春秋战国之间，吴、楚为长江流域之雄，秦、晋为大河流域之雄，宰割南北，分裂山河。而长江、大河二流域不统治于一政府之下者，计五百年，而统一于秦始皇之手。由始皇，而二世，计十三年，而楚汉逐鹿之事起。楚据长江流域之彭城，汉据大河流域之关中，而长江、大河二流域不统治于一政府之下者，计五年，而统一于汉高祖之手。由西汉，而东汉，计四百二十六年，而三国鼎立之事起。大河流域之群情所向者为曹魏，长江流域之帝制自为者为吴、蜀。而长江、大河二流域不统治于一政府之下者，计四十八年，而统一于晋武帝之手。由武帝，而惠帝，而怀帝，而愍帝，计五十二年。而神州陆沈，王室东迁，而司马晋，而刘宋，而萧齐，而萧梁，而陈氏，递握长江流域之中央集权；曰刘汉，曰石赵，曰苻秦，曰拓拔魏，曰宇文周，递握大河流域之中央集权。而长江、大河二流域不统治于一政府之下者，计二百七十四年，而统一于隋文帝之手。由隋兴，而唐亡，计三百二十八年，而天子起冻雀之嗟，强藩效问鼎之举，梁、唐、晋、汉争雄大河流域，杨、钱、刘、李割据长江流域；而长江、大河二流域不统治于一政府之下者，计六十三年，而统一于宋太祖之手。由太祖开基，至钦宗失国，计一百四十五年，而金人北来，宋室南渡。大河流域为金人之势力圈，长江流域属宋主之统治下，而长江、大河二流域不统治于一政府之下者，计一百七十七年，而统一于元世祖之手。由元世祖统一逆溯而上，而两宋，而五代，而唐而隋而南北朝，而东西晋，而三国，而两汉，而战国，而春秋，长江、大河二流域统治于一政府之下，计九百六十四年；不统治于一政府之下，计九百六十七年。不统一之时，适与统一之时相均也。而统一之久，莫久于两汉四百二十六年，其次则由隋而唐三百二十八年，其次则北宋一百四十五年，从未有至于六百二十一年之久者也。由元世祖统一顺推而下，元八十九年，明二百七十七年，清二百五十五年（至光绪三十年而止）。长江、大河二流域统治于一政府之下者，计六百二十一年，抑何其统一之久也。呜呼！此会通河之效果也。惟会通河为能一贯江、淮、河、济四渎，而为江、淮、河、济四渎之河流之交通之机括。惟北京为能据江、淮、河、济四渎之河流之交通之机括之会通河之上流，故自元世祖开会通河，而北京政府之势力确定。长江、大河二流域，莫不统治于北京政府之下，即不统治于北京政府之下而南北分立，亦不过如建文之与永乐相持者四五年，太平天国之与爱新觉罗氏相持者十数年，卒未闻有如春秋、战国、三国、六朝、五代、金宋之相持至数十百年之久也。盖自会通河告成而后，而北京政府之势力既已确定而不可移易，而长江、大河二流域，遂永远统治于北京政府之下而不分立矣。呜呼！会通河成，而长江、大河二流域之一统之基础，既于以大定，而至六世纪之永远。则会通河淤，而长江、大河二流域之分立之朕兆，必于以讬始，而起二流域之对待。会通河成，而北京政府之势力，既于以确立；则会通河淤，而北京政府之势力必于以倾覆。盖事有必至而理毋可疑者。惟北京政府为吾全国之北辰者，既已六百年于斯，自元以来，英君哲相绞脑汁耗心血之所咨议于朝廷者，谋夫策氏精探案审研究之所谋谟于帷幄者，莫不务为根本之图。而经营是先，取精多，用物宏，恐非一朝一夕所能倾覆其势力也。自会通河之淤，迄于今日，不过四十八年，为时亦甚暂耳。然则北京政府之势力之不遽倾覆者，固毋足疑也。北京政府之势力一日不倾覆，即长江、大河二流域一日不能分立而统治于其下。虽然，吾信其循此以往，长江、大河二流域，必更有如春秋、战国、三国、六朝、五代、金宋之相持之一日，而北京政府之势力，将日见倾覆矣！然而吾不患北京政府之势力之日见倾覆，而惟患长江、大河二流域之更有如春秋、战国、三国、六朝、五代、金宋之相持之一日。何也？当此万国交通、列强环伺，莫不以支那为地理上的名词，而非政治上的名词，而竞思尝鼎一脔，人为刀俎，我为鱼肉，合我同文字、同衣服、同风俗、同政教四万万人，同心一致，合力御侮，犹惧瓜分豆剖之不暇；果使循是而往，而更有如春秋、战国、三国、六朝、五代、金宋之相持之一日，划长江、大河二流域，操同室之戈，阋墙于外侮纷乘之秋，蛤蚌相争，渔人得利。吾惧西人乘吾南北相疲之余，而白色难之时期之不远也。赵宋与金源相持，而胡元乘衅而入，主中夏者八十九年；朱明与流寇相持，而满清乘衅而入，主大统者二百五十五年。前车可鉴，殷鉴不远，此则杞人不能毋忧天之虑而日夜旁皇焉者也！彼北京政府者，本为专制政府之根据地，而非共和政府之建设场。吾不惟不患其倾覆而并患其不倾覆也，是岂鄙人所虑者。

或曰：元人开未有之会通河，而长江、大河二流域，遂于以定一统之基础。今使浚已淤之会通河，而长江、大河二流域，其遂能仍一统之旧贯乎？曰：使已淤之会通河而果可浚，更何患长江、大河二流域之不能仍其一统之旧贯哉！然而吾谓已淤之会通河必不可浚，何也？盖会通河所以不得不淤者，实由于河流北入于济而不南合于淮耳！欲浚已淤之会通河，势不得不先浚已淤黄河入淮之故道。然淮徐曹单，河身久淤，挑浚何从？（自兰仪以至淮徐间，淤河身高于平地者四五丈，其可挑浚乎？）洪泽清水，闸坝不灵，接济安在？则已淤黄河入淮之故道，势既不可复浚，安能浚已淤之会通河而交通长江、大河二河流？河流之不便于交通，即地理之不能以一统也。呜呼！我中国长江、大河二流域更有如春秋、战国、三国、六朝、五代、金宋之相持之一日乎？吾惧西人乘我南北相疲之余而坐收渔人之利已。

第四节　长江、大河二流域国都之比较

吾于吾国之政治地理（即帝王建都之所，以其为一国条教号令之所由出，故曰政治地理），有一疑难之问题焉，曰：大河流域之政治地理，何以割据少而正统则数见而不鲜？长江流域之政治地理，何以割据多而正统则绝毋而仅有？其政治地理而在大河流域者，何以常能并吞夫政治地理之在长江流域者？其政治地理而在长江流域者，何以常见并于彼政治地理之在大河流域者？大河流域之政治地理，何以常视长江流域之政治地理占优胜？长江流域之政治地理，何以常较大河流域之政治地理为劣败？必有其所以然之故也。任公曰：“其在政治上，北方视南方，常占优势。盖我黄族始祖，本自帕米尔高原，迤逦东下。而扬子江上流，崇峦峻岭，壁立障之，故避难就易，沿河以趋。全国文明，自黄河起

点，而传布于四方；帝王实力，亦起于是。积之者厚，故其势至今犹昌也。”意者其或然欤？

长江、大河二流域政治地理表

大河流域			长江流域		
国号	处所	河系	国号	处所	河系
太昊	陈今河南陈州府淮甯县	在蔡河之岸，蔡河后淤入黄河			
炎帝	曲阜今山东兖州府曲阜县	在泗水之南，洙水之北			
黄帝	涿鹿今直隶顺天府涿州	在拒马河右岸，拒马河经两淀入白河，然案古地图实系黄河二系			
以上三皇之都。					
少昊	穷桑今山东兖州府治城北	在泗水附近			
颛顼	帝邱今山东曹州府濮州	新黄河之北			
帝喾	亳今河南河南府偃师县	洛水之北，淤黄河之南			
唐	平阳今山西平阳府治	汾水之东			
虞	蒲阪今山西蒲州府永济县	淤黄河之东南			
以上五帝之都。					
夏	安邑今山西解州安邑	淤黄河之北			
商	亳县见上	见上			
周（西、东）	镐京今陕西西安府长安县，洛邑今河南河南府洛阳县	渭河之南，洛水之北			

续表

大河流域			长江流域		
国号	处所	河系	国号	处所	河系
以上三代之都。					
秦	平阳今陕西凤翔府眉县	渭河之南	楚	丹阳今湖北宜昌府归州	长江之北
齐	营邱今山东青州府临淄县	临淄水之北	吴	姑苏今江苏苏州府长洲县	长江之南
晋	太原今山西太原府太原县	汾河之西	越	诸暨今浙江绍兴府诸暨县	浦阳江之西，桐江之东，富春江之南
春秋时，百二十国而争伯中原，狎主夏盟者凡六焉，曰秦，曰齐，曰晋，曰楚，曰吴，曰越，是也。今以秦、齐、晋三国代表大河流域列国，楚、吴、越三国代表长江流域列国焉。					
秦	咸阳今陕西西安府咸阳县	渭河之北	楚	鄀今湖北襄阳府宜城县	汉水之西
齐	临淄即营邱	见上			
赵	邯郸今直隶广平府邯郸县	沙河之东，漳水之北			
魏	大梁今河南开封府治	淤黄河之南			
韩	韩原今陕西同州府韩城县	黄河之西			
燕	蓟城今直隶顺天府蓟州				
以上七国之都。					
西楚	彭城今江南徐州府治	淤黄河之南，睢河之北			
汉（西、东）	长安即镐京，洛邑见上	见上			
魏三国之一	邺今河南彰德府治	东面北面彰水，西面淇河	吴三国之一	建业今江苏江甯府上元县	长江之南

续表

大河流域			长江流域		
国号	处所	河系	国号	处所	河系
			蜀三国之一	成都今四川成都府成都县	长江之北
自汉以下，曰魏，曰吴，曰蜀，所谓三国也。					
西晋	洛邑见上	见上			
前赵十六国之一	平阳见上	见上	东晋	建康即建业	见上
后赵十六国之一	襄国今直隶顺德府治	沙河之北			
前燕十六国之一	邺见上	见上			
后燕十六国之一	中山今直隶定州	北面东面□河，西面沙河，南面滋河			
北燕十六国之一	和龙即龙城，在今奉天热河塔子沟东北				
西燕十六国之一	长子今山西潞安州长子县	沁水之东			
南燕十六国之一	广固今山东青州府	小清河之南，临淄水之西			
前秦十六国之一	长安见上	见上			
后秦十六国之一	同上	同上			
西秦十六国之一	金城今甘肃兰州府河州	北面黄河，东面南面洮河			

续表

大河流域			长江流域		
国号	处所	河系	国号	处所	河系
			成 十六国 之一	成都见上	见上
前凉 十六国 之一	姑藏今甘肃凉州府武威县	大通河之北			
后凉 十六国 之一	同上	同上			
南凉 十六国 之一	广武今甘肃兰州府庄浪厅	黄河之北			
北凉 十六国 之一	张掖今甘肃甘州府张掖县				
西凉 十六国 之一	敦煌今甘肃安西州敦煌县				
夏十六国之一	统万今甘肃甯夏府治	黄河之北			
自晋以下为十六国。					
后魏	平城今山西大同府	桑干河之北	宋	建康见上	见上
			齐	同上	同上
			梁	同上	同上
北齐	晋阳今山西太原府太原县	汾河之西	陈	同上	同上
后周	长安见上	见上			
以上为南北朝。					
隋	同上	同上			
唐	同上	同上			
梁	汴即大梁	见上	吴十国之一	扬州今江南扬州府治	长江之北
后唐	洛邑见上	见上			

续表

大河流域			长江流域		
国号	处所	河系	国号	处所	河系
北燕十国之一	卢龙今直隶顺天府	西面南面桑干河见上	南唐十国之一	金陵即建康	见上
后晋	汴见上	见上	吴越十国之一	临安今浙江杭州府钱塘县	浙江之西
后汉	同上	同上			
北汉十国之一	太原今山西太原府太原县	汾汀之西	楚十国之一	长沙今湖南长沙府治	湘江之东
后周	汴见上	见上			
			高氏十国之一	江陵今湖北荆州府江陵县	长江之北
			前蜀十国之一	成都见上	见上
			后蜀十国之一	同上	同上
自唐以下，为五代十国。					
北宋	汴见上	见上			
			南宋	临安见上	见上
金	北京今直隶顺天府	北京虽非黄河流系，然实延缘于此河系之平原上也			
元	同上	同上			
			前明	金陵见上	见上
后明	同上	同上			
清	同上	同上			

观于表而大河流域之政治地理，常视长江流域之政治地理占优胜；长江流域之政治地理，常较大河流域之政治地理为劣败，亦彰彰可考

矣。曰丹阳，曰姑苏，曰诸暨，曰鄀，曰建业，曰成都，曰扬州，曰临安，曰长沙，曰江陵，长江流域之政治地理也；曰陈，曰曲阜，曰涿鹿，曰穷桑，曰帝邱，曰亳，曰平阳，曰蒲阪，曰安邑，曰镐京，曰洛邑，曰平阳，曰营邱，曰太原，曰咸阳，曰邯郸，曰大梁，曰韩原，曰蓟城，曰彭城，曰邺，曰襄国，曰中山，曰和龙，曰长子，曰广固，曰金城，曰姑臧，曰广武，曰张掖，曰敦煌，曰统万，曰平城，曰卢龙，曰北京，大河流域之政治地理也。计大河流域之政治地理，三十有五所；长江流域之政治地理，凡十所。然则长江流域之政治地理，较诸大河流域之政治地理，三之一且不足也。大河流域之政治地理，较诸长江流域之政治地理，多二倍有奇。此大河流域之政治地理，常较长江流域之政治地理占优胜，长江流域之政治地理常视大河流域之政治地理为劣败之证一也。大河流域毋政治地理而长江流域独有政治地理之时代，惟由明太祖而明文帝二主三十五年而已。长江流域毋政治地理而大河流域独有政治地理之时代，唐一百二十年，虞五十年，夏四百三十九年，商六百四十四年，周三百二十一年，统计一千六百年，为长江流域毋政治地理而大河流域独有政治地理之第一期。秦四十二年，为长江流域毋政治地理而大河流域独有政治地理之第二期。西汉二百六年，东汉一百九十五年，统计四百一年，为长江流域毋政治地理而大河流域独有政治地理之第三期。隋三十七年，唐二百七十九年，统计三百十六年，为长江流域毋政治地理而大河流域独有政治地理之第四期。北宋一百六十年，为长江流域毋政治地理而大河流域独有政治地理之第五期。元八十九年，明二百七十七年，清二百五十五年，统计六百二十一年，为长江流域毋政治地理而大河流域独有政治地理之第六期。然则长江流域毋政治地理而大河流域独有政治地理之时代久，大河流域毋政治地理而长江流域独有政治地理之时代暂，此大河流域之政治地理常较长江流域之政治地理占优胜，长江流域之政治地理常视大河流域之政治地理为劣败之证二也。匪直此也！七国并峙，而楚入于秦；三国鼎立，而吴入于晋；六朝南北并立，而陈入于隋；五代南北对峙，而唐入于宋。赵宋与胡元相持，而胡元卒兼并赵宋；建文与永乐相争，而永乐卒驱除建文。当南北分立之际，其政治地理而在长江流域者，未有不兼并于政治地理之在大河流域者也。其政治地理而在大河流域而见并于政治地理之在长江流域者，惟据北京之胡元，见并于据金陵之形胜之明太祖；据长安之姚秦，及据广固之南燕，见并于据建康之百二之宋武帝耳。此大河流域之政治地理，常较长江流域之政治地理占优胜，长江流域之政治地理常视大河流域之政治地理为劣败之证三也。虽然，政治地理者，岂非有帝王思想之英雄之所由以演龙争虎斗之活剧之舞台哉！英雄不可以成败论，英雄所由以演龙争虎斗之活剧之舞台，独可以成败论耶？就政治地理之成败之数而言，则长江流域之政治地理，自不若大河流域之政治地理而常处劣败之势。大河流域[①]之政治地理，自较长江流域之政治地理而常占优胜之势。就政治地理之山河之雄而言，则不特大河流域之政治地理本较长江流域之政治地理占优胜者，常若有排山倒海之形，即如长江流域之政治地理本视大河流域之政治地理为劣败，亦皆有龙盘虎踞之象。其优胜劣败之迹虽异，其披山带河之固则一也。试择大河流域之政治地理之气运最久而形势最著者凡三：曰长安，曰大梁，曰北京，以代表大河流域之政治地理；长江流域之政治地理之气运最久而形势最著者亦三：曰金陵，曰临安，曰成都，以代表长江流域之政治地理。而略陈其形势。

黄河流域之政治地理凡三：

一、长安。甲、气运。西周都镐京（即长安)。三百二十一年，西汉二百一十二年，苻秦四十五年，姚秦四十四年，宇文周二十四年，隋三十七年，唐二百七十九年，统计八百八十三年，而长安之气运以终。乙、形势。漕运者，政治地理之第一要件也。夫漕运之便于转输，视河流之便于交通。潏镐经长安之南，泾渭绕长安之北，灞浐界长安之左，

---

① 域，原作“城”，今改正。

澧涝合长安之右（长安滈、镐、泾、渭、灞、浐、澧、涝八流至宋时已涸，今复云云者，系当日建都时而言），则河流便于交通矣！惟河流便于交通，故漕运便于转输。留侯曰："河渭漕挽天下，西给京师。"盖道其实也。此漕运之便于转输也有然，据函谷二崤之阻，表太华终南之山，界褒斜陇首之险，带洪河泾渭之川。其山川之形胜何如哉？顾[①]亭林云："秦地华阴绾毂关河之口，虽足不出户，而能见天下之事，闻天下之言。一旦有惊，入山守险，不过十里之遥。若志在四方，一出关门，便有建瓴之势。"旨哉！斯言也。

二、大梁。甲、气运。魏都大梁二百年，朱梁十七年，后晋十一年，后汉四年，后周九年，北[②]宋一百六十七年，统计四百八年，亦大河流域之政治地理之气运之较久者也。乙、形势。大梁襟带河汴，控引淮泗，而漕运之转输便；左镇泰岱，右萦温洛，而山河之保障固，洵一披山带河之雄国哉！然秦人决荥口之水，而大梁为鱼鳖，金源过黄河之险，而北宋失保障，盖不如长安之足恃矣！

三、北京。甲、气运。黄帝都涿鹿（未详）。燕都蓟城九百一年，北燕都卢龙六年，金都北京一百二十年，元都八十九年，明二百七十七年，清二百五十五年，统计一千六百四十九年，岂非自古以来之政治地理之气运之最久者哉！乙、形势。北京关山险峻，川泽流通，有桑干河、滹沱河、卫河、易水、漳水、滦河以为之转输，有井陉、渝关、居庸、紫荆、倒马以为之保障，南控青齐，北枕燕黔，西阻太行，东滨大海，所谓势拔地以峥嵘，气摩空而崱屴者也。

长江流域之政治地理亦三：

一、金陵。甲、气运。吴都金陵五十八年，东晋一百四年，宋六十年，齐二十三年，梁五十五年，陈三十三年，南唐三十九年，前明三十五年，统计四百七年，盖长江流域之政治地理之气运之最久者矣！乙、

① 顾，原作"愿"，今改正。
② 北，原作"比"，今改正。

形势。金陵内控湖海，外连江淮，而漕运便于转输；钟山龙蟠，石头虎踞，而山河固若金汤；西引荆楚之固，东集吴会之粟，披山带河之固，龙盘虎踞之雄，实不啻第二之燕京也。任公曰："北京、南京两大都，握全国之枢要而吸其精华。"然则金陵者本①有与北京并驾齐驱之势者也。

二、临安。甲、气运。吴越都临安八十三年，南宋一百五十三年，统计二百三十六年，亦长江流域之政治地理之气运之较久者哉！乙、形势。王院云："临安蟠幽宅阻，面湖背海。"非进取之地利而偏安之地利也。有独松昱岭而为之屏蔽于其外，有浙江松江而为之转输于其间。然而决西湖之水，则城内皆鱼鳖；断皋亭之山，则城外毋策应有似于汴京之形势焉。

三、成都。甲、气运。蜀汉都成都四十三年，李成四十四年，前蜀三十五年，后蜀四十一年，统计一百六十三年，盖不若临安之久矣。乙、形势。夫河北所恃以固者大河也，而长安据上流以临赵、代，其势足以夺大河之险；江南所恃以为固者长江也，而成都据上流以临吴、楚，其势足以夺长江之险。盖成都之称雄于长江流域，犹长安之称雄于大河流域也。言乎漕运，则有岷江、雒江、涪江、嘉陵江、巴江交流于其间焉。言乎关山，则有鹿头关、瞿唐关、临关、清溪关雄峙于其间焉。

大河流域之政治地理，固不止长安、大梁、北京三处，而惟长安、大梁、北京三处气运为最久，形势为最著，为有代表大河流域之政治地理之价值。长江流域之政治地理，亦不止金陵、临安、成都三处，而惟金陵、临安、成都三处气运为最久，形势为最著，为有代表长江流域之政治地理之价值。窃以长江流域之政治地理之代表，较诸大河流域之政治地理之代表，则金陵当运河之上流，北京据运河之上流，既有南北鼎峙之形；长安踞大河之上流，成都阨长江之上流，亦有南北并驾之势。

① "本"疑当为"未"之讹。

大梁之地势阨要，固属远胜临安；大梁之水势建瓴，究亦何异临安耶？呜呼！大河流域之政治地理，何遽胜于长江流域之政治地理！长江流域之政治地理，何遽不若大河流域之政治地理也！

第五节　长江、大河二流域土宜之肥瘠

或曰：植物者，利于热带而不利于寒带者也。愈寒带而植物愈凋落，愈热带而植物愈茂盛，此理所必至而势之固然者也。长江流域，如楚，如吴，如皖，如浙，固皆温带也；而大河流域，如秦，如燕，如豫，如齐，稍近寒带矣。故大河流域之地利薄，而长江流域之土膏沃。两江泽国，转输西北；三秦陆海，仰给东南。岂由于人工有巧拙之殊？实由于气候有寒热之异也。钱子曰："乌乎然！乌乎然！"

尝考《禹贡》一书，而长江流域田列上等者绝毋而仅有，大河流域田列上等者数见而不鲜！

长江流域			大河流域		
上等	中等	下等	上等	中等	下等
徐州厥田惟上中。		梁州厥田惟下上，荆州厥田惟下中，扬州厥田惟下下。	雍州厥田惟上上，青州厥田惟上下。	豫州厥田惟中上，冀州厥田惟中中，兖州厥田惟中下。	

班氏《西都赋》曰："下有郑白之沃，衣食之源，提封五万，疆场绮分，沟塍刻缕，原隰龙鳞，决渠降雨，荷插成云，五谷垂颖，桑麻铺棻。"张平子《西京赋》曰："尔乃广衍沃野，厥田上上，实惟地之奥区神皋。"观于班固及张平子之言，可以证关中之土宜之肥沃。张平子《南都赋》曰："其水，则开窦洒流，浸彼稻田，沟浍脉连，隄塍相辑，朝云不兴，而潢潦独臻，决渫则暵，为溉为陆，冬稌夏穱，随时代熟。其原野，则有桑漆麻苎，菽麦稷黍，百谷蕃庑，翼翼与与。"左思《魏都赋》曰："温泉毖涌而自浪，华清荡邪而难老。墨井盐池，玄滋素

液。厥田惟中，厥壤惟白。原隰畇畇，坟衍斥斥。”观于张平子及左思之言，可以证河南之土宜之肥沃。韩琦曰：“天下有水之地，毋不宜稻之田，况青齐据海距淮，襟汶带济，来源之盛，势若建瓴。归壑之流，形如聚扇，泉深而土泽，潮淤而壤沃者耶！”观于韩琦之言，可以证山东之土宜之肥沃。徐贞明曰：“京东诸州邑，皆负山控海。负山则泉深而土泽，控海则潮淤而壤沃。自密云东以至蓟州永平之境，河泉流注，疏渠溉田，为力甚易；而丰润境内濒海之田，几二百里，与吴越沃区相埒。”观于徐贞明之言，可以证河内之土宜之肥沃。如河内，如山东，如河南，如关中，皆大河流域也。岂真不毛之瘠土耶？非不毛之瘠土而竟为瘠土之不毛耶？谁实为之作俑！谁实为之阶厉！

船山王氏曰：“自唐以来，财赋所自出，皆取之豫、兖、冀、雍而已足，未尝求足于江淮也。恃江淮以为资，自第五琦始。当其时，贼据幽冀，陷两都，山东虽未尽失，而隔绝不通，蜀赋既寡，又限以剑门栈道之险，所可资以赡军者，惟江淮。故琦请督租庸，自汉水达洋州以输于扶风，一时不获已之计也。乃自是以后，人视江淮为腴土。刘晏因之辇东南以供西北，东南之民力殚焉。垂及千年，而未得稍舒。呜呼！朝廷既以为外府，垂腴朵颐之。官吏亦视以为膻场，耕夫红女，有宵匪旦，以应密罟之诛求。乃至衣被之靡丽，口实之珍奇，苛细繁劳，以听贪夫之侈滥，匪舌是出，不敢告劳，亦将孰与念之哉！自汉以上，吴越楚闽皆荒服也。自晋东迁，而江淮之力始尽。然唐以前，姚秦、拓拔、宇文；唐以后，自朱温以迄宋初，江南割据，而河洛关中未尝不足以立国。九州之广，岂必江滨海澨之可渔猎乎？祖第五琦、刘晏之术者，因其人惜廉隅，畏鞭笞，易于弋取，而见为毋尽之藏。竭三吴以奉西北，而西北坐食之。三吴之人，不给饘粥之食。抑待哺于上流，而上流无三年之积。一罹水旱，死徙相望。乃西北蒙坐食之休，而民抑不为之加富者。岂徒天道之亏盈哉！坐食而骄，骄而佚，月倍三釜之餐，工毋再易之力。陂堰不修，桑蚕不事。举先王尽力沟洫之良田，听命于旱蝗而不思捍救。洊饥相迫，则夫削妻骸，弟烹兄肉，其强者弯弓驰马，以杀夺行旅，而犹睥睨东南，妒劳人之采梠剥蟹也。谁使之然，非偏困东南以骄西北者纵之而谁咎耶？骄之使横，逸之使惰，贪欲可遂，则笑傲以忘所自来。供亿不遑，则忮忿而狂兴以逞。其野人恶舌喑哑以胁羸懦之驯民，其士大夫气涌胆张恫喝以凌衣冠之雅士，于是国家毋事，则依中涓附戚里而不惜廉隅。天下有虞，则降贼附膻虏而不顾君父，何一而非坐食东南者之教猱豢虎，以使农非农，士非士，俾波逝而毋回澜哉！”旨哉船山王氏之言也！实能抉西北雕敝之原因而毋余蕴者也。乃知骄之使横，逸之使惰，以人事而灾及地利，遂令厥土黄壤厥田上上之沃土，竟成石田者，皆第五琦为之作俑也。吁！

或曰：吾尝闻之尹氏曰：南方种田一亩，所获以石计；北方种田一亩，所获以斗计。然则大河流域之土宜，实较长江流域之土宜为瘠。长江流域之土宜，实视大河流域之土宜为肥也。钱子曰：夫岂其然！夫岂其然！凡物之废置不用者，将渐消失其能力者必也。有耳也，久不用之，则必聋；有口也，久不用之，则必瘖。于人体有然，于土宜亦然。大河流域之田亩芜莱不治者，历数千百年，其不能如长江流域之田亩朝灌夕沃者之肥且饶固也。岂由于土宜之有肥瘠，实由于人工之有勤惰耳！

吾尝闻之尹氏曰：南方地窄人稠，一夫所耕，不过十亩，多则二十亩，力聚而工专，故所获甚厚。北方地土辽阔，农民惟图广种，一夫所耕，自七八十亩以至百亩不等，意以多种则多收，不知地多，则粪土不能厚壅而地力薄矣；工作不能遍及，而人事疏矣。然则天下之大计可知矣！盖大河流域，地有遗利，而长江流域，民有余力。民有余力而人满堪虞，地有遗利而田芜不治，东西俱弊，南北两伤。莫若招长江流域之游民，垦大河流域之荒田，一则可以开辟大河流域之地利而于以足食，一则可以安置长江流域之游民而不致失业，实有利而毋弊，一举而两便者也。果也大河流域之地力已竭，而长江流域之土宜实沃，势不能不仰给于长江流域，计不得不待哺于长江流域。然长江流域之民族，既有以利益大河流域之民族，而大河流域之民族，可毋以酬报长江流域之民族乎？不然，长江流域之民族力耕而获之，大河流域之民族安坐而食之，天下恐毋此便益之事也。其不平孰甚！

然则大河流域之民族，果何以酬报长江流域之民族也？曰：长江流域，饶于农业；大河流域，富于矿产；金银之气，溢于苍巘赤岬之间，煤铁之苗，露于近郭远郊之地。长江流域民族既转输漕运以济大河流域民族之粒食，大河流域民族可开掘矿藏以济长江流域民族之财用，以此之有余，救彼之不足，所以相酬报之道如此。

大河流域之富于矿产，犹长江流域之饶于农业也。长江流域饶于农业，岁转输数十百万石粮食以济大河流域民族，大河流域富于矿产，独不能开掘矿产运送长江流域交换其利益乎？藉曰不能，我长江流域民族，不可不定一规则，以处置大河流域之民族也。

处置之规则有二：一曰现在之规则；二曰将来之规则。

（甲）现在之规则。泰西强权派言曰："世界之大部分，被掌握于毋智毋能之民族，此等民族，不能发达其天然力，如矿地山林等，以供人类之用，徒令其废弃，而他处文明民族，人口日稠，供用缺乏，毋从浥注；故势不可不使此劣等民族，受优等民族之指挥监督，务令适宜之政治，普及于全世界，然后可以随地投资本，以图事业之发达，以增天下之公益。"现在长江流域民族之于大河流域民族，可照此例，多集有资本家，开办大河流域农业公司，或矿产公司，监督大河流域民族，垦辟荒田，开掘矿产，俾不致地有遗利，民有余力，此现在之规则也。

（乙）将来之规则。将来新中国成立而行参政代议士之制，惟长江流域民族得享有参预政治之权利，而大河流域民族不准有参预政治之权利。何也？泰西政治家言曰："不能多担任国家纳税之义务者，决不得有参预政治之权利。故各国之选举法，其选举权与被选权，大率以多纳税者得之。"今大河流域民族，且不能自谋其生计而待哺于长江流域，安能多担任国家纳税之义务？既不能多担任国家纳税之义务，安能享参预政治之权利？而长江流域民族不尔也。即以现在而言，江浙漕白，为二十一行省冠，而近日摊派洋债，又负天下之最多数，可谓能多担任国家纳税之义务者矣，安得不偿以参预政治之权利耶？此将来之规则也。

第六节　长江、大河二流域学派之异同

论文明之发生，莫要于河流。而河流之影响于学界，不亦巨哉！我中国长江、大河二河流，其位置之南北殊，其性质之清浊殊，因之而吾国学界遂分大河派、长江派二者。老聃者，生长于长江流域，而长江派之泰斗也。仲尼者，生长于大河流域，而大河派之鼻祖也。一则畏天，一则斥天；一则尚礼，一则非礼；一则主刚，一则主柔；一则主动，一则主静；一则畏圣人，一则非圣人；一则喜法古，一则非法古；一则尚勉强，一则明自然；一则崇力行，一则崇毋为。其宗旨不同，其说法不同，有如枘凿之不相容，冰炭之不相入者。仲尼畏天者也，惟恐获罪于天（子曰：“获罪于天，毋[①]所祷也。”）；老聃不畏天者也，且以不仁斥天（老子曰：“天地不仁，以万物为刍狗。”）。老聃斥天之至而并斥天之所以付畀于我者；仲尼畏天之至而并畏天之所以付畀于我者。天之所以付畀于我者，何也？所谓天命也。天命之谓性，曰仁曰智，曰义曰礼。所谓性也，率性惟道，修道惟教。仲尼之率性，仲尼之畏天命也。绝圣弃智，绝仁弃义，老聃之灭性，老聃之斥天命也（老子曰：“绝圣弃智，民利百倍；绝仁弃义，民复孝慈。”）。以视仲尼证于天命之可畏，一则曰“畏天命”，再则曰“小人不知天命而不畏也”，不亦大相径庭乎！其差点一。

礼者天秩也（《书》曰：“天秩有礼。”），天命之一也。仲尼畏天，故尚礼；老聃斥天，故非礼。盖事有必至，而礼毋可疑者。老聃曰：

---

① 毋，《论语》通行本作“无”。

“故失道而后德，失德而后仁，失仁而后义，失义而后礼。夫礼者，忠信之薄而乱之首。”以为惟礼实足以长生民之奸伪也。仲尼曰：“非礼勿视，非礼勿听，非礼勿言，非礼勿动。上好礼，则民易使也。”以为非礼不足以范生民之举动也。一则尚礼，一则非礼。其差点二。

大河流域之人，具坚强不屈之概；长江流域之人，以柔和而文为上。老聃者，长江流域之人也；仲尼者，大河流域之人也；皆感于社会之习惯，风气之熏染者也。故一则主刚，一则主柔。主柔者曰：“人之生也柔弱，其死也坚强。万物草木之生也柔脆，其死也枯槁。故坚强者死之徒，柔弱者生之徒。是以兵强则不胜，木强则共，强大处下，柔弱处上。”有味乎其言之也。主刚者曰：“故君子和而不流，强哉矫！中立而不倚，强哉矫！国有道，不变塞焉，强哉矫！国毋①道，至死不变，强哉矫！”又何壮哉！其差点三。

呜呼！人类，动物也，乌可以不动？不动而静，死机也。地球有自转之运动，而后着昼夜之消息；有公转之运动，而后有四季之代谢。人身之血输，片刻不流动，则周身必冻且僵；肢体片刻不运动，则肢体或麻且木。动之不可以已也。如是夫！仲尼曰：“天行健，君子以自强不息。”言人之不可以不动也。曰：“君子藏器于身，待时而动，何不利之有？动而不括，是以出而有获，语成器而动者也。”示人以动之方也。盖仲尼固主动派也，而老聃则主静派也。曰：“毋动为大。”言人之不可以动也。曰：“夫人神好静，而心扰之。人心好静，而欲牵之。常欲遣其欲，而心自静。澄其心，而神自清。自然六欲不生，三毒消灭，所以不能者，为心未澄，欲未遣也。能遣之者，内观其心，心毋其心；外观其形，形毋其形；远观其物，物毋其物。三者既悟，惟见于空，观空亦空。毋所空，所空既毋，毋毋亦毋。毋毋既毋，湛然常寂。寂毋所寂，欲岂能生！欲既不生，即是真静。真静应物，真常得性。常应常静，常清静矣！如此真静，渐入真道。既入真道，名为得道。”言人之

① 毋，《中庸》通行本作“无”。

不可以不静也，抑何与仲尼之言相水火耶！其差点四。

上古之人之颂圣人也，不曰天纵，则曰天生，意谓此天帝之化身也。然则畏天之影响而并畏圣人，斥天之株连而并斥圣人，亦势所必至，而理之固然者也。此所以仲尼言“畏天命”而即继之曰“畏圣人之言”，老聃言“天[1]不仁，以万物为刍狗”而即继之曰“圣人不仁，以百姓为刍狗”欤？其差点五。

仲尼则古称先而强于保守之习者也，故曰：“非先王之法服不敢服，非先王之法言不敢言。”实代表其守旧之理想也。老聃曰：“子所言者，其人与骨皆已朽矣！独其言在耳。”盖刺仲尼之法古也。一则非法古，一则崇法古。其差点六。

仲尼以为勉强学问，则闻见博而智益明；勉强行道，则德日起而大有功。进德修业，必始于勉强也。故曰：“克己复礼为仁。一日克己复礼，天下归仁焉!”盖主勉强以节性也。老聃以为待钩绳规矩而正者，是削其性也；待绳胶漆而约固者，是侵其德也。返真归朴，在顺其自然也。故一则曰：“泉涸，鱼相处于陆，相呴以湿，相濡以沫，不若相忘于江湖。”再则曰：“有物混成，先天地生，寂兮寥兮，独立而不改，周行而不殆，可以为天下母。吾不知其名，字之曰道，强为之名曰太[2]。太曰逝，逝曰远，远曰反。”故道中略法自然，盖明自然以见性也。其差点七。

老聃毋为者也，优哉游哉，聊以卒岁者也。仲尼力行者也，栖栖皇皇，如不终日者也。是故一则曰：“有能一日用其力于仁矣乎？我未见力不足者。”再则曰：“力不足者，中道而废。”皆策马前进之意也。而老子则不然：一则曰：“将欲取天下而为之，吾见其不得已。天下神器不可为也，为者败之。”再则曰：“天下之至柔，驰骋[3]之至坚，毋[4]有

---

① “天”后脱“地”。

② 太，《老子》通行本作“大”。

③ “驰骋”后脱“天下”二字。

④ 毋，《老子》通行本作“无”。

入于其间。吾是以知毋为之有益，（中略）天下希及之。”呜呼！为且不可，何论力行？力行者为之至也。其差点八。

观于此，亦可知儒家之反对老氏，老氏之破坏儒家矣；儒家者，老氏之劲敌也，老氏者，儒家之蟊贼也。旗鼓相当，正未知鹿死谁手。是故太史公曰：“世之学老子者，则绌儒学；学儒学，亦绌老子。道不同，不相为谋，岂谓是耶？”夫亦知当日诸家若阴阳家、若墨家、若名家、若法家数者，举不足以与儒家相抵抗，而常惧为儒家所推倒。惟斯道德一家，颇有与儒家并驾齐驱之势，故独举老氏与儒家并称，而未尝以阴阳家、法家、墨家、名家诸家与儒家连类而举也。不然，“道不同，不相为谋”，不独儒家与老氏为然也；而何独斤斤于儒家与老氏耶！是知老氏之与儒家，实有足以角立争雄而不能决胜负之属谁何者，初非若阴阳家、墨家、名家、法家诸家比也。观于此，而后知非仲尼决不足以代表大河派，非老聃决不足以代表长江派，余皆等诸自桧以下可也。吾可以不论。

老氏生产于长江流域，而不生产于大河流域，儒家出现于大河流域，而不出现于长江流域，岂地理之影响于学界欤？抑学界之影响于地理欤？岂地理学界互相为因互相为果欤？稽之春秋战国之间，而长江流域多出产老氏巨子，大河流域多出产儒教巨子，天之生材，不偶然也。老聃，楚人（楚，今湖北省），邻氏或云吴人（吴，今江南省），傅氏或云越人（越，今浙江省）。徐氏，临淮人（临淮，今江苏省徐州府睢甯县），文子或云吴人（吴，见上），蜎子，楚人（楚，见上），关尹子（同上），庄子，宋人（宋，今河南归德府），列子（未详），老成子或曰越人（越，见上），长卢子，楚人（楚，见上），王狄子（未详），公子牟，魏人（魏，今河南开封府），田子，齐人（齐，今山东青州府），老莱子，楚人（楚，见上），黔娄子，齐人（齐，见上），宫孙子（未详），鹖冠子，楚人（楚，见上），周训（未详），臣君子，蜀人（蜀，今四川省），郑长者，郑人（郑，今河南开封府），楚子，楚人（楚，见上)。以上老派共二十二人，南人十三，北人五，未详者四。仲尼，鲁人（鲁，山东兖州府），颜渊（同上），闵子骞（同上），冉伯牛（同上），冉仲弓（同上），宰我（同上），冉求（同上），子路（同上），有若（同上），子贱（同上），南容（同上），樊迟（同上），子夏，卫人（卫，今河南卫辉府），子贡（同上），琴牢（同上），子羽，鲁人（鲁，见上），公西赤（同上），公冶长（同上），申枨（同上），公明仪（同上），言偃，吴人（吴，今江南省），原思，宋人（宋，今河南归德府），司马牛（同上），曾子，鲁人（鲁，见上），高柴，齐人（齐，今山东青州府），巫马期，陈人（陈，今河南陈州府），陈亢（同上），子张（同上），子思，鲁人（鲁，见上），孟子，邹人（邹，今山东兖州府），荀卿，赵人（赵，今直隶省），虞卿（同上），芊子，齐人（齐，见上），公孙固（同上），孔穿，鲁人（鲁，见上），徐子，宋人（宋，见上）。以上儒家共三十六人，北人三十五，南人一。

老聃出产于长江流域，仲尼出产于大河流域，偶也，才不择地而生也。甚乃习仲尼之说者，亦多为大河流域之出产物，而出产于长江流域者不多得。习老聃之说者，亦多以长江流域为出产地，而出产于大河流域者卒鲜见，不可为偶也，实由于地理之影响也。何也？江性宽缓而纡徐者也，河流湍急而劲疾者也，湍急而劲疾者而影响于学界而为主刚主动，宽缓而纡徐者而影响于学界而为主柔主静焉。湍急而劲疾者，必须筑堤束水，而后毋泛滥之患；宽缓而纡徐者，不必筑堤束水，自能安流行之常。盖江流贵顺性而河流须节性也。河流须节性而影响于学界而为尚礼、尚勉强、崇力行三者，皆节性之道也；江流贵顺性而影响于学界而为非礼（礼，所以节性者也；非礼，是非所以节性者也）、明自然（任公曰：“自然者，顺性也。”）、崇毋为（苟有为，不自然矣。惟毋为，乃所以成其自然也）三者，皆顺性之道也。非直此也，湍急而劲疾者，偶有涨溢，千里腴壤，悉成泽国，庐居受其漂没，财产荡为子虚乌有。在昔洪水时代，人民智识未具，方庆目前衣食之幸福，忽遇意外可惊可愕之事，以震怖于地理上现象；而保守之情深，惟恐洪水之或泛滥，而不得保守其财产，而不能免于流离。而影响于学界，而为则古称先。而宽缓而纡徐者，不患洪水之泛滥也。夫然而人民保守之习亦不甚强焉！而影响于学界，遂为老子之非法古。呜呼！地理之影响于学界何如哉！地理之影响于学界何如哉！

呜呼！我中国学界历史，实以儒老两家相交战而成者也。其在春秋战国时毋论矣！其在炎汉之初，虽以汉文帝、窦太后之笃好黄老，而北方独盛儒学；虽以楚元王、汉武帝之崇礼经师，而南方犹喜道家。《春秋繁露》及其余经说，北学之代表也；《淮南子》及其余词章，南学之代表也。自汉武帝表章六经，排斥百家，而儒教一盛，而老氏一微。自魏文帝祖述老庄，提倡旷达，而老氏一盛，而儒教一微。降及两晋，迄于六朝，而北人徐遵明、李铉、沈重等以精于三礼称，南人王弼、郭象、向秀等以邃于老庄著。尧春陆氏曰："昔何晏、王弼，蔑弃先典，藻饰华言。于时老庄之旨，靡然相从。洙泗之风，藐焉将坠。（中略）当日以平叔为神怀超绝，辅嗣为妙思通微。（中略）其杰然崛起河北者，则惟魏末徐遵明为大儒，《易》《书》《礼》遵郑氏，《左传》遵服氏，讲学授徒，海内宗仰。一时如卢景裕、崔瑾、李铉、权会、田元凤、夏怀敬辈，并执经受业。其后言《易》者，出郭茂之门，言《礼》者，出熊安生之门，言《春秋》者，并得服氏之精微，盖惟其能得真师所在。而后羌博士之名不可越，羌弟子之业有所宗。（中略）江左人文，非不云盛，徒以笃好元言，耽心禅诵，遂致崔、卢、孙、蒋诸儒，来自北方，未闻稍变其习，此所谓上有好之，下必甚焉者也。"旨哉斯言也！可谓深识当日学界之大势者矣。盖长江流域之间，犹是何晏、王弼之遗风也；而大河流域之间，已复郑玄、马融之旧观矣。观于此，可见老派之不适于大河流域而独适于长江流域，孔派之不适于长江流域而独适于大河流域也。迄于今而江西之有张真人，山东之有衍圣公，一则以孔氏苗裔而称尊于大河流域，一则拾老氏唾余而见崇于长江流域，位望之隆，一南一北，并驾齐驱。然则论我中国学界历史者，谓之为儒老两家交战之历史可也。

第七节　长江、大河二流域民族之气禀

先哲有言："前事，后事之师也，前车，后车之鉴也。"昔人分印度之民族为三：一曰身毒河之民族；二曰布拉马河之民族；三曰恒河之民族。盖以河流为别也！今吾分支那之民族二：一曰长江流域之民族；二曰大河流域之民族。亦以河流为别焉！

虽然，大河流域之民族也，长江流域之民族也，犹是一支那之民族也，均是为黄帝之苗裔也；非如匈加利的民族合多数不同种的民族以为民族者比也，非如美利坚的民族合几许为异种的民族以为民族者比也。然而长江流域之民族之气禀，有不同于大河流域之民族之气禀者，何也？《中庸》曰："子路问强，子曰：'南方之强欤？北方之强欤？宽柔以教，不报无道，南方之强也。衽金革，死而不厌，北方之强也。'"大河流域者，古人之所谓北方也。长江流域者，古人之所谓南方也。然则长江流域之民族之气禀，习谦恭而喜和易；大河流域之民族之气禀，尚气概而先勇力。非一旦一夕之故也，盖自古而然矣！此大河流域及长江流域之民族之气禀之一差点也。抑又闻之殷氏曰："中土十八省，分为南北两途。南人工于文词，精于书写，北人往往不及焉。乃北人衹效南人之笔砚精良，纸墨华美，而不能于幼小之年，耳濡目染，如南人之勤学，毋益也。北人习于弓马，善于驰骋，南人亦不及焉。乃南人之效北人，但购其名马高车，劲弓疾矢，而不能如北人手足胼胝，耐习劳苦，毋益也。以同一中土之人，尚不能事事相师，反客为主。"盖长江流域之民族之气禀，喜文字而娴笔墨；大河流域之民族之气禀，好武勇而习击刺，亦大河流域及长江流域之民族之气禀之一差点也。大抵大河流域之民族之气禀，刚毅雄武，常有项王呜暗叱咤之风；长江流域之民

族之气禀，柔和文弱，常有张良妇人女子之观。自古以来，大河流域之国，常有凌驾长江流域之国之势；长江流域之国，常有不敌大河流域之国之势，未必非此之由也。中国之新民曰：“罗马文化，灿烁大地，车辙马迹，蹂躏全欧，乃一遇日耳曼森林中之蛮族，遂踣蹶而不能自立，而帝国于以解纲。夫当日罗马之智识程度，岂不高出于蛮族万万哉！然而柔弱之文明，卒不敌野蛮之武力。”以此证彼，引彼喻此，而知长江流域之国，所以常若不敌大河流域之国；大河流域之国，所以常能凌驾长江流域之国者，实以长江流域之民族之气禀，柔和文弱，常有张良妇人女子之观。大河流域之民族之气禀，刚毅雄武，常有项王呜喑叱咤之风故。

非直此也，抑又闻之先哲曰：“西北之兵劲，其失也肆；东南之兵器，其得也锐。故西北兵便于持久，而东南兵利于速战。呜呼！是非由于民族之气禀之不同欤？大河流域之民族，有百折不回之性；长江流域之民族，恃一鼓作气之勇。一鼓作气之勇，再衰三竭，百折不同之性，愈接愈厉。此所以大河流域之民族之为兵者便于持久，长江流域之民族之为兵者利于速战也。呜呼！国势强弱，未有不视于民族之气禀者也。东吴之于北魏，南朝之于北朝，其始未尝不足以相持，其继终于不能以持久。吾谓其职此之由。”呜呼！黄河女直徙南东，我说神功胜禹功。安用迂儒谈故道，黎然天地划民风。长城饮马，河梁携手，大河流域之民族之雄武之气概也。江南草长，洞庭始波，长江流域之民族之文雅之情致也。俊鹘盘云，横绝朔漠，大河流域之民族之雄武之气概也。月明画舫，缓歌曼舞，长江流域之民族之文雅之情致也。大河流域之民族之气禀，得之雄浑而失之粗鲁；长江流域之民族之气禀，失之偷薄而得之睿智。大河流域之民族之气禀，得之爽直而失之蛮狠；长江流域之民族之气禀，失之猾诈而得之柔和。斯其大较然也！虽然，长江流域之民族也，大河流域之民族也，其民族同为黄帝之苗裔，其宗教同尚佛教之迷信，盖孔子非宗教家而政治家，老子非宗教家而理想家。我国人所有迷信思想，皆受佛教之影响者也。是以任公言中国之宗教曰：“支那部人民所奉者，佛教也。”宗教同，民族同，而何以民族之禀性不同？于是最后之一问题出焉，即推求其所以然之故，是也。吾得而断之曰：其所以然之故在地理。何也？在昔河流交通时代，人民惟藉河流为交通之道耳！自长江南下，大河北注，一行于北，一行于南，不合流而分流，于是南北之地理遂不便交通，因之南北之人民遂不相交接。人民不相交接而南北之风气遂不相接触，风气不相接触，而南北之风气遂不相调和。南自南，北自北，各成其为风气，各自有其特性。南斥北为索虏，北斥南为岛夷。虽同一黄帝之苗裔，同一佛教之迷信，自不得不感于地理之影响，而异其禀性之强弱焉。吾于河流之千里一曲，湍急而汹涌，如睹孟贲乌获之龙腾虎拿。江流之三江一致，宽缓而澄清，如睹淑人君子之温文尔雅也。

我中国自古以来，鲜有就禹域之山川言民族之气禀，足以资地理家之研究而备地政学之参考者，纵有亦不过东鳞西爪只字片言而已，从未有积句成章连章累牍者也。窃尝纵观千古横览八极而求其人焉，于古得一史公，近今得一任公而已。试述二人之伟议，而列一表为横格，上列史公议论以考古，下列任公议论以证今。今不考之于古，则今且安恃？古不参之以今，则古实难用也。

史公之说	
长江流域	大河流域
越楚则有三俗。夫自淮北沛、陈、汝南、南郡，此西楚也。其俗剽轻易发怒，地薄，寡于积聚。彭城以东，东海、吴、广陵，此东楚也。其俗类徐、僮。朐、缯以北，俗则齐；浙江南，则越。夫吴自阖庐、春申、王濞三人招致天下之喜游子弟，亦江东一都会也。	关中自汧、雍以东至河、华，膏壤沃野千里，自虞、夏之贡，以为上田，而公刘适邠，太王、王季在岐，文王作丰，武王治镐，故其民犹有先王之遗风，好稼穑，殖五谷，地重，重为邪。及秦文、孝、缪居雍，隙陇、蜀之货物，而多贾。献孝公徙栎邑，栎邑北却戎狄，东通三晋，亦多大贾。武、昭治咸阳，因以汉都，诸陵，四方辐辏并至而会，地小人众，故其民益玩巧而事末也。张平子《西京赋》曰：“尔乃商贾百贩①，

① 贩，《文选》通行本作“族”。

续表

史公之说	
长江流域	大河流域
左太冲《吴都赋》曰："富中之甿，货殖之选；乘时射利，财丰巨万；竞其区宇，则并疆兼巷；矜其宴居，则珠服玉馔；趫材悍壮，此焉比庐；捷若庆忌，勇若专诸；危冠而出，竦剑而趋；扈带鲛函，扶揄属缕；藏鍦于人，去稸自闾；家有鞺鞨，户有犀甲；士有陷坚之锐，俗有节概之风；睚眦则挺剑，喑呜则弯弓。"其言亦足证吴俗之一斑也。附录之以资参考。 衡山、九江、江南、豫章、长沙，此南楚也。其俗大类西楚，与闽中、干越杂俗，故南楚好词，巧说少信，江南卑湿，丈夫早夭。 陈在楚夏之交，通鱼盐之货，其民清刻，矜已诺。九疑、苍梧以南至儋耳者，与江南大俗同，而扬越多焉。番禺亦其一都会也。 颍川、南阳，夏人之居也。夏人政尚忠朴，犹有先王之遗风。颍川敦愿，秦末世，迁不轨之民于南阳，其俗杂，好事业，多贾。总之楚越之地，地广人希，饭稻羹鱼，或火耕而水耨，果隋蠃蛤，不待贾而足，地势饶食，无饥馑之患，以故呰窳偷生，无积聚而多贫，故江淮以南，无冻饿之	裨贩夫妇，鬻良杂苦，蚩眩边鄙，何必昏于作劳，邪赢优而作①恃。彼肆人之男女，丽美奢乎许史。若夫翁伯浊质，张里之家，击钟鼎食，连骑相过。东京公侯，壮何能加，都邑游侠，张赵之伦，齐志无忌，拟迹田文。轻死重气，结党连群，寔繁有徒，其从如云。茂陵之原，阳陵之朱。趫悍虓豁，如虎如貙。睚眦虿芥，尸僵路隅。丞相欲以赎子罪，阳石污而公孙诛。"《文献通考》曰："汉初，高帝纳娄敬说而都焉，又徙齐诸田，楚昭、屈、景，燕，赵，韩，魏之后及豪族名家于关中，强本弱末以制天下。自是每因诸帝山陵，则迁户立县，率以为常，故五方错杂，风俗不一。汉朝京辅，称为难理。其安定、彭原之北，汧阳、天水之西，接近胡戎，多尚武节。"其说皆足与史公相参考。 夫三河在天下之中若鼎足，王者所更居也。建国各数百千岁。土地小狭，民人众，都国诸侯所聚会，故其俗纤俭习事。 种、代，石北也，地边胡，数被寇。人民矜懻忮，好气任侠为奸，不事农商。其民羯羠不均，自全晋之时固已患其慓悍，而赵武灵王益厉之，其谣俗犹有赵之风也。 中山地薄人众，犹有沙邱纣淫地余民，民俗懁急，仰机利而食。丈夫相聚游戏，悲歌忼慨，起则相随椎剽，休则掘冢作巧奸冶。 郑、卫俗与赵相类，然近梁、鲁，微重而矜节，濮上之邑徙野王，野王好气任侠，卫之风也。

① 作，《文选》通行本作"足"。

续表

史公之说	
长江流域	大河流域
人，亦无千金之家。	夫燕亦勃海之间一都会也。人民希，数被寇，大与赵、代俗相类，而民雕悍少虑。 临淄亦海岱之间一都会也。其俗宽缓阔达，而足智，好议论，地重，难动摇，怯于众斗，勇于持刺。故多劫人者，大国之风也。其中具五民。而邹、鲁滨洙、泗，犹有周公遗风。俗好儒，备于礼，故其民龌①龊，俭啬，畏罪远邪。及其衰，好贾趋利，甚于周人。 夫自鸿沟以东，芒、砀以北，属巨野，此梁、宋也。其俗犹有先王遗风，重厚多君子，虽无山川之饶，能恶衣食，致其蓄藏。

任公之说	
长江流域	大河流域
大江左右，自晋南渡后，中原衣冠文物在焉，故史公所言关中三河之俗，自中世以来，乃见之于江南；中间胡元盗国百年中，稍衰息矣！元人诗曰：“玉树后庭花不见，北人租地种茴香。”盖伤之也。然南俗既已脆弱，而历代都此者，率皆偏安媮惰之主，导以骄侈淫逸，故其俗文而少气，知者多而行者寡。虽然，江浙固今日文明之中心点也。 江汉之间，近日之荥阳、成皋也；天下有事，为必争之区，故洪杨之变，武昌三陷，汉阳四陷。其民数更丧乱，人毋自安之心，故俗习于巧黠，好小乱而毋远志。 皖南、江右，俗在吴鄂之间，可代表南人之特性焉。 湖南，古南楚也；北通江域，南接猺疆，故其人进取之气颇盛，而保守之习亦强。近数十年，自乏②其功，嚣张大甚。然其尚气敢任，有足多者。	大河以北，自汉受匈奴降众，居之三辅，民夷杂处。及晋而五胡乱华，继以北魏，中原遗民不睹汉家威仪者垂数百年。全唐盛时，一雪此耻。迨于五季，石晋以燕云十六州赂契丹。终宋之世，辽金交扰。逾元涉清，金瓯全缺。故北方之俗，汉胡杂焉。虽然，以数被边患，故有如《史记》所云，矜懻忮，好气任侠者，排外之心稍强。 甘凉素蹂躏于回族。其俗杂汉回，悍而急，僿而好乱。 关中，古帝王都也，然自隋唐之交，喋血六七，水薄其味，土变其质。近加以明季张、李之践踏，呜呼耗矣！故其民贫而悴，媮而不扬。 山西，古三晋也。夙边胡，践掠最多，故其坚忍而好蓄藏，至今犹能以商豪于国中；然朴塞固陋，今犹有穴居者。

① “龌”当为“龊”之讹。

② “乏”疑当作“伐”。

续表

任公之说	
长江流域	大河流域
四川、云贵、两广、福建，自昔以来，其利害与中原不甚相切。蜀人饶富，善保守，而乏进取；至今其俗与千年前不甚变迁，常为他地乏人入之以婴守。其土著民族，有活泼气象者鲜焉！ 滇黔，三苗、南蛮之故墟也。其民之稍优秀者，大抵流宦迁贾，来自他方。至其原民，则犹有羲皇以上之遗风焉。 广西（西江流域），瘠土也。民食不相给，而与中原远，故洪、杨用之以发难。近数十年，游勇麇集，椎埋相结，故其人民最喜乱，视揭竿之事为日用饮食。 广东（西江流域）自秦汉以来，即号称一大都会。而其民族与他方绝异，言语异，风习异，性质异，故其人颇有独立之想，进取之志。两面濒海，为五洲交通孔道，故稍习外事。虽然，其以私人资格与外人交涉者太多，其黠劣者或不免媚外依赖之性。 闽人盖亦同病焉！	直隶为帝都七百余年，举天下便辟巧媚之士凑集焉。加以从龙入关之胄，骄侈淫逸，恣慢横暴；雍乾以后，益挫抑士气。其士大夫相率以群居终日，言不及义，好行小慧，故京师之俗杂五方，而为首恶之区。其民则土炕毳服如膻乡焉！虽然，燕齐之交，其慓悍之风，至今犹存。响马漂客，犹椎埋侠子之遗。 河南，自昔四战之国，而今则寥廓之区也。其民勇不逮北，智不逮南，毋足云者。

以任公之言而证之史公之言，可以知长江流域及大河流域之民族之气禀之古今之不同。以长江流域而较之大河流域，可以知大河流域及长江流域之民族之气禀之南北之各别，了如指掌，灿若列眉，岂非一研究之绝妙法门耶！

第八节　结论

大抵论支那民族之文明之程度，当以江以南为第一。论支那民族之体魄之雄武，当以河以北为第一。渐次而至滨河以南之民族，稍不如河以北之民族之体魄之雄武，而犹胜于滨江以北之民族焉。渐次而至滨江以北之民族，又不如滨河以南之民族之体魄之雄武，而犹胜于江以南之民族焉。然而论江以南之民族之体魄之雄武，固居一国之后；论江以南之民族之文明之程度，犹为一国之冠。虽然，天演物竞，优胜劣败，徒有野蛮之武勇而毋文明之智识，固不足以立于今日弱肉强食生存竞争之世界。徒有文明之智识而毋野蛮之武勇，恐亦毋以立于今日弱肉强食生存竞争之世界。以罗马民族之声名文物，为欧罗巴文明之母，徒以战攻之猛之不如日耳曼蛮族，勇力之武之不如日耳曼蛮族，遂亡于日耳曼蛮族之手。以斯巴达民族之刚毅雄武，为希腊雄伟之国，徒以文明之程度之不如雅典民族，智识之开通之不如雅典民族，遂亡于雅典民族之手。我支那大河流域之民族之所以称雄武者，不过对于长江流域之民族之文弱而见其为雄武耳，非有如斯巴达民族人人有军人资格也。我支那长江流域之民族之所以称文明者，不过对于大河流域之民族之粗鲁而见其为文明耳，非有如罗马民族人人有普通智识也。如罗马之民族之文明而不雄武，尚见亡于日耳曼蛮族，然则其民族之文明之不如罗马，而有罗马不雄武之病者，当更何如？如斯巴达之民族之雄武而不文明，尚见亡于雅典民族，然则其民族之雄武之不如斯巴达，而有斯巴达不文明之病者，当更何如？

我中国长江、大河二河流之影响于政治界、生计界、学界、民风①，既已如上所述矣。然而欲统一我中国长江、大河二流域之政治界，调剂我中国长江、大河二流域之生计界，调和我中国长江、大河二流域之学界与民风二者，不可不先完备我中国长江、大河二流域交通之机关。语曰：“旁观者明，当局者暗。”此天下之公论也！某国民之一分子也，固立于当局之地位而非立于旁观之地位者也。容或自知不明乎？请更质之旁观者，日本东京经济杂志云：“河流与道路者，运输交通之要具也。支那者，（中略）其河川皆东西流而南北流者少，故河川者止能供东西交通之需，而不能为南北交通之用也。至于道路，则荒废

① 风，原作“族”，今据下文改正。

已甚，车马难通，故欲中国运输交通之便利者，不可不俟人工。而依人工以为运输交通之机关，世界现时所恃以进步者，尤毋如铁路。支那于铁道勃兴之时，即支那所以完备其运输交通之缺乏也。”呜呼！河流之交通穷而谋陆地之交通，亦势之必至理之固然者也。然则代河流而交通于长江、大河二流域间，舍铁路莫由；必交通长江、大河二流域之铁路成，而后可以言政治界之统一，生计界之调剂，学界与民风二者之调和也。请伸其说！

曷言乎必交通长江、大河二流域之铁路成，而后可以言民风之调和也。我中国民风所以有南与北之别而不相调和者，由于地理上之不便于交通也。既已如第七节第五段所述矣，苟长江、大河二流域交通之铁路成，则长江、大河二流域之地理于以接近，而长江、大河二流域之民族便于交接矣。民族便于交接因之而民风易于接触，民风易于接触因之而民风于以调和。凡两异性相合者，其所得结果必加良，此生理学之公理也。从此合长江、大河二流域民风之特色而一炉共冶之，北人师南人之工于心计而一洗其从前鲁莽之习俗，南人师北人之敢于犯难而一洗其从前文弱之积习，而胎育出一群新民族，而制造出一个新中国。兴言及此，能不馨香以祝之祷祀以求之乎？

曷言乎必交通长江、大河二流域之铁路成，而后可以言学界之调和也。盖地理之便交通与否，即学界之相调和与否之原因之先声也。吾尝闻之任公曰：“自纵流之运河既通，二流域之形势，日相接近，天下日趋于统一，而学界亦然。至贞观之初，孔颖达、颜师古等，奉诏修《五经正义》，既已有折衷南北之意。祖孝孙以梁、陈旧乐，杂用吴楚之音，周、隋旧乐，多涉胡戎之技，于是斟酌南北，考以古音，而作大唐雅乐。文家之韩柳，诗家之李杜，皆生二流域之间，思起八代之衰，成一家之言。书家如欧、虞、褚、李、颜、柳之徒，亦皆包北碑南帖之长。”呜呼！昔者隋人浚运河而横贯长江、大河二河流之航路，既已为混合南北学界之朕兆。然则今日吾人开铁路而横贯长江、大河二流域之地理，安知非调和南北学界之胚胎乎？

曷言乎必交通长江、大河二流域之铁路成，而后可以言生计界之调剂也。长江泽国，转输西北。大河陆海，仰给东南，非东南之土宜果沃，而西北之地力实竭也。纵使西北之地力实竭，而东南之土宜果沃，则农业既惟东南为最适宜之场，而矿藏亦惟西北为最饶富之区。东南既转输漕运以济西北之谷食，西北当开辟矿藏以济东南之财用，既已如第五节第五、六段所述矣！然昔之所恃以运漕之会通河可以浮江涉淮溯河经济而毋阻滞者，今已淤涸。而长江、大河二流域间，又有中干山脉崇峦峻岭以为之障碍，则转输毋术，运送没由。东南不免积粟以俟朽，西北仍是怀金以待毙，虽欲交换利益而没由交换，虽欲调剂生计而没由调剂，仍非计之得者也。惟交通长江、大河二流域之铁路成，则可以毋虞转输之毋术，运送之没由矣。从此西北资助东南以矿藏之所出，东南转输西北以农业之所产。西北可免如呼庚之兴嗟，东南不至虑点金之乏术。岂非一举而两得，实为有利而毋弊者乎？

曷言乎必交通长江、大河二流域之铁路成，而后可以言政治界之统一也。盖铁路者，实统一政治界之不二法门也，可以使地理之遥远者而使之接近，可以使地理之险阻者而使之荡平。观云云：“俄之设总督也，（中略）专为领土远隔，交通不完全之区，而为行政上谋便利而设。（中略）然至今日交通□□之机关，日益发达，中央政府之命令，能达遐远之处。总督之职权，遂益缩小。（中略）是后以铁路□□之发达，当一归中央政府所统治，总督之职权可尽废弃。”观于此而知铁路者，实统一政治界之机括，而欲统一我中国长江、大河二流域之政治界，必俟之铁路既成以后也。有断然者，日相伊藤氏曰：“中国名为一国，实则十八国也。”然则今日之中国名为一统而实非一统也。虽然，吾一言铁路而不觉无限之感情起于胸中者，何也？地理之有铁路，犹人身之有脑筋也。人身有脑筋而后有知觉有运动，地理有铁路而后交通便，统治易，得之则存，失之则亡。异哉我中国之有铁路也！不曰某线路为俄所经营，即曰某线路为英所经营；不曰某线路为美或法所经营，即曰某线路为德或日所经营；胡为我中国之地面而竟有英、俄、德、法等国所经营之线路耶？惟我国民不能及早经营而自完备其交通之机关，以致外人越俎代谋，握我交通之机关而制我之死命，此有志之士所为痛哭流涕而长太息者也！昔法为德败，法割地求和，于是法之教员指所失之地图而训学生曰："汝不能收复已割之地者，非法兰西男子也。"某窃仿其意而勉我国民曰：苟不能收复已失之铁路而返诸我支那者，非支那国民也！

（原刊于《新民丛报》第64—67号，1905年3月6日、20日，4月5日、19日）

第二部分

青年时期

治学篇（上）

余任课大学甲戌两组国文。将始业，乃遵章而校其艺业，试以论文，曰《周秦学派述评》，陆懋德教授之所命，而甲组诸生作焉。曰《清代学术衡论》，孟宪承教授之所命，而戌组诸生作焉。余校阅诸生之作，而患治学之未尽知方也，作《治学篇》。

治学有方，贵能会异见同，即同籀异；匪是无以通伦类，诏途辙。然而诸生之论学则何如？言周秦学派者，徒条其流别，而未观其会通；则会异而不知见同也。言清代学术者，徒言清儒之治汉学，而未明汉学清学之究何以殊；则是即同而未能籀异也。夫会异而不知见同，则所知毗于畸零，而无以明其会通。倘即同而未能籀异，则用思嫌于笼统，而奚以较其大别？二者所蔽不同，而为失则均。斯固近日学者之通患，而诏诸生以知儆；匪徒好为引绳批根之论也。

班固《汉书·艺文志》著录诸子十家，曰儒家、道家、阴阳家、法家、名家、墨家、纵横家、杂家、农家、小说家，而许为可观者，儒、道、阴阳、法、名、墨、纵横、杂、农九家而已。然余观纵横一家，仅苏秦、张仪数人，恃其利口捷给，捭阖短长，游说王公大人以取一时富贵；夸诞无学，固与远西之雄辩家绝殊。而杂家之学，兼儒墨，合名法，宗旨不纯，又奚名家？盖家则不杂，杂则非家，未可兼而称之也。至农家者流，播百谷，劝农桑以足衣食；樊迟请学稼，疑汲其流；

然孔子斥之曰“小人哉”（见《论语·子路第十三》）；则卑之无甚高论矣。宁只小说者流之媿于小道，泥于致远也？然则诸子十家可观者，儒、道、阴阳、法、名、墨六家而已，而儒与道德二者，尤为一切学术之所宗焉？

余读司马迁《史记·老子韩非列传》，赞“申子卑卑，施之于名实；韩子引绳墨，切事情，明是非；其极惨礉少恩，皆原于道德之意”。则是刑名法术之学，原于道德也。老子所贵道虚无因应，变化于无为，而为法家之术所自出。申不害之学，原于道德之意而主刑名，以名责实，尊君卑臣。其佚文曰：“名者，天地之纲，圣人之符。张天地之纲，用圣人之符，则万物之情无所逃之，故善为主者倚于愚，立于不盈，设于不敢，藏于无事，窜端匿迹，示天下无为，是以近者亲之，远者怀之。示人有余者人夺之，示人不足者人与之；刚者折，危者覆，动者摇，静者安。名自正也，事自定也，是以有道者自名而正之，随事而定之也。”（见《群书治要》引《大体篇》）著书二篇，号曰《申子》。相韩昭侯十五年，国治兵强，无侵韩者。申子言术，而卫鞅为法，法者臣之所师，而术者人主之所执。法者，赏存乎慎法，罚加乎奸令，编著之图籍，设之于官府，而布之于百姓者也。术者，因任而授官，循名而课实，藏之于胸中，以偶万端而潜御群臣者也（详见《韩非子·定法第四十三》）。故术不欲见，而法莫如显；术用在潜，而法行以信。卫鞅之书曰：“吏明知民知法令也，故吏不敢以非法遇民；民不敢犯法以干法官也。”“故圣人为法，必使之明白易知。”（见《商君书·定分第二十六》）此“法莫如显”之说也。又曰，“国皆有法，而无使法必行之法。国皆有禁奸邪、刑盗贼之法，而无使奸邪、盗贼必得之法了“圣人有必信之性，又有使天下不得不信之法”（见《商君书·画策第十八》），此“法行以信”之说也。秦孝公善其言，用为相，变法更令，传《商君书》二十九篇，亡者五篇。顾韩非患卫鞅之无术，而又病申子未尽法；于是综法术道德，著书五十五篇。其言曰：“道者，万物之始，是非之纪也。是以明君守始以知万物之原，治纪以知善败之端，故虚静以待令。令名自命也，令事自定也。虚则知实之情，静则知动者正。有言者自为名，有事者自为形，形名参同，君乃无事焉，归之其情。”“道在不可见，用在不可知。虚静无事，以暗见疵。见而不见，闻而不闻，知而不知。知其言以往，勿变勿更，以参合阅焉。官有一人，勿令通言，则万物皆尽。函掩其迹，匿其端，下不能原。去其智，绝其能，下不能意。”（见《韩非子·主道第五》）所以明术也。又曰：“十仞之城，楼季勿能逾者，峭也；千仞之山，跛牂易牧者，夷也。故明王峭其法而严其刑也。布帛寻常，庸人不释；铄金百镒，盗跖不掇。不必害，则不释寻常；必害手，则不掇百镒，故明主必其诛也。是以赏莫如厚而信，使民利之；罚莫如重而必，使民畏之；法莫如一而固，使民知之。故主施赏不迁，行诛无赦。”（见《韩非子·五蠹第四十九》）此所以饬法也。其极惨礉少恩，皆原于道德之意。然道德者术之所由出，而为法者，道之所不许，何以明其然？老子言：“民不畏死，奈何以死惧之！”（见《道德经》第七十四章）太史公《酷吏列传》亦引“法令滋章，盗贼多有”之说，而云“法令者治之具，而非制治清浊之源”。然则为法者道之所不许，此太史公列传所为别署商君，而不以同于申韩，次之老、庄之后者也。惟老、庄兼综有名无名，阐道于玄；而申不害贵名之正，韩非亦言刑名参同，断断焉致谨于名。斯所以异耳。

《汉书·艺文志》载“名家者流，盖出于礼官”。而礼者儒之所特重，孔子论治人情，礼之不可以已（见《礼记·礼运第九》）。晏婴讥孔子盛容饰，繁登降之礼（见《史记·孔子世家第十七》）；而太史公谈亦称儒者“序君臣父子之礼”为不可易（见《史记·太史公自序第七十》），斯皆儒家重礼之证。而古者名位不同，礼亦异数，故齐礼者必正名。此名家之学所由起；而孔子所为发正名之对（见《论语·子路第十三》），荀子所以著《正名》之篇也。则是名家儒之所自出也。儒者修祭祀，敬鬼神，而阴阳家者流，依于鬼神之事，好言禨祥。驺衍深观阴阳消息而作怪迂之变，《终始》《大圣》之篇十余万言，其语宏大不经，先序今以上至黄帝，大并世盛衰，因载其机祥制度，五德转移，治各有宜。然要其归必主乎仁义节俭，君臣上下六亲之施（见《史记·孟子荀卿列传》）。然则所谓阴阳家者，儒家之支与流裔耶？余读荀卿《非十二子篇》称："略法先王而不知其统，然而犹材剧志大，闻见杂博。案往旧造说，谓之五行，甚僻违而无类，幽隐而无说，闭约而无解，案饰其辞而祗敬之，曰：'此真先君子之言。'子思倡焉，孟轲和焉。"① 则是阴阳五行之学倡于子思、孟轲也。顾或者引杨倞注谓"五行，五常，仁义礼智信"，非也。夫五行之说造于《洪范》，"一曰水，二曰火，三曰木，四曰金，五曰土"，而仁义礼智信五者谓之"五常"，自古无"五行"之说。且儒家之常言，非思、轲所创，奚所谓"僻违""幽隐""闭约""无类""无解"也？驺衍《终始》、《大圣》之篇，序今以上至黄帝学者所共术，大并世盛衰；因载机祥制度，五德转移，治各有宜，是正荀卿非子思、孟轲所称"略法先王，案往旧造说，谓之五行"者也。"五行"者，殆即"五德转移"之谓，而驺衍之见诃于马迁者，曰"怪迂之变"，曰"宏大不经"。今观荀卿非思、轲所称"材剧志大，闻见杂博"，倘即"宏大"之异词耶？所谓"甚僻违无类，幽隐无说，闭约无解"，倘即"怪迂""不经"之异词耶？学同，故所以被诃者亦同，宁只"要其归于仁义节俭、君臣上下六亲之施"之足以证"阴阳家言之自儒"也哉！惟马迁为能明诸子学术之流变，故次驺衍以附儒家孟子之传；犹之次申不害、韩非以附道家老庄之传也。马迁之传申、韩，推其本于黄老道德，犹之传验衍之"要其归于仁义节俭"；要以著学术之自出，见附传之用心焉。虽然，儒与墨不同术，而马迁次墨翟以附儒家《孟子荀卿列传》后者曷居？曰：墨与儒不同术而出自儒。《淮南子·要略训》称"墨子学儒者之业，受孔子之术，以为其礼烦扰而不说，厚葬靡财而贫民，服伤生而害事，故背周道而用

① 《荀子》原文为"曰：'此真先君子之言也。'子思唱之，孟轲和之"。——编者

夏政”：欲变文而反之质。然谆深切，陈古讥今，喜称道《诗》《书》，与儒者类，则墨者亦儒之继别为宗者矣。近儒扬榷先秦诸子学者，往往称墨学足与孔、老雄，然此以论墨子当日则可；匪所语于后来也。余观先秦而后，数千祀间：汉初尚黄老，汉武礼儒者，魏晋谭老庄，唐宋宗孔、孟，迭相赴仆，实为孔、老代兴之史，宁有墨学回翔之余地者？而墨学中兴，不过晚近数十年间尔。自欧化之东渐，学者惭于见绌，返求之己，而得一墨子焉。观其《兼爱》《非攻》本于《天志》，类基督之教义；而《经说》《大、小取》诸篇，又与欧儒逻辑之学不违，由是谭欧化者忻得植基于国学焉。此挽近墨学之所为大盛，而骎驾孔子之上者也。若论其朔，则墨子者不过孔子之继别为宗者尔。

孔子之为学，与老子殊。老子之明道也，究极于“玄之又玄”（见《道德经》第一章）；而孔子则以“诚”为归（见《礼记·中庸第三十一》）。老子崇道于天地万物之先（参见《道德经》第二十五章、第四十二章），而孔子则体诸人伦日用之间。老子斥礼者道德仁义之失，忠信之薄（见《道德经》第三十八章）。而孔子则明礼起于大道之隐，所以救忠信之薄，刑仁讲让而示民之有常（见《礼记·礼运第九》）。此孔子之所以别于老也。然问礼于老（见《史记·孔子世家第十七》，《老庄申韩列传第三》），渊源有自。孔子“礼顺人情”（见《礼记·礼运第九》），“率性为道”（见《礼记·中庸第三十一》）之说，奚必不本于老之“道法自然”（见《道德经》第二十五章）？辙迹显然，不容讳也。孔子曰：“道不同，不相为谋”（见《论语·卫灵公第十五》）；其然，岂其然耶？余观周秦学者：有相为谋而不同道者，如申、韩之原于道德；名、墨、阴阳之出自儒者，孔子之问礼于老，是也。然有同道而不相谋者，如荀子之于孔子是也。荀子以从性顺情为恶，违性制情为礼（见《荀子·性恶篇第二十二》），矫自然而不法自然；言礼义与孔子同，而所以言礼言义者则与孔子异。孔子祖述尧舜（见《礼记·中庸第三十一》），而荀法后王（见《荀子·非相篇第五》）；孔子道率性，而荀重师法（参见《荀子·修身篇第二》、《性恶篇第四十三》）。孔子作《春秋〉，明天人相与之际（见董子《贤良对策》）；而荀子《天论篇》则明于天人之分，而斥天人之不相与。孔子曰："夫礼必本于天，以人情为本"（见《礼记·礼运第九》）；而荀子曰："礼义者生于圣人之伪，非故生于人之性也"（见《荀子·性恶篇第四十三》）。要之荀子之意，率性而适自然，则失其所以为人；拂性而矫自然，乃即其所以为礼，此又荀子之所以大别于孔也。呜呼！二帝三王已还，天叙天秩，既垂典常（见《书·咎繇谟第五》）；而老子之"道法自然"，孔子之"率性为道"，罔不尊自然而崇天则。迨荀子之起而悉摧拉无余焉，可特笔也。然则荀子者，虽自谥曰"仲尼之徒哉"，殆不啻孔学之革命者耳；宁只性恶之说，与孟子立异也哉！厥后荀子之高第弟子韩非薄仁义、厉刑禁（参见韩非子《难》、《难势》、《五蠹》、《显学》诸篇），李斯绌《诗》、《书》，陈督责（见《史记·李斯列传第二十七》），论者或以为惨酷少恩。自余观之，二人者，皆笃信荀子"矫性起伪"之师说而崭措诸行事者也。虽所施或拂人心之同然。韩退之有言："士之特立独行，适于义而已。不顾人之是非，皆豪杰之士，信道笃而自知明者也。一家一国非之，力行而不惑者，寡矣。"① 至于韩非、李斯者，举世非之，力行而不惑；彼岂无所挟持而能之哉！殆笃信师说而不惑于流俗耳。余故特表而出之以念治国故者。荀子之为学，始诵经，终读礼，綦重章句文学，诵数以贯，思索以通（见《荀子·劝学篇第一》），而汉儒穷经，《诗》鲁、毛，《春秋》之《穀梁》、《左氏》，皆传自荀卿，《礼》大小戴记文多采《荀子》书，厥为汉儒朴学之宗。而孟子受业孔子之孙子思；传中庸率性之道，作七篇书，明心见性而阐性道之要，则导宋儒性学之先。其大较然也。荀子读礼，化性而起伪；

① 语出《韩昌黎文集·伯夷颂》，原文为："士之特立独行，适于义而已。不顾人之是非，皆豪杰之士，信道笃而自知明者也。一家非之，力行而不惑者，寡矣；至于一国一州非之，力行而不惑者，盖天下一人而已；若至举世非之，力行而不惑者，则千百年乃一人而已耳。"——编者

庄生任天，齐物于无为；所尚不同，然原大道之无不在，訾百家之多得一，则亦有不相为谋而同者。余谓《庄子·天下篇》载“古之所谓道术者，……无乎不在。”“天下多得一察焉以自好。譬如耳目鼻口，皆有所明，不能相通；犹百家众技也，皆有所长，时有所用。虽然，不该不遍，一曲之士也。判天地之美，析万物之理，……百家往而不反，……道术将为天下裂！”则是百家者道术之裂。曷言“百家者道术之裂”？曰：荀子则既言之矣：“万物为道一偏，一物为万物一偏，愚者为一物一偏，而自以为知道，无知也。”“夫道者，体常而尽变，一隅不足以举之。曲知之人，观于道之一隅而未之能识也。凡人之患，蔽于一曲而暗于大理。”“慎子有见于后、无见于先，老子有见于诎、无见于信，墨子有见于齐、无见于畸，宋子有见于少、无见于多”，“墨子蔽于用而不知文，宋子蔽于欲而不知得，慎子蔽于法而不知贤，申子蔽于势而不知知，惠子蔽于辞而不知实，庄子蔽于天而不知人”。其著于《天论》、《解蔽》两篇，所以明大道之无不在，百家之多得一者，何合契庄生如一辙耶！宁独荀子？《尸子》曰：“墨子贵兼，孔子贵公，皇子贵衷，田子贵均，列子贵虚，料子贵别，囿其学之相非也。数世矣，而已皆弇于私也。天、帝、后、皇，辟、公、弘、廓，宏、溥、介、纯，夏、幠、冢、晊，昄皆大也；十有余名而实分[①]一也。若使兼公虚，均衷平，易别囿，一实也，则无相非也”（见萧山汪继培辑《尸子广泽》篇）。故曰“百家者，道术之裂”。太史公谈引《易大传》：“天下一致而百虑，同归而殊途。夫阴阳、儒、墨、名、法、道德，此务为治者也；直所从言之异路，有省不省耳。”（见《史记·太史公自序第七十》）然则论周秦学派者，徒明百家之得一，而未识殊途之同归，斯可谓知一而不知二者也。余故辨章源流以明百家之有相自，勘比同异以明百家之何所别；庶几学者知览观焉。

① “分”乃衍文，当删。——编者

治学篇（下）

夫言周秦学派者，既昧于所同；而衡清学汉学者，又昧其所异。请更端以竟其说。

论者之言曰："清代学术，以探求前人古书之意义为本旨，以考据训诂为方法，所谓汉学是也。"（见杨生锡龄文）此固非一人之私言，而袭人人之公言也。然而事实所昭，博不能无异议。

清学者，反本修古，不忘其初者也。夷考厥始；由明之王学，矫而反之宋之朱学，此顺、康间之学也。由宋之朱学，又反而溯之东汉许、郑古文，旁逮周秦诸子之书，此乾、嘉时之学也。由东汉许、郑古文之学，又矫而反之西汉今文十四博士之学，此道、咸、同、光四朝之学也。然则汉学者，清学之一事，而不足以尽清学也。清初当姚江王阳明之学极盛，余姚黄宗羲尝受学山阴刘宗周以承阳明之绪，言满天下，称东南大师；而教学者读书不多，无以证斯理之变化；多而不求诸心，则为俗学。自以为守其先师之法，传之后进，谊无所让也，此为王学之后劲矣。同时容城孙奇逢讲学燕蓟，周至李颙倡道关中，皆以王学为桴应。然奇逢蚤岁与定兴鹿善继论学以象山、阳明为宗，晚更和通朱子之说，著《理学宗传》，表周、程、张、邵、朱、陆、薛、王及罗念庵、顾泾阳为十一子。而颙教学者当先观象山、阳明之书，阐明心性，直指本初，以洞斯道之大原；然后取二程、朱子书玩索以尽践履之功；否则醇谨者乏通慧，颖悟者杂异端，无论言朱言陆，于道皆未有得也。则是二人者，固已折衷朱子，而不坚持王学之壁垒焉。昆山顾炎武笃志六经，谓经学即理学也；自有舍经学言理学者，乃堕于禅学而不自知。故持论悉本朱子说，而诃阳明甚峻，至比之王弼、何晏清谈之祸晋室。其持论见《日知录》者，可覆按也。自是之后，王学稍衰，而平湖陆陇其著绩循吏，安溪李光地持枢中朝，皆高名雅望，学宗朱子，挟登高之呼，为儒林之宗；而朱学于是大昌也。时则萧山毛奇龄、太原阎若璩，皆不慊朱子之注经，而有所论说。而奇龄才气自负，说经长辩驳，多与宋儒凿枘，而雄辩足以济之，著《四书改错》一书，于朱子盛气攻辩，语或过当；然自明以来，申明汉儒之学，使儒者不敢以空言说经，实奇龄开其先路。厥后元和惠栋三世传经（祖父周惕、父士奇），笃信汉学，谓"汉人通经，有家法，故有五经师。训诂之学，皆师所口授，其后乃著竹帛，所以汉经师之说，立于学官，与经并行。古字古言，非经师不能辨，是故古训不可改也，经师不可废也"。休宁戴震稍后出，而诵说汉学，一本许慎《说文解字》书，遂尽通《十三经注疏》，能全举其辞，尝曰："经以载道。所以明道，辞也。所以成辞者，字也。学者当由字以通其辞，由辞以通其道。"学者遵为典则，以此治六经，即以此疏诸子；而东汉许、郑之学于是臻极盛焉。嘉、道以后，学者又由许、郑之学，泝洄而上。《易》宗虞氏以求孟义，《书》宗伏生、欧阳、夏侯以距马、郑，《诗》宗齐、鲁、韩三家以正毛、郑，《春秋》宗《公》、《穀》以难《左氏传》。发轫于武进庄存与、刘逢禄，极倡于仁和龚自珍、邵阳魏源，乃刊落训诂名物之末，专求其所谓微言大义者，述伏、董之遗文，寻武、宣之绝轨，是谓"西汉今文之学"，学愈进而愈古，义愈推而愈高。方其始也，循朱子之道问学，以救王学尊德性之空。而其既也，又发西汉今文之微言大义，以矫东汉名物训诂之碎。然则论者所谓"探求前人古书之意义，考据训诂之方法"者，特又东汉许、郑之学而为清儒治汉学之一节；宁得概其全体大用也耶？

且清学之用汉学，特考据训诂之法耳。而其动机，其精神，一出于宋学。清学之初为朱学，朱子尝教人看注疏，不可轻议汉儒；云："汉初诸儒，专治训诂；如教人亦只言某字训某字，自寻义理而已（见《语类》卷一百二十七）。自晋以来，却改变得不同，王弼、郭象辈是也。汉儒解经，依经演释，晋人则不然，舍经而自作文（见《语类》卷六十七）。作文，则注与经各为一事，人惟看注疏而忘经。须只似汉儒毛、孔之疏，略释训诂名物，及文义理致尤难明者；而其易明处，更不须贴句相续，乃为得体。盖如此则读书看注即知其非经外之文，却须将注再就经上体会，自然思虑归一，功力不分；而其玩索之味亦益深长矣（见《记解经》）。学者苟不先涉汉魏诸儒之名物训诂，则亦何以用于此（见《语孟集义序》）。"顾炎武"经学即理学"之论，即体斯旨。然则玩索朱学之功深，而渐竟其委于汉儒训诂之说，此又必至之势，自然之符也。且改经改注而衷于是，持宋儒之所勇为，而汉儒之不敢出者也。汉儒传经，最谨家法，专门授受，递禀师承；非惟训诂相传，莫敢同异；即篇章字句，亦恪守所闻；其学笃实谨严。而清儒则一衷于是而不为墨守。金坛段玉裁师戴震而非戴震之说，时见《说文解字注》。而经注文意有不慊，旁考博证而得心之所安，摆落汉唐，改定以求其是，而"粤若稽古"，独宋儒有此精神尔。然则清学者，盖本宋儒求是之精神，而用汉学考证之方法者也。特宋儒勇于求是而考证不密，斯所以不逮清学而嫌武断耳。然而尚论清学者，必以此盛奖汉学，而屏绝宋为不足道；斯又曲学之拘虚，未足语于大方也。夫清学之出于宋者何限；言《说文》者以二徐（徐铉、徐锴）书为蓝本；而薛尚功《钟鼎彝器款识》一书，则为清儒以金文补证篆籀者之先河。言音韵者以《广韵》（宋陈彭年、邱雍等奉敕所撰）为蓝本；而吴棫《诗补音》、《楚辞释音》及《韵补》三书，尤辟清儒以诗骚推求古音者之径途。至司马光《切韵指掌图》，则清儒言双声迭韵之指南也。王应麟辑《周易》郑康成注及《诗》三家考，则清儒辑佚经佚注之前导也。如此之比，更仆难数。此小学经学之本诸宋有可证者也。若秦蕙田《礼书》

之多采陈祥道，章学诚史学之意称郑樵，尤勿论焉。

且清儒何尝薄宋学？阎若璩著《古文尚书疏证》以纠古文二十九篇之伪，论者推其摧陷廓清之功，然其论实发于吴棫《书裨传》，若璩亦引重其说。而朱子《语录》、蔡沈《书集传》，亦有“孔安国是假书”之疑。则是《尚书古文》之伪发覆于宋儒也。戴震之学，于清儒最为绝出，而出自婺源江永，称永学自汉经师康成后罕其俦匹。然永尝注朱子《近思录》，所著《礼经纲目》亦本朱子《仪礼经传通解》，戴震作《原善》、《孟子字义疏证》，虽与朱子说经牴牾，然《毛郑诗考正》，则采朱子之说。段玉裁受学戴震，议以震配享朱子，跋《朱子小学》云：“或谓汉人言小学谓六书，非朱子所云，此言尤悖。夫言各有当：汉人之小学，一艺也；朱子之小学，蒙养之全功也。”夫段玉裁以嫥治六书之人，而不以汉人小学，薄朱子小学，然则清儒何尝薄朱学也？吾故曰：“玩索朱学之功深，而渐竟其委于汉儒训诂之说者，此必至之势，自然之符”也，不其然乎？不其然乎？

然则谓清学即汉学者非也，夫衡学以后来为胜，以其尽有前代之长而不袭其短也。而清学之所以成清学者，亦以用汉学考据之法而不为其拘阂；衷宋儒求是之旨而不敩其武断；故非汉非宋而独成其为清学也。倘清学即汉学，则是陈陈相因而掇拾前代之唾余尔；奚所于尚焉！余文质无底，宁曰有当。然而衷求是之旨，藉考据之法，罗证事实，勘比异同；则固清儒之所以治学之精神、之方法也。作《治学篇》。

（原刊于《清华周刊》第24卷第5期，1925年10月9日）

论学校作文之文题

客有问于予曰："吾侪子弟入学，他科或有进步，惟作文程效甚难，不论佳也，求文字从顺已不易。吾子素擅文学，顷尝为小学教师者年许，亦能言其故乎？"予应之曰："唯唯，否否，言不可以若是其几也。唐韩愈之论文也，曰'文从字顺各识职'，今日小学校文字之不从顺，宜也。君盍一加察教师命题之题字，亦已字字从顺否耶？夫必谓教师文理之不通顺，则吾岂敢。然近日为教师者，苟简将事，于文题往往不知慎重预制，一至身入教室，辄任书一题，仓皇加点，究之语疵匪一，盖无可为讳者。天下岂有题目不佳而能制好文字者乎？故期学校文字之日起有功，必自教师预知制题始也。

予撰《国文教授私议》，曾论选题作文，谓不曰出题而曰选题者，以题固非可任意出也。夫惟题之不可任意出也，故必先之以选择题材，继之以修制题面，二者彻始彻终，交相为用者也。古人文字，罔不先制题而后相题成文。柳子厚《始得西山宴游记》，刻意作"始得"二字，说者谓其力踞题巅。欧阳永叔记醉翁亭，描写醉翁情景；记丰乐亭，言民生康乐之象。苏子瞻作《喜雨亭记》，侈陈喜意；《超然台记》，就"超然"二字着笔。苏子由《快哉亭记》，不遗"快哉"两字。此自人人所知，可见古人文心细处，不肯轻易放过题中字目。然必标题明确，作者用志不纷，而后意之所营，笔之所注，乃能极手挥五弦、目送飞鸿之致，虽百变而不离其宗。不然者，为道乖矣！

论者或疑吾言，谓此乃文人之文，而匪民生日用之文字也。不知文字犹之言语也，不论议事叙述，其用意必有所专注。题者所以示之准的，树之畔岸，范围曲成，勿使之逾也。标题一不明确，则题之界说不明，徒使作者惝恍迷离，如堕五里雾中，不知何处着笔，其道将如何而可？在儿童脑力简单，判识力决非甚富，尤宜明确其观念，庶不致模糊影响，类醉人酒呓，不知云何；然此特指题之事实言耳！易言之，即曰题之界说，究以何者为程度，万不可浮泛莫定，徒迷乱作者之心目耳！至于题之涵义以及其是非得失，宜留学生思考之余地，俾得自为推论，自下判断以浚其思力也。予尝谓学校作文之程效有二：一、罗列平日闻睹事迹，壹以规则之文字记之，浸渍悠久，自于不识不知之中，养成整理不紊之脑识以记忆事物，此叙纪之用也。一、假设事端，俾之引绪索隐以浚发其思力，此论说之用也。夫儿童缺于抽象的推理力，惟具体的事物乃能索解，宜于纪事而不宜于论说，固也。然既已使之作论说文字矣，命题时即宜为预留构思地步。夫所为俾学生作论说文字者，为欲验其对于此事之意志观念何如也。乃见一校作文，题曰“文武宜并重说”，又一校作文题曰“节嗜欲为养生第一妙法说”，曰“士先器识而后文艺论”（此题凡三校出之）。其题之陈腐不论，玩其语气，曰宜、曰第一，曰先、曰后等辞，意绝坚决无游移，其事之是非得失，早于题中一口判定，已不容学生再加思索。予则谓其钳制儿童之思想自由已甚，非所以浚发其思考力也。予谓题面绝无含混，则学童之观念自明；题义不容毕宣，斯作者之探索乃勤，亦一定不易之理也。乃在大江以南，号曰交通繁盛，教育昌明之地，横舍林总，而文题支离，往往百出其奇，有非颛愚所能意计万一者。以予迩日所睹，一校作文，有题曰“说水”、“说火”。又见一校，其作文标题，有曰“水之自述”。博诚不知水火从何说起，水又若何诩诩自述以鸣其得意，瞒盱滑突，将言水火之原理乎？抑明其功用乎？然此特题之浮泛无畔岸，不足养成学生观念之正确耳！抑犹未足为病也。所可异者，一校作文，又有题曰“纪梦”。曾不知所谓梦者，果为谁某之梦，岂师有所梦乎？抑学生梦乎？已觉了不可解。及检其文字，大率梦一老人教读书，作学生自记语气。夫学生无此梦而强使之记，是明教为诳言也，匪所宜也。诚曰有之，人亦有言曰“同床各梦”，此言同梦之难也，况一堂学子莘莘，纵极水乳无间，然赋禀不齐，年差长幼，岂有甘与同梦之理！痴人说梦，妙解人颐，有如是乎？诚匪予所敢知者矣。至有题曰“禹稷饥溺由己论”，其题之是非不论，吾辈束发授孟子书，畴则不知禹稷思天下饥溺由己饥溺之说。然在今日之小学童，其胸中无此意境也。徒就题面观之，几何不曰禹稷自作孽饥溺死乎？是直修辞之不通也。曰“我校校舍修改记”，诚不知所云我者，对谁某我之之辞也。曰“以勤俭劝友人书”，虽非不通，然题首冠一以字，究不经见；且修辞亦匪简当。曰“子致父书”，观其词意嚣然无所畏抑，直可谓为家庭革命父子平权之呈象矣。曰“上父母述近状”，曰“托觅人作事”，不惟修辞拙劣不从顺，且不知所作者。其体为论说乎？书简乎？叙纪乎？夫文章之有体制，亦犹日月星辰之分位，山川丘陵之异形，宫室台榭之殊观，高不可以为深，大不可以为小，方不可以为圆，微不可以为显，至章章矣。文何独而不然？是以古人文题，无不缀标体制，诚以歌功章德，宜于颂赞；意主讽谕，宜于箴规；明白约束，宜于券剂；描写事物，叙绘亭苑，宜于杂记；弥纶群言，研精一理，宜于论说；朋旧往复，指事喻情，宜于书简，亦各有所当也。在学童胸无宿物，教师命题时，尤宜缀标体制之宜，俾知某题某体为宜，某体何施而可，渐摩以岁月，培其明瞭正确之念，断断然矣！曾见某附属小学作文，题曰“蓉湖秋月”，文为纪事体。夫托物寄兴，其体原于风诗，班孟坚谓“赋者，古诗之流”，后人遂以赋体出之，以其铺采摛文，于体物写志为宜也。“蓉湖秋月”四字，触兴致情，宜赋而不宜记，明矣！惟为教师者茫无所知，不能致辨乎此，是以题体乖互，大率莫可究诘。即如“士先器识而后文艺”一言，乃古人相传之成言，其体只宜作辨。辨者如韩退之《讳辨》、柳子厚《桐叶封弟辨》

之类，即辨其然否之谓也。今学校往往以之作论文，匪亦所谓不知类者乎？其题之合时宜与否，于学童之程度何如？勿暇一一论也。呜呼！学童作文信难，教师制题何艰，每题不过数字，多至十许字而止耳。何不稍加检点而潦草塞责，一任其文字不从不顺，卤莽灭裂，不识所职若此。徒欲课十许龄儿童，俾以卤莽灭裂之题，累仟伯言，敷衍成一篇章，而求其文字之从顺而识职焉，不可得也。吾闻之也，布加利亚人为突厥夷属者垂五伯年，而卒不能夷其文字。论者至谓其讫能中兴，亦以文字特异突厥，而浸渍于民心者深，故能异军特起也。然则国文之所系，不綦重欤？顷者吾国不竞，强邻侮予。淑民自厉，浚其爱国之心，厥匪陶育以祖国文字不为功畴，则任其责者，曰国文教师也。傥不自审其负荷之重，壹以轻心掉之，异日祖国文字，沦胥以尽，而国之大命随之，万劫不复，其必自今日尸国文教师者任其辜也欤？其必自今日尸国文教师者任其辜也欤？此则可为伤痛，心所谓危，不敢不以告也。客亦不觉怃然。爰乃振笔而书之，亦当世鉴观得失之林也。至其命题之体制，题境之广狭，其有关于学童之程度者匪眇，姑以俟之异日。

（原刊于《教育杂志》第 7 卷第 3 期，1915 年 3 月 15 日）

中国古代学者治学的方法

（江苏省立第三师范学校第三次国学演讲稿）

我们无论做什么一件事，在没有做以前，第一步就是想用什么方法去做才好。现在我们谈到研究国学，自然也就想到用什么方法去研究才好。有人主张用西洋的科学方法来研究国学，自然给我们许多便利。不过西洋的科学方法太重客观，适于惟物的研究；而我们国学有时须用着惟心的悟证，万非客观的科学方法所能研究得尽。所以我现在讲中国古代学者治学的方法，也许可以给我们一个参考。

中国古代学者很多；然而治学的方法，还不过那几种。我现在想把老子、孔子、汉儒、宋儒做代表。其余的也就可略而勿论了。孔子问礼老子，老子当然要算古代学者中一个最老的老辈；我就从老子讲起。老子《道德经》五千言，不过要说明这个“常有常无”的道，并没有明提方法论。不过老子要叫读者体认这个“道”，自然就得想一个体认的方法。据我就他的书看，老子的治学方法有二种：第一种是“超象而观玄”。这句话怎样讲呢？他在第十四章里说：

> 视之不见，名曰夷；听之不闻，名曰希；搏之不得，名曰微；此三者不可致诘，故混而为一。其上不皦，其下不昧，绳绳不可名，复归于无物；是谓无状之状，无物之象。是谓恍惚。

这一段话，就是说“这个‘无状之状，无物之象’、‘恍惚’的道，是其上不皦，其下不昧，视不见，听不闻，搏不得，不可以惟物的客观方法去体认他”。那么，怎样才能去体认他呢？他在第一章里说：

常无欲以观其妙，常有欲以观其徼。此两者同出而异名。同，谓之玄。玄之又玄，众妙之门。

这个“玄”就是“恍惚”。若有见谓之“恍”。卒无见谓之“惚”。因为这个道不皦不昧，无状无物，所以是“惚”。然而吾们傥使竟当他“惚”看罢？他却无状中间隐约有个状，无物中间隐约有个象；所以是“恍”。惟恍惟惚，不可名言，就叫做“玄”。他在第二十一章里，又说：

道之为物，惟恍惟惚。惚兮？恍兮其中有象。恍兮？惚兮其中有物。窈兮？冥兮其中有精。其精甚真，其中有信。

这一段话，就是说“道”竟作“惚”看罢？他却“恍兮其中有象”，所以我们就得“有欲以观其徼”。徼者究竟之意，观到有的究竟，就知这个“恍若有见”的象，还是幻象，不可信。我们真正要体认“道”，还得从“惚兮”中间去体认；你不要认为这个“惚兮”的物，是窈茫无凭。须知冥冥之中，自有“精”在。能够体认这个“精”，方才“其精甚真，其中有信”，方才算得“微妙玄通”，这就是“无以观其妙”。要而言之：我们要体认“惟恍惟惚”的道，非得“超乎象外”那①能“微妙玄通”。这是治玄学的惟一方法。后来宋儒讲心性之学，还是用老子这个“超象而观玄”的方法。第二种是“执古以御今”。老子是柱下史，又享高年，所以他的得道，完全从研究古史中出来。他说：

执古之道以御今之有。能知古始，是谓道纪。

这几句话是老子发挥历史学的大用。然则什么叫做“古”呢？古就是一时一日一月一岁的今慢慢儿积起来。没有今，那有什么古可稽？所以我们尽管“信而好古”，总不可忽略这个“今”。所以说“执古之道以御今之有”。“今”是“古”的连续。我们今日受的种种果报，安知不是古人造的因。“能知古始”，就是解决现代人生问题的一个探本穷源

---

① 疑“那”为“乃”之误。

的办法。所以说“能知古始，是谓道纪”。

以上是讲老子的治学方法。孔子问礼老子，自然受老子影响不少。孔子的治学方法，就《论语》归纳起来，也得两种：第一种是“温故而知新”。他说：

温故而知新，可以为师矣。

温故怎样能知新呢？《论语》载：

子张问十世可知也？子曰：“殷因于夏礼，所损益可知也。周因于殷礼，所损益可知也。其或继周者虽百世可知也。”

这是孔门“温故而知新”的一个好例，刘逢禄《论语述何篇》说：“故，古也。六经皆述古昔称先王者也。知新谓通其大义以斟酌后世之制作。汉初经师皆是也。”照此看来，孔子“温故而知新”，在老子嘴里，就是“执古以御今”。西汉今文家欢喜通经致用，要想把《禹贡》治河，《洪范》察变，《春秋》决狱，《三百五篇》当谏官，就是实行“执古之道以御今之有”。不过执古不化，不像孔子殷因周因，随时损益，就有许多行不过。王充《论衡》里道得好，“知古不知今，谓之陆沉。知今不知古，谓之盲瞽。温故知新，可以为师。古今不知，称师如何？”西汉今文诸师要想通经致用，只算“知古不知今，谓之陆沉”罢了！孔颖达《礼记叙》：“博物通人，知今温古，考前代之宪章，参当时之得失。”这是“温故而知新”的一种正解。第二种是“多学而贯一”。这种工夫，差不多就是西洋哲家所常用的一种归纳方法。孔子说：

博学于文，约之以礼。

他的高弟颜回，赞自己的先生，也说：

夫子循循然善诱人，博我以文，约我以礼。

什么叫做礼呢？孟子道得好：“礼之实，节文斯二者。”照他上文说，就是因人心之仁义而为之品秩，使各得其叙，叫做“礼”。所谓“博学于文，约之以礼”。只是把博文所得到的学问，观其会通，归纳出一个条理。子贡竟当孔子是一个“多学而识”的学者。他的见解，就没有颜回来得高明，知道他的先生博文而后，还要做一番约礼的工夫。所以孔子就提醒他，说道：

非也，予一以贯之。

以上是讲孔子的治学方法，不过孔子的两种治学方法，都是“形而下之谓器”的工夫。如果真正讲到“形而上之谓道”的工夫，还得用老子“超象而观玄”的方法。所以子贡说：“夫子之文章，可得而闻。夫子之言性与天道，不可得而闻。”就是这个道理。

到了汉朝而后，学者除掉书本，没有学问。所以胡适之讲清代学者治学的方法，很赞他有科学精神。其实清代称做“朴学”的文字、训诂、校勘、考订四部，还不过是做读书的工夫。不过一样做读书的工夫，汉儒重客观的外证，宋儒重主观的内证。现在一般新汉学家，要想应用西洋的科学精神来读书；自然主张做客观的外证工夫。有人问我意见怎样。我说：“不错！现在一般新汉学家，提倡客观读书法，我很赞成。不过我还有句话要问：‘你为什么要读书？’”这个人茫然不知所对。我就对他说：“读书者，并不是为有了书要读；是为我自家受用要读。”如果读书的工夫，仅仅做到“客观的读书”而住，这个读书的究竟目的就没有达到。倘使说，古人费了心著书，我们不可辜负他，所以要去读。我觉得对于古人，没有负这等义务。既然如此，就是“读书要我自家受用”；这个主观的读书工夫，那可不讲？所以我讲到读书法，就是主张：“读书第一步，须用客观的外证工夫；再进一步，就要讲到‘主观的读书法’。”倘使第一步读书的工夫做到，不想进一步做“主观的读书”工夫。这个读者的究竟目的，就没有达到；就是读书没有澈底。就使读书有得，所得的也不过是物——训诂章句之末，没有内证之心；所谓“外铄我也，非求自得者也”；汉儒是也。倘使第一步“客观的读书”工夫没有做，就要做第二步“主观”的工夫；这个就叫“躐等”。这等人的读书意见，就是武断，就是以我诬古人；宋儒往往犯此毛病。不过宋儒读书，最重“切己体察”——主观的读书法。这个切己体察的工夫，我觉得现在很要紧。

讲[①]到"切己体察"四字，须晓得这个"己"，有"空间之己"，有"时间之己"。据我看，现在许多人读书，有的没有切定自家这个"空间之己"去体察，有的没有知道切定"时间之己"去体察。就像一般"西洋化"者，读了许多西洋学者的著作，觉得西洋制度文物，色色比中国好。是不错！不过要想把西洋的一切制度文物，硬搬来中国做，就不成功了！为什么呢？就是因为他忘记了自家这个"空间之己"，是"东洋大海中国之己"，不是"西洋之己"。但知道西洋的制度文物好，而没有切定这个"东洋大海中国之己"，下一番体察工夫的缘故。又像一般国粹老先生，欢喜讲唐虞三代，甚至说"忠君就是爱国"，要想复辟。我们看似好笑，他却自以为不错。这是什么缘故呢？就是因为他忘记了自家这个"时间之己"，不是"唐虞三代之己"，也不是"汉唐宋元明清之己"，是"中华民国纪元以后之己"；而没有切定这个"时间之己"体察一番缘故。这两等人，我说心地皆不坏。只是他读书没有知道"切己体察"——主观的读书法，所以就不免"生于其心，害于其政，发于其政，害于其事"！

自宋以后学者治学的方法，算清儒考据之学，最重客观的外证。胡适之在他《清代学者治学的方法》一篇文章里说："清代学者治学的方法，总括起来，只是两点：一、大胆的假说；二、小心的求证。由几个同类的例引起一个假设，再求一些同类的例去证明那个假设是否真能成立，饶有科学的价值。"发挥宋以后学者治学的方法，再没有像胡适之这篇文章透辟的了！然而讲到实在，还是孔子"多学而贯一"的一种精神；不过偏于物观的研究罢了。他的原文具在，我也不详细再引了。

（原刊于《南通报·文艺附刊》，1925年3月3日、5日、7日、9日、11日）

---

① 讲，原作"谨"，今改正。

《读史方舆纪要》跋

《读史方舆纪要》一百三十卷，无锡顾祖禹撰，而署常熟顾祖禹。其实祖禹与余同邑，家对宛溪，号廊下顾。父柔谦，为赘婿昆湖谭氏，生祖禹，遂署常熟。而自序其先世，谓："征君原九于宋端平元年，由临安避地梁溪，耕读于宛溪之上。"一时朋从如南昌彭士望、嘉鱼熊开元之伦，皆以"宛溪"呼祖禹，则其世为无锡人无疑也。衡阳马宗霍、东安席鲁思咸为余言："顾祖禹《读史方舆纪要》，多出大兴刘献廷。"余谓康熙间，昆山徐乾学以尚书修《一统志》，奉旨设局洞庭，延祖禹分纂，祖禹引刘献廷参其事，则有之，而谓祖禹之著书，多出献廷，则未之前闻也。

祖禹与献廷同治地理，而献廷之地理，得之周游；祖禹之地理，资于读书。献廷身遍历九州，览其山川形势，访遗佚，交其豪杰，观其土俗，相其阴阳，博采轶事以益广其闻见，而质证其所学，成《广阳杂记》一书。祖禹则足迹不出江以南，而自序著书之所以，谓："思欲远追《禹贡》、《职方》之纪，近考《春秋》历代之文，旁及稗官野乘之说，参订百家之志，续成昭代之书，垂之后世，俾览者有所考镜，而贫贱忧戚，杂乱其中，上之不能涉江逾河，登五岳，浮沅湘，探禹域，穷天下之形势；次之不能访求故老，参稽博识，因以尽知天下险易随塞之处；下之不能备图志，列史乘，不出户而周知山川城郭里道之详。惟是守残抱缺，寤叹穷庐，吮笔含毫，消磨岁月。以古今之方舆，衷之于史，即以古今之史，质之于方舆。苟无当于史，史之所载不尽合于方舆者，不敢滥登也。故曰《读史方舆纪要》。

顾同县秦瀛撰《无锡县志》，则称“祖禹少负异才，博综群籍，出游逾岭峤而归”。而祖禹自序则固声言“余也未尝泝江河，登恒岱，南穷岭海，北上燕冀”。不知瀛所云“出游逾岭峤”者，何所本也？至甘泉江藩《汉学师承记·顾祖禹篇》，更推而大之，乃曰：“性好远游，足迹遍天下。”然南昌彭士望、宁都魏禧、嘉鱼熊开元三人者，皆与祖禹同时交游，而为《读史方舆纪要》作序。禧尤称祖禹石交，而言：“北平韩子孺时从余案上见此书，瞪目视余曰：‘何哉，吾不敢他论！吾侨家云南，出入黔蜀间者二十余年，颇能知其山川道里，顾先生闭户宛溪，足不出吴会，而所论攻守奇正，荒僻幽仄之地，一一如目见而足履之者，岂不异哉！’其序不见卷端，而著录叔子文集。”彭士望序其书，则谓：“身闭一室之中，心周行大地九万里之内外，别白真伪，如视掌中，手画口宣，立为判决，召东西南北海之人，质之而无疑。”熊开元则曰：“宛溪坐筹一室，出入二十一史，纵横千八百国，凡形势之险阨，道里之近遥，山水之源委，称名之舛错，正其讹，核其实，芟其蔓，振其纲。宛溪未尝足遍天下，乃淹博若此哉！”而江藩乃曰“足迹遍天下”，想当然耳，岂所以为实事求是乎！人以足迹遍天下为奇，而祖禹之著书，则以不出户而知天下为奇。则是祖禹之治地理，以读书稽古为学，非如刘献廷之得之周游也。湘阴左文襄公年十八九时，于书肆购得《读史方舆纪要》，潜心玩索，喜其所载山川险要，战守机宜，了如指掌，手录序论而题其后曰：“顾氏之书，考据颇多疏略，议论亦未尽当，然熟于古今成败之迹，彼此之势。魏氏源谓其多言取而罕言守，言攻而不言防，乃抢攘策士之谈。此论甚谬。大凡山川形势，随时势为转移，至于取守攻防，则易地可通也。”附记之以告读者。丙戌季冬钱基博时客武昌。

（原刊于《纪念钱基博先生诞生百周年专辑》，《华中师范大学学报》1987年版）

第三部分

中老年时期

答诸生论今日之大学[①]

【教育社讯】十一月一日为华中大学成立二十四周年，该校中文系教授国学名宿钱基博氏，特发表《答诸生论今日之大学》一文，以示纪念，兹志其全文如下：

余来华中，见诸生，必问以感想如何，余应曰：诸生可以安心学，余可以安心教，即此便是难得，其他则更何求。方今学潮澒洞，天下汹汹，京沪一带，以迄北平，所谓全国文化灿烂之区，然国立大学既成政治斗争之市场，此一是非，彼一是非，相为敌仇，士不安于弦诵，大师亦只有依席讲而已。至于私立大学，则以取费不廉，非措大所能问津，而为暴发子弟开一倖门以造资格，以造孽钱之来路易，而可予取求也。师不专心于所教，饥来驱我以多兼课；生不专心于所学，日以骛外而旷课。来学既以不诚，善教自无从谈，滔滔者天下皆是！几见如华中大学之教授无不专任，学生不许旷课，上课必点名，缺席必扣分，一年之开学放学有定日，一日之上课下课有定时。诸生愿安承教，余亦不敢不力，而取费亦斟酌中人之家力所能及，此在事理本属寻常，而在今日则成凤毛！固由韦校长之主持有方，诸院长之洞心匡济；而要之校风之安定，亦非一朝一夕之所能养成！然而校风安定之继续良难，则以社会动荡波及甚易！所以良善校风之养成不易，须良善校风之维持尤难！凡我共学，苟一思天下汹汹之今日无一大学可以安定读书，惟华中大学可以

① 原标题为“钱基博教授‘答诸生论大学’”，今从“按语”改正。

安定读书；则必一心一德以维持校风之安定，而力保其终；则必群策群力以不许一人之破坏，而相观于善；吾人不能谋一国之安定以求生活之保障，吾人且从事一校之安定以维学术于不坠。凡我共学，苟一思政治之上轨，学术之进步，无不于安定之中求之，而不能出之于混乱；则必不许混乱之波及我华中，而力保其安定。凡我共学，苟一思国于天地，必有与立；百年之大计在树人，而树人必先自树；傥社会动荡而吾亦与为动荡，无心问学，以自暴自弃；长此以往，天下之读书种子将绝，聪明亦以澌灭，人道或几乎息，以返于洪荒草昧，张脉偾兴，人将相食，此则吾之所大惧！而不惟吾之所大惧，吾发如此种种，吾生亦复几何；然吾天惧读书种子之绝，及吾生而身亲见之，吾亦惟有馨香祷祝校风安定之继续，以维斯文于一脉。

（原刊于《华中通讯》第3卷第4期，1948年12月25日）

读《庄子·天下篇》疏记

叙目

总论

墨翟　禽滑厘　宋钘　尹文

彭蒙　田骈　慎到　关尹　老聃

庄周　惠施　公孙龙

附太史公谈《论六家要旨》考论

右《读〈庄子·天下篇〉疏记》四篇，都三万言，而末附以考论太史公谈《论六家要旨》者；盖榷论儒道，兼核刑名，将匡庄生所未逮，而极鄙意之欲言也。谨次述作之指而系之于篇曰：所以严造疏之规者四：一曰“以子解子”，一曰“稽流《史》、《汉》”，一曰“古训是式”，一曰“多闻阙疑”。

凡微言大义之寄：墨之言解以《墨子》书，老之言解以《老子》书，庄之言解以《庄子》书，公孙龙之言解以《公孙龙子》书。其书之后世无传焉者，则解以所自出之宗：如宋钘之明以墨，田骈、慎到之明以老、庄，惠施之明以老、庄；犹不足，则旁采诸子书之言有关者，如宋钘之明以荀、孟。此之谓“以子解子”。

凡辨章流别之事，立乎千载之后，而武断千载以前，无征不信，宁可凿空！必稽之太史公书、《汉书·艺文志》以求其信。此之谓“稽流《史》、《汉》”。

凡名物训诂之细，陆氏《释文》有置之不解，解不可通者，必稽训于古经、古子、古史以求义之所安。如解“以参为验，以稽为决”，则据《韩非》书“无参验而必之者愚也”，旁证《春秋穀梁》传疏、《国策·秦策》注、《汉书·律历志》注以明“参”之训“交互”，而正《释文》训“参，宜也”之非。解“内圣外王”，则据庄子《天道》、《天运》、《天地》诸篇，旁证《韩诗外传》、《白虎通》、《说文》以明“圣”之古训“通”，“王”之古训“往”。解“椎拍輐断”，则据《老子》书旁证《史记集解》、《广雅·释诂》，以明“椎拍輐断”即老子“挫其锐解其纷”之义。此之谓“古训是式”。

其有不可知者，谨体庄生《齐物》“知止其所不知”之指，学圣人之“存而不论”，而不敢强不知以为知焉，盖阙如也。此之谓“多闻阙疑”。

凡右所陈，私立规约，以为有必不可畔者，而后其法严而铨始真。此造疏之规也。

时贤好为疑古，不思“多闻阙疑”之义；而务碎义逃难，便辞巧说，随时抑扬，苟以哗众取宠，辄云“太史公书违戾”；又以诸子出于王官，亦刘歆之不根。此则《汉书·艺文志》讥称“安其所习，毁所不见，终以自蔽”，而致患于“辟儒”者也！

余读五经、诸子、史家之书，于说之有相关者，罔不参证以校其异同，互勘以明其得失，所谓“以参为验，以稽为决”者也。囊括群言，约之是篇，将以征古说之不刊，去时论之妄惑。其间可得而论定者，本事三，附及二。

一、《史记·老庄申韩列传》称“庄子之学，无所不窥，然其要本归于老子之言”；《汉书·艺文志》称“某家者流，盖出于某官”；皆按庄生之此篇，斯征无诬于来者。

二、“内圣外王之道”，庄子所以自名其学；而奥旨所寄，尽于《逍遥游》、《齐物论》两篇：盖《逍遥游》，所以喻众生之大自在；而

《齐物论》，则以阐众论之无不齐。则是《逍遥游》者，所以适己性，内圣之道也；《齐物论》者所以与物化，外王之道也。若乃权度百家，见义于篇：则有能明“内圣外王之道”而发之者，道家之关尹、老聃、庄周是也。有暗不明“内圣外王之道”而郁不发者，其他诸家是也。然其中亦有辩：有内而不“圣”，外而不“王”者，墨者之墨翟、禽滑厘，辩者惠施、桓团、公孙龙之徒是也。有力求“外王”而未能“内圣”者，道者之支与流裔，彭蒙、田骈、慎到是也。有欲为“内圣外王”而未底其境者，墨者之支与流裔宋钘、尹文是也。有已底“内圣外王”而未造其极者，庄周之自叙是也。独许关尹、老聃为“博大真人”。惟“博大”斯“王”惟“真人”乃“圣”；“内圣外王之道”，庶几在是耳！

三、惠施“历物之意”，“特与天下之辩者为怪”，多本庄子，为道家之旁门：故以次庄周之后，犹之宋钘、尹文为墨者之支流，故以次于墨翟之后也。然而桓团、公孙龙辩者之徒，有不与惠施同者。盖惠施发其意以成假设；而辩者历于物以相证实；故不同也。大抵道者体“道”以得“德"，内证之神明。而惠施“历物”以遍说，外证之物理。夫惟道者“抱一”“守静”，乃能知化而穷神。至于惠施“外神”“劳精”，不免“用知”之“自累”。此惠施之所以不如“道者”也。然惠施“历物之意”，而不具体；犹为“秉要执本”。至辩者具体“历物”，而不详其意；益流诡辩饰说。此又每况愈下，辩者之所为不如“惠施”者也；然其要本归于老子之言。而寻声逐响者，方谓惠施、公孙龙为别墨，而祖述墨辩，以正别名显于世。於戏！太史公不云乎：“非好学深思，心知其意，固未易为浅见寡闻者道也。”此本事三也。

附及二者：一据荀子《正名篇》，以阐《汉书·艺文志》“古者名位不同，礼亦异数”之指；则因阐“以名为表”之说而附及焉者也。一据庄子《在宥》、《天道》两篇，以征《汉书·艺文志》“道家者流秉要执本”之为“君人南面之术”；则因发“百官以事为帝”之指；而附及焉者也。如此之类，不更仆数！匪徒一家之疏记，将发九流之管钥。

然有一义，漏未铨叙：庄生著篇以论衡天下之治方术者：曰墨翟、禽滑厘；曰宋钘、尹文；曰彭蒙、田骈、慎到；曰关尹、老聃；曰庄周；曰惠施、公孙龙。五者皆许为出“古之道术”，而不私“道”为一家之所有；且历举其人，明其殊异，而不别之曰某家某家。有《汉书·艺文志》著录其书，隶之一家，而此明其殊异者：如田骈之别出于关尹、老聃，而关尹、老聃之后，又别出庄周；《汉志》则并隶其书入道家。尹文亦别出于惠施；而《汉志》则并隶其书入名家是也。有《汉书·艺文志》著录其书，析隶两家，而此举以并论者：如《汉志·宋子》十八篇，著小说家，《尹文子》一篇著名家，而此以尹文与宋钘并论；《汉志·田子》二十五篇著道家，《慎子》四十二篇著法家，而此以慎到与田骈并论是也。盖诸子之别某家也，始著于史谈之《论六家要旨》；论定于刘向父子之校《诸子略》；徒以便称举明概念耳；非其本真如此；按之庄生此篇而可知也。

余论庄生此篇以授及门，壬戌以来，四年六度矣，今年第七度也。鄙怀所陈，倘有违于时贤；然余读《汉书·儒林传》，至辕固之诏公孙宏曰：“公孙子务正学以言，毋曲学以阿世！”辄悚仄起敬，为慕其人也。我则知免矣，宁独以诵说庄生哉！君子道贵自立，时有利钝，非所逆计也。

无锡钱基博自叙于京师西郊清华园之古月堂。时则中华民国之十五年四月十八日。徒以强藩称兵，民政解纲，国且不国，何有于民？流离死亡者，百万不尽数。赤地千里，城门昼不开者三日。戎马生郊。天下汹汹，未知何时可已。而仆家居江南，蚤毁其室；方跻强仕之年，重闵有生之酷；即此足以刳心去智，齐得丧，一成毁，放乎自得之天，而不以梏我神明；宁必以梁元帝围城讲《老子》为大厉哉！斯固圣者之遂命，而为庄生之所许已。

总　论

天下之治方术者多矣，皆以其有为不可加矣。

博按：此篇总论“天下之治方术者”，故以篇首“天下”二字为题。两语盖言天下之治方术者，皆以其所有之方术，为人之所莫加也；意极显明。而郭象《注》深求之，谓：“为其所有为，则真为也；为其真为，则无伪矣；又何加焉！”则说迂曲而不易晓矣。古书有深求而益晦者，此类是也。

古之所谓道术者果恶乎在？曰：“无乎不在。”

博按：“无乎不在”四字，《庄子》书明道之第一义谛也。庄子《齐物论》曰：“道恶乎往而不存？言恶乎存而不可？道隐于小成，言隐于荣华。”又曰：“古之人其知有所至矣。恶乎至？有以为未始有物者，至矣尽矣，不可以加矣。其次以为有物矣，而未始有封也。其次以为有封焉，而未始有是非也。是非之彰也，道之所以亏也。”此言道亏于有所在也。又《齐物论》曰：“夫道未始有封，言未始有常，为是而有畛也。”郭象《注》：“道无封，故万物得恣其分域。”《知北游》曰：“东郭子问于庄子曰：‘所谓道，恶乎在？’庄子曰：‘无所不在。’东郭子曰：‘期而后可？’庄子曰：‘在蝼蚁。’曰：‘何其下耶？’曰：‘在稊稗。’曰：‘何其愈下耶？’曰：‘在瓦甓。’曰：‘何其愈甚耶？’曰：‘在屎溺。’东郭子不应。庄子曰：‘夫子之问也，固不及质。正获之问于监市履狶也，每下愈况。汝唯莫必，无乎逃物，至道若是。’”此言道在于“无不在”也。安有“天下之治方术者”，而无当于“古之所谓道术”，而不为道之所在者乎？

《老子》言道德，此篇言道术。老子曰：“道法自然。”（《老子》第二十五章）然则自然之理之谓“道”，而得“道”之谓“德”。“德者，得身也。”（《韩非子·解老》）行“道”之谓“术”。“术”，

“路也”（《后汉书·冯衍传》注），“所由也”（《礼记·乐记》“然后心术形焉”注）。“有封”，“有是非”，则亏于“道”；“未始有封”，“无乎不在”，则全于“道”。此“道”之所以有成亏也。贾子《新书·道术篇》曰：“道者所从接物也，其本者谓之虚，其末者谓之术。虚者，言其精微也，平素而无设施也。术也者，所以制物也，动静之数也。凡此皆道也。”此“道”之所以不废“术”也。“术”者，所以行“道”也。“汝惟莫必，无乎逃物，至道若是”；故曰“道者所从接物也”。“其本者谓之虚”，惟虚乃能容物；不师成心，不为意必，而理无不赅，物无乎逃矣。

曰：“神何由降？明何由出？”“圣有所生，王有所成，皆原于一。”

博按：此庄子设问道既无乎不在，则神圣明王何由降出，独与众异，而答以“圣人抱一为天下式也”（《老子》第二十二章）。“圣”之为言，通也（《白虎通·圣人篇》：“圣者，通也。”《说文·耳部》：“圣，通也。”它书不具引）。“王”之为言，往也（《韩诗外传》：“王者，往也。天下往之谓之王。”《说文·王部》：“王，天下所归往也。”它书不具引）。体道之谓“圣”，故曰“有所生”。行道之谓“王”，故曰“有所成”。

庄子此篇，盖通论“天下之治方术者”，而折衷于老子，可以老子之言明之。老子曰：“道生一，一生二，二生三，三生万物。”王弼注：“万物之生，吾知其主。”（《老子》第四十二章）此“圣有所生”原于“一”也。又曰：“万物负阴而抱阳，冲气以为和。”王弼《注》：“万物万形，其归一也；虽有万形，冲气一焉。”（《老子》第四十二章）此“王有所成”原于“一”也。老子又曰：“有物混成；先天地生；寂兮寥兮，独立不改，周行而不殆，可以为天下母。吾不知其名，字之曰道，强为之名曰大；大曰逝，逝曰远，远曰反。故道大，天大，地大，王亦大。域中有四大，而王居其一焉。”（《老子》第二十五章）此“圣有所生”，“王有所成”，皆原于“一”也。按：“王”者往也，往即

“逝”（《尔雅·解诂》①：“逝，往也。”《庄子·天地篇》：“沛乎其为万逝也。”郭象《注》：“德泽滂沛，任万物之自往也。”），而“逝”之“曰反”，即“周行也”。庄子之所谓“王有所成”者，谓惟迈往有所成也。老子之云“王亦大”者；“大”之义，即庄子云“无乎不在”；云“王亦大”者，谓道之独往独来，无所不周普，所谓“独立不改，周行而不殆”也。故曰“大曰逝，逝曰远，远曰反”。不“反”则“殆”，不“反”则“改”，则“圣”有所生于“一”者，而“王”不必还成“一”矣。此“道”之所以大“周行”，而孔子传《易》必系之曰“周流六虚”也。余读《史记·老庄申韩列传》称“庄子之学②，无所不窥，然其要本归于老子之言”，正可于此篇参之。

不离于宗，谓之天人。不离于精，谓之神人。不离于真，谓之至人。以天为宗，以德为本，以道为门，兆于变化，谓之圣人。以仁为恩，以义为理，以礼为行，以乐为和，薰然慈仁，谓之君子。以法为分，以名为表，以参为验，以稽为决，其数一二三四是也，百官以此相齿，以事为常。以衣食为主，蕃息畜藏，老弱孤寡为意，皆有以养（梁启超《〈庄子·天下篇〉释义》曰：“‘老弱孤寡为意’，文不可通。疑‘为意’二字当在‘养’字下，文为‘蕃息畜藏，老弱孤寡，皆有以养为意。’”），民之理也。

博按：此庄子所以品次“天下之治方术者”。自庄生观之：“天下之治方术者”，道者为上；儒次之；百家之学又次之；而农家者流为下。盖孟子讥为神农之言者，谓“以百亩之不易为己忧者，农夫也！”（《孟子·滕文公上》）《汉书·艺文志》曰：“农家者流，播百谷，劝耕桑，以足衣食。故八政，一曰食，二曰货。孔子曰：‘所重民食。’”此所谓：“以衣食为主，蕃息畜藏，老弱孤寡为意，皆有以养，民之理也。”《庄子·庚桑楚》又讥之曰：“简发而栉，数米而炊，窃窃乎又何足以

---

① 《尔雅·解诂》当为《尔雅·释诂》。——编者
② “庄子之学”本作“庄子其学”。——编者

济世哉!”以故次之于末而略不详说焉。斯固卑之无甚高论矣！独道者“以天为宗”，“以德为本”，“以道为门”，“不离于精”，“不离于真”，而“兆于变化”；所谓“配神明，醇天地”者也（“配神明，醇天地”见下文)。故翘然首举为“天人”，为“神人”，为“至人”，为“圣人”。而儒者“以仁为恩”，“以义为理”，“以礼为行”，“以乐为和”，“薰然慈仁”，则为“君子”。“君子者”，儒家者言以示人范者也；故以厕于“天人”“神人”“至人”“真人”之次；虽不如道者“配神明，醇天地”之于道最为高；而“顺阴阳”“明教化”以助人君者也（《汉书·艺文志》：“儒家者流，助人君，顺阴阳，明教化者也。”）。至“百官”“以法为分”，“以名为表”，“以参为验”，“以稽为决”，“其数一二三四”，“以此相齿”，“以事为常”；此则儒者荀子所谓“循法则、度量、刑辟、图籍，不知其义，谨守其数，慎不敢损益，是官人百吏之所以取禄秩也”（《荀子·荣辱篇》）；若曰“名法诸家之学，盖百官之以相齿而常有事”，而为《汉书·艺文志》云“某家者流出于某官”之所本也。博按:“百官以此相齿，以事为常”之“以”，即承前“以法为分，以名为表，以参为验，以稽为决”之四“以”字而言；若曰“四者，百官之持以相齿而事事也”。

所谓“以法为分”者，“分”当读符问切，“制也”（《荀子·荣辱篇》:“诗、书、礼、乐之分乎”注)，决也（《文选·答宾戏》“烈士有不易之分”注)。决事必以法为准；此法家之正义也，可以法家言明之。所谓“法”者何也?《管子·七法》曰：“尺寸也，绳墨也，规矩也，衡石也，斗斛也，角量也，谓之法。”何谓“以法为分”？《管子·明法》曰:“先王之治国也，不淫意于法之外，不为惠于法之内也，动无非法者，所以禁过而外私也。威不两错，政不二门。以法治国，则举错而已。是故有法度之制者，不可巧以诈伪；有权衡之称者，不可欺以轻重；有寻常①之数，不可差以长短。是故先王之治国也，使法择人，不

① “有寻常之数”应为“有寻丈之数”。——编者

自举也；使法量功，不自度也。”此之谓“以法为分”也。故曰：“法者所以兴功惧暴，律者所以定分止争，令者所以使人知事。法律政令者，吏民规矩绳墨也。”此著于《管子·七臣》者也，虽然，“分”之必以“法”者，何也?《慎子·威德篇》曰：“法虽不善，犹愈于无法，所以一人心也。”《群书治要》引《慎子》曰：“夫投钩分财，投策分马①，非钩策为均也；使得美者不知所以德，得恶者不知所以怨；此所以塞怨望也。”此“分”之所为必以“法”也。

所谓“以名为表”者，《荀子·儒效篇》“行有防表”注：“表，标也。”“以名为表”，盖名家之学；而《汉书·艺文志》推论“名家者流出于礼官，古者名位不同，礼亦异数”。余读诸子书善言礼者，莫如荀子；而阐“以名为表”之旨者，故莫审于荀子也。其见意于《正名篇》者曰：“王者之制名，名定而实辨，道行而志通，则慎率民而一焉。故析辞擅作名以乱正名，使民疑惑，人多辨讼，则谓之大奸；其罪犹为符节、度量之罪也。”然则乱名之罪，比于犯法矣。此“以名为表”之说也。虽然，倘表之不以“名”则奈何?荀子则重申其指曰：“异形离心，交喻异物，名实玄纽，贵贱不明，同异不别，如是则志必有不喻之患，而事必有困废之祸。故知者为之分别。制名以指实，上以明贵贱，下以别②同异，贵贱明，同异别，如是则志无不喻之患，事无困废之祸，此所为有名也。”正与《汉志》“名位不同，礼亦异数”之指相发。故曰：“名不正，则言不顺。”无名，则何以表焉。此“表”之所为必以“名”也。惟儒者正名以齐礼；而法家稽名以准法。《尹文子·大道上》曰：“以名稽虚实，以法定治乱；万事皆归于一，百度皆准于法，则顽嚚聋瞽，可与察慧聪明同其治也。能鄙齐功，贤愚等虑，此至治之术。”③“韩非引绳墨，切事情，明是非。”（《史记·老庄申韩列

① 原文为“夫投钩以分财，投策以分马”。——编者
② “别”当为“辨”。——编者
③ 此段引文有大段省略。——编者

传赞》）

“以参为验，以稽为决”，所以谨名法之操而审其用。盖“以参为验”者，参名与法而验其当。“以稽为决”者，稽所参验而决其可也。夫“决”必期于“参验”者，何也?《韩非子·显学篇》曰：“无参验而必之者，愚也！弗能必而据之者，诬也！故明据先王，必定尧、舜者，非愚即诬也!”此正所以讥不稽于“参验”而为“决”者之“非愚即诬”。《国策·秦策》：“寡人决讲矣!”注：决，必是“决”即“必”。然则韩非谓“无参验而必之者愚”，犹云“无参验，而决之者愚”也。按：《春秋穀梁·桓五年传》“盖参讥之”疏“参者交互之意”。《汉书·律历志上》“立则见其参于前也”注引孟康曰：“权衡量三等为参。”然则“参”者，盖交稽互证之谓。衡政则偏听成奸，论学则孤证不信，故必“以参为验”也。《荀子·解蔽篇》曰：“参稽治乱而通其度。”注：“参，验。”而《韩非子·主道篇》曰：“有言者自为名，有事者自为形，形名参同”，即“以参为验，以稽为决”之意；此亦名法家之治，连“以法为分”“以名为表”而合言之曰“其数一二三四”；百官之以相齿而常有事者，“此”也；故曰“百官以此相齿，以事为常”。

《庄子·天地篇》曰：“上治人者事也。”事其事，而“以法为分，以名为表，以参为验，以稽为决”者，百官之“常”；而非帝王之所“以”也。何以言其然?《庄子·天地篇》曰：“礼法度数，刑名比详，治之末也。”①

博按：“礼法度数”，即谓“以法为分”。《荀子·劝学篇》曰：“礼者法之大分”，是也。“刑名”者，即“以名为表”之谓；古“形”“刑”通，形于外者谓之“表”，故威仪亦称“表仪”，《春秋左氏·文六年传》“引之表仪”，是也。至所谓“比详”者，盖参比“礼法度数刑名”而详其可否得失；所谓“以参为验，以稽为决”也。然而庄子则于《天道篇》重言以申明之曰：“礼法度数，刑名比详，古人有之；

① 此句不见于《天地篇》，乃《天道篇》之文。——编者

此下之所以事上，非上之所以畜下也。”故曰：事其事而“以法为分，以名为表，以参为验，以稽为决”，百官之“常”，而非帝王之所“以”也。

帝王之所“以”则奈何？《庄子·天道篇》曰：“帝王之德，以天地为宗，以道德为主，以无为为常。无为也，则用天下而有余。有为也，则为天下用而不足。故古之人贵夫无为也。上无为也，下亦无为也，是下与上同德；下与上同德，则不臣！下有为也，上亦有为也，是上与下同道；上与下同道，则不主。上必无为而用天下，下必有为为天下用。此不易之道也。”然则“礼法度数，刑名比详”者，“有为为天下用”之“事”；百官之以为“常”；儒、法、名、墨诸家是也。至老子曰：“道常无为而无不为。”（《老子》第三十七章）则“无为而用天下”之“道”，“上之所以畜下”，而帝王之以为“常”者也。

故曰：“道有天道，有人道。无为而尊者，天道也；有为而累者，人道也。主者天道也，臣者人道也。天道之与人道也，相去远矣！不可不察也。”此又庄子之所著论于《在宥篇》者也。博按：“天道”者，“无为而尊”之“主道”；道家得以为德，曰“上德无为而无不为”者也（《老子》第三十八章）。“人道”者，“礼法度数，刑名比详”，儒、法、名、墨之“有为而累”；“下之所以事上”，故曰“臣道”；而诏“百官”之有“常”。信如庄子所云，则是百官“以事为常”；而“帝王之德”“以无为为常”也。余读《汉书·艺文志》论列诸子十家，独称“道家者流，秉要执本，君人南面之术”，有以也夫！有以也夫！

古之人其备乎！配神明，醇天地（章炳麟《庄子解故》曰：“醇借为准。《地官》：‘质人壹其淳制。’《释文》：‘淳音准。’是其例。《易》曰：‘易与天地准。’配神明准天地二句同意。”），育万物，和天下，泽及百姓，明于本数，系于末度，六通四辟，小大精粗，其运无乎不在。其明而在数度者，旧法世传之史，尚多有之。其在于《诗》、《书》、《礼》、《乐》者，邹、鲁之士，搢绅先生多能明之；《诗》以道志，《书》以道事，

《礼》以道行，《乐》以道和，《易》以道阴阳，《春秋》以道名分。其数散于天下而设于中国者，百家之学，时或称而道之。

天下大乱，贤圣不明，道德不一，天下多得一察焉以自好（王念孙《读书杂志》以一察连读。俞樾《诸子平议》曰："察当读为际，一际犹一边也。《广雅·释诂》'际''边'并训'方'，是际与边同义。'得其一际'即得其一边，正不知全体之谓；察际并从祭声，故得通用耳。"）；譬如耳目口鼻，皆有所明，不能相通；犹百家众技也，皆有所长，时有所用；虽然，不该不遍，一曲之士也。判天地之美，析万物之理，察古人之全（梁启超《〈庄子·天下篇〉释义》曰："察古人之全，亦当读为际。察字与判字析字并举，皆言割裂天地之美，万物之理，古人之全，而仅得其一体，此所以不该不遍，而适成其为一曲之士也。"）；寡能备于天地之美，称神明之容！

博按：此亦品次"天下之治方术者"，承上文而申其指也。"育万物"，"和天下"，"泽及百姓"三语，言"古之人"德无不普。"明于本数"，"系于末度"二语，言"古之人"知无不该。要而言之曰"备"，大而赞之曰"六通四辟，小大精粗，其运无乎不在"。然而"配神明"，"醇天地"；此所谓"不离于宗，谓之天人；不离于精，谓之神人；不离于真，谓之至人；以天为宗，以德为本，以道为门，兆于变化，谓之圣人"者也。惟宗"天"本"德"而"不离于精"、"不离于真"，所谓"配神明，醇天地"者，特"天人"、"神人"、"至人"、"圣人"之所谓。"秉要执本"至稽之"礼法度数，刑名比详"以有事于百官，所以"育万物"，"和天下"，"泽及百姓"者，则固不能遗弃一切而不与民生事物为缘。故曰"明乎本数，系于末度"；此"古之人"所为"六通四辟"，无愧于"备"，而运之小大精粗无不在者也。

自道德之不一，"天下多得一察焉以自好"。"其在于《诗》、《书》、《礼》、《乐》者，邹、鲁之士，搢绅先生多能明之"，《诗》以道志；《书》以道事；《礼》以道行；《乐》以道和；《易》以道阴阳；《春秋》以道名分；而不同"礼法度数，刑名比详"之所谓"治之末"，此之谓"本数"。而"邹、鲁之士，搢绅先生多能明之"，此所谓"明于本数”者也。《汉书·艺文志·六艺略》曰：“《乐》以和神，仁之表也。《诗》以正言，义之用也。《礼》以明体，明者著见，故无训也。《书》以广听，知之术也。《春秋》以断事，信之符也。”然则“明于《诗》、《书》、《礼》、《乐》”之“邹、鲁之士，搢绅先生”，殆即所谓“以仁为恩，以义为理，以礼为行，以乐为和，薰然慈仁，谓之君子”者也。谓之“本数”者，若曰“礼法度数”之本尔；尚非真能宗“天”本“德”，而“不离于精”，“不离于真”者也。《庄子·天运篇》载孔子谓老聃曰：“丘治《诗》、《礼》、《乐》、《易》、《春秋》六经，孰知其故矣。”老子曰：“《六经》，先王之陈迹也；岂其所以迹哉！”然则“邹、鲁之士，搢绅先生”，多能明“《诗》、《书》、《礼》、《乐》者，特是明“礼法度数”之本，尚非真能遗外形迹，深明道本而知“所以”者。倘有“以本为精”，“以物为粗”，“澹然独与神明居”，如所称关尹、老聃者，则谥之曰“博大真人”（见下《疏记》三）。盖与古之所谓“天人”、“神人”、“至人”、“圣人”，同实而殊名者也；厥为道家祖，“以有积为不足”，“建之以常无有”。而游文六艺，“明于本数”之邹、鲁之士，搢绅先生，盖后世儒家之所从出焉。

至云“明而在数度者，旧法世传之史尚多有之”；“其数散于天下而设于中国者，百家之学，时或称而道之”。

盖“系于末度”，所谓“以法为分，以名为表，以参为验，以稽为决，其数一二三四，百官以此相齿，以事为常”者也。按：《说文·自部》：“官，吏事君也。”《一部》：“吏，治人者也；从一，从史，史亦声。”《史部》：“事，职也；从史，㞢省声。”“史，记事者也；从又持中。”江永《周礼疑义举要·秋官篇》云：“凡官府簿书谓之中，故诸官言‘治中’‘受中’，小司寇‘断庶民狱讼之中’，皆谓簿书，犹今之案卷也；此中字之本义。故掌文书者谓之史，其字从又从中；又者，右手，以手持簿书也。吏字事字，皆有中字；天有司中星，后世有治中之官，皆取此义。”《周礼》大小《官》多名史以此；故“百官”即

"史"。谓之"世传之史"者；按：《春秋左氏·隐八年传》：众仲曰"官有世功，则有官族"；古者官有世族，故曰"世传之史"。然《孟子》书叙五霸桓公为盛，葵丘之会，四命曰"士无世官"（《孟子·告子》下）。则是齐桓之时，世官已为禁令；而庄子生于春秋之衰，故曰"旧法"，然去古未远，故曰"旧法世传之史，尚多有之"。史之所明在数度；《礼记·郊特牲》云"礼之所尊，尊其义也；失其义，陈其数，祝史之事"是也。而谓之"系于末度"者，《庄子·天道篇》云"礼法度数，刑名比详，治之末也"；故曰"末度"也。《荀子·荣辱篇》云："循法则、度量、刑辟、图籍，不知其义，谨守其数，慎不敢损益也；父子相传，以持王公；是故三代虽亡，治法犹存；是官人百吏之所以取禄秩。"曰"谨守其数，慎不敢损益"，即"系"之意。曰"父子相传，以持王公"，即"世传"之义，其言与庄子合。故曰"明而在数度者，旧法世传之史，尚多有之"也。

"其数散于天下，而设于中国，百家之学，时或称而道之"者，按：《说文·宀部》："宦，仕也。"段玉裁注："《人部》：'仕者，学也。'《左传》：'宦三年矣'；服虔云：'宦，学也。'《曲礼》：'宦学事师'，注云：'宦，仕也。'熊氏云：'宦谓学官事，学谓习六艺。'二者俱是事师。"此"百宦"之"事"所由流而成为"百家之学"；而益征《汉书·艺文志》云"某家者流出于某官"之说为不可易也。

惟百家之学，"系于末度"，而非庄子意之所先。《庄子·天道篇》云："古之明大道者，先明天而道德次之。道德已明而仁义次之。仁义已明而分守次之。分守已明而形名次之。形名已明而因任次之。因任已明而原省次之。原省已明而是非次之。是非已明而赏罚次之。赏罚已明而愚智处宜，贵贱履位，仁贤不肖袭情。必分其能，必由其名。故书曰'有形有名'。形名者，古人有之，而非所以先也。骤而语形名赏罚，此有知治之具，非知治之道；可用于天下，不足以用天下；此之谓辩士一曲之人！"盖甚言名、法诸家之非所先，而为"辩士一曲之人"。此之所谓“不该不遍一曲之士”也。“判天地之美”，“析万物之理”，“察古人之全”，岂所论于“备天地之美”，“称神明之容”者哉！

是故内圣外王之道，暗而不明，郁而不发。

博按：“圣”之为言“通”也，所以适己性也；故曰“内”。“王”之为言“往”也，所以与物化也；故曰“外”。“内圣外王”，盖庄生造设此语以阐“道”之量，而持以为扬榷诸家之衡准者；惟引庄生之言足以明之。

《庄子·天道篇》曰：“通于圣。”又《天运篇》曰：“圣也者，达于情而遂于命也。”天机不张而五官皆备，此之谓天乐；无言而心说。又《天地篇》曰：“圣人鹑居而鷇食；鸟行而无彰；天下有道，则与物皆昌；天下无道，则修德就闲；千岁厌世，去而上仙，乘彼白云，至于帝乡；三患莫至，身常无殃；则何辱之有！”则是“圣”之谓“内”，所以适己性也。

《天地篇》又曰：“无为为之之谓天。无为言之之谓德。爱人利物之谓仁。不同同之之谓大。行不崖异之谓宽。有万不同之谓富。故执德之谓纪。德成之谓立。循于道之谓备。不以物挫志之谓完。君子明于此十者，则韬乎其事心之大也；沛乎其为万物逝也！”郭象《注》：“德泽滂沛，任万物之自往也。”博按：《尔雅·释诂》：“逝，往也”；则“往”即“逝”。故曰：“王德之人，素逝而耻通于事（郭象《注》：任素而往耳，非好通于事也）。立之本原而知通于神，故其德广，其心之出，有物采之，故形非道不生，生非德不明，存形穷生，立德明道，非王德者耶！荡荡乎！忽然出，勃然动，而万物从之乎！此谓王德之人！”则是“王”之谓“外”，所以与物化也。

内之以成“圣”，外之以成“王”，而要必蕲于“刳心”。《庄子·天地篇》曰：“夫道覆载万物者也；洋洋乎大哉！君子不可以不刳心焉！”盖不“刳心”不足以契“道”也。夫有心则累其自然而不肯“任万物之自往”；惟“刳心”而后内则“圣”，外则“王”，乃契于

“道”。惟不“刳心”而“天下多得一察焉以自好”，“譬如耳目口鼻，各有所明，不能相通！”此“内圣外王之道”，所以“备于天地之美，称神明之容”也！

老子言“道”“德”。庄子言“内圣”“外王”。“道”也者，人之所共由也；庄子谥之曰“外王之道”。“德”也者，我之所自得也；庄子谥之曰“内圣之道”。“内圣”得其自在；“外王”蕲于平等；维纲所寄，其唯《逍遥游》、《齐物论》二篇；斯章生之所云（章炳麟《齐物论释》序）。信有当于知言也！体任性真，故自由而在我；《逍遥游》之指也。理绝名言，故平等而咸适；《齐物论》之指也。

综《庄子》书三十三篇，其大指以为：俯仰乎天地之间，逍遥乎自得之场，固养生之主也。然人间世情伪万端，而与接为构，日以心斗；唯无心而不自用者，为能放乎逍遥而得其自在也。夫唯逍遥之至者，为能游心乎德之和，不系累于形骸，而见其所丧；视丧其足，犹遗土也；斯固德充之符矣！是则虽天地之大，万物之富，其所宗而师者无心也。夫无心而放乎自在，任乎自化者，应为帝王也。然则《养生主》、《人世间》及《德充符》三篇，所以尽《逍遥游》不言之指，而《大宗师》及《应帝王》，则以竟《齐物论》未发之蕴者也。此《内篇》之大凡也。

凡《外篇》十五：曰《骈拇》，曰《马蹄》，曰《胠箧》，曰《在宥》，四篇言绝圣弃知、绝仁弃义以去性命之桎梏。曰《天运》，言逍遥无为之为采真之游。曰《刻意》，言逍遥之在恬淡寂寞虚无无为。曰《缮性》，言以恬养知之为逍遥。曰《至乐》，言至乐唯逍遥于无为。曰《达生》，言弃世则无累于逍遥。曰《山木》，言虚己以游世之孰能害。曰《田子方》，言游于物之初。此言《逍遥游》也。曰《天地》，言不同同之之为王德。曰《天道》，言静而圣，动而王之壹于虚静恬淡寂寞无为；所以明内圣外王之无二道；亦《齐物论》之指也。《秋水》言小大之齐，《知北游》言死生之齐。此言《齐物论》也。

凡《杂篇》十，其中言《逍遥游》者五：曰《外物》，曰《让王》，曰《盗跖》，曰《渔父》，曰《列御寇》。言《齐物论》者五：曰《庚桑楚》，曰《徐无鬼》，曰《则阳》，曰《寓言》，曰《说剑》。

一言以蔽之，曰“道法自然”；无殊于“内圣”“外王”也。不任自然，则失其性命之情。壹任自然，则安于性命之情。性命之安在我，则放乎逍遥之游；内圣之德也。性命之安在人，乃以征物论之齐；外王之道也。此《庄子》书之大指也。

然《庄子》书三十三篇，言《逍遥游》者二十篇；言《齐物论》者十二篇；而本篇之为叙录者不算焉；则是详于内圣而略于外王也。於戏！庄生不云乎：“道之真以治身。其绪余以为国家。其土苴以治天下。由此观之：帝王之功，圣人之余事也；非所以完身养生也。”（《让王篇》）故略之也。

天下之人，各为其所欲焉以自为方。悲夫！百家往而不反，必不合矣。后世之学者，不幸不见天地之纯，古人之大体。道术将为天下裂。

博按：《庄子·齐物论》曰：“道未始有封。”“天下之人各为其所欲焉以自为方”，则是道之有封矣！有封，斯有是非。《齐物论》又曰：“是非之彰也，道之所以亏也。道之所以亏，爱之所以成。”郭象《注》：“道亏，则情有所偏而爱有所成；未能忘爱释私，玄同彼我也。”则是道术之为天下裂，而后“天下之人各为其所欲焉以自为方”也。大抵百家之所为殊异于老、庄者：老、庄弃智而任道，百家遗道而徇智。弃智而任道者，有以“见天地之纯”，“察（读如字）古人之全”，而是非之畛泯。遗道而徇智者，将以“判天地之美”，“析万物之理”，而彼我之见纷。盖道者主“一”以窥大道之全；而百家裂“道”以明“一曲”之智；“浑沦”之与“琐碎”异（《列子·天瑞》曰：气形质具而未相离，故曰浑沦。浑沦者，言万物相浑沦而未相离也），“玄同”之与“相非”违也。扬子《法言·问道》曰：“道以导之，德以得之，仁以人之，义以宜之，礼以体之，天也；合则浑，离则散。”“天下之人各为其所欲焉以自为方。悲夫！百家往而不反，必不合矣！”“循于道之谓备，不以物挫志之谓完”，此道者所以于百家最为高，而救一切圣智之祸也！

墨翟　禽滑厘　宋钘　尹文

不侈于后世，不靡于万物，不晖于数度，以绳墨自矫而备世之急；古之道术有在于是者。墨翟、禽滑厘闻其风而说之；为之大过，已之大顺（梁启超《〈庄子·天下篇〉释义》曰：已，止也。即下文“明之不如其已”之已，大顺即太甚之意，言应做之事做得太过分，应节止之事，亦节止得太过分，顺甚音近可通也）。作为《非乐》，命之曰《节用》，生不歌，死无服。墨子泛爱兼利而非斗，其道不怒；又好学而博；不异；不与先王同，毁古之礼乐。

黄帝有《咸池》，尧有《大章》，舜有《大韶》，禹有《大夏》，汤有《大濩》，文王有辟雍之乐，武王、周公作《武》。古之丧礼，贵贱有仪，上下有等；天子棺椁七重，诸侯五重，大夫三重，士再重。今墨子独生不歌，死不服，桐棺三寸而无椁，以为法式。以此教人，恐不爱人。以此自行，固不爱己。未败墨子道；虽然，歌而非歌，哭而非哭，乐而非乐，是果类乎？其生也勤，其死也薄；其道大觳，使人忧，使人悲，其行难为也，恐其不可以为圣人之道！反天下之心，天下不堪；墨子虽独能任，奈天下何？离于天下，其去王也远矣！

墨子称道曰：“普者禹之湮洪水，决江河而通四夷九州也；名山三百（俞樾《诸子平议》曰：名山当作名川），支川三千，小者无数，禹亲自操橐耜而九杂天下之川，腓无胈，胫无毛，沐甚雨，栉疾风，置万国。禹大圣人也；而形劳天下也如此！”使后世之墨者，多以裘褐为衣，以跂蹻为服，日夜不休，以自苦为极；曰：“不能如此，非禹之道也！不足为墨！”

博按：“不与先王同”，当连下“毁古之礼乐”读；所以证墨子之

"不侈于后世，不靡于万物，不晖于数度"者也。盖墨子之意，主于节用；生当先王礼明乐备之后，而"毁古之礼乐"，"命之曰节用，生不歌，死无服"。此其所以"不与先王同"，岂非所谓"不侈于后世，不靡于万物，不晖于数度"者耶？此《节用》、《节葬》、《非乐》诸篇之指也。"先王"谓黄帝、尧、舜、禹、汤、文、武、周公；而"后世"则专指周而言。《论语·八佾》，子曰："周监于二代，郁郁乎文哉！"正所谓"靡于万物"，"晖于数度"之世。《说文·日部》："晖，光也。"《太玄·经视·次五》："厥德晖如。"注："晖如，文德之貌也。"

墨子之嫉文德与老子同；而微有异者，盖老子欲反周之文以跻之"古始"之"朴"（《老子》第十九章曰：绝圣弃智，民利百倍；绝仁弃义，民复孝慈；绝巧弃利，盗贼无有：此三者以为文不足，故令有所属，见素抱朴）。而墨子则矫周之文胜而用夏之质。《淮南子·要略训》云："墨子学儒者之业，受孔子之术，以为其礼烦扰而不说，厚葬靡财而贫民，服伤生而害事；故背周道而用夏政。"今庄子之称墨子曰："使后世之墨者，多以裘褐为衣，以跂蹻为服，日夜不休，以自苦为极；曰：'不能如此，非禹之道也！不足为墨！'"与淮南之说同。而儒者荀子则著《富国篇》以非墨子之节用，著《礼论篇》以斥墨子之短丧，著《乐论篇》以贬墨子之非乐；而最其指于《解蔽篇》，一言以蔽之曰"墨子蔽于用而不知文"；皆指此篇所称"墨子命之曰节用，生不歌，死无服"，"毁古之礼乐"而言。至《荀子·天论篇》曰："墨子有见于齐，无见于畸。"其非墨子之见于《非十二子篇》者曰："不知壹天下建国家之权称，上功用，大俭约而僈差等，曾不足以容辨异。"此《墨子·尚同》之指；而此篇所云"墨子泛爱兼利而非斗，其道不怒，又好学而博，不异"者也。"不异"，即荀子所谓"有见于齐"；而"不异"之"异"，即《荀子·非十二子篇》"僈差等，曾不足以容辨异"之"异"、惟荀子所谓"僈差等"者，承"上功用，大俭约"而言；犹是《节用》、《节葬》之指。而庄生所云"不异"者，承"泛爱兼利而非斗，其道不怒”而言，乃是《兼爱》、《非攻》之义。然则庄生云“不异”，荀子曰“僈差等”，谓墨子之“有见于齐”同；而庄以议墨之兼爱，荀以非墨之节用，所以谓墨子之“有见于齐”者则异。

墨子之道多端，其书七十一篇，著有《汉书·艺文志》；今存者五十三篇。《鲁问篇》，墨子之语魏越曰：“凡入国，必择务而从事焉。国家昏乱，则语之《尚贤》、《尚同》。国家贫，则语之《节用》、《节葬》。国家憙音沉湎，则语之《非乐》、《非命》。国家淫僻无礼，则语之《尊天》、《事鬼》。国家务夺侵陵，则语之《兼爱》、《非攻》。”

今《墨子》书虽残缺，然自《尚贤》至《非命》三十篇，所论略备。而要其归，不外《节用》、《兼爱》。其余诸端，皆由《节用》、《兼爱》推衍而出；如《节葬》、《非乐》诸义，由《节用》而出者也。《尚同》、《尚贤》、《非攻》诸义，皆由《兼爱》而出者也。《汉书·艺文志》论墨家者流于胪举诸端之后，而卒之曰“蔽者为之，见俭之利，因以非礼；推兼爱之意而不知别亲疏”；亦要其归于节用、兼爱二者。

而节用尤为墨道之第一义：一则俭于自为，乃能丰于及物。二则兼爱者不暇自爱，不暇自爱则亦不侈于自奉。此荀子所由专非其节用。庄生虽并称兼爱，而特侧重于节用；所谓开宗明义，特揭其出古之道术，曰“不侈于后世，不靡于万物，不晖于数度”者也。然而论之曰：“其生也勤，其死也薄；其道大觳，使人忧，使人悲，其行难为也，恐其不可以为圣人之道。”则是内不能达情遂命以通于“圣”也。又曰：“反天下之心，天下不堪！墨子虽独能任，奈天下何？离于天下，其去王也远矣！”则是外不能与物俱往以跻于“王”也。“是故内圣外王之道，暗而不明，郁而不发”；此则墨子之大蔽也！

墨子行事不概见。《史记·孟子荀卿列传》后附云：“墨翟，宋之大夫；善守御，为节用。或曰并孔子时。或曰在其后。”

禽滑厘，墨子弟子，见《墨子·公输篇》。

相里勤之弟子五侯之徒，南方之墨者苦获、已齿、邓陵子之属，俱诵《墨经》，而倍谲不同（郭庆藩《庄子集释》曰：倍谲，背谲之借，外向之名。庄子盖喻各泥一见，二人相背耳）；相谓别墨；以坚白同异之辩相訾；以觭偶不仵之辞相应（梁启超《〈庄子·天下篇〉释义》曰：觭字不见他书，疑为畸之异文，实即奇字。《说文》云：奇，不偶也）；以巨子为圣人，皆愿为之尸，冀得为其后世；至今不决。

博按：《韩非子·显学篇》曰："自墨子之死也，有相里氏之墨；有相夫氏之墨；有邓陵氏之墨；墨离为三。"是即此篇所称"相里勤之弟子五侯之徒，南方之墨者苦获、已齿、邓陵子之属"也。

而"俱诵墨经"之"墨经"有二说：一谓"墨经"指《墨子》书卷一之《亲士》、《修身》、《所染》、《法仪》、《七患》、《辞过》、《三辩》七篇而言。黄震《日抄·读诸子》曰："墨子之书凡二：其后以论称者多衍复。其前以经称者善文法。"钱曾《读书敏求志》曰："潜溪《诸子辩》云：'《墨子》三卷：上卷七篇，号曰《经》。中卷、下卷六篇，号曰《论》。'予藏弘治己未旧抄本，卷篇之数，恰与其言合。"毕沅《墨子注叙》曰："又三卷一本，即《亲士》至《尚同》十三篇。宋王应麟、陈振孙仅见此本，有乐台注，见郑樵《通志·艺文略》，今亡。"世所传十五卷本不分题经论，而三卷本上卷七篇，必于目下题经，故号曰经。此相传之古说也。一谓"墨经"乃指《墨子》书之《经》、《经说》而言。孙诒让《墨子间诂》谓："《墨经》即《墨辩》，今书《经说》四篇及《大取》、《小取》二篇。"近儒梁启超、胡适皆宗焉。此晚出之新说也。自博观之，当以古说为可信。按：《管子》书有《经言》九篇；《韩非子·内储说上》有《经》七篇，《内储说下》有《经》七篇，《外储说右上》有《经》三篇，《外储说右》[①] 有《经》五篇，皆以《经》冠诸篇之首；则《墨子》书之"经"，亦应冠于篇首。而《经》、《经说》，其篇次列第四十至第四十三，如真以为《墨经》，不应后其所先，轻重倒置若此。一也。

① 《外储说右》当为《外储说右下》。——编者

且题曰经者，必全书之大经大法。而《墨子》书之大经大法，不过《天志》、《尚贤》、《兼爱》、《节用》、《非乐》荦荦数大端；而此荦荦数大端，皆于卷之一七篇中发其指（张采田《史微·原墨》）。斯足以揭全书之纲，题之曰《经》而无愧！至《经》、《经说》不过“辩言正辞”而已；小辩破道，奚当于大经大法！二也。

故曰：“《墨经》者，乃指《墨子》书卷之一《亲士》、《修身》、《所染》、《法仪》、《七患》、《辞过》、《三辩》七篇而言。”曰“倶诵《墨经》而倍谲不同”者，谓相里勤、邓陵之徒，虽倶诵《墨经》，然背谲所言，有乖于墨子之大经大法，故曰“而”；“而”者，辞之反也。“相谓别墨”云者，谓人以别墨相谓，若曰“墨家之别派”云尔；不以正宗予之也。曷为不以正宗予之？以其背谲所言，相訾以“坚白同异之辩”，相应以“觭偶不仵之辞”，与《墨经》称说不同也；故不以正宗予之，而相谓曰“别墨”也。

然相里勤、邓陵之徒，则不以“别墨”自居，而欲得为巨子，辩其所是以为天下宗主，而篡墨家之统焉！墨家号其道理成者为巨子，若儒家之硕儒；巨子为墨家之所宗，如儒者之“群言淆乱衷诸圣”也。

墨翟、禽滑厘之意则是，其行则非也！将使后世之墨者，必自苦；以腓无胈，胫无毛，相进而已矣！乱之上也！治之下也！虽然，墨子真天下之好也！将求之不得也！虽枯槁不舍也，才士也夫！

博按：庄生之道，在贵身任生，以无为而治；而见墨者之教，劳形动生，以自苦为极；“反天下之心，天下不堪”，行拂乱其所为而已矣！故曰“乱之上也”。郭象《注》：“乱莫大于逆物而伤性也。”使用墨者之教而获有治焉？终以“逆物伤性”而不得跻无为之上治也！故曰“治之下也”。然其用心笃厚，利天下为之，“虽枯槁不舍也”。“将求之不得也！”岂非“真天下之好”也哉！“好”，读“许皓切”，如《诗·遵大路》“不寁好也”，《国语·晋语》“不可谓好”之“好”；美也，善也。墨翟“以绳墨自矫而备世之急”，其权略足以持危应变，而所学该综道艺，洞究象数之微；此庄生所以甚非其行而卒是其意，称之曰“天下之好”，滕之以“才士”之目也！故非禽滑厘之徒，所可等量齐观矣！

右论墨翟、禽滑厘

不累于俗，不饰于物；不苟于人（章炳麟《庄子解》曰：苟者苛之误。《说文》言苛之字止句，是汉时俗书苛苟相乱。下言苛察，一本作苟，亦其例也），不忮于众；愿天下之安宁以活民命，人我之养，毕足而止；以此白心，古之道术有在于是者。宋钘、尹文闻其风而说之；作为华山之冠以自表。接万物以别宥为始。语心之容，命之曰心之行；以聏合欢，以调海内请欲；置之以为主（梁启超《〈庄子·天下篇〉释义》曰：聏字不见他书。郭嵩焘据《庄子阙误》引作胹，训为烂也，熟也，软也。大概当是宋钘、尹文用软熟和合欢喜的教义，以调节海内人的情欲。请欲当读为情欲，即下文情欲寡浅之情欲也。请读为情，墨子书中甚多，情请二字古通用甚明。宋钘、尹文即以此种情欲为学说基础，故曰，以聏合欢，以调海内请欲，置之以为主）。见侮不辱，救民之斗；禁攻寝兵，救世之战；以此周行天下，上说下教；虽天下不取，强聒而不舍者也！故曰“上下见厌而强见也”。

虽然，其为人太多，其自为太少！曰：“请欲固置五升之饭足矣！先生恐不得饱，弟子虽饥不忘天下。”日夜不休，曰：“我必得活哉！”圖傲乎救世之士哉！（章炳麟《庄子解故》曰：圖当为啚之误，啚即鄙陋、鄙夷之本字，啚傲犹言鄙夷耳。）曰：“君子不为苛察，不以身假物。”以为“无益于天下者，明之不如已也！”以禁攻寝兵为外；以情欲寡浅为内；其小大精粗，其行适至是而止。

博按：宋钘、尹文，盖墨者之支与流裔。而庄生所以明其所自出“古之道术”：曰“不累于俗，不饰于物”，即墨子“不侈于后世，不靡于万物，不晖于数度”之意。“不苟于人，不忮于众”，即墨子“泛爱兼利而非斗，其道不怒”之指。此宋钘、尹文之所为与墨同。然“墨子兼爱，摩顶放踵，利天下为之”（《孟子·尽心上》）。“为之大过，已之大顺”，不恤牺牲自我以利天下者也。至宋钘、尹文之所为白心，则以“我”亦天下之一民，苟“天下之安宁”，不能“人”足养而遗外“我”也；愿“毕足”焉。此宋钘、尹文之所与墨子异。盖一则舍己狥人，一则人我毕足也。

今观宋钘、尹文之“上说下教”，不外两事；曰：“以禁攻寝兵为外，以情欲寡浅为内。”而“接万物以别宥为始”盖非“别宥”，不知“见侮”之“不辱”；不知“见侮”之“不辱”，则不能以“禁攻寝兵”。非“别宥”，不明“为人”之“自为”；不明“为人”之“自为”，则不能以“寡浅情欲”。此实宋钘、尹文之第一义谛也。按“别宥”之说，见于《吕氏春秋·先识览·去宥》之章；其言曰：“邻父有与人邻者，有枯梧树。其邻之父言梧树之不善也。邻人遽伐之，邻父因请而以为薪，其人不说，曰：‘邻者若此其险也！岂可为之邻哉！’此有所宥也。夫请以为薪与勿请，此不可以疑枯梧树之善与不善也。齐人有欲得金者，清旦被衣冠，往鬻金者之所；见人操金，攫而夺之。吏搏而束缚之，问曰：‘人皆在焉！子攫人之金何故？’对曰：‘殊不见人，徒见金耳！’此真大有所宥也。夫人有所宥者，固以昼为昏，以白为墨，以尧为桀，宥之为败亦大矣！亡国之主，其皆甚有所宥耶！故凡人必别宥然后知；别宥，则能全其天矣。”毕沅谓“宥疑与囿同”；“囿”有“域之”之义（《诗·灵台》“王在灵囿”传：囿，所以域养鸟兽也。《国语·楚语》“王在灵囿”注：囿，域也）。而“别囿”云者，盖别白其囿我者而不蔽于私之意。“伐梧”者疑言邻父，“攫金”者不见人操，大抵迕于接物者，罔不有囿于私利之见者存。惟“别宥”，而后知“尚同”“兼爱”，万物交利，我亦不遗焉。故曰“接万物以别宥为始”也。《尸子·广泽篇》云：“料子贵别宥。”料子行事无闻，倘宋钘、尹文之徒耶？吾观宋耕、尹文，惟“别宥”，而后“为人”无患于“太多”，“自为”不嫌其“太少”；曰：“请欲固置五升之饭，足矣！先生恐不得饱！弟子虽饥不忘天下。”惟“别宥”，而后“以为无益于天下者，明之不如已”；盖所明而“无益于天下”，则所见者小而遗者大；宥之未能别，可知也；故曰“明之不如已”。庄子《遥游游》曰：“故夫知效一官，行比一乡，德合一君而征一国者，其自视也亦若此矣！而宋荣子犹然笑之！”夫“知效一官，行比一乡，德合一君而征一国者”，非无所明也；然而所见者限于一官一隅之细，郭象《注》：“亦犹鸟之自得于一方。”此亦有所“宥”也。故“宋荣子犹然笑之”，笑其见小而遗大也。宋荣子即宋钘。韩非子《显学篇》曰：“宋荣子之议，设不斗争，取不随仇，不羞囹圄，见侮不辱。”与此称宋钘“见侮不辱”同。“见侮不辱”，亦“别宥”之明效大验也。惟“别宥”，而后内则“情欲寡浅”，外则“禁攻寝兵”，“以禁攻寝兵为外”，同于墨子之“非攻”；“以情欲寡浅为内”，本诸墨子之“节用”；宋钘、尹文“小大精粗，其行适至是而止”。此宋钘、尹文所以为墨者之支与流裔也。然而有不同者：墨者“日夜不休，以自苦为极”，宋钘、尹文“日夜不休，曰我必得活”。盖墨子救世而极以自苦；宋钘、尹文养人而不忘足我，故以“我必得活”，“图傲乎救世之士”也。“救世之士”，即指墨者之徒而言。墨者之徒，“以绳墨自矫而备世之急”，故命之曰“救世之士”。所以图傲之者何？曰：“人我之养，毕足而止”；“我必得活”；不如墨者之道“大觳”，“反天下之心，天下不堪”；此所为相图傲也！

然则宋钘、尹文者，倘有合于“内圣外王之道”者耶？曰：“不然！‘外王’而未能大通。‘内圣’而未臻释然。”何以言其然？观于宋钘、尹文，“不苟于人，不忮于众，愿天下之安宁以活民命”；“以聏合欢，以调海内请欲，置之以为主”；此宋钘、尹文之愿欲为“外王”也。然而“上说下教，虽天下不取，强聒而不舍”；“上下见厌而强见”；则是未能任万物之自往也。曰：“人我之养，毕足而止”，日夜不休；曰“我必得活哉！”图傲乎救世之士哉！“救世”而不外遗“我”，以视墨翟之“大觳”，“使人忧愁”，“以自苦为极”，差为“达情”而“逐命”者；然而“以情欲寡浅为内”，则是纯任自然之未能也。“是故内圣外王之道，暗而不明，郁而不发”；由于宋钘、尹文之欲为“外王”而未能大通，欲为“内圣”而未臻释然也。此则宋钘、尹文之蔽也！荀子《非十二子篇》以宋钘与墨翟同称，盖亦以为墨者之支与流裔也。

宋钘著书不传，其遗说略可考见于《孟子》、《荀子》书者，亦惟“以禁攻寝兵为外，以情欲寡浅为内”两义而已。《孟子·告子下》载：“宋牼将之楚。孟子遇于石丘；曰：‘先生将何之？’曰：‘吾闻秦、楚构兵；我将见楚王，说而罢之。楚王不说；我将见秦王，说而罢之。二王我将有所遇焉。’”此“禁攻寝兵”之说也。由国家言之，则曰“禁攻寝兵”。由私人而言，则曰“见侮不辱”。荀子《正论篇》曰：“子宋子曰：‘明见侮之不辱。使人不斗；人皆以见侮为辱，故司也；知见侮之为不辱，则不斗矣！’”又曰：“子宋子曰：‘见侮不辱。’”此“见侮不辱”之教也。一言以蔽之曰“非斗”而已！至荀子《天论篇》曰：“宋子有见于少，无见于多。”《正论篇》曰：“子宋子曰：‘人之情欲寡，而皆以己之情欲为多，是过也。’故率其群徒，辩其谈说，明其譬称，将使人知情欲之寡也。”《解蔽篇》曰：“宋子蔽于欲而不知得。”此言宋钘之“情欲寡浅”也。荀子《正论篇》又曰：“子宋子严然而好说，聚人徒，立师学，成文曲。”此言宋钘之“上说下教”也。

《汉书·艺文志》著《尹文子》一篇，在名家；《注》曰：“说齐宣王，先公孙龙。师古曰：‘刘向云：与宋钘俱游稷下。’”而世所传《尹文子》书，析题《大道上篇》、《大道下篇》，大指陈论治道，欲自处于虚静，而万事万物，则一一综核其实，其言出入黄、老、申、韩之间，与庄生所称不类；疑非其真也！其行事不可考见。

《汉书·艺文志》又有《宋子》十八篇，在小说家；《注》云：“孙卿道宋子，其言黄老意。”或以为即宋钘书。然吾观李耳“无为自化，清净自正”；而宋钘“上说下教”“为人太多”，何黄老意之有！而曰“其言黄老意”者；岂以“见侮不辱”，同于道者之“卑弱以自持”；

而“情欲寡浅”，亦类道者之“清虚以自守”耶？

右论宋钘、尹文

彭蒙　田骈　慎到　关尹　老聃

公而不当，易而无私，决然无主；趣物而不两；不顾于虑，不谋于知，于物无择，与之俱往；古之道术有在于是者。彭蒙、田骈、慎到闻其风而说之；齐万物以为首；曰：“天能覆之而不能载之，地能载之而不能覆之，大道能包之而不能辩之，知万物皆有所可，有所不可。”故曰：“选则不遍，教则不至，道则无遗者矣。”

是故慎到弃知去己而缘不得已，泠汰于物以为道理；曰：“知不知，将薄知而后邻伤之者也！”謑髁无任，而笑天下之尚贤也！纵脱无行，而非天下之大圣！椎拍輐断，与物宛转；舍是与非，苟可以免；不师知虑，不知前后，魏然而已矣！推而后行，曳而后往，若飘风之还，若羽之旋，若磨石之隧，全而无非，动静无过，未尝有罪。是何故？夫无知之物，无建己之患，无用知之累，动静不离于理，是以终身无誉。故曰：“至于若无知之物而已！无用贤圣！夫块不失道！”豪杰相与笑之；曰：“慎到之道，非生人之行，而至死人之理！”适得怪焉。

田骈亦然；学于彭蒙，得不教焉。彭蒙之师曰：“古之道人，至于莫之是莫之非而已矣！其风窢然，恶可而言！”常反人不见观，而不免于魭断。其所谓“道”非“道”，而所言之韪，不免于非！彭蒙、田骈、慎到不知“道”；虽然，概乎皆尝有闻者也。

博按：彭蒙无可考。此篇云“田骈亦然，学于彭蒙”；则是彭蒙，田骈之师也。《汉书·艺文志》：道家有《田子》二十五篇，注云：“名骈，齐人，游稷下，号天口骈。”法家有《慎子》四十二篇，注云：“名到，先申、韩，申、韩称之。”今《田子》书佚，独传《慎子》书《威德》、《因循》、《民杂》、《德立》、《君人》五篇，其书大旨欲因物理之当然，各定一法而守之，不求于法之外，亦不宽于法之中，则上下相安，可以清净而治；然法所不行，势必刑以齐之；道德之为刑名，此其枢机；所以申、韩多称之也。《史记·孟子荀卿列传》曰：“慎到，赵人；田骈，齐人，皆学黄老道德之术，因发明序其指意。”则是慎到、田骈者，道家之支与流裔；故庄子虽斥其“不知道”；而未尝不许以“概乎皆尝有闻”。

庄子有“齐物”之论，曰：“物固有所然，物固有所可。无物不然，无物不可。故为是举莛与楹，厉与西施，恢诡谲怪，道通为一。”是故彭蒙、田骈、慎到“齐万物以为首”，“知万物皆有所可，有所不可”。曰“选则不遍，教则不至，道则无遗”者，以“大道能包之而不能辩之也”。“万物皆有所可，有所不可”；斯之谓“辩之”。大道而能“辩之”，则是道之有畛也；辩其是非，则有所“选”矣；辩其得失，则有所“教”矣；“选则不遍，教则不至”。若乃“道未始有封”，包是非，兼得失，岂以“辩之”为能乎？此其说亦在《齐物论》也。《齐物论》曰：“古之人，其知有所至矣！恶乎至？有以为未始有物者，至矣，尽矣，不可以加矣！其次以为有物矣，而未始有封也！其次以为有封焉，而未始有是非也！是非之彰也，道之所以亏也！”夫道之亏，由于是非之彰，然必有是有非而后有所选；有选斯有封；故曰“选则不遍”也。《齐物论》又曰：“昭文之鼓琴也，师旷之枝策也，惠子之据梧也。三子之知几乎！皆其盛者也！故载之末年！惟其好之也，以异于彼；其好之也，欲以明之；彼非所明而明之，故以坚白之昧终！而其子又以文之纶终！终身无成！若是而可谓成乎？虽我亦成也。若是而不可谓成？[1] 物与我无成也。”郭象《注》：“言此三子，唯独好其所明，明示众人，欲使同乎我之所好，是犹对牛鼓簧耳！此三子虽求明于彼，彼竟不明。物皆自明而不明彼。若彼不明，即谓不成，则万物皆相与无成矣！故圣人不显此以耀彼，不舍己而逐物，从而任之，各冥其所能，故

① “若是而不可谓成”后脱一“乎”字。——编者

曲成而不遗也。今三子欲以己之所好，明示于彼，不亦妄乎！”故曰“教则不至”也。《齐物论》又曰：“道未始有封，言未始有常，为是而有畛也。请言其畛：有左有右，有伦有义，有分有辩，有竞有争，此之谓八德。”则是“辩”考道之“畛”也。“大道能包之而不能辩之”；“辩之”，则域于自封而所见有遗矣！曾是“无所不在”之道而若此乎！故曰“道则无遗”者矣。此彭蒙、田骈、慎到之宗庄子也。

老子“常使民无知无欲”（《老子》第三章）。曰：“爱民治国，能无知乎？”（《老子》第十章）“民之难治，以其知多；故以知治国，国之贼；不以知治国，国之福。”（《老子》第六十五章）“常使知者不敢为也”（《老子》第三章）。是故慎到弃知去己，而缘不得已，泠汰于物，以为道理；曰：“知不知，将薄知而后邻伤之者也。”郭象《注》：“谓知力浅，不知任其自然，故薄之而又邻伤也。”解虽是而意未明。博按：《广雅·释诂·三》曰：“薄，迫也。邻，近也。”庄子《齐物论》曰：“知止其所不知，至矣！”郭象《注》：“所不知者，皆性分之外也，故止于所知之内而至也。”倘强知所不知，不知之知，终不可至；将薄于不知之知，而知之性分，亦复邻于伤矣！“而后”之后，疑当为复，形近而误。此之谓“知不知，将薄知而后邻伤之”也。夫惟“无知之物，无建己之患，无用知之累”，“动静不离于理”；是以“泠汰于物，以为道理”耳。老子“不尚贤，使民不争”（《老子》第三章），是故慎到“謑髁无任而笑天下之尚贤”也。老子“绝圣弃知”（《老子》第十九章），是故慎到“纵脱无行而非天下之大圣”，曰：“至于若无知之物而已，无用贤圣！夫块不失道！”老子“行不言之教”（《老子》第二章），曰“不言之教，无为之益，天下希及之”（《老子》第四十三章），是故田骈“学于彭蒙，得不教焉”。此彭蒙、田骈、慎到之宗老子也。要之“不顾于虑，不谋于知，于物无择，与之俱往”而已。

既曰“不顾于虑，不谋于知，于物无择，而与俱往”矣，则“无意无必，无固无我”，故曰：“椎拍輐断，与物宛转。”《史记·绛侯周勃世家》“其椎少文如此”，《集解》引韦昭曰：“椎，不挠曲，直至如椎。”“椎”抑或“锥”之假；“锥”，器之锐者。老子曰：“揣而锐之不可长保（《老子》第九章）又曰：“曲则全，枉则直。”（《老子》第二十二章）故“椎”则拍之。《广雅·释诂》云：“拍，击也。”“輐断”，即下文“魭断”。“輐”，疑车具之有棱者。“魭”，疑鱼体之有刺者。郭象《注》：“魭断，无圭角也。”挠锐直，无圭角，而与物为宛转。此老子所谓“挫其锐，解其纷，和其光，同其尘”者也（《老子》第四章）。故曰：“舍是与非，苟可以免，不师知虑，不知前后，魏然而已矣！推而后行，曳而后往，若飘风之还，若羽之旋，若磨石之隧”；此之谓“椎拍輐断，与物宛转”；即“不顾于虑，不谋于知，于物无择，而与俱往”之征验矣。

而卒之曰“常反人不见观”者；盖总承上文而言之。“见”，即《孟子·尽心上》“修身见于世”之“见”；“观”，即《庄子·大宗师》“以观众人之耳目”之“观”；其义皆训示也。人以无所表见于世为患，而彭蒙、田骈、慎到则以自见为“建己之患”；人以无所知为耻，而彭蒙、田骈、慎到则以“知不知”为“用知之累”，“弃知去己”；常与人情相反，不欲有所见观于世。故曰“常反人不见观”也。

然老子“知雄守雌”、“知白守黑”、“知荣守辱”（《老子》第二十八章），原无意必于去知；不过守雌守黑守辱，不肯予智自雄而已！至慎到则果于去知，自处以块，曰：“至于若无知之物而已”；“块不失道”，夫“块”，则块然无知之一物而已；奚有于“知雄”“知白”“知荣”者哉！故庄子虽以“概乎有闻”许之，而卒不许以“知道”；何者？以其未能妙造自然，而不免于“魭断”也。夫以彭蒙、田骈、慎到之“于物无择，与之俱往”；“弃知去己而缘不得已，泠汰于物以为道理”、“椎拍輐断，与物宛转”，庶几乎“德泽滂沛，任万物之自往”者，殆庄子所谓“王德之人”耶？然而果于去知，“非生人之行而至死人之理”，则何“达情遂命”之与有？庄子不云乎：“圣也者，达于情而遂于命也。”则是彭蒙、田骈、慎到者，有志于“王”而卒亏为“圣”；外似近“王”而内未尽“圣”也。《荀子·非十二子篇》曰：“尚法而无法，下修而好作，上则取听于上，下则取从于俗，终日言成文典，反紃察之，则倜然无所归宿，是慎到、田骈也”；又《天论篇》谓：“慎子有见于后，无见于先”；正与庄子所谓“于物无择”、“与之俱往”义相发矣！

右论彭蒙、田骈、慎到

以本为精，以物为粗；以有积为不足；澹然独与神明居；古之道术有在于是者。关尹、老聃闻其风而说之；建之以常无有；主之以太一；以濡弱谦下为表；以空虚不毁万物为实。

博按：《史记·老庄申韩列传》曰：“老子修道德，其学以自隐无名为务，居周久之，见周之衰，乃遂去，至关。关令尹喜曰：‘子将隐矣！强为我著书！’于是老子乃著书《上下篇》，言道德之意，五千余言而去；莫知其所终。”《汉书·艺文志》：道家有《老子邻氏经传》四篇，《老子傅氏经说》三十七篇，《老子徐氏经说》六篇，刘向《说老子》四篇，而《老子》书不著录。有《关尹子》九篇，注云：“关尹子，名喜，老子过关，喜去吏而从之。”疑关尹，老聃之弟子也；而此篇以关尹列老聃之前，不晓何故？《隋书·经籍志》、《旧唐书·经籍志》、《新唐书·艺文志》皆不载《关尹子》，知原本久佚；而世所传《关尹子》一卷，乃出宋人依托也。

“以本为精，以物为粗”，则是纯以神行，不阂于迹者也；宜若“澹然独与神明居”矣！而云“以有积为不足”者，非意不足于“有积”也；“有积”而以“不足”用之，老子所谓“道冲而用之或不盈”者也（《老子》第四章）。“冲”者充之假。“道，充而用之或不盈”，即“大盈若冲”之意（《老子》第四十五章）。“而”者词之反也。“充”与“不盈”相反其意。道之大盈为“充”。“古之人其备乎！配神明，醇天地，育万物，和天下，泽及百姓，明于本数，系于末度，六通四辟，小大精粗，其运无乎不在”，此之谓“道充”，亦此之谓“有积”。然大盈之道，而以不盈用之；此之谓“以有积为不足”，“以”之为言用也。《老子》书二十章“众人皆有以”，七十八章“其无以易之”，王弼《注》皆曰：“以，用也。”“有积”者，不遗“物”之“粗”；而“以有积为不足”者，则反“本”之“精”；承上二语而神明其用也。倘如郭象《注》云：“寄之天下，乃有余也？”则若真“以有积为不足”矣！道家者言，无此呆谛也！博按：老子曰：“企者不立；跨者不行；自见者不明；自是者不彰；自伐者无功；自矜者不长。其在道也，曰馀食赘行！”（《老子》第二十四章）此“以有积为有积”者也。“物或恶之，故有道者不处！”（《老子》第二十四章）故曰：“知其雄，守其雌，为天下谿；为天下谿，常德不离，复归于婴儿。知其白，守其黑，为天下式；为天下式，常德不忒，复归于无极。知其荣，守其辱，为天下谷；为天下谷，常德乃足，复归于朴。”（《老子》第二十八章）夫“知雄”而守之以“雌”，“知白”而守之以“黑”，“知荣”而守之以“辱”，此之谓“以有积为不足”。“知雄”、“知白”、“知荣”，“有积”也；守之以“雌”、“黑”、“辱”，“以有积为不足”也；故曰：“虽有荣观，燕处超然。”（《老子》第二十六章）使“以不足为不足”，则“雌”矣！“黑”矣！“辱”矣！焉足“为天下式”乎！故曰：“圣人之治，虚其心，实其腹；弱其志，强其骨。”（《老子》第三章）使“以有积为有积”，则“富贵而骄，自遗其咎”（《老子》第九章），“强梁者不得其死”（《老子》第四十二章）矣！故曰：“持而盈之，不如其已。”（《老子》第九章）而荀子则讥之曰：“老子有见于诎，无见于信。”（《荀子·天论篇》）不知老子者，盖致训以全其信，而大信以示之诎者也。故曰：“大成若缺，其用不弊；大盈若冲，其用不穷；大直若诎；大巧若拙；大辩若讷。”（《老子》第四十五章）此之谓“以有积为不足”也；曾是“有见于通”而“无见于信”者乎？使“有见于诎”而“无见于信”，则是“以不足为不足”也！曾是“以有积为不足”之老子而出此乎！

今观关尹、老聃“建之以常无有”，斯能“以有积为不足”矣；“主之以太一”，斯能“以本为精，以物为粗”矣。夫“建之以常无有”者，老子知“道”之“常”，“主之以太一”者，老子抱“德”之“一”两语者，足以赅五千言之奥旨矣！按：老子曰：“载营魄抱一，能无离乎?”（《老子》第十章）“昔之得一者：天得一以清。地得一以宁。神得一以灵。谷得一以盈。万物得一以生。侯王得一以为天下贞。”（《老子》第三十九章）故曰“主之以太一”也。然德之不得不主“太一”，其故由于道之“常无有”！老子曰：“视之不见名曰夷。听之不闻名曰希。搏之不得名曰微。此三者不可致诘，故混而为一。”（《老子》第十四章）则是非德之主于“太一”，不足以明道之“常无有”也。

虽然，所谓“建之以常无有”者，非徒建“无”之一义谛以明道之“常”；乃建“无”与“非无”两义以明道之“常”；斯其所以为“玄”也。魏、晋之士，好揭“常无”一义，以阐道德，庸足为知老子乎！《老子》书开宗明义之第一言曰：“道可道，非常道。名可名，非常名。”（《老子》第一章）俞樾《诸子平议》谓：“常与尚古通；尚者上也。常道犹之言上道也。”不知“常”者绝对不变之称；韩非子《解老篇》谓：“物之一存一亡，乍死乍生，初盛而后衰者，不可谓常。唯夫与天地之剖判也俱生，至天地之消散也不死不衰者谓常。而常者，无攸易。”五千言之所反复阐明者，“知常”之第一义谛也。夫“抱一”蕲于“知常”；“知常”要以“观复”，而“观复”必先“守静”，故曰：“致虚极，守静笃。万物并作，吾以观复。夫物芸芸，各复归其根。归根曰静，是谓复命。复命曰常，知常曰明。不知常，妄作，凶。”（《老子》第十六章）“道常无名”（《老子》第三十二章），“道常无为，而无不为。”（《老子》第三十七章）“用其光，复归其明，无遗身殃，是谓习常。”（《老子》第五十二章）“知和曰常，知常曰明。”（《老子》第五十五章）一篇之中，三致意于斯者也。使循“常”“尚”之通假，而读“常道”为“上道”。则“知常”，“习常”，“道常无名”，“道常无为”；如此之类，更作何解？然则“道之常”何耶？以“有”为“道之常”耶？则“无名天地之始”（《老子》第一章）。以“无”为“道之常”耶？则“有名万物之母”（《老子》第一章）。若以“不可道”者谓是“常道”，“不可名”者谓是“常名”，则滞于“常无”，活句翻成死句矣！道德五千言，无一而非活句；老子所谓“正言若反”也（《老子》第七十八章）。不知此义，何能读五千言！故曰：“常无，欲以观其妙。常有，欲以观其徼。此两者同出而异名；同谓之玄。”（《老子》第一章）。近儒严复为诂之曰：“玄，悬也，凡物理之所通摄而不滞于物者，皆玄也。”夫建“常无”一义以观道“妙”，而明“有”之非真“有”，又建“常有”一谛以观道“徼”，而明“无”之非真“无”；然后通摄有无而无所滞；斯之谓“玄”。“玄”之为言“常无有”也。

夫“建之以常无有”者，所以立道之大本；而“以有积为不足”者，所以明道之大用。惟“建之以常无有”，故“以空虚不毁万物为实”。惟“以有积为不足”，故“以濡弱谦下为表”。“表”之为言袭于外也。“大盈若冲，大直若诎，大巧若拙，大辩若讷”，此之谓“以濡弱谦下为表”也。若云“知雄”、“知白”、“知荣”，则心之知，固未同于“濡弱谦下”矣！此“濡弱谦下”之所以为“表”也！至“以空虚不毁万物为实”之明其为“建之以常无有”之证果者；盖“空虚”，无也。“不毁万物”，有也。“以空虚不毁万物为实”，“建之以常无有”也，实者，有真实不虚之意焉。

关尹曰：“在已无居，形物自著。其动若水，其静若镜，其应若响；芴乎若亡，寂乎若清。同焉者和，得焉者失，未尝先人而常随人。”老聃曰：“知其雄，守其雌，为天下谿。知其白，守其辱，为天下谷。”人皆取先，己独取后；曰：“受天下之垢。”人皆取实，己独取虚；无藏也故有余。岿然而有余，其行身也徐而不费，无为也而笑巧。人皆求福，己独曲全；曰：“苟免于咎。”以深为根，以约为纪；曰：“坚则毁矣！锐则挫矣！”常宽容于物，不削于人。可谓至极！关尹、老聃乎！

古之博大真人哉！

博按：庄子此篇，论列诸家，独许关尹、老聃为博大真人者；特以关尹、老聃悦古道术之有在，而明发“内圣外王之道”，有不同于诸家者耳！惟“博大”乃“王”惟“真人”斯“圣”。关尹曰：“在己无居，形物自著。其动若水，其静若镜，其应若响。芴乎若亡，寂乎若清。”此关尹之所以“内通于圣”。然而“同焉者和，得焉者失，未尝先人而常随人”；则又关尹之所以“外而成王”也！然而未若老聃之“可谓至极”也！故于关尹尚略而称老聃独详！盖“知雄”，“知白”；此老聃之所以“通于圣”！然而“守雌”，“守辱”，“为天下谿”，“为天下谷”，则又老聃之所以“外而成王”也。“人皆取先，己独取后，曰‘受天下之垢’。”“人皆取实，己独取虚，无藏也故有余”，此老聃之所以“适为王”！然“岿然而有余，其行身也徐而不费，无为也而笑巧”；则又老聃之所以“内而证圣”也！“人皆求福，己独曲全，曰：‘苟免于咎。’以深为根，以约为纪，曰：‘坚则毁矣！锐则挫矣！’”此老聃之所由“证于圣”！然而“常宽容于物，不削于人”；则又老聃之所以“外适为王”也！斯可谓明发“内圣外王之道”而至其极者矣！

独荀子之论慎子曰：“有见于后，无见于先。”（见荀子《天论篇》）而此篇之述老子曰：“人皆取先，己独取后，曰：‘受天下之垢。’”语相类而意不同。何者？盖慎到不知道而概尝有闻“有见于后，无见于先”；其所谓道，非老子之道也。老子曰：“圣人后其身而身先。”（《老子》第七章）又曰：“江海所以能为百谷王者，以其善下之；故能为百谷王。是以欲上民，必以言下之；欲先民，必以身后之。是以圣人处上而民不重，处前而民不害；是以天下乐推而不厌。以其不争，故天下莫能与之争！”（《老子》第六十六章）则是老子之取后者，盖以退为进之法；非真甘心落人后也。故曰：“受国之垢，是谓社稷主。受国不祥，是为天下王。”（《老子》第七十八章）老子“正言若反”；而慎子“概尝有闻”而“不知道”，遂致“有见于后，无见于先”；“其所谓道非道，而所言之蹝不免于非”，即此可以类推耳！

右论关尹、老聃

庄周 惠施 公孙龙

芴漠无形，变化无常。死与生与？天地并与？神明往与？芒乎何之？忽乎何适？万物毕罗，莫足以归。古之道术有在于是者。庄周闻其风而悦之；以谬悠之说，荒唐之言，无端涯之辞，时恣纵而不傥；不以觭见之也。以天下为沉浊，不可与庄语；以卮言为曼衍；以重言为真；以寓言为广。独与天地精神往来；而不敖倪于万物，不谴是非以与世俗处；其书虽瑰玮而连犿无伤也！其辞虽参差而諔诡可观！彼其充实，不可以已！上与造物者游；而下与外死生无终始者为友。其于本也，弘大而辟，深闳而肆！其于宗也，可谓稠适而上遂矣！虽然，其应于化而解于物也，其理不竭，其来不蜕！芒乎昧乎，未之尽者！

博按：庄周自明于“古之道术”亦有在，以别出于老子；然其要本归于老子之言。此老子之所以称“博大真人”也！老子曰：“视之不见名曰夷。听之不闻名曰希。搏之不得名曰微。此三者不可致诘，故混而为一。其上不皦，其下不昧；绳绳不可名，复归于无物；是谓无状之状，无物之象，是谓惚恍！迎之不见其首，随之不见其后。”（《老子》第十四章）此“芴漠无形”之说也。老子又曰：“孔德之容，惟道是从。道之为物，惟恍惟惚。惚兮恍兮？其中有象。恍兮惚兮？其中有物。窈兮冥兮？其中有精。”（《老子》第二十一章）此“变化无常”之说也。其曰“死与生与？天地并与？神明往与？芒乎何之？忽乎何适？”郭象《注》曰：“任化也。无意趣也。”“芒乎”者，老子之所谓“恍”；“忽乎”者，老子之所谓“惚”；老子言“恍惚”，庄生谓“芒忽”，“芒忽”二字连用，亦见《至乐篇》；特此言“芒乎”“忽乎”，而《至乐篇》言“芒芴”，“忽”“芴”字异耳。而曰“芒乎何之，忽乎何适”

者；《老子》书所谓“孔德之容，惟道是从”（《老子》第二十一章）；而“道之尊，德之贵，夫莫之命，而常自然”（《老子》第五十一章）者也。老子又曰：“故大制不割。将欲取天下而为之，吾见其不得已！天下神器不可为也！为者败之！执者失之！故物或行或随，或嘘或吹，或强或羸，或挫或隳。”（《老子》第二十八章、第二十九章）又曰：“大道泛兮其可左右；万物恃之而生而不辞；功成不名有。衣养万物而不为主，常无欲可名于小；万物归焉而不为主，可名为大，以其终不自为大，故能成其大。”（《老子》第三十四章）此“万物毕罗，莫足以归”之说也。一言以蔽之曰“道法自然”，曰“绝圣弃知”而已。

“古之道术有在于是者”，盖庄周以自明其学之所宗，而非所以自明其学也。余观庄周，所以自明其学者，特详造辞之法与著书之趣；所不同于诸家者也。《史记·老庄申韩列传》称：“庄子著书十余万言，大抵率寓言。”而此篇称“以谬悠之说，荒唐之言，无端涯之辞，时恣纵而不傥；不以觭见之也。”按：“觭”者，畸之异文，即奇偶之奇。《说文·可部》云：“奇，不偶也。”“以觭见之”，即“知其一而不知其二”之意。上文云：“天下多得一察焉以自好，譬如耳目鼻口，皆有所明，不能相通。”此“以觭见之”之蔽也！庄生自云：“以谬悠之说，荒唐之言，无端涯之辞，时恣纵而不傥”；如“以觭见之”，则“谬悠”矣！“荒唐”矣！“无端涯之辞”，“恣纵而不傥”矣！老子曰：“正言若反。”（《老子》第七十八章）此“不以觭见之”之说也。博故谓不明“正言若反”之旨者，不足以读老子之书；而不明“不以觭见之”之说者，亦不足以发庄生之意也。惟明乎“不以觭见之”之说，而后“以卮言为曼衍，以重言为真，以寓言为广”，皆所不害。《庄子·寓言篇》曰：“寓言十九，重言十七。卮言日出，和以天倪。寓言十九，藉外论之；亲父不为其子媒；亲父誉之，不若非其父者也，非吾罪也，人之罪也；与己同则应；不与己同则反；同于己为是之；异于己为非之；重言十七，所以已言也；是为耆艾；年先矣，而无经纬本末以期年耆者，是非先也。人而无以先人，无人道也；人而无人道，是之谓陈人。卮言日出，和以天倪，因以曼衍，所以穷年。”故曰：“以卮言为曼衍，以重言为真，以寓言为广。”郭象《注》曰：“寓言，寄之他人。则十言而九见信。”“重言，世之所重，则十言而七见信。”“卮言”者，“卮满则倾，空则仰，非持故也，况之于言，因物随变，惟彼之从，故曰日出，日出，谓日新也；日新，则尽其自然之分；自然之分尽则和也”。要之言者毋胶于一己之见，而强天下之我信；但寄当于天下之所信，而纯任乎天倪之和；《齐物论》曰“莫若以明”，此篇称“不以觭见之”，所谓不同，归趣一也。所以然者，“以天下为沉浊，不可与庄语”也。倘“与庄语”，则以天下之沉浊，闻者胥“以觭见之”，而是非之辩纷，异同之见生矣！此庄生所以自明其造辞之法也。

至其自明著书之趣，则曰“独与天地精神往来”，“上与造物者游，而下与外死生无终始者为友”；此《逍遥游》之指，“内圣之道”也。然而“不敖倪于万物，不谴是非以与世俗处”；此《齐物论》之指，“外王之道”也。《庄子·德充符》曰：“有人之形，无人之情。有人之形，故群于人；无人之情，故是非不得于身。眇乎小哉，所以属于人也；謷乎大哉，独成其天！”自来解者不得其旨。不知此庄生所以自征其明发“内圣外王之道”；而见面盎背其象为德充之符。“有人之形，故群于人”；此所以“不敖倪于万物，不谴是非以与世俗处”也。“无人之情，故是非不得于身”，此所谓“独与天地精神往来”，“上与造物者游，而下与外死生无终始者为友”也。故曰：“眇乎小哉，所以属于人也。謷乎大哉，独成其天。”要而言之曰“各得其得”，“自适其适”而已。不执我之得，以谴是非而敖倪人之得，故“群于人”；不徇人之得以敓我之得，故“是非不得于身”。使是非得于身，而有人之情焉。则是《骈拇篇》所谓“适人之适，而不自适其适，虽盗跖与伯夷，是同为淫僻也”。非所以“独成其天”也。

“其于本也，弘大而辟，深闳而肆；其于宗也，可谓稠适而上遂矣！”“本”，即“以本为精，以物为粗”之“本”。“宗”，即“不离于宗，谓之天人”，“以天为宗”之“宗”。夫惟“以本为精”，“以天为宗”，而后“独与天地精神往来”，内则“圣”，外则“王”也。

庄周之能明发“内圣外王之道”，与关尹、老聃同；然独许关尹、老聃为“博大真人”；而自以为“应化解物，理不竭，来不蜕，芒乎昧乎，未之尽者”。夫惟“应化”者，乃能外适为“王”，“不谴是非以与世俗处”。惟“解物”者，乃能内通于“圣”，“独与天地精神往来”。曰“芒乎昧乎，未之尽者”，谓未尽“芒乎昧乎”之道。“芒乎”者，老子之所谓“恍”。“昧乎”者，老子之所谓“惚”。老子不云乎：“道之为物，惟恍惟惚。”“芒乎昧乎”，盖古之道术所称“芴漠无形，变化无常”者也。“芴漠无形”，则“昧乎”视之其无见矣！“变化无常”，则“芒乎”见之其非真矣！所以未尽“芒乎昧乎”之道者，则以未能“应于化而解于物”也。

“其理不竭，其来不蜕”两语，当连上“应于化而解于物”句读。《说文·立部》：“竭，负举也。”《礼记·礼运》：“五行之动，迭相竭也。”《释文》：“竭本亦作揭。”《广雅·释诂》：“揭，举也。”“其理不竭”，谓其“应于化而解于物”，尚未能理足辞举也；故曰：“其理不竭。”而“其来不蜕”之“蜕”字，正承“应于化而解于物”而言，可见庄子用字之妙。《说文·虫部》：“蜕，蛇蝉所解皮。”夏侯湛《东方朔画赞序》云：“蝉蜕龙变，弃俗发仙。”“其来不蜕”，谓未能解脱一切，过化存神也。换言之曰：“未能如关尹、老聃之‘以本为精，以物为粗，以有积为不足，澹然独与神明居’尔。”夫“以本为精”，则“应于化”矣！“以物为粗”，则“解于物”矣。“应于化而解于物”，则尽“芒乎昧乎”之道，而能以“不足”用其“有积”，“澹然独与神明居”矣！此关尹、老聃之所以为“博大真人”，而庄生未以自许也！

右论庄周

惠施多方，其书五车，其道舛驳，其言也，不中，历物之意。

博按：此篇以惠施次庄周之后，明惠施为道者之旁门；犹次宋钘于墨翟之后，明宋钘为墨学之支流；以故宋钘之说教，独可证之于《墨子》书；而惠施之多方，亦可说之以《庄子》书。何者？其道术出于同也。

《汉书·艺文志》：名家有《惠子》一篇；注云："名施，与庄子并时"；其行事不少概见；独《庄子》书屡称不一称；而其中有可以考见庄、惠二人之交谊，而证《汉志》"与庄子并时"之说者。《逍遥游》两著"惠子谓庄子曰"以规庄之言大而无用。《秋水》叙庄子与惠子之游濠梁以辩鱼乐之知不知。而《徐无鬼》则叙庄子送葬，过惠子之墓，顾谓从者曰："郢人垩慢其鼻端，若蝇翼，使匠石斲之。匠石运斤成风，听而斲之。盖垩而鼻不伤。郢人立不失容。宋元君闻之，召匠石曰：'尝试为寡人为之。'匠石曰：'臣则尝能斲之；虽然，臣之质死久矣！'自夫子之死也，吾无以为质矣！吾无与言之矣！"郭象《注》："非夫不动之质，忘言之对，则虽至言妙斲，而无所用之。"此可以考见庄、惠二人之交谊，而证《汉志》"与庄子并时"之说也。

至《德充符》则有规惠施之辞曰："道与之貌，天与之形，无以好恶内伤其身！今子外乎子之神，劳乎子之精，倚树而吟，据槁梧而瞑，天选子之形，子以坚白鸣！"

盖彭蒙、田骈、慎到概尝闻道，而"弃知""去己"之太甚；而惠施则舛驳乎道，"厤物之意"而不免，"用知之累"。《释文》："厤，古历字，本亦作厤物之意，分别厤说之"；下文所谓"遍为万物说"也，庄生之道，"以本为精"，"以天为宗"，而致一于老子之"守静笃"（《老子》第十六章）；"万物无足以铙心"（《庄子·天道篇》），"一而不变，静之至也"（《庄子·刻意篇》）。而惠施"不能以此自宁"，"遍为万物说"，"厤物之意"。然则庄生抱一；惠施逐物；以故惠规庄为"无用"，而庄讥惠之"多方"也。曰"惠施多方，其书五车，其道舛驳，其言也不中"，"不中"者，不中乎"道"，即"舛驳"也。

然推惠施"厤物之意"，其大指在明万物之泛爱，本天地之一体，亦与庄生"抱一"之指无殊；要可索解于《庄子》书耳！世儒好引墨子《经》、《经说》以说惠施之厤物，谓为祖述墨学，强为附会，非其本真也！

曰："至大无外，谓之大一。至小无内，谓之小一。无厚不可积也，其大千里。"

博按：此即"圣有所生，王有所成，皆原于一"之意。庄子《天地》引《记》曰："通于一而万事毕。""大一""小一"，非二"一"也。"小一"者，"大一"之分。"大一"者，"小一"之积。"其大千里"，即"不可积"之"无厚"，绳绳以积千里。《释文》引司马曰："苟其可积，何待千里？"岂非所谓"至大无外"者乎？"无厚不可积也"，岂非所谓"至小无内"者乎？后二语，即承前二语而申其指也。庄子《知北游》曰："六合为巨，未离其内；秋毫为小，待之成体。"义与惠施相发。夫"六合为巨，未离其内"，岂非所谓"至大无外"者乎？"秋毫为小"，岂非所谓"至小无内"者乎？然而"六合"之"巨"必待"秋毫"之"小"以成体；犹之"千里"之"大"，必绳"不可积"之"无厚"以为积。故曰"有实而无乎处者宇也"（见《庄子·庚桑楚》）。何谓"有实"？曰："有所出而无窍者有实。"（见《庄子·庚桑楚》）此所谓"至小无内"者也；"无内"，故"无窍"；然而"无乎处"，则又"至大无外"矣！

自惠施观之，则见天地之一体。自庄生论之，则知"内圣""外王"之"原于一"。惟惠施以形体论，偏于惟物；而庄生以圣王论，证以惟心耳。

天与地卑。山与泽平。

博按：此亦以证"天地一体"之义也。《释文》曰："卑如字，又音婢。李云：'以地比天，则地卑于天。若宇宙之高，则天地皆卑；天地皆卑，则山与泽平矣。'"按："卑"字或当作"比"，涉音近而讹也。荀子《不苟篇》曰："山渊平，天地比，是说之难持者也，而惠施、邓析能之。"杨倞注引此篇《释文》，而重伸其指曰："比，谓齐等也。或曰：'天无实形，地之上空虚者皆天也；是天地长亲比相随，无天高地下之殊也。在高山，则天亦高；在深泉，则天亦下；故曰天地比。地去天远近皆相似，是山泽平也。'"其说亦通。

日方中方睨，物方生方死。

博按：此所以明道之"周行而不殆"，而"有""无""死""生"之为"一守"也。两语重后一语；"日方中方睨"，不过借以显"物方生方死"之亦有然。庄子书之所哼哼，一篇之中，三致意于斯者也。庄子《齐物论》曰："方生方死，方死方生。"何以知"物方生方死"可以"日方中方睨"显之？庄子《田子方》曰："日出东方而入于西极；万物莫不比方，有目有趾者待是而后成功；是出则存，是入则亡。万物亦然。有待也而死，有待也而生，吾一受其成形，而不化以待尽。效物而动，日夜无隙，而不知其所终，薰然其成形，知命不能规乎其前，丘以是日徂。"又曰："消息盈虚，一晦一明，日改月化，日有所为而莫见其功。生有所乎萌，死有所乎归，始终相反乎无端，而莫知其所穷。"此"日方中方睨，物方生方死"之说也。

庄子《至乐》曰："庄子妻死，惠子吊之，庄子则方箕踞鼓盆而歌。惠子曰：'与人居长子老；身死不哭亦足矣！又鼓盆而歌，不亦甚乎！'庄子曰：'不然。是其始死也，我独何能无概然！察其始而本无生；非徒无生也，而本无形；非徒无形也，而本无气；杂乎芒芴之间，变而有气，气变而有形，形变而有生；今又变而之死；是相与为春秋冬夏四时行也。人且偃然寝于巨室，而我噭噭然随而哭之，自以为不通乎命，故止也。'"此则庄周深明物之"方生方死，方死方生"；而忘情于哀乐，遗意于得丧者也。

故曰："有长而无本剽者宙也。有乎生，有乎死，有乎出，有乎人，入出而无见其形，是谓天门。天门者，无有也。万物出乎无有。有不能以有为有，必出乎无有；而无有一无有，圣人藏乎是。古之人其知有所至矣！恶乎至？有以为未始有物者，至矣尽矣！弗可以加矣！其次以为有物矣，将以生为丧也。以死为反也，是以分已！其次曰始无有，既而有生，生俄而死，以无有为首，以生为体，以死为尻。孰知有无死生之一守者，吾与之为友！是三者虽异，公族也。”（《庄子·庚桑楚》）故曰“方生方死，方死方生”也。

大同而与小同异，此之谓小同异。万物毕同毕异，此之谓大同异。

博按：此道家同异之论，庄周所以明“齐物”者也。当以《庄子》书明之：《庄子》书之论齐物者，自《齐物论》而外，莫如《知北游》之言辩而确。其辞曰：“物物者与物无际；而物有际者，所谓物际者也。不际之际，际之不际者也。”夫“与物无际”，斯“大同”矣；“而物有际”，则“小同”矣。“物物者与物无际，而物有际”，则是“大同而与小同异，此之谓小同异”矣；则是同不可以终同也。故莫如“不际之际，际之不际”。“不际之际”，可以赅万物之毕同矣。“际之不际”，可以知万物之毕异矣。故《德充符》引仲尼曰：“自其异者视之，肝胆楚越也。自其同者视之，万物皆一也。”故曰：“万物毕同毕异，此之谓大同异。”

南方无穷而有穷。

博按：此亦“不际之际，际之不际”之意。“有穷”者，所见者小，“际之不际”也。“无穷”者，大宇之广；“不际之际”也。庄子《则阳》载魏莹与田侯牟约。田侯牟背之。魏莹怒；将使人刺之。惠子闻之而见戴晋人。戴晋人曰：“有所谓蜗者，君知之乎？”曰：“然。”“有国于蜗之左角者曰触氏，有国于蜗之右角者曰蛮氏，时相与争地而战，伏尸数万，逐北旬有五日而后反。”君曰：“噫！其虚言欤？”曰：“臣请为君实之：君以意在四方上下有穷乎？”君曰：“无穷。”曰：“知游心于无穷，而反在通达之国，若存若亡乎？”君曰：“然。”曰：“通达之中有魏，于魏中有梁，于梁中有王，王与蛮氏有辩乎？”君曰：

"无辩。"客出而君惘然若有亡也！郭象《注》："王与蛮氏，俱有限之物耳！有限，则不问大小，俱不得与无穷者计也。虽复天地，共在无穷之中，皆蔑如也。况魏中之梁，梁中之王而足争哉？"然而争，则是所见之有穷也！"南方无穷而有穷"，亦寻常咫尺之见耳！独言南方，举一隅，可以三隅反矣！

今日适越而昔来。

博按：此语亦见《庄子》。《庄子·齐物论》曰："未成乎心而有是非，是今日适越而昔至也。"《释文》：昔至，崔云："昔，夕也。"向云："昔者，昨日之谓也。"今日适越，昨日何由至哉？思适越时，心已先到；犹之是非先成乎心也。南方之广漠，本无穷也；而曰"有穷"者，限于知也。旅人之适越，在今日也；而云"昔来"者，心先驰也。一以证心量之狭，不足以尽大宇之广。一以见行程之迟，不足以称心驰之速。两者之为事不同，然要以"厤物之意"，以见意之悬殊于物，而"知"之不可恃则一耳！

连环可解也。我知天下之中央，燕之北，越之南，是也。

博按：此亦可以明惠施为庄学之别出。庄周每好以连环喻道。惟道圜转若环，故随所皆中，不论"燕之北，越之南"下三语，即申第一语"连环可解"之指。我何以知"天下之中央"，"燕之北，越之南是也？"则以解"连环"也。夫"连环"无端，所行为始。天下无方，所在为中。庄子《齐物论》曰："彼是莫得其偶，谓之道枢。枢始得其环中，以应无穷。"《则阳》曰："冉相氏得其环中以随成，与物无终无始，无几无时。"《寓言》曰："万物皆种也，以不同形相禅；始卒若环，莫得其伦，是谓天均。天均者，天倪也。"明乎"天倪"，则"连环"可解矣！

泛爱万物，天地一体也。

博按：此为道家者言之究竟义；故惠施多方，"厤物之意"，亦以此为结穴也。老子曰："视之不见名曰夷；听之不闻名曰希；搏之不得名曰微；此三者不可致诘，故混而为一。”（《老子》第十四章）又曰：“道生一，一生二，二生三，三生万物。”（《老子》第四十二章）此老子之言“泛爱万物，天地一体”也。庄子《齐物论》曰：“天地与我并生，而万物与我为一。”又《秋水》曰：“以道观之，何贵何贱？是谓反衍。无拘而志，与道大蹇。何少何多？是谓谢施。无一而行，与道参差。严乎若国之有君，其无私德！繇繇乎若祭之有社，其无私福！泛泛乎其若四方之无穷，其无所畛域！兼怀万物，其孰承翼！是谓无方。万物一齐，孰短孰长！”又《田子方》曰：“天下也者，万物之所一也。得其所一而同焉，则四支百体将为尘垢，而死生终始将为昼夜，而莫之能滑，而况得丧祸福之所介乎？”此庄子之言“泛爱万物，天地一体”也。苟明天地之一体，致泛爱于万物；则众生放乎逍遥，物论任其大齐矣！

惠施以此为大观于天下而晓辩者。天下之辩者相与乐之。

博按：此即庄子《德充符》，庄子谓惠子曰“子以坚白鸣”者也。“以此为大观于天下而晓辩者”，即“以坚白鸣”之意。“天下之辩者”，即指下文所称“桓团、公孙龙辩者之徒”。“相与乐之”，即乐惠施之所晓。而惠施为道者之旁门，故“桓团、公孙龙辩者之徒”，其言亦多宗惠施而出入于道家者言。

卵有毛。

博按：此即惠施大同异之所谓“万物毕同”。《说文·羽部》：“羽，鸟长毛也。”《毛部》：“毛，眉发之属，及兽毛也。”鸟之卵生，不同于兽之胎生，而有毛则一。然鸟之毛曰羽，不正名曰羽而曰毛者；《释名》：“毛，貌也，冒也，在表；所以别形貌，自覆冒也。”羽之形不同于毛；而所被在表，其用在别形貌，自覆冒，则无所不同于毛；故不恤以胎生之“毛”，系之卵生之“有”，而证万物之毕同。庄子《德充符》曰：“自其同者视之，万物皆一也”；此其适例矣。

鸡三足。

《释文》引司马云："鸡两足，所以行，而非动也；故行由足发，动由神御。今鸡虽两足，须神而行，故曰三足也。"今按如司马之说，鸡以两足，兼有一神，故云"三"；此其说本庄子也，可以《庄子》书明之；一《养生主》曰："臣以神遇而不以目视，官知止而神欲行。"今鸡虽两足，则是知止之官也；而发动则在欲行之神，故又增一而为三也。二《外物》曰："目彻为明。耳彻为聪。鼻彻为颤。口彻为甘。心彻为知。知彻为德。凡道不欲壅；壅则哽，哽而不止则跈，跈则众害生。物之有知者恃息，其不殷非天之罪。天之穿之，日夜无降；人则顾塞其窦。胞有重阆，心有天游。室无空虚，则妇姑勃谿。心无天游，则六凿相攘。大林丘山之善于人也，亦神者不胜。"郭象《注》："自然之理，有寄物而通也。""神欲行"，则"心有天游"矣。夫"心无天游，则六凿相攘"。"目""耳""鼻""口"四者知止之官；"官知止"，则是"欲壅"也；"欲壅"，则非"道"也。至目彻所见之物而为明，耳彻所听之物而为聪，鼻彻所嗅之物而为颤，口彻所尝之物而为甘；此所谓"以神遇"而不以官接也。析而言之，曰"目彻为明，耳彻为聪，鼻彻为颤，口彻为甘"。合而言之，曰"心彻为知"；"知彻"，则得我之为德，而"心有天游"，神驭以行矣。故曰"鸡虽两足，须神而行"。

由"鸡三足"之说推之，则臧可以三耳。胡三省《通鉴注》："一说：耳主听；两耳，形也，兼听而言，可得为三。两耳者，知止之官；听者，欲行之神；而知止之官，必藉欲行之神以御；故又增一而为三耳也。"推之"目彻为明"，"鼻彻为颤"，"口彻为甘"，莫不皆然。

然"神"也者，庄子以之为养生主；而辩者之言所"见离"也。《公孙龙子·坚白论》曰："火与目不见而神见。神不见而见离。"解之者曰："人谓目能见物，而目以因火见；是目不能见，由火乃得见也。然火非见白之物，则目与火俱不见矣；然则见者谁乎？精神见矣。夫精神之见物也，必因火以见，乃得见矣。火目犹且不能为见，安能与神而见乎？则神亦不能见矣。推寻见者，竟不得其实，则不知见者谁也。"

则是辩者之不以神为养生主也。若然则鸡三足何解？《公孙龙子·通变论》曰："谓鸡足一，数足二，二而一故三。"此辩者之解"鸡三足"也。夫鸡足数之则二，而二足同成一象曰鸡足，故一为形象，一为数象，形象则一，数象乃二，二与一为三，故曰"鸡三足"。此辩者之所以异庄生；庄生认鸡足之二，增一神为三；而辩者则以"神不见而见离"，故谓"鸡足一，数足二，二而一故三"也。

郢有天下。

博按：此即惠施"大一""小一"之指。"大一""小一"，非为二"一"。"郢"与"天下"，非有二量。而其意亦宗庄子也。庄子《齐物论》曰："天下莫大于秋毫之末，而太山为小。"郭象《注》："以形相对则太山大于秋毫也；若各据其性分，物冥其极，则形大未为有余，形小不为不足。苟各足于其性，则秋毫不独小其小，而太山不独大其大矣。若以性足为大；则天下之足，未有过于秋毫也。若性足者非大；则虽太山，亦可称小矣。故曰：'天下莫大于秋毫之末，而太山为小。'"苟知形大之未为有余也，知形小之不为不足也，斯知"郢有天下"之说矣。又《秋水》曰"细大之不可为倪"。又曰："以差观之，因其所大而大之，则万物莫不大；因其所小而小之，则万物莫不小。知天地之为稊米也，知毫末之为丘山也，则差数睹矣。"苟睹于"差数"，而"知天地之为稊米也，知毫末之为丘山也"，斯知"郢有天下"之说矣。辩者言"郢有天下"者，犹宋儒云"一物一太极"也。

犬可以为羊。

博按：此即老子"名可名，非常名"之指（《老子》第一章）。《释文》引司马云："名以名物，而非物也。犬羊之名，非犬羊也。非羊可以名为羊，则犬可以名羊。郑人谓玉未理者曰璞，周人谓鼠腊[1]者亦曰璞，故形在于物，名在于人。"

马有卵。

---

① "鼠腊"当为"鼠未蜡"。——编者

博按：此与“卵有毛”同指。马为胎生；然胎生之物，不过不以卵出生耳；而未形胎之先必有待于卵，则与卵生无殊也。此亦“万物毕同”之一例。

丁子有尾。

博按：此亦与“卵有毛”、“马有卵”同指。成玄英云：“楚人呼虾蟆为丁子。”虾蟆无尾有足，殊于鱼也。然虾蟆初生，无足有尾，则与鱼同。庄子云“万物皆种以不同形相禅”是也（庄子《寓言》）。然极其形变，万有不同；而溯其初生，罔不相似，如“丁子有尾”之于鱼，此亦“万物毕同”之一例矣。

火不热。

博按：此可以“知”之不为“知”也，其意亦本庄子。庄子《齐物论》载啮缺问乎王倪曰：“子知物之所同是乎？”曰：“吾恶乎知之？”“子知子之所不知耶？”曰：“吾恶乎知之？”“然则物无知耶？”曰：“吾恶乎知之？虽然，尝试言之：庸讵知吾所谓知之非不知耶？庸讵知吾所谓不知之非知耶？”试以火为喻：火之热，物之所同是，而人之所咸知也；然而王倪曰：“至人神矣，大泽焚而不能热。”（《庄子·齐物论》）则是“火不热”也。《释文》一云：“犹金木加于人有楚痛；楚痛发于人，而金木非楚痛也。如处火之鸟，火生之虫，则火不热也”；然则“火”非天下之“热”，而云“热”者，特人之知为“热”耳！“热”发于人，而“火不热”也。“火”之为“热”，人所共知尚如此；而况“仁义之端，是非之涂，樊然淆乱”，恶能知其辩乎（《庄子·齐物论》）？此“用知”之所以为“累”，而“知”之不可不“弃”也！

山出口。

博按：“山”者，地体之高突。“口”者，人体之虚凹。人徒见山体之高突，而不知其藏用于虚；故特以“出口”表之；此其意亦本老、庄也。老子曰：“三十幅共一毂，当其无，有车之用。埏埴以为器，当其无，有器之用。凿户牖以为室，当其无，有室之用。故有之以为利，无之以为用。”（《老子》第十一章）“山”者，“有之以为利”也。“山出口”者，“无之以为用”也。山何以能出口？曰：“说在《庄子》之《齐物论》也。”“大块噫气，其名为风；是惟无作，作则万窍怒号！而独不闻之翏翏乎？山林之畏佳，大木百围之窍穴，似鼻，似口，似耳，似枅，似圈，似臼，似洼者，似污者；激者，謞者，叱者，吸者，叫者，譹者，宎者，咬者，前者唱于，而随者唱喁。泠风则小和，飘风则大和。厉风济，则众窍为虚。”此之云“山出口”者，即庄生所谓“山林之畏佳，大木百围之窍穴，似鼻似口”者也。使“山”不“出口”，则大块之气不噫；而地天不交，气机不化矣！

轮不辗地。

博按：此以明至理所寄，在与物化而不遗迹；凡事有然。轮转不停，乃见圆神；辗地则何以见圆转？故曰“轮不辗地”，则是与地化而不遗迹也。庄子《达生》曰：“工倕旋而盖规矩，指与物化而不以心稽，故其灵台一而不桎。忘足，屦之适也。忘要，带之适也。知忘是非，心之适也。不内变，不外从，事会之适也。始乎适而未尝不适者，忘适之适也。”今曰“轮不辗地”，则是“忘地轮之适也”。

目不见。

博按：目有见而曰“不见”者，其说亦本庄子。一曰：“目知之自有穷也。”庄子《天运》曰：“目知穷乎所欲见，力屈乎所欲逐，吾既不及已夫！”一曰：“物不尽于目见也。”庄子《秋水》曰：“至精无形，至大不可围。”“自细视大者不尽，自大视细者不明。夫精，小之微也；垺，大之殷也；故异便，此势之有也。夫精粗者，期于有形者也。无形者，数之所不能分也。不可围者，数之所不能穷也。”然则目之见者仅矣！故曰“目不见”。此亦以明“知”之不为“知”也。天下之所谓“知”者，不过物之表象，接于人之官觉而已。“火热”，物之表象也。“目见”，人之官觉也。然人以火为热，而“火不热”；则是物之本体不可知也。人以目为见，而“目不见”；则是官觉之无与于知也。然则

“吾恶乎知之”哉。

指不至。至不绝。

《释文》引司马云：“夫指之取物，不能自至，要假物故至也。然假物由指，不绝也。”今按司马之说，未当原意；然据其注语，知《庄子》原文本作“指不至，指不绝”。此其意亦本老、庄也。

按公孙龙子《指物论》曰：“物莫非指，而指非指。”注：“物我殊能，莫非相指”；故曰“物莫非指”。“相指者，相是非也。彼此相推，是非混一，归于无指”，故曰“而指非指”。“指非指”，则“指不至”矣！然而“物莫非指”如故，则“指不绝”矣！此顺说；而《公孙龙》书说倒也。故曰“天下无指，物无可以谓物”；此“物”之所以“莫非指”，而“指”之所以“不绝”也。

虽然，“非指者，天下无物，可谓指乎？指也者，天下之所无也；物无者，天下之所有也；以天下之所有，为天下之所无，未可。天下无指，而物不可谓指也。不可谓指者，非指也。非指者，物莫非指也。天下无指而物不可谓指者，非有非指也。非有非指者，物莫非指也。物莫非指者；而指非指也。”此“指”之所以“不至”。

然则“指不至”者，理之信；“指不绝”者，物之情；“物莫非指”，此“有名”所以为“万物母”。“指有不至”，此“可名”所以为“非常名”。老子书可证也（《老子》第一章）。

庄子《齐物论》曰：“以指喻指之非指，不若以非指喻指之非指也。”郭象《注》：“自是而非彼，彼我之常情也；故以我指喻彼指，则彼指于我指独为非指矣；此以指喻指之非指也。若覆以彼指还喻我指，则我指于彼指复为非指矣；此以非指喻指之非指也。将明无是无非，莫若反复相喻。反复相喻，则彼之与我，既同于自是，又均于相非。均于相非，则天下无是。同于自是，则天下无非。何以明其然耶？是若果是，则天下不得复有非之者也。非若果非，亦不得复有是之者也。今是非无主，纷然淆乱；明此区区者各信其偏见而同于一致耳，仰观俯察，莫不皆然。”此可以明“指不至，指不绝”之故矣。

明乎“指之不至”；斯知“指”“物”之有违，而绝累于“用知”矣！明乎“指之不绝”；斯知“彼”“是”之方生，而相休以“天钧”矣！《齐物论》曰：“物无非彼。物无非是。自彼则不见，自知则知之。故曰：彼出于是，是亦因彼，彼是方生之说也。”又曰：“圣人和之以是非而休乎天钧，是之谓两行。”

龟长于蛇。

博按：此亦袭庄子。俞樾《诸子平议》曰：“此即‘莫大于秋毫之末而太山为小之意’（庄子《齐物论》）。司马云，‘蛇形虽长而命不久。龟形虽短而命甚长’。则不以形言而以寿言，真为龟长蛇短矣！殊非其旨！”

矩不方。规不可以为圆。

博按：此即惠施“大同异”之所谓“万物毕异”。胡适《中国哲学史大纲》曰：“从个体自相上着想，一规不能画同样之两圆，一矩不能画同样之两方，一模不能铸同样之两钱也。”此说得之。

凿不围枘。

博按：成玄英云：“凿，孔也。枘者，内孔中之木。”一凿围一枘。则是可围之枘一，而不围之枘百；不围者其常，而围者其暂也；故曰“凿不围枘”。此亦“万物毕异”之一例矣。

飞鸟之景未尝动也。

博按：此以物理证“守静”。动莫疾于飞鸟，而曰“飞鸟之景未尝动”者，说在老子之观复；曰：“万物并作，吾以观复。夫物芸芸，各复归其根。归根曰静，是谓复命。”（《老子》第十六章）观动之复于静，而后知“静”之“为躁君”也（《老子》第二十六章）。人徒见飞鸟之动，而不知飞鸟之影未尝动；以其未尝观动之复于静，而不知鸟动之“守静”也。墨子《经下》云：“景不徙，说在改为。”《经说下》云：“景光至景亡，若在，尽古息。”胡适《中国哲学史大纲》云：“息，止息也；如看活动写真，虽见人物生动，其实都是片片不动之影片也。影已改为，前影仍在原处；故曰：‘尽古息。’”墨子言“尽古息”，犹此之云“未尝动”也。飞鸟之动尚如此；即此可以证物理之不终动，而归根于“守静”矣。

镞矢之疾，而有不行不止之时。

《释文》引司马云：“形分止，势分行；形分明者行迟，势分明者行疾。”谓矢不止，人尽知之；谓矢不行者，良以矢之所经，即矢之所止；以势而言则行，以形而言则止。设形与势均等者，则是“行”与“止”相抵，而“有不行不止之时”；此亦以物理证“守静”也。

狗非犬。

博按：此亦惠施“大同异”之所谓“万物毕异”。《礼记·曲礼》“毋投与狗骨”。疏：“狗，犬也。”然“效犬者左献之”。疏：“通而言之，狗犬通名。若分而言之，则大者为犬，小者为狗”；《尔雅》云“犬未成毫，狗”是也。故曰“狗非犬”。庄子《德充符》曰：“自其异者视之，肝胆楚越也。”况狗之与犬乎！

黄马骊牛三。

博按：此亦本庄子。《释文》引司马云：“牛马以二为三。曰牛，曰马，曰牛马，形之三也。曰黄，曰骊，曰黄骊，色之三也。曰黄马，曰骊牛，曰黄马骊牛；形与色为三也。故曰‘一与言为二。二与一为三’也。”语出《庄子·齐物论》。

白狗黑。

博按：此亦明“名可名，非常名”，与“犬可以为羊”同指。“犬可以为羊”，则黑何不可以名白？故曰“白狗黑”也。

孤驹未尝有母。

博按：此亦以明“名可名，非常名”。《释文》引李云：“驹生有母，言孤则无母；孤称立，则母名去也。”则是“驹”系马子之称，“孤”则无母之名；而“孤驹”连称而为名，则是“可名”，之“名”；

"非常名"也；故以"未尝有母"正之。

一尺之棰，日取其半，万世不竭。

《释文》引司马云："若其可析，则常有两。若其不可析，其一常存。故曰'万世不竭'。"博按：此即"小一"之义也。

辩者以此与惠施相应，终身无穷。

博按："此"即指"卵有毛"以下二十事而言，辩者之所以与惠施相应。曰"应"者，非与惠施殊指也。特惠施历物之意，而未及遍于历物，以待辩者之举类知通；而辩者则历证于物以应乎惠施之言，而不再详明其意。如惠施明"小一""大一"之意，而辩者则应之曰"郢有天下"以为证。惠施明"毕同毕异"之意；而辩者则应之曰"卵有毛"，"马有卵"，"丁子有尾"，以历证万物之"毕同"。又应之曰"矩不方，规不可以为圆"，"凿不围枘"，"狗非犬"，以历证万物之"毕异"也。大抵惠施发其意，而辩者历于物；夫是之谓"应"也。今观辩者之所与惠施相应，而惠施之所大观于天下以晓辩者，最括宏旨，可得五义：一曰"抱一"，二曰"齐物"，三曰"无名"，四曰"去知"，五曰"存神"，六曰"守静"①。试条析而明其旨：

一曰"抱一"。凡得六事：

1. 泛爱万物，天地一体也。此为历物之究竟义。

2. 至大无外，谓之大一；至小无内，谓之小一；无厚不可积也，其大千里。此以明"大一""小一"之非二"一"。

3. 郢有天下。此辩者举以证"大一""小一"之例。

4. 一尺之棰，日取其半，万世不竭。此辩者举以证"小一"之有不可析。

5. 连环可解也。我知天下之中央，燕之北，越之南，是也。此以明宇宙之"大一"，亦整一而不可析，所谓可析者，亦如连环之以不解

① 作者下文"条析"为七，但条析之后，总括又将"致虚"与"守静"合并为一，共称"六者"。故此句中"五义"当作"六义"，"六曰守静"当作"六曰致虚守静"。——编者

解，所谓“不际之际”也。

6. 日方中方睨。物方生方死。此以明“有无死生之为一守”；而时间之相续，亦整一而不可析也。

二曰“齐物”。凡得八事：

1. 大同而与小同异，此之谓小同异。万物毕同毕异，此之谓大同异。此所以籀齐物之大例。

2. 天与地卑。山与泽平。此以证“万物毕同”之例。

3. 卵有毛。

4. 马有卵。

5. 丁子有尾。以上三事，辩者以证“万物异同”之例。

6. 矩不方。规不可以为圆。

7. 凿不围枘。

8. 狗非犬。以上三事，辩者以证“万物毕异”之例。

三曰“无名”。凡得四事：

1. 指不至。至不绝。博按：辩者多具体的历物以应惠施之言；独此“指不至，至不绝”一事，“历物之意”以补惠施所未逮，而籀“可名非常名”之大例耳。

2. 犬可以为羊。

3. 白狗黑。

4. 孤驹未尝有母。以上三事，辩者以证“可名非常名”之例。

四曰“去知”。凡得四事：

1. 南方无穷而有穷。此以明大宇无穷而所知有穷，心知之狭，不足以尽大宇之广也。

2. 今日适越而昔来。此以明行程有限而所思无阻；行程之迟，不足以称心驰之速也。

3. 火不热。此辩者以证物之本体不可知。

4. 目不见。此辩者以证官觉之知不为知。

五曰“存神”。知识有限，神行无方。夫惟绝知，乃贵存神。凡得两事：

1. 鸡三足。此辩者以生理证神行。

2. 轮不辗地。此辩者以物理证神行。

六曰“致虚”。凡得一事：

1. 山出口。此辩者以证致虚之大用。

七曰“守静”。凡得两事：

1. 飞鸟之影，未尝动也。

2. 镞矢之疾，而有不行不止之时。以上两事，辩者以物理证守静。

惟“抱一”，故能“齐物”；惟“齐物”，斯明“无名”；惟“无名”，斯欲“去知”；惟“去知”，斯贵“存神”；惟“存神”，斯“致虚守静”；六者一以贯之，彻始彻终，大抵“抱一”而“齐物”，“无名”而“玄同”，斯“外王”之道；“去知”而“存神”，“致虚”而“守静”，斯“内圣”之道；诚为道者之所贵，而亦辩者之欲晓也。惟道者体道以得德，内证以神明，而惠施历物以遍说，外证之物理。夫惟道者“抱一”“守静”，乃能知化而穷神。惠施“外神”“劳精”（庄子《德充符》），不免“用知”之自累。此惠施之所以不如“道者”也。然惠施“历物之意”而不具体，犹为秉要执本。至辩者则具体证物而不详其意，益近诡辩饰说。此又每况愈下，辩者之所为不如惠施者也。所贵好学深思，心知其意耳。

桓团、公孙龙辩者之徒，饰人之心，易人之意，能胜人之口，不能服人之心，辩者之囿也！

博按：庄子《天地篇》曰：“辩者有言曰：‘离坚白若悬寓。’”所称“辩者”，即此之所谓“桓团、公孙龙辩者之徒”是也。

桓团言行不概见。而公孙龙则甚著。《史记·平原君虞卿列传》曰：“公孙龙善为坚白之辩。及邹衍过赵，言至道，乃绌公孙龙。”《集解》引刘向《别录》曰：“齐使邹衍过赵，平原君见公孙龙及其徒綦毋子之属，论白马非马之辩，以问邹子，邹子曰：‘不可！彼天下之辩有五胜三至，而辞正为下。辩者别殊类使不相害；序异端使不相乱；抒意通指，明其所谓，使人与知焉，不务相迷也；故胜者不失其所守，不胜者得其所求，若是故辩可为也。及至烦文以相假，饰辞以相惇，巧譬以相移，引人声使不得及其意，如此害大道！夫缴纷争言而竞后息，不能无害君子！’坐皆称善！”此邹衍之斥公孙龙“烦文以相假，饰辞以相惇，巧譬以相移，引人声使不得及其意，如此害大道”者，即此篇所云“饰人之心，易人之意，能胜人之口，不能服人之心，辩者之囿”也；“囿”有囿于所辩，无当大道之意焉。《吕氏春秋·审应览》曰：“孔穿、公孙龙相与论于平原君所[①]，至于藏三牙。公孙龙言藏之三牙甚辩。孔穿不应，少选，辞而出。明日，孔穿朝，平原君谓孔穿曰：‘昔者公孙龙之言辩。’[②] 孔穿曰：‘然！几能令藏三牙矣！虽然难！愿得有问于君，谓藏三牙，甚难而实非也；谓藏两牙，甚易而实是也；不知君将从易而是者乎？将从难而非者乎？’平原君不应。明日谓公孙龙曰：‘公无与孔穿辩！’”此亦公孙龙“饰心”“易意”“能胜人之口，不能服人心”之一事也。

《汉书·艺文志》名家有《公孙龙子》十四篇，至宋时已亡八篇；今仅存《迹府》、《白马》、《指物》、《通变》、《坚白》、《名实》凡六篇。大指欲综核名实，而恢诡其说，务为博辩；要之不离庄生所谓“饰心”，“易意”，“能胜人之口，不能服人心”者近是。其《迹府篇》载与孔穿辩论，同《吕氏春秋》，而《孔丛子》亦载之。惟孔丛兼采《公孙龙子》、《吕氏春秋》两书。《吕氏春秋》谓“公孙龙言藏之三牙”，而《公孙龙子》书则言“白马非马”耳。《孔丛》伪本出于汉晋之间，《汉书·艺文志》所未著录；然其谓龙为穿所绌，与《吕氏春秋》同。独以“藏三牙”为“臧三耳”。

---

① “平原君所”后脱“深而辩”三字。——编者
② “辩”前脱一“甚”字，当为“昔者公孙龙之言甚辩”。——编者

司马光采《孔丛》臧三耳及别录邹衍绌公孙龙说入《资治通鉴》；而“臧三耳”藉藉人口，独不采公孙龙子困于庄子事。庄子《天运篇》曰：“公孙龙问于魏牟曰：‘龙少学先王之道，长而明仁义之行，合同异，离坚白，然不然，可不可，困百家之知，穷众口之辩，吾自以为至达已！今吾闻庄子之言，汒焉异之！不知论之不及欤？知之弗若欤？今吾无所开吾喙，敢问其方？’公子牟隐机太息，仰天而笑曰：‘子独不闻夫埳井之蛙乎？谓东海之鳖曰：吾乐与！吾跳梁乎井干之上，入休乎缺甃之崖，赴水则接掖持颐，蹶泥则没足灭跗，还虷、蟹与科斗，莫吾能若也！且夫擅一壑之水，而跨峙埳井之乐，斯亦至矣！夫子奚不时来入观乎！东海之鳖左足未入，而右膝已絷矣！于是逡巡而却，告之海曰：夫千里之远，不足以举其大。千仞之高，不足以极其深。禹之时十年九潦而水弗为加益，汤之时八年七旱而崖不为加损。夫不为顷久推移，不以多少进退者，此亦东海之至乐也！于是坎井之蛙闻之，适适然惊，规规然自失也！且夫知不知是非之竟，而犹欲观于庄子之言，是犹使蚊负山，商蚷驰河也，必不胜任矣。且夫知不知论极妙之言，而自适一时之利者，是非坎井之蛙欤？且彼方跐黄泉而登大皇，无南无北，奭然四解，沦于不测，无东无西，始于玄冥，反于大通。子乃规规然而求之。以察索之以辩；是直用管窥天，用锥指地也；不亦小乎？子往矣。且子独不闻夫寿陵余子之学行于邯郸欤？未得国能，又失其故行矣！直匍匐而归耳！今子不去，将忘子之故，失子之业！’公孙龙口呿而不合，舌举而不下；乃逸而走。”① 此魏公子牟言庄子之“始于玄冥，反于大通”；非公孙龙所得“规规而求之以察，索之以辩”也。公孙龙自诩“困百家之知，穷众口之辩”，即此篇所云“饰人之心，易人之意，能胜人之口”也。然而无所开喙于庄子，见太息于公子牟；此其所以为“知不知论极妙之言，而自适一时之利”者也！

惟《列子》书晚出东晋，其《仲尼篇》又称：公子牟悦公孙龙，

① 这段引文见于庄子《秋水篇》，钱先生误为《天运篇》。——编者

而乐正子舆笑之曰：公孙龙“行无师，学无友，佞给而不中，漫衍而无家，好怪而妄言，欲惑人之心，屈人之口，与韩檀等肄之。”“韩檀”疑即“桓团”，犹“陈恒”“田常”一音之转也。《列子·释文》称“龙字子秉”，不知何据。若然，则《庄子·徐无鬼》载庄子谓惠子曰：“儒、墨、杨、秉四，与夫子为五。”惠子曰：“今夫儒、墨、杨、秉，且方与我以辩，相拂以辞，相镇以声，而未始吾非也！”则是“秉”即公孙龙也；而公孙龙且方与惠施辩矣！所谓“相拂以辞，相镇以声，而未始吾非”，其诸篇之所谓“辩者以此与惠施应终身无穷”者耶？

惠施日以其知与人之辩，特与天下之辩者为怪，此其柢也！然惠施之口谈，自以为最贤；曰：“天地其壮乎！施存雄而无术。”南方有倚人焉曰黄缭，问天地所以不坠不陷，风雨雷霆之故。惠施不辞而应，不虑而对，遍为万物说，说而不休；多而无已，犹以为寡，益之以怪；以反人为实，而欲以胜人为名，是以与众不适也；弱于德，强于物，其涂隩矣！由天地之道，观惠施之能，其犹一蚊一虻之劳者也！其于物也何庸！夫充一尚可曰愈，贵道几矣！惠施不能以此自宁，散于万物而不厌，卒以善辩为名！惜乎！惠施之才，骀荡而不得！逐万物而不反！是穷响以声，形与影竞走也！悲夫！

博按：“此其柢也”之“此”，指惠施。盖“天下之辩者”，“饰人之心，易人之口”，特以惠施历物之意为柢也。

然自庄生观之，则惠施内而不圣，外而不王。何以明其然？观庄生之言曰“惠施日以其知与人之辩”，“遍为万物说，说而不休；多而无已，犹以为寡，益之以怪；以反人为实，而欲以胜人为名，是以与众不适也。弱于德，强于物，其涂隩矣！由天地之道，观惠施之能，其犹一蚊一虻之劳者也！其于物也何庸！”则是任知饰辩于外以失为“王”也。“夫充一尚可曰愈，贵道几矣！惠施不能以此自宁，散于万物而不厌，卒以善辩为名！惜乎！惠施之才，骀荡而不得，逐万物而不反！是穷响以声，形与影竞走也！悲夫！”则是劳精疲神于内以不能“圣”

也。惟内不“圣”，斯外不“王”。

而施之所以不为“王”者，由于“遍为万物说”，而于物何“庸”也。按：庄子《齐物论》曰：“庸也者，用也。”今惠施“遍为万物说”，虽“知于辩”而“无所用”；自庄生论之，则比之于骈拇枝指！其在《骈拇篇》曰：“骈于足者，连无用之肉也。枝于手者，树无用之指也。……骈于辩者，累瓦结绳，窜句游心于坚白同异之间，而敝跬誉无用之言，非乎？”君子不贵焉！荀子《修身篇》曰：“夫坚白同异有厚无厚之察，非不察也；然而君子不辩，止之也。”又《不苟篇》曰：“山渊平，天地比；齐、秦袭，入乎耳，出乎口；钩有须；卵有毛；是说之难持者也；而惠施、邓析能之。然而君子不贵者，非礼义之中也。故曰‘君子说不贵苟察’，惟其当之为贵。”又《解蔽篇》曰：“惠子蔽于辞而不知实。”“实”者，“有用于物”之谓；俗所称“实用”者也。今“惠施日以其知与人之辩”，“遍为万物说”。“其于物也何庸”；此之谓“蔽于辞而不知实”矣！

夫施之所以“蔽于辞而不知实”，“知于辩而无所庸”者，要由未能“充一”而“贵道”。故庄生破之曰：“充一尚可曰愈，贵道几矣。”此则庄生所持以衡平百家之权度；而“小大精粗，其运无不在”者也。按：“充一”，即“主之以太一”之意，而“愈”读如《礼记》三年问“痛甚者其愈迟”之“愈”（《释文》：愈，差也。《匡谬正俗·八》：愈，胜也。故病差者言愈）。老子曰：“少则得，多则惑，是以圣人抱一为天下式。”（《老子》第二十二章）庄子《人间世》曰：“道不欲杂，杂则多，多则扰，扰则忧，忧而不救。”今惠施“历物之意”，“遍为万物说，说而不休，多而无已，犹以为寡”；“弱于德，强于物”；此正老子所谓“多则惑”、庄子所谓“杂则多”者也。故庄生以“充一”之说进；曰“充一尚可曰愈”者，谓“惟充一尚可愈其杂多之惑”。老子曰：“道生一。”（《老子》第四十二章）庄子《在宥》曰：“至道之精，窈窈冥冥。至道之极，昏昏默默。无视无听，抱神以静，形将自正。必静必清，无劳女形，无摇女精，乃可以长生。目无所见，耳无所闻，心无所知，女神将守形，形乃长生。慎女内，闭女外，多知为败。我为女遂于大明之上矣，至彼至阳之原也；为女入于窈冥之门矣，至彼至阴之原也。天地有官，阴阳有藏，慎守女身，物将自壮。我守其一以处其和。”今“惠施多方，其书五车，其道舛驳，其言也不中”，岂非所谓“多知为败”者耶！“贵道”则能几“一”，而可以愈杂多之惑矣！《释文》以“愈贵”断读者非也。

右论惠施、公孙龙

附太史公谈《论六家要指》考论

太史公学天官于唐都，受《易》于杨何，习道论于黄子。太史公仕于建元、元封之间，愍学者之不达其意而师悖；乃论六家之要旨曰：《易·大传》：“天下一致而百虑，同归而殊途”，夫阴阳、儒、墨、名、法、道德，此务为治者也；直所从言之异路，有省不省耳。

尝窃观阴阳之术，大祥而众忌讳，使人拘而多所畏；然其序四时之大顺，不可失也。儒者博而寡要，劳而少功，是以其事难尽从；然其序君臣父子之礼，列夫妇长幼之别，不可易也。墨者俭而难遵，是以其事不可遍循；然其强本节用，不可废也。法家严而少恩；然其正君臣上下之分，不可改矣。名家使人俭而善失真（张照《史记考证》曰：董份曰：墨者俭，是矣。若名家言俭，似不可晓。盖此乃检字。检者，束也。下文苛察缴绕即检束之意也。因上有俭字，写者遂误耳）；然其正名实，不可不察也。道家使人精神专一，动合无形，赡足万物；其为术也，因阴阳之大顺，采儒、墨之善，撮名、法之要，与时迁移，应物变化，立俗施事，无所不宜，指约而易操，事少而功多。儒者则不然！以为“人主天下之仪表也，主倡而臣和，主先而臣随”。如此则主劳而臣逸！至于大道之要，去健羡，绌聪明。释此而任术！夫神大用则竭，形大劳则敝；形神骚动，欲与天地长久，非所闻也！

夫阴阳、四时、八位、十二度、二十四节，各有教令，顺之者昌，逆之者不死则亡，未必然也；故曰“使人拘而多畏”。夫春生夏长、秋收冬藏，此天道之大经也，弗顺则无以为天下纲纪；故曰：“四时之大顺，不可失也。”

夫儒者以《六艺》为法，《六艺》经传以千万数，累世不能通其学，当年不能究其礼，故曰“博而寡要，劳而少功”！若夫列君臣父子之礼，序夫妇长幼之别，虽百家弗能易也。

墨者亦尚尧、舜道，言其德行；曰：“堂高三尺。土阶三等。茅茨不剪。采椽不刮。食土簋，啜土刑，粝粱之食，藜藿之羹，夏日葛衣，冬日鹿裘。”其送死，桐棺三寸，举音不尽其哀；教丧礼，必以此为万民之率，使天下法。若此则尊卑无别也！夫世异时移，事业不必同；故曰：“俭而难遵。”要其强本节用，则人给家足之道也！此墨子之所长，虽百家弗能废也。

法家不别亲疏，不殊贵贱，一断于法，则亲亲尊尊之恩绝矣！可以行一时之计，而不可长用也！故曰“严而少恩”。若尊主卑臣，明分职，不得相逾越，虽百家弗能改也。

名家苛察缴绕，使人不得反其意，专决于名而失人情；故曰“使人俭而善失真”。若夫控名责实，参伍不失，此不可不察也。

道家无为，又曰无不为；其实易行，其辞难知！其术以虚无为本，以因循为用。无成势，无常形，故能究万物之情。不为物先，不为物后，故能为万物主。有法无法，因时为业。有度无度，因物与合。故曰“圣人不朽，时变是守”。虚者道之常也。因者君之纲也。群臣并至，使各自明也。其实中其声者谓之端，实不中其声者谓之窾；窾言不听，奸乃不生；贤不肖自分，白黑乃形；在所欲用耳，何事不成！乃合大道，混混冥冥，光耀天下，复反无名。凡人所生者神也，所托者形也；神大用则竭，形大劳则敝，形神离则死；死者不可复生，离者不可复反，故圣人重之！由是观之：神者生之本也，形者生之具也；不先定其神①，而曰“我有以治天下”，何由哉！

博按：太史公谈论阴阳、儒、墨、名、法、道德六家要旨，独推重道家，谓“因阴阳之大顺，采儒、墨之善，撮名、法之要”，兼综五家者，盖习道论于黄子，尊其所学然也。然五家之中，独揭儒与道家并论。何者？盖汉承秦治，载黄老之清静，舒名、法之惨礉，观太史公之赞曹相国曰：“参为曹相国，清静，极言合道；然百姓离秦之酷后，参与休息无为，故天下俱称其美。”其言可征信也。然太史公之赞申、韩谓：“申子卑卑，施之于名实；韩子引绳墨，切事情，明是非；其极惨礉少恩，皆原于道德之意。”名、法原于道德，以之相救，势所不嫌。

独儒与道争长，汉兴五六十年，未有定尊。其可考见于《太史公书》者，《曹相国世家》曰：“孝惠帝元年，除诸侯相国法，更以参为齐丞相。参之相齐；齐七十城；天下初定；悼惠王富于春秋。参尽召长老诸生，问所以安集百姓，如齐故俗？诸儒以百数，言人人殊。参未知所定。闻胶西有盖公，善治黄、老言；使人厚币请之。既见盖公，盖公为言治道贵清净而民自定，推此类具言之。参于是避正堂，舍盖公焉。其治要用黄、老术；故相齐九年，齐国安集，大称贤相！惠帝二年，萧何卒。……参代何为汉相国，……载其清净，民以宁一。”《儒林传叙》曰：“孝文帝本好刑名之言。及至孝景，不任儒者。而窦太后又好黄老之术。故诸博士具官待问，未有进者。”则是儒绌而道用也！

《儒林辕固生传》称：“辕固生者，齐人也，以治《诗》，孝景时为博士。与黄生争论景帝前。黄生曰：‘汤、武非受命，乃弑也！’辕固生曰：‘不然！夫桀、纣虐乱，天下之心，皆归汤、武。汤、武与天下之心而诛桀、纣。桀、纣之民，不为之使而归汤、武。汤、武不得已而立，非受命为何？’黄生曰：‘冠虽敝，必加于首。履虽新，必关于足。何者？上下之分也！今桀、纣虽失道，然君上也。汤、武虽圣，臣下

① 一本“形”字。——编者

也。夫主有失行，臣不能正言匡过，以尊天子；反因过而诛之，代立，践南面，非弑而何也？’辕固生曰：‘必若所云，是高帝代秦即天子之位非耶？’于是景帝曰：‘食肉不食马肝，不为不知味！言学者无言汤、武，不为愚！’遂罢。是后学者莫敢明受命放杀者！窦太后好《老子》书，召辕固生问《老子》书，固曰：‘此是家人言耳！’太后怒曰：‘安得司空城旦书乎！’乃使固入圈刺豕。景帝知太后怒；而固直言无罪；乃假固利兵，下圈刺豕，正中其心；一刺，豕应手而倒。太后默然，无以复罪。”则是儒不为道绌；而黄生，盖司马谈所习道论之黄子也。

《魏其武安侯列传》曰：“孝景崩，即日太子立。建元元年，丞相绾病免，上议置丞相太尉；……于是乃以魏其侯为丞相，武安侯为太尉。……魏其、武安俱好儒术；推毂赵绾为御史大夫，王臧为郎中令，迎鲁申公，欲设明堂，令列侯就国，除关，以礼为服制，以兴太平。……毁日至窦太后。太后好黄、老之言，而魏其、武安、赵绾、王臧等务隆推儒术，贬道家言；于是太后滋不说魏其等。及建元二年，御史大夫赵绾请毋奏事东宫。窦太后大怒，乃罢逐赵绾、王臧等，而免丞相太尉。”《儒林申公传》略同。则是儒与道争长，而几以相代也！

《儒林传叙》又曰：“及窦太后崩；武安侯田蚡为丞相，绌黄、老刑名百家之言；延文学儒者数百人。而公孙宏以《春秋》，白衣为天子三公，封以平津侯。天下之学士，靡然向风矣！”自是儒者制治之局定，而道家言乃大绌！

其初文景之治，刑名与道并用事；则晁错学申商刑名于轵张恢生所，以知术数拜为太子家令（《汉儒晁错传》注：张晏曰：术数刑名之书也。臣瓒曰：术数谓法制，国之术也）。至是孝武之治，法家傅儒以决事；故张汤以廷尉决大狱，欲傅古义，乃请博士弟子治《尚书》、《春秋》，补廷尉史。亦可以占一代学术得失之林也！

独太史公谈仕于建元、元封之间；而建元为武帝之初即位，会当儒道争长未定之际；而自以习道论于黄子；故特揭儒与道并论以见得失而明指归。其言曰："道家使人精神专一，动合无形，赡足万物。"指约而易操，事少而功多。儒者则不然，以为"人主天下之仪表也，主倡而臣和，主先而臣随"。如此则主劳而臣逸！故曰"儒者博而寡要，劳而少功"。此其意盖亦本道论耳！

黄生之道论不概见，试明以庄子之道论：庄子《在宥》曰："道有天道，有人道。无为而尊者，天道也。有为而累者，人道也。主者，天道也。臣者，人道也。天道之与人道相去远矣，不可不察！"自太史公谈论之，"儒者博而寡要，劳而少功"；非庄子所谓"有为而累，臣者人道"者乎？"道家指约而易操，事少而功多"；非庄子所谓"无为而尊，主者天道"者乎！太史公以明儒者"博而寡要，劳而少功"，不如道之"指约易操，事少功多"；此天道之与人道所为"相去远"，而庄子之所欲"察"者也！庄子《天道》曰："夫帝王之德，以天地为宗，以道德为主，以无为为常。无为也，则用天下而有余。有为也，则为天下用而不足。故古之人，贵夫无为也。上无为也，下亦无为也，是下与上同德；下与上同德，则不臣！下有为也，上亦有为也，是上与下同道；上与下同道，则不主！上必无为而用天下；下必有为为天下用；此不易之道也儒者则不然，以为"人主，天下之仪表也；主倡而臣和，主先而臣随"；如此则主劳而臣逸！是"上与下同道"也！"上与下同道"，庄子诋曰"不主"，而道家之所不许也！

太史公又推"道家无为无不为"之旨而衍之曰："其术以虚无为本，以因循为用。无成势，无常形，故能究万物之情。……有法无法，因时为业。有度无度，因物与合。故曰：'圣人不朽，时变是守。'虚者，道之常也。因者，君之纲也。群臣并至，使各自明也；其实中其声者谓之端；实不中其声者谓之窾。窾言不听，奸乃不生。贤不肖自分，白黑乃形；在欲用耳，何事不成；乃合大道。"此则申不害、韩非刑名法术之学所由本也。申不害之书已亡；惟《群书治要》采其《大体篇》；有云："善为主者，倚于愚，立于不盈，设于不敢，藏于无事；

窜端匿疏（日本《佚存丛书》评云：疏疑迹），示天下无为；是以近者亲之，远者怀之。示人有余者，人夺之。示人不足者，人与之。刚者折。危者覆。动者摇。静者安。名自正也；事自定也；是以有道者自名而正之，随事而定之也。”曰“设于不敢，藏于无事”；太史公所谓“以虚无为本”也。曰“自名而正之，随事而定之”；太史公所谓“以因循为用”也。匪特申不害之书而已！《韩非·主道》曰：“道者，万物之始，是非之纪也；是以明君守始以知万物之源，治纪以知善败之端。故虚静以待命；令名自命也，令事自定也。虚，则知实之情。静，则知动者正。有言者自为名；有事者自为形；形名参同，君乃无事焉，归之其情。……故有知而不以虑，使万物知其处；有行而不以贤，观臣下之所因。……群臣守职，百官有常，因能而使之，是谓习常。故曰：‘寂乎其无位而处，漻乎莫得其所；明君无为于上，群臣竦惧乎下。’明君之道，使知者尽其虑，而君因以断事；故君不穷于知。贤者敕其材，君因而任之；故君不穷于能。……道在不可见；用在不可知；虚静无事，以暗见疵；见而不见，闻而不闻，知而不知；知其言以往，勿变勿更，以参合阅焉。”其诸，太史公所谓道家之术，“以虚无为本，以因循为用”者欤？夫道家明道德之意；而申、韩参刑名之用；然其言相发，其道相因。故太史公特发其旨于老、庄、申、韩《传赞》曰“申子卑卑，施之于名实；韩子引绳墨，切事情，明是非，其极惨礉少恩，皆原于道德之意”也。后世学者不能究明申不害《大体》、韩非《主道》之说，徒执韩非《解老》、《喻老》，以为太史公称刑名之原道德在是矣！不知非书之《解老》、《喻老》，只解老喻老耳，奚所当于刑名法术之学也！惟申不害《大体篇》，韩非《主道篇》，乃足以证“刑名参同”之本道家言耳。

刑名之学，始于邓析，《荀子·非十二子篇》，邓析、惠施并称；而《汉书·艺文志》亦以骈隶名家。然惠施名而入于辩。邓析名而丽于法。然不然，可不可，惠施、邓析，同于乱名也。然惠施反以人为怪，邓析舞文以弄法（《吕氏春秋·审应览》曰：“子产治郑，邓析务难之，与民之有狱者约：大狱一衣，小狱襦袴。民之献衣襦袴而学讼者，不可胜数。以非为是，以是为非。是非无度，而可与不可日变。所欲胜因胜，所欲罪因罪。郑国大乱。”）。而一为辩者，一为法家；惠施同于公孙龙、桓团，邓析毗于申不害、韩非；故不同也。太史公《老庄申韩列传》称“申子之学，本于黄、老而主刑名”；又称韩非喜刑名法术之学气而邓析之言刑名，更在申、韩之前，由黄、老而为申、韩，此其转关；盖刑名之鼻祖也。大抵刑名之学，要在“形名参同”。刑者形也，著其事状也。名者命也，命其事物也（管子“七法，名也”注：名者，所以命事也）。今按邓析子《转辞篇》曰：“无形者，有形之本。无声者，有声之母。循名责实，实之极也。按实定名，名之极也。参以相平，转而相成，故得之形名。”此“形名参同”之说也；原不限于言刑法；而后世刑法图籍之编纂，乃以此为定准。

世传《唐律》、《清律》，冠以《名例》、《暂行刑律》，弁以《总则》。命事物以定名，名之事也；邓析子所谓“按实定名，名之极也”。《唐律名例》之后，次以《卫禁》、《职制》、《户婚》、《厩库》、《擅兴》、《贼盗》、《斗讼》、《诈伪》、《杂律》、《捕亡》、《断狱》等篇。《清律名例》之后，次以《吏》、《户》、《礼》、《兵》、《刑》、《工》诸律。而《暂行刑律·总则》之后，详以《分则》。著事状以论刑，形之事也。邓析子所谓“循名责实，实之极也”。而推本言之，则曰“无形者有形之本，无声者有声之母”。太史公所谓“其术以虚无为本”者也。此刑名所以原于道德也！

虽然，有辨刑名，有原于道德者，亦有不原于道德者。裴骃《史记集解》曰：“申子之书，号曰术；商鞅所为书，号曰法；皆曰刑名。”均之刑名也；太史公以申、韩附老、庄之传，而商君别署者。今按韩非子《定法篇》曰：“申不害言术；而公孙鞅为法。术者，人主之所执也。法者，臣之所师也。”又《难三篇》曰：“法者，编著之图籍，设之于官府，而布之于百姓者也。术者，藏之于胸中，以偶万端，而潜御群臣者也。故法莫如显，而术不欲见此法与术之分也。然道家，术之所自出。而法者，道之所不许。老子曰“圣人处无为之事”，“勇于不敢则活”。申不害则曰：“设于不敢，藏于无事。”庄子曰：“上必无为而用天下，下必有为为天下用。”韩非则曰：“明君无为于上，群臣竦惧乎下。”故曰“道家，术之所自出”也。老子曰：“法令滋章，盗贼多有。”又曰：“民不畏死，奈何以死惧之。”太史公且引老子言以叙《酷吏列传》之首。则是“法者，道之所不许”也。夫申不害言术；公孙鞅为法；而韩非则法而兼术；此商君所以别署，而不同申不害、韩非之附老、庄传也。

顾有同于韩非而不附老、庄者，慎子是也。荀子《非十二子篇》谓慎子“尚法而无法”。《汉书·艺文志》以慎子入法家；而太史公《孟子荀卿列传》乃称慎子学黄、老道德之术；盖同于韩非，法而兼术者也；以其法家，故“尚法”；以其法而兼术，故尚法而无法。何者？法者，一成而不可易，有成势，有常形。术者，因循乃见妙用，无成势，无常形。今读世所传《慎子》书五篇：曰《威德》，曰《德立》，曰《君人》，三篇皆法家言也。曰《因循》，曰《民杂》；则言因循之为用，而黄、老道德之术也。

《管子》八十五篇，《汉书·艺文志》入道家，不入法家。今按太史公《管晏列传》称管仲任政相齐，“俗之所欲，因而予之；俗之所否，因而去之；其为政也，善因祸而为福，转败而为功”；倘亦黄、老道德之术，所谓“以因循为用”者乎？独是黄、老言道德，不言长生。老子曰：“谷神不死”。《列子》引《黄帝》书同。“谷”之为喻虚也，“神”之为言伸也，言神运于虚，体常不变；而不如形骸之有生灭，然非长生之说也！至太史公则敷畅其义曰：“大道之要，去健羡，绌聪明。释此而任术！夫神大用则竭；形大劳则敝；形神骚动，欲与天地长久，非所闻也！……凡人所生者神也，所托者形也；神大用则竭，形大劳则敝，形神离则死。死者不可复生，离者不可复反；故圣人重之。由是观之：神者生于本也，形者生之具也。不先定其神，而曰我有以治天下；何由哉！”是则道德流为神仙长生之说所托始也。

然神仙长生家，有北派，亦有南派。南派晚出，衍于道德。北学先进，出自阴阳。何以言其然？《史记·封禅书》曰：“邹衍以阴阳主运，显于诸侯；而燕、齐海上之方士，传其术不能通；然则怪迂阿谀苟合之徒自此兴，不可胜数。”《汉书》称刘向传邹衍重道延命方；而《艺文志》阴阳家有《邹子》四十九篇，注“名衍”。又《邹子终始》五十六篇；师古曰：“亦邹衍所说。”其书佚不传；太史公要删其说以著于《孟子荀卿列传》。而燕、齐海上之方士，托其传于邹衍。此北学神仙出自阴阳之可征者也。淮南王安招天下方术之士，共讲论道德，总统仁义；而著《淮南鸿烈解》，其大较归之于道。而刘向传称淮南有枕中鸿宝苑秘书书，言神仙使鬼物为金之术。晋丹阳葛洪著《抱朴子》，亦本道德之意；而《内篇》亦专论黄白变化之术。此南派神仙衍于道德之可征者也。大抵汉以前之方士衍阴阳，晋以后之道士祖道德。而《太史公书》实管其枢。方士衍传阴阳，大书《封禅》。道德流为长生，见义此篇。体大思精，不可以一端测矣！

虽然，窃有疑也。余读韩非子《显学篇》曰：“世之显学，儒、墨也。儒之所至，孔丘也。墨之所至，墨翟也。”则是以墨与儒同为显学，而它非所论及。然《太史公书》捃采极博，《六经》而后，先秦诸子，儒家有《孔子世家》、《仲尼弟子列传》、《孟轲荀卿列传》。道家有《管晏列传》、《老子庄子列传》。法家有《商君列传》。兵家有《司马穰苴列传》、《孙武吴起列传》。纵横有《苏秦列传》、《张仪陈轸犀首列传》。其不列传而附见者，有如法家之申不害、韩非附《老庄列传》；则以“刑名法术之学，原于道德之意”也。阴阳之邹衍、邹奭附《孟轲列传》，则曰“要其归，必止乎仁义节俭君臣上下六亲之施”也。罔不论列言行，详其事指而为之传。独墨子之显学，而于《太史公书》

仅两见：一附见《孟轲荀卿列传》之末，曰：“盖墨翟，宋之大夫；善守御，为节用。或曰并孔子时。或曰在其后。”辞之粗略甚矣！一见《太史公自序》谈为太史公之《论六家要旨》。六家之中，榷论儒道；其次墨者差详，而独详论其“为节用”，曰“墨者俭而难遵，是以其事不可遍循；然其强本节用，不可废也”；因称墨者之言而极论之；要曰“强本节用，则人给家足之道也”。自来论墨者多訾其兼爱；而《太史公书》独论其节用，与荀卿同。《自序正义》引韦昭说：“墨子之术也尚俭；后有随巢子传其术也。”信若所云，意者随巢子独传墨子尚俭之一义，而不及其他；太史公即本之此耶？《汉书·艺文志·诸子略》，墨家有《随巢子》六篇，云“墨翟弟子”；其书不传。然余读瑞安孙诒让之墨子后语，中有《随巢子》佚文二十一事；其言多主于明鬼，荒大不经，亦论兼爱；曰：“有疏而无绝，有后而无遗；大行之行，兼爱万物，疏而不绝；贤者欣之；不肖则怜之①；贤者不欣，是贱德也！不肖不怜，是忍人也！”则可谓偎乎仁人之言！然而无及节用者，虽放佚多未可论定；而随巢子之非专传墨子尚俭之一义，要可断言；而知韦昭之说未可信也。

然则太史公之称节用何说？曰：“此盖称墨子以矫世敝，而发《平准》一书之指耳！”《平准》之书，迄元封元年而止，盖太史公谈之作；而太史公谈实仕建元、元封之间，目睹汉武帝外攘夷狄，内兴功业；海内之士，力耕不足粮馕。“萧然繁费”；而“兴利之臣自此始”！故不禁慨乎言之；要曰：“强本节用，则人给家足之道。”此《平准》书之所为作，而于论墨子先发其指也！

史谈又讥儒者之“博而寡要”，而极言之，曰“累世不能通其学，当年不能究其礼”，与《孔子世家》所载晏婴之讥孔子同辞；盖袭墨子《非儒》之篇也。特是“博而寡要”，史谈衡儒，既袭《墨子·非儒》之篇；“而尊卑无别”，史谈非墨，又采儒者荀卿之说；以矛刺盾，良

① “不肖则怜之”，当为“不肖者则怜之”。——编者

非偶然！今按荀子《富国篇》曰："人之生，不能无群。群而无分则争；争则乱，乱则穷矣！故无分者，人之大害也。有分者，天下之本利也。而人君者，所以管分之枢要也。故美之者，是美天下之本也。安之者，是安天下之本也。贵之者，是贵天下之本也。古者先王分割而等异之也，故使或美或恶，或厚或薄，或佚或[1]乐，或劬或[2]劳，非特以为淫泰夸丽之声；将以明仁之文，通仁之顺也。……墨子之言，昭昭然为天下忧不足；夫不足，非天下之公患也；特墨子之私忧过计也。……夫天地之生万物也，固有余足以食人矣！麻葛、茧丝、鸟兽之羽毛齿革也，固有余足以衣人矣！夫不足，非天下之公患也。……天下之公患，乱伤之也。胡不尝试相与求乱之者谁也？我意墨子之非乐也，则使天下乱。墨子之节用也，则使天下贫。非将堕之也，说不免焉！墨子大有天下，小有一国；将蹙然衣粗食恶，忧戚而非乐，若是则瘠，瘠则不足欲，不足欲，则赏不行。墨子大有天下，小有一国，将少人徒，省官职，上功劳苦，与百姓均事业，齐功劳；若是则不威。不威则罚不行。……若是，则万物失宜，事变失应！……故先王圣人为之不然；知夫为人主者不美不饰之不足以一民也；不富不厚之不足以管下也；不威不强之不足以禁暴胜悍也；……故墨术诚行，则天下尚俭而弥贫，非斗而日争；劳苦顿瘁而愈无功；愀然忧戚非乐而日不和"；是何也？自史谈言之，则曰"尊卑无别"也。自荀卿言之，则曰"群而无分"也。盖同指而异辞也。

并著于篇，以为成学治国故者考览焉。

（商务印书馆，1922 年 4 月出版）

---

① ② 一本称此"或"字为衍文。——编者

经学通志（节选）

自序

余曩读唐陆元朗德明《经典释文》，叙经学源流，文少波澜，未足以发人意；又恨其记载疏舛，于魏、晋以下不详。后清儒江藩郑堂绍述其意，作《经师经义目录》，则又胶于门户，特以清儒承汉学而摈唐、宋于不论不议；学术流变之迹，因以不明！爰辑旧闻，纂为是志。无锡钱基博。

目录

总志第一

《说文》："经，织也。"《玉篇》："经纬以成缯布也。"借以为经纶天下之意。《易·屯卦·象》曰："雷震屯，君子以经纶。"《周礼·天官·太宰》："以经邦国。"注："经，法也；王谓之礼经，常所秉以治天下也；邦国，官府谓之礼法，常所以守为法式也。常者，其上下通名。"《释名》："经，径也；如径路无所不通，可常用也。"此经之义也。然古无经之名：伏羲、神农、黄帝之书，谓之《三坟》；言大道也。少皞、颛顼、高辛、唐、虞之书，谓之《五典》；言常道也。虞、夏、商、周，雅诰奥义，其归八卦之说，谓之《八索》；求其义也。九州之志，谓之《九邱》；邱，聚也；言九州所宜，土地所生，风气所宜，皆聚此书也。《周官·外史》"掌三皇五帝之书"，大都不离所谓坟典者近是。楚左史倚相能读《三坟》、《五典》、《八索》、《九邱》；学士大夫所诵习者此耳；时尚未有经名。《礼记·王制》"乐正崇四术，立四教，顺先王《诗》、《书》、《礼》、《乐》以造士"。亦不闻称《诗》、《书》、《礼》、《乐》曰"四经"也。经之名见于《国语》"挟经秉抱"。而《孝经钩命决》引孔子曰："吾志在《春秋》，行在《孝经》。"《庄子·天运篇》载："孔子谓老聃曰：'吾治《诗》、《书》、《易》、《礼》、《乐》、《春秋》六经以为文。'"《六经》之名始此。然此之所谓《六经》，即后世之九经。盖《礼经》统《三礼》，《春秋》统《三传》，而《乐经》亡佚也。此经称之见于传，与纬书、子书之在西汉以前者也。

自汉以后，儒者相传，俱言"五经"。而陈后主时，吴中陆元朗德明撰《经典释文》，则于"五经"之外，增入《孝经》、《论语》、《老子》、《庄子》、《尔雅》五书。其系《孝经》、《论语》、《尔雅》于"五经"之后，或用《汉书·艺文志·六艺略》附《论语》、《孝经》、《小学》之例；而厕以《老》、《庄》者，盖《老》、《庄》自魏、晋以来为士大夫所推尚，德明生于陈季，犹沿六代之余波也。其书凡三十卷，于诸经皆摘字为音，惟《孝经》以童蒙始学，《老子》以众本多乖，各摘全句；所采汉、魏、六朝音切，凡二百三十余家，又兼载诸儒之训诂，证各本之异同。后儒得以考见古义，其有藉于德明此书者非细也！惟德明系《孝经》、《论语》及《老》、《庄》、《尔雅》于"五经"

之后，则增“五经”而十矣。唐时立之学官，则省德明之所增，而云“九经”者，《三礼》、《三传》，分而习之，故为九也。其刻石国子学，则所云“九经”，并《孝经》、《论语》、《尔雅》。至宋儒取《礼记》中之《大学》、《中庸》，及进《孟子》以配《论语》，谓之“四书”；而《十三经》之名始立。所谓十四经者，先时尝并《大戴记》于《十三经》末，称《十四经》也。其先儒释经之书，或曰传，或曰笺，或曰解，或曰学，今通谓之注（圣人著作曰“经”，贤者著述曰“传”，因记训曰“诂”，因章句曰“注”，见张华《博物志》）。世所传者：《诗》则毛苌传，郑玄笺；《周礼》、《仪礼》、《礼记》则郑玄注；《公羊》则何休注；《孟子》则赵岐注；皆汉人。《易》则王弼注，《系辞》韩康伯注；《书》则梅赜伪孔安国传；皆晋人。《论语》则何晏集解，魏人。《左氏》则杜预注；《尔雅》则郭璞注；《穀梁》则范宁集解；皆晋人。《孝经》则唐明皇御注。盖经之注，率成于唐以前，而唐以后诸儒辨释之书，则名曰“正义”，今通谓之“疏”。而创为“正义”者，盖自唐之孔颖达始。据《旧唐书·儒学传》：“太宗以儒学多门，章句繁杂。诏国子祭酒孔颖达与诸儒撰定五经义疏，凡一百七十卷，名曰《五经正义》。”《高宗纪》“永徽四年三月壬子朔，颁孔颖达《五经正义》于天下”；是也。然世儒或执此以《五经正义》为孔颖达作者则又非。《新唐书·颖达本传》云：“初颖达与颜师古、司马才章、王恭、王琰受诏譔《五经义训》百余篇；其中不能无谬冗。博士马嘉运驳正其失。诏更令裁定。未就。永徽二年，诏中书门下与国子三馆博士、宏文馆学士考正之。于是尚书左仆射于志宁、右仆射张行成、侍中高季辅就加增损。书始布下。”然则《五经正义》者，盖孔颖达与诸儒之所共撰，而非一人之书，彰彰明甚。而《高宗纪》大书特书曰“孔颖达《五经正义》”者；意者特以孔颖达为奉诏撰定《五经正义》之总纂官；而遂以尸其名邪？然孔颖达奉诏撰定正义者，但有《易》、《书》、《诗》、《礼记》、《春秋左氏传》五经。永徽中，贾公彦始撰《周礼》、

《仪礼》义疏。《宋史·李至传》："判国子监，上言：'《五经》书既已板行。惟《三传》、《二礼》、《孝经》、《论语》、《尔雅》七经疏未修。望令直阁崔颐正、孙奭、崔偓佺等重加雠校以备刊刻。"[①] 而《穀梁》用唐杨士勋疏；《公羊》用唐徐彦疏；《孝经》、《论语》、《尔雅》用宋邢昺疏；《孟子》用宋孙奭疏。此世所称《十三经注疏》也。然宋以前，《疏》本与《注》别行；而宋以后，《疏》遂与《注》合刊，说经者遂以《注疏》为不刊之典。至新喻刘敞原父撰《七经小传》三卷，始异《注疏》之说。"七经"者，《尚书》、《毛诗》、《周礼》、《仪礼》、《礼记》、《公羊传》、《论语》也。宋人说经毅然自异于先儒实自敞始。然敞学有根柢，故能自为一家之言。后来不能学其深究古义而学其排击古义，则甚矣其俱也！独临邛魏了翁鹤山以说经者但知诵习成言，不能求之详博；因取诸经注疏之文，据事别类而录之，谓之《九经要义》，凡二百六十三卷；残存《周易要义》十卷，《尚书要义》十七卷，《仪礼要义》五十卷，《春秋左传要义》三十一卷；虽主于采掇"注疏"；然别裁精审，汰其冗文，即使后人不病于芜杂，而分胪纲目，咸有条贯，可谓剪除枝蔓，独撷英华；是亦读"注疏"者之津梁矣！至清儒华亭吴浩养斋取诸经笺注，标其疑义，撰《十三经义疑》十二卷；虽于"注疏"之学，未能贯通融会；而研究考证，具有根柢，亦"注疏"家之诤臣也。元和惠栋定宇乃究探诸经古义于注疏未出之前，撰成《周易》、《尚书》、《毛诗》、《周礼》、《仪礼》、《礼记》、《左传》、《公羊》、《穀梁》、《论语》十经"古义"二十二卷。（其《左传》六卷后更名曰《补注》，刊板别行。）搜采旧文，互相参证；曰"古义"者，盖汉儒专门训诂之学，得以考见于今者也。

古者漆书竹简，传写为艰，师弟相传，多由口授，往往同音异字，辗转多歧。又六体孳生，形声渐备，毫厘辨别，后世乃详；古人字数无

① 查《宋史·李至传》，钱先生此段引文中，"'五经'书"之后有删节，"未修"当为"未备"。——编者

多，多相假借，沿流承袭，遂开通假一门。谈经者不考其源，每以近代之形声，究古书之义旨，穿凿附会，纠结不通；故读古人之书，则当先通古人之字，庶明其文句而义理可以渐求。栋作是书，证佐分明，斯称精核！庶几哉！可谓抗心希古，直抉经奥者！若乃勘文字之异同，校刻本之是非；则有仪征阮元芸台之撰《十三经注疏校勘记》二百四十三卷焉。虽然，六艺经传以千万数，要其归，则不外五帝之道，六艺之教。《礼记经解》："孔子曰：'温柔敦厚，《诗》教也。疏通知远，《书》教也。广博易良，《乐》教也。洁净精微，《易》教也。恭俭庄敬，《礼》教也。属辞比事，《春秋》教也。《史记·自序〉曰："《易》著天地阴阳四时五行，故长于变。《礼》经纪人伦，故长于行。《书》纪先王之事，故长于政。《诗》纪山川溪谷含兽草木牝牡雌雄，故长于风。《乐》乐所以生，故长于和。《春秋》辨是非，故长于治人。是故《礼》以节人，《乐》以发和，《书》以道事，《诗》以达意，《易》以道化，《春秋》以道义。"《汉书·艺文志》曰："六艺之文。《乐》以和神，仁之表也。《诗》以正言，义之用也。《礼》以明体，明者著见，故无训也。《书》以广听，知之术也。《春秋》以断事，信之符也。五者盖五常之道，相须而备。而《易》为之原。"《白虎通·五经》论曰："经所以有五何？经，常也；有五常之道，故曰五经。《乐》仁，《书》义，《礼》礼，《易》智，《诗》信也。"然则经虽有《九经》、《十三经》、《十四经》之名，而究其要归，不外五常之道，六艺之教而已，则亦何居乎后世《九经》、《十三经》、《十四经》之喋喋也！不知"六经"、"六艺"之名，由来久远，不可以臆增益。善夫！刘向之为《七略》也。班固仍之，造《艺文志》，序"六艺"为九种：有经，有传，有记，有群书。传则附于经，记则附于经，群书颇关经，则附于经。何谓传？《书》之有大小夏侯、欧阳，传也。《诗》之有齐、鲁、韩、毛，传也。《春秋》之有公羊、穀梁、左氏、邹、夹氏，亦传也。何谓记？大小戴氏所记凡百三十有一篇，是也。何谓群书？《易》之有《淮南·

道训》、《古五子十八篇》，群书之关《易》者也。《书》之有《周书》七十一篇，群书之关《书》者也。《春秋》之有《楚汉春秋》、《太史公书》，群书之关《春秋》者也。然则《礼》之有《周官司马法》，群书之颇关《礼》者也。皆以附于所传、所记或所关之经，而不别著焉，何居乎后世《九经》、《十三经》、《十四经》之喋喋也。或以传为经《公羊》为一经。《穀梁》为一经。《左氏》为一经。审如是，则韩亦一经，齐亦一经，鲁亦一经，毛亦一经，可乎？欧阳一经，两夏侯各一经，可乎？《易》有三家，《礼》分庆、戴，《春秋》之有邹、夹，汉世总古今文，为经当十有八，何止十有三？如其可也，则后世名一家说经之言甚众，经当以百数。或以记为经。大小戴二记毕称经。夫大小戴二记，古时篇篇单行；然则礼经外当有百三十一经。或以群书为经。《周官》晚出，刘歆始立。刘向、班固灼知其出于晚周、先秦之士之掇拾旧章所为；附之于《礼》，等之于《明堂阴阳》而已。后世称为经，是为述刘歆，非为述孔氏。善夫！刘氏之序六艺为九种也！有苦心焉！斟酌尽善焉！序六艺矣，七十子以来，尊《论语》而谭《孝经》、《小学》者；盖《六经》之户枢也。小学者，所以明《六经》之训诂。而《论语》述夫子之言行。《孝经》则再传门人之所述，然夫子曰："吾……行在《孝经》。"故不敢以夷于记，夷于群书也。然又非传。于是以三种为经之贰，而厕诸六艺之后。然序类有九而称艺为六；虽为经之贰，而仍抑之不与经齐。顾后世又以《论语》、《孝经》为经。假使《论语》、《孝经》可名经，则向早名之；且曰序八经，不曰序六艺矣。於戏！仲尼好古，述而不作；曷尝奂然大号使弟子笔其言以自制一经哉！经之为言常也。古之所谓经，乃三代盛时典章法度常所秉守，见于政教行事之实；而非圣人有意作为文字以传后世也。后世以传为经，以记为经，以群书为经，以经之贰为经，犹以为未快意。或以诸子为经；《孟子》是也。或以经解为经；《尔雅》是也。盖经之书弥多而经之旨弥荒。《春秋》三家之传，《周官》二戴之记，后之读者，尚藉以窥见三代政教行事得失之迹；而无大悖于经纶天下之意；厕之于经，犹可言也。至孟子为儒家之著述。《尔雅》则经传之释词。倘以此为《六经》之羽翼则可；而迳厕于六经则荒矣！谨撰次众说，条其原委，而折衷以刘子政氏序六艺之义。篹《总志》第一。

周易志第二

宓戏氏仰观象于天，俯观法于地，观鸟兽之文，与地之宜，近取诸身，远取诸物，于是始作八卦以通神明之德，以类万物之情。至于殷周之际，纣在上位，逆天暴物；文王以诸侯顺命而行道，天人之占，可得而效，于是重易六爻，作上下篇。孔子为之《彖》、《象》、《系辞》、《文言》、《序卦》之属十篇。故曰："《易》道深矣！人更三圣，世历三古。"所谓易者何也？曰：易之为言变也。易穷则变，变则通，通则久，是以自天祐之吉无不利。谓之"易"者，所以明世道穷变通久之必然。而系以"周"者，所以明世变剥复循环之有常。周之为言周也，周而复始也。孔子系《泰》之九三曰"无平不陂，无往不复"；《彖·复》"见天地之心"；而作《序卦》以序六十四卦相次之义，《泰》之受以《否》也，《剥》之穷以《复》也，《损》而不已必《益》，《升》而不已必《困》；如此之类，原始要终，罔不根极于《复》；所以深明易道之周也。"周"有原始反终之义。而《周易》以纯乾为首。乾，健也，为天；天行不息，周天三百六十五度四分度之一，一日一夜，行一周，复其故虚，日东行一度。乾道之变，天行之复也。孔子以《诗》、《书》、《礼》、《乐》教弟子，盖三千焉。而受《易》者独称商瞿。商瞿，鲁人，字子木，少孔子二十九岁。孔子传《易》于瞿。瞿传鲁人桥庇子庸。子庸传江东馯臂子弓。子弓传燕周丑子家。子家传东武孙虞子乘。子乘传齐田何子装（《史记·仲尼弟子列传》曰：瞿传楚人馯臂子弘，弘传江东人矫子庸疵，疵传燕人周子家竖，竖传淳于人光子乘羽，羽传齐人田子庄）。及秦禁学，《易》为筮卜之书，独不禁；传受者不绝也。汉兴，田何以齐田徙杜陵，号杜田生；传东武王同子中，洛阳周王孙、丁宽、齐服生，皆著《易传》；而王氏、周氏、服氏各二篇；独丁氏八篇，见《汉书·艺文志》。要言《易》者本之丁宽。宽，字子襄，梁人也。初梁项生从田何受《易》。时宽为项生从者，读《易》精敏，财过项生；遂事何。学成，何谢宽；宽东归；何谓门人曰："《易》已东矣！"宽至洛阳，复从周王孙受古义，号《周氏传》。景帝时，为梁孝王将军，距吴楚，号丁将军；作《易说》三万言，训故举大义而已；不言阴阳灾变也。宽传同郡砀田王孙。王孙传施雠、孟喜、梁邱贺：由是《易》有施、孟、梁邱之学焉。施雠，字长卿，沛人也；与孟喜、梁邱贺从田王孙受《易》；谦让常称学废，不教授。及梁邱贺贵仕，事多；乃遣子临分将门人河内张禹子文等从雠问。健自匿不肯见；贺固请，不得已，乃授临等。于是贺荐雠结发事师数十年，贺不能及！诏拜博士，与五经诸儒杂论同异于石渠阁。雠传张禹及琅邪鲁伯；禹传淮阳彭宣子佩、沛戴崇子平；鲁伯传太山毛莫如少路、琅邪邴丹曼容；而禹官丞相，宣官大司空，皆至大官，其知名者也。由是施家有张、彭之学。梁邱贺，字长翁，琅琊诸人也；从大中大夫京房受《易》。房者，淄川杨何叔元弟子也。何者，尝受《易》东武王同子中，有《易传》二篇，见《汉书·艺文志》；盖《易》家之初立博士者；太史公司马谈及京房咸从受《易》焉。房出为齐郡太守。贺更事田王孙。宣帝时，闻京房为《易》；明求其门人，得贺，以为郎；以筮有应，近幸；累官少府；传子临。临又学于施雠，而专行京房法；以郎奉使，问诸儒于石渠。琅琊王吉通《五经》，闻临说，善之，乃使其子郎中骏上疏从临受《易》。临传五鹿充宗君孟。充宗官少府，贵幸为梁邱《易》。自宣帝时，善梁邱贺说；元帝好之，欲考其异同，令充宗与诸易家论。充宗乘贵辨口，诸儒莫能与抗，皆称疾不敢！独鲁朱云游从博士白子友受《易》，摄齐登堂，抗首而请，音动左右；既论难，连拄五鹿君；故诸儒为之语曰："五鹿岳岳！朱云折其角！"然不详谁家？而五鹿充宗《略说》三篇，见《汉书·艺文志》；充宗传光禄大夫平陵士孙张仲方，真定太守沛邓彭祖子夏，王莽讲学大夫齐衡咸张宾。由是梁邱有士孙、邓、衡之学。孟喜，字长卿，东海兰陵人也；从田王孙受《易》；传《易》家候阴阳灾变书，言“师田生且死时，枕喜膝，独传喜”；盖十二月卦之学所自出焉。诸儒以此耀之！同门梁邱贺疏通证明之曰：“田生绝于施雠手中；时喜归东海，安得此事！”于是传者以为喜诞诈也！又蜀人赵宾好小数书；后为《易》；饰《易》文，以为：“箕子明夷，阴阳气亡箕子；箕子者，万物方荄兹也。”宾持论巧慧；易家不能难，皆曰“非古法也”；云受孟喜。喜为名之。后宾死，莫能持其说；喜因不肯仞；以此不见信。博士缺，众人荐喜。上闻喜改师法，遂不用喜。喜传同郡白光少子，沛翟牧子兄，皆为博士。由是孟喜有翟、白之学。孟喜之学，虽与施梁雠①不同；然要为田王孙之所自出；独京房之《易》为别出！京房，字君明，东郡顿邱人也；累官魏郡太守，盖匪传梁邱贺《易》之齐郡太守京房；治《易》，事梁人焦延寿赣。延寿云：“尝从孟喜问《易》。”会喜死，房以为延寿《易》即孟氏学。翟牧、白光不肯，皆曰：“非也！”至成帝时，光禄大夫刘向校经、传、诸子，考《易》说，以为诸家《易》说皆祖田何；杨叔丁将军大谊略同。惟京氏为异；倘焦延寿独得隐士之说，托之孟氏，故不与相同。然考孟喜学田王孙，言师田生且死，传喜之《易》家候阴阳灾变书，或者即延寿之所本也？延寿著《易林》十六卷，大抵即《易》家候阴阳灾变之书；以一卦演六十四卦，总四千九十六卦，各系以繇词，文句古奥，与《左氏传》载“凤皇于飞，和鸣锵锵”，《汉书》载“大横庚庚，予为天王”之语绝相类。惟延寿生当昭、宣之世，其时《左氏》未立学官；今《易林》引《左氏》语甚多，又往往用《汉书》中事，至云“刘季发怒，命灭子婴”，又曰“大蛇当路，使季畏惧”，宁汉人所宜言者耶？疑是东汉以后人撰，而托之延寿者？然汉《易》之流为术数，自延寿始也！顾延寿常曰：“得我道以亡身者，京生也！”其说长于灾变，分

① 施梁之“雠”为“邱”之误，当为“施、梁邱”。——编者

六十四卦，更直日用事，以风雨寒温为候，各有占验。房传延寿之学，故言术数者称焦、京。而房之推衍灾祥，更精于延寿；卒以诛死！其著书见于《汉书·艺文志》、《隋书·经籍志》者，有《孟氏京房》十一篇，《灾异孟氏京房》六十六篇，《京氏段嘉》十二篇，《章句》十卷，《占候十种〉七十三卷。唐以后多佚不传；今传者曰《京氏积算易传》三卷。其书兆乾坤之二，观象成八卦；卦凡八变六十有四；于其往来升降之际，以消息盈虚于天地之元，而酬酢乎万物之表，炳然在目也！大抵辨三易，运五行，正四时，谨二十四气，悉七十二候，而位五星，降二十八宿；其进退以几而为一卦之主者，谓之世；奇耦相与，据一以超二，而为主之相者，谓之应；世之所谓位，而阴阳之肆者，谓之飞；阴阳肇乎所配（乾与坤，震与巽，坎与离，艮与兑），而终不脱乎本（以飞某卦之位，乃伏某宫之位），以隐赜佐神明者，谓之伏；起乎世而周乎内外，参乎本数以纪月者，谓之建终；终始极乎数，而不可穷以纪日者，谓之积含（于中而以四为用，一卦备四卦者，谓之互。乾建甲子于初，坤建甲午于上，八卦之上，乃生一世之初）。初一世之五位，乃分而为五世之位；其五世之上，乃为游魂之世；五世之初，乃为归魂之世；而归魂之初，乃生后卦之初。其建，刚日则节气，柔日则中气。其数，虚则二十有八，盈则三十有六。盖后世术士所用世、应、飞、伏、游魂、归魂、纳甲之说，皆出京房。房传东海殷嘉、河东姚平、河南乘弘，皆为郎博士。由是《易》有京氏之学。京氏《易》于元帝之世，与施、孟、梁邱氏并列学官；而民间有费、高二家之说。费、高者，费直、高相也。费直，字长翁，东莱人；治《易》，长于卦筮，亡章句；徒以《彖》、《象》、《系辞》、《文言》十篇解说上下经。然刘向以中古文《易经》校施、孟、梁邱《易》，或脱去“无咎”“悔亡”；唯费直《易》与古文同。自是费直《易》号古文之学，与施、孟、梁邱之称今文者不同。高相，沛人也；治《易》，与费直同时，专说阴阳灾异，自言出于丁将军；其学亦无章句。而施、孟、梁邱氏各有《章句》二篇，见《汉书·艺文志》。既，炎汉祚绝，世祖重光，好爱经术，儒彦云从；于是立五经博士。《易》有施、孟、梁邱、京氏，各以家法教授；而京氏之易极盛焉。

盖东汉之世，治施氏《易》有闻者，仅陈留刘昆父子而已！昆，字桓公；平帝时，受施氏《易》于沛人戴宾能；王莽世，教授弟子，恒五百余人；世祖兴，累官光禄勋，授皇太子及诸王、小侯五十余人；传子轶，字君文，能世其学，门徒亦盛；然知名之士无闻焉！此治施氏《易》者也。治梁邱《易》者，曰代郡范升辨卿与博士梁恭、山阳太守吕羌俱修梁邱《易》；世祖征拜议郎，迁博士；自以学不如梁恭、吕羌，愿推博士以避二人。世祖不许；然由是重之。尚书令韩歆疏请为费氏《易》、左氏《春秋》立博士；诏范博士可前平说；遂与歆等驳难，日中乃罢。升退而奏曰："近有司请置京氏《易》博士，群下执事莫能据正。京氏既立，费氏怨望，京、费已行，次复高氏，并复求立，各有所执。今费氏学，无有本师，而多反异。先帝前世有疑于此，故京氏虽立，辄复见废。疑道不可由！疑事不可行！"费氏《易》以此不得立博士！而升弟子知名者，曰京兆杨政子行，少从升受梁邱《易》，善说经书。京师为之语曰"说经铿铿杨子行"；教授数百人，累官左中郎将。又有颍川张兴君上者，习梁邱《易》以教授；世祖兴，举孝廉，为郎，累拜太子少傅，显宗数访问经术。既而声称著闻，弟子自远至者，著录且万人，为梁邱家宗。时则中兴之初，而三君之外，终东汉，治梁邱《易》者无闻！治孟氏《易》者，曰南阳洼丹子玉，世传孟氏《易》。王莽时，常避世教授，专志不仕，徒众数百人。世祖兴，为博士，稍迁为大鸿胪，作《易通论》七篇，世号《洼君通》。安定梁竦叔敬，中山觟阳鸿孟孙，亦以孟氏《易》教授有名称。汝南袁安邵公者，祖父良，习孟氏《易》；安传其学；肃宗之世，累拜司徒，以直节著闻于朝。子京，字仲誉；敬，字叔平；传习父业；而京作《难记》三十万言，其尤知名者也！

东汉之末，有广汉任安定祖者，少游太学，受孟氏《易》，兼通数经；又从同郡杨厚学图谶，究极其术。时人称曰：“居今行古任定祖，初任州郡，后大尉再辟，除博士，公车征，皆不就。益州牧刘焉表荐之；然王途阻塞，诏命竟不至焉！治京氏《易》者最多；大抵世祖之世，曰汝南戴凭次仲、沛献王辅；显宗之世，曰南阳魏满叔牙；恭宗之世，曰琢郡崔暖子玉，广汉折像伯式，北海郎宗仲绥，南阳樊英季齐、李昌子然，豫章唐檀子产；顺帝之世，曰北海郎颛雅光，汝南许峻季山；桓帝之世，曰弘农刘宽文饶、济阴孙期仲彧，皆有名；而樊英著《易章句》，世称樊氏学。唐擅著书二十八篇，名为《唐子》。许峻卜占，多有显验，时人方之前世京房；所著《易林》行于世，或者即焦氏《易林》之所讹也？世之言占候者，率治京氏焉。夷考光武之世，刘昆之传施氏，范升之明梁邱，洼丹之通孟氏，戴凭之说京氏，皆谭易之宗，时主所重！独苍梧陈元长孙，海南郑众仲师，皆传费氏《易》。其后扶风马融季长，亦为其传，融授北海郑玄康成。玄初从弟五元先受京氏《易》，又从融受费氏《易》，故其学出入于两家；然要其大旨，《费》义居多；而谓“乾坤六爻，上系二十八宿，依气而应，谓之爻辰”；则费氏《易》之所无也。然玄又喜言十二消息卦，则其说出于孔门。《系辞传》云“往者屈，来者信”，“原始反终，通乎昼夜之道”，盖言消息者之所本也。同时颍川荀爽慈明以硕儒作《易传》，据爻象承应阴阳变化之义，以十篇之文，解说经意，亦宗费氏而言消息。自是费氏兴而京氏遂衰！马融有《周易注》一卷；郑玄有《周易注》九卷；荀爽有《周易注》十一卷；见《隋书·经籍志》。盖汉之言《易》学者，杨何最先立博士，然最早衰！至东汉之兴，京氏《易》后来居士；而施、孟、梁邱三家先后衰！费氏兴而京氏亦衰！其大较然也。

东汉之末，荆州牧山阳刘表景升亦有《周易章句》五卷，见《隋书·经籍志》；而表之学，实受于同郡王畅叔茂。畅之孙曰粲者，遭汉乱，与族兄凯俱避地荆州。刘表欲以女妻粲，而嫌其形陋用率；以凯有风貌，乃以妻凯。凯生业，即刘表外孙也；有子曰弼，字辅嗣，幼而察惠，盖以注《易》著闻魏朝，凡《易注》六卷，《易略例》一卷。自郑玄传费直之学，始析《易传》以附《经》；至弼又更定之。玄本大约如今之《乾卦》；其《坤卦》以下，又弼所割裂。然郑玄《易注》，至北宋尚存一卷；《崇文总目》称存者为《文言》、《说卦》、《序卦》、《杂卦〉四篇；则玄本尚以《文言》自为一传[①]；所割以附经者，不过《彖传》、《象传》；今本《乾》、《坤》二卦各附《文言》，知全经皆弼所更定，非郑玄之旧也。弼之说《易》，称出费直；直《易》今不可见；然荀爽《易》，即费氏学；唐李鼎祚《周易集解》尚颇载其遗说，大抵究爻位之上下，辨卦德之刚柔，已与弼《注》略近；但弼全废象数；又变本加厉。平心而论：《易》本卜筮之书，故末派浸流于谶纬；王弼乘其极敝而攻之，遂能排击汉儒，自标新学；然阐明义理，使《易》不杂于术数者，弼实不为无功。而祖尚虚无，使《易》竟人于老庄者，弼亦不能无过。瑕瑜不掩，斯为定评！魏朝之明《易》者，王弼而外，司徒东海王朗景兴，尝著《易传》；子肃子雍因撰定，成《周易注》十卷，《隋书·经籍志》所著录，是也。然肃善马融之学，而不好郑玄。时乐安孙炎叔然，则受学郑玄之门人，称东州大儒，作《周易例》。肃作《圣证论》以讥短玄；炎驳而释焉。然马、郑不同，要其言《易》本之费氏。独平原管辂公明，善筮卦风角之占，或者本之京氏？（据管辰敏[②]称："每观辂书传，惟有《易林》、《风角》……昔京房虽善卜及风律之占……世人多以辂畴之京房。"见裴松之《三国志·本传》注引《辂别传》）南阳何晏平叔请共论《易》，曰："君论阴阳，此世无双！"时邓飏玄茂在晏许，言："君见谓善《易》，而语不及《易》，何也？"辂寻声答曰："善《易》者不论《易》也！"魏之《易》博士曰淳于俊；魏帝高贵乡公常就问《易》曰："孔子作《彖》、《象》，郑玄

① "传"为"卷"之讹。——编者
② "敏"字为"叙"字之误，原文当为"据管辰叙称"。——编者

作《注》，圣贤不同，释经一也；今《彖》、《象》不与经文连，而《注》连之，何也？”俊对曰：“郑玄合《彖》、《象》于经，欲学者寻省易了也。”帝曰：“若郑玄合之，于义诚便；则孔子曷为不合以了学者乎？”俊对曰：“孔子恐与文王相乱，此圣人以不合为谦。”帝曰：“郑玄何独不谦耶？”俊不对。盖魏博士之治《易》，善郑氏学者也。蜀博士之治《易》，善郑氏学者，曰南阳许慈仁笃；子勋传其业；然侨士也！蜀士之易学，盖始于广汉任安之习孟氏；弟子知名者，曰梓潼杜微国辅；曰蜀郡杜琼伯瑜。然琼好图谶而不言《易》；巴西谯周允南传其学焉。吴士之善易者，曰会稽虞翻仲翔，曰吴郡陆绩公纪。翻有《周易注》九卷，绩有《周易注》十五卷，具见《隋书·经籍志》。然翻之先世，本治孟氏《易》，而绩之注则采诸京氏《易传》者为多。绩年辈差晚；而翻旧齿名盛，说易专取旁通与之卦。旁通者，乾与坤，坎与离，艮与兑，震与巽交相变也。之卦，则以两爻交易而得一卦；消息六爻，发挥旁通。与鲁国孔融文举书，示以所著《易注》。融答书曰：“自商瞿以来，舛错多矣！去圣弥远，众说骋辞！曩闻延陵之理乐，今睹吾子之治《易》，乃知东南之美者，非徒会稽之竹箭。”然翻自称传孟氏《易》，而说“七日来复”，不言六日七分，则亦不尽用孟氏《易》也。广陵张纮子纲，名辈不后虞翻，而治京氏《易》则同陆绩。又汝南程秉德枢者，逮事郑玄；吴大帝闻其名儒，征拜太子太傅；著《周易摘商》，盖费氏之支流余裔矣！大抵三国之世，北士传马、郑而习费《易》；而吴、蜀则守孟、京而薄马、郑。虞翻初立《易注》，奏称：“颍川荀谓号为知《易》。臣得其注，颠倒反逆，有可怪笑！马融所解，复不及谓，若乃郑玄，虽各立注，未得其门。”荀谓，荀爽之别名也。此可以觇三国南北学之殊风焉。然南北学亦何常之有！费《易》大兴，而孟、京不能不废！梁邱、施氏亡于西晋。孟氏、京氏虽有其书；而明京氏《易》者，西晋惟弘农董景道文博；东晋惟新蔡干宝令升而已！宝有《周易注》十卷，见《隋书·经籍志》。孟氏之《易》无闻，而费氏之学又分郑玄、王弼两家。元帝中兴，江左议为王弼《易》置博士；独太常颍川荀崧景猷以为不可，请为郑玄《易》置博士。自是《易》有郑玄、王弼二博士。然有晋始自中朝，迄于江左，莫不崇饰老、庄，祖述虚玄，摈阙里之经典，习正始之余论。王弼生当正始，辞才逸辩，老学实为宗师；而明《易》亦造玄论，风流所仰，学者宗焉！惟弼注者，仅《上下经》而补《系辞》、《说卦》、《杂卦》、《序卦》注者，其门人韩康伯也。自是王注行而郑学亦衰！河南及青、齐之间，儒生多讲王《注》，师训盖寡，奚论江左！自拓拔魏之末，大儒华阴徐遵明子判门下，讲郑玄所注《周易》。遵明以传范阳卢景裕仲孺。景裕传权会郭茂。权会早入邺都；郭茂恒在门下教授；其后河朔言《易》者，多出郭茂之门。大抵南北所为章句，河洛《周易》则郑玄，江左则王弼，好尚互有不同。独晋扬州刺史晋陵顾悦之君叔有《周易难王辅嗣义》一卷四十余条。齐国子博士吴郡陆澄彦深与尚书令琅邪王俭仲宝书，陈："王弼注《易》，玄学所宗。今若弘儒，郑不可废！"俭答："《易》体微远，实贯群籍；岂据小王，便为该备！依旧存郑，高同来说。"可谓矫矫南士之不群者也！然梁陈之世，郑玄仍得与王弼《注》并列学官。南齐惟传郑义。至隋平江南，王《注》乃盛河朔；然郑义不废！既，隋氏道消，唐代应运，诏孔颖达等撰定《周易正义》；然后专崇王，《注》而众说皆废！序称："汉儒传《易》者，西都则有丁、孟、京、田。东都则有荀、刘、马、郑，大体更相祖述，非有绝伦。惟魏世王辅嗣注，独冠古今；所以江左诸儒，并传其学，河北学者罕能及之！其江南义疏十有余家，皆辞尚虚玄，义多浮诞。原夫易理难穷，虽复玄之又玄；至于垂范作则，便是有而教有。若论住内住外之空，就能就所之说，斯乃义涉于释氏，非为教于孔门也！"所以抨江南诸家者，斯亦允矣！虽然吾观孔颖达者，徒知释氏之义不涉《易》，而不知王《注》之辞亦尚玄！徒知江南义疏诸家之辞尚虚玄，义多浮诞；而不知王《注》为玄学之宗，江南诸家之所自出也！顾谓"义理可诠，先以辅嗣为本”；宁必为达识乎！虽然，唐之《易》家，有期诠义理而用王弼者，孔颖达之《周易正义》是也。有旁通象数而采虞翻者，李鼎祚之《周易集解》是也。一为三国之魏学，一为三国之吴学。一开宋儒胡、程之先，一植清学惠、张之基。盖李鼎祚《周易集解》凡十七卷，仍用王弼本；惟以《序卦传》散缀六十四卦之首，盖用《毛诗》分冠小序之例；所采凡子夏、孟喜、焦赣、京房、马融、荀爽、郑玄、刘表、何晏、宋衷、虞翻、陆绩、干宝、王肃、王弼、姚信、王廙、张秀、王凯冲、侯果、蜀才、翟元、韩康伯、何妥、崔憬、沈驎士、卢氏、崔觐、伏曼容、孔颖达、姚规、朱仰之、蔡景君等三十五家之说；而采虞翻尤多。其所自为说，则纯似翻；将欲以刊辅嗣之野文，补康成之逸象，而不采玄爻辰之说；自序谓："王、郑相沿，颇行于代。郑则多参天象，王乃全释人事。且《易》之为道，岂偏于天人哉！"则是于郑、王皆有不足，而博采诸家以为折衷也。其有拾遗补阙，而搜孔、李所未采者，则有史征之《周易口诀义》凡七卷；自序云："但举宏机，纂其枢要，先以王《注》为宗，后约孔《疏》为理。"然中如《乾·彖》引周氏说；《乾·大象》、《革·彖》引宋衷说；《屯·彖》引李氏说；《师·彖》、《渐·九五》引陆绩说；《师·六五》、《坎·大象》引庄氏说；《谦·六五》引张氏说；《贲·大象》引王廙说；《颐·大象》引荀爽说；《坎·上六》引虞氏说；《咸·大象》、《井·大象》、《鼎·彖》引何妥说；《萃·彖》、《困·大象》引周宏正说；《升·彖》、《渐·彖》引褚氏说；《震·九四》、《兑·大象》引郑众说；《渐·大象》引侯果说；多出孔颖达《疏》及李鼎祚《集解》之外；盖唐去六朝未远；《隋书·经籍志》所载诸家之书，犹有存者；故征得以旁搜博引；虽有文义间涉拙滞；而唐以前解《易》之书，《子夏传》既多属伪撰；郑玄、陆绩注为后儒辑佚，亦非完书；其实存于今者，京房、王弼、孔颖达、李鼎祚四家及史氏此书而五耳！固稽古者所宜珍也！惜李、史二氏，《新旧唐书》并无传，其人本末不详耳！此唐代易学之要删也！然自唐代以王弼《注》定为正义，于是学《易》者专言名理。惟李鼎祚《集解》不主弼义，博采诸家，以为“刊辅嗣之野文，补康成之逸象”；而后来经生，不能尽从其学。

宋儒若胡瑗、程子，言理精粹，自非晋、唐诸儒可及；然于象亦阙焉不详！独金华郑刚中亨仲著《周易窥余》十五卷，兼收汉学，凡荀爽、虞翻、干宝、蜀才九家之说，皆参互考稽，不主一家；其解义间异先儒，而亦往往有当于理；虽其人附和秦桧，公论不予；然阐发经义，则自出新义，具有理解；要为《易》家所不废也！又《古易》本十二篇，自费直、郑玄以至王弼，递有移掇；孔颖达因弼本而作《正义》，行于唐代；《古易》自此不复存！宋吕大防仲微始考验旧文，作《周易古经》二卷；其后钜野晁说之以道作《古易》十二卷，永嘉薛季宣士龙作《古文周易》十二卷，余姚程迥可久作古《周易》一卷，丹陵李焘仁甫作《周易古经》八篇，崐山吴仁杰斗南作《古周易》十二卷，金华吕祖谦伯恭作《古周易》一卷，大致互相出入；独祖谦书最晚出而较有据，凡分《上经》、《下经》、《彖上传》、《彖下传》、《象上传》、《象下传》、《系辞上传》、《系辞下传》、《文言传》、《说卦传》、《序卦传》、《杂卦传》为十二篇。朱子尝为之跋，后作《本义》，即用祖谦而不用王弼焉。然唐代虽定王弼《注》为正义，而《新唐书・艺文志》著录玄《注》十卷，是唐时王学盛行，而郑《注》未堕地也！至北宋尚存玄注《文言》、《序卦》、《说卦》、《杂卦》四篇一卷，见《崇文总目》；而淳熙以后，诸儒罕所称引，盖亡于南宋之初也。庆元王应麟伯厚独能于散佚之余，旁摭诸书，辑《周易郑康成注》一卷，搜罗放失，以存汉易之一线；经文异字，亦皆并存；其无经文可存者，则总录于末简；又以玄《注》多言互体，并取《左传》、《礼记》、《周礼》正义中论互体者八条以类附焉；可谓笃志遗经，研心古义者矣！此宋儒之整理古《易》，则有然者。虽然，宋儒易学之所以独成宋儒者不在此！盖宋儒易学之自名一家者甚众；然要其大别，不外象数义理二宗。而泰州胡瑗翼之，开宋儒义理说《易》之先河。范阳邵离尧夫，为宋儒象数说《易》之大宗。汉儒言《易》，本多主象数；至宋儒言《易》，而象数之中，复歧出图书一派。此派盖大昌于邵雍，而造端于彭城刘牧长民者也。牧之学，出于洛阳种放名逸；放出亳州陈抟图南，其渊源与邵雍同；而以九为《河图》，十为《洛书》，则与雍异；著《易数钩隐图》三卷，附《遗论九事》一卷；其学盛行于仁宗时，黄黎献作《略例隐诀》，吴秘作《通神》，休宁程大昌泰之作《易原》，皆发明牧说。至建阳蔡元定西山则以为与孔安国、刘歆所传不合；而以十为《河图》，九为《洛书》。朱子从之，著《易学启蒙》。自是以后，言图书者，皆宗朱、蔡；而牧之图几废焉！然《图书》之学，刘牧实为别传，而邵雍乃其正宗。雍之子曰伯温子文者，著《易学辨惑》一卷，中叙传授本末，谓："雍《易》受于青社李之才挺之。之才师郓州穆修伯长，修师陈抟。"则是陈抟者，宋儒图书说《易》之祖师也。然宋儒之有陈抟、邵雍，犹汉学之有孟、京，所谓《易》外别传者也！顾或者谓："陈抟以先天图传种放，更三传而至邵雍。放以《河图》、《洛书》传李溉，更三传而至刘牧。穆修以《太极图》传周敦颐，再传至程颖、程颐。厥后雍得之以著《皇极经世》，牧得之以著《周易钩隐图》，周敦颐得之以著《太极图说通书》，颐得之以述《易传》。"据朱震汉上易集传卦图之说云尔；其说颇为后人所疑。而朱子亦谓"程子之学，源于周子"。然考之程子《易传》，无一语及太极；而于《观》、《大畜》、《夬》、《渐》诸卦，云"予闻之胡翼之先生"，"予闻之胡先生曰"者，不一而足。则是程子之学，源于胡瑗，而于周敦颐无征也。倪天隐述其师胡瑗之说，有《周易口义》十二卷；其说《易》以义理为宗；而程子不信邵雍之数。故邵子《皇极经世》以数言《易》；而程子著《易传》四卷，则黜数而崇理，于胡瑗为近；其书以《序卦》分置诸卦之首，依李鼎祚《集解》例，而用王弼《注》本，但解上下经及《彖象》、《文言》，亦与王弼《注》同。朱子《周易本义》，初亦用王弼本，后以吕祖谦《古周易》为本，然大指仍略同王弼而加详焉；首列九图，末著揲法，大略兼义理占象而言；附以《易学启蒙》一卷，曰《本图书》、《原卦画》、《明蓍筮》、《考变占》，凡四篇，殆折衷理数二家之说而无所偏废者乎！蒲江魏了翁鹤山，盖问业于朱子之门人建昌李燔敬子、赵州辅广汉卿者；尝言："辞变象占，《易》之纲领；而繇彖爻之辞，画爻位虚之别，互反飞、伏之说，乘承比应之例，一有不知，则义理阙焉！"其大旨主于以象数求义理，折衷于汉学、宋学之间；辑《周易要义》十卷，虽主于王《注》、孔《疏》，而采摭谨严，别裁精审，可谓剪除支蔓，独撷英华者矣！虽然，宋儒《易》学，亦有不言理，不言数，而但言事者；上虞李光泰发《读易详说》十卷，吉水杨万里诚斋《易传》二十卷，其最著者也。光之书，于卦爻之词，皆引证史事；盖援古事以证爻象，始自郑玄；若全经皆证以史，则光书其始也。万里之书，口旨本程子《易传》，而参引史事以证之，则同李光；初名《易外传》，宋代书肆曾与程《传》并刊，谓之《程杨易传》。顾宋儒诋之者夥，以为足以耸文士之观瞻，而不足以服穷经士之心！然圣人作易，本以吉凶悔吝明人事，使天下万世，无不知所从违；非徒使上智者矜谈妙悟，如佛家之传心印，道家之授丹诀；自谭《易》者推阐性命，勾稽奇偶，其言愈微妙，而于圣人立教牖民之旨，愈南辕而北辙！箕子之贞，鬼方之伐，帝乙之归妹，孔子系辞，何尝不明证史事！依此而推，三百八十四爻，可以例举矣！舍人事而谈天道，正后儒说易之病；未可以引史证经为二家病！此一派也。又有不言理数，亦不言事，而言心性者；慈溪杨简敬仲《易传》二十卷，宁德王宗传景孟《童溪易传》三十卷，其最著者也。简之学出金溪陆九渊子静，故其解《易》，惟以人心为主。盖自汉以来，以玄空说《易》，始魏王弼；而以心性说《易》，始王宗传及简。宗传之论有"性本无说，圣人本无言"之语，与简文旨相同。夫弼《易》祖尚玄虚以阐发义理；汉学至是而始变！宋儒扫除古法，实以王《注》为蓝本。然胡瑗、程子祖其义理而归诸人事，故似浅近而醇实。宗传及简祖其玄虚而索诸性天，故似高深而幻窅。此又一派也。然论宋儒《易》学者，要以程子《易传》、朱子《易本义》为大宗。临海董楷正叔者，朱子再传弟子也；尝辑《周易传义》十四卷，合程子《传》、朱子《本义》为一书，而采二子之遗说，附录其下，意在理数兼通。惟程子《传》用王弼本；而朱子《本义》则用吕祖谦《古周易》本；楷以程子在前，遂割裂朱子之书，散附程《传》之后，而朱子所定之古文，仍复淆乱！迨明之成祖，命行在翰林学士胡广等纂《周易大全》，即以楷书为底本，而列之学官；迄有清五百年间，士夫之为学，朝廷之取士，胥以此焉。乡塾之士，遂不复知有古经，则楷肇其端也！于是程《传》、朱《本义》之大全本行，而王《注》、孔《疏》亦废搁矣！

元、明两代，学者言《易》，大抵不脱宋儒窠臼；独明古义，不囿风气者，惟元天台陈应润之撰《周易爻义变蕴》，明海盐姚士维叔祥之辑陆氏《易解》耳！考陈应润之书凡四卷，大旨谓“义理玄妙之谈堕于老、庄；先天诸图，杂以《参同契》炉火之说；皆非易之本旨”。故其论八卦，惟据《说卦传》“帝出乎震”一节，为八卦之正位；而以“天地定位”一节，邵雍指为先天方位者，定谓八卦相错之用；谓文王演《易》，必不颠倒伏羲之文，致相矛盾。其论太极两仪四象，以天地为两仪，以四方为四象；谓：“未分八卦，不应先有揲蓍之法，分阴阳太少。周子无极太极，二气五行之说，自是一家议论，不可说《易》。”盖自宋以后，毅然破陈抟之学者，自应润始！所注用王弼《本》，惟有《上下经》六十四卦。据《春秋左氏传》某卦之某卦例，如《乾》之《姤》曰“潜龙可勿用”，《乾》之《坤》曰“见群龙无首，吉”之类，故名曰爻变。其称一卦可变六十四卦，六爻可变三百八十四爻，即汉焦延寿《易林》之例，盖亦因古占法而推原其变通之意，非臆说也。昔宋王应麟辑郑玄《易注》，为学者所重；而姚士粦抄撮京房《易传注》、李鼎祚《集解》诸书所引之吴陆绩《周易注》，以成陆氏《易解》一卷，虽不及应麟搜讨之勤博；然在陆《注》久佚之余，而掇拾丛残，存什一于千百；于元、明人易家之中，倘亦翘然独秀者矣！若乃师心自悟，暗与古会，足以卓然名一家者；莫如梁山来知德矣鲜，隐万县之深山，精思《易》理，自隆庆庚午，至万历戊戌，阅二十九年，而成《周易集注》十六卷。其立说专取《系辞》中错综其数，以论《易象》；而以《杂卦》治之。错者，阴阳对错，如《先天圆图》乾错坤，坎错离，八卦相错，是也。综者，一上一下，如屯蒙之类，木是一卦，在下为屯，在上为蒙，载之序卦，是也。其论错，有四正错，有四隅错；论综，有四正综，有四隅综，有以正综隅，有以隅综正；其论象，有卦情之象，有卦画之象，有大象之象，有中爻之象，有错卦之象，有综卦之象，有爻变之象，有占中之象；皆由冥心力索，得其端倪；因而参互旁通，自成一说。当时推为绝学。然上下经各十八卦，本之旧说；而所说中爻之象，亦即汉以来互体之法；特知德纵横推阐，专明斯义，较先儒为详尽耳！

既，清儒崛起，务摧剥宋学，宏宣汉《易》，别成风气；而首驱除夫难者，要推余姚黄宗羲太冲、宗爻[①]晦木兄弟，暨德清胡渭朏明三氏。初陈抟推阐《易经》，衍为诸图，其图本准《易》而生，故以卦爻反复研求，无不符合；传者务神其说，遂归其图于伏羲，谓《易》反由图而作。又因《系辞》、《河图》、《洛书》之文，取大衍算数，作五十五点之图，以当《河图》，取《乾凿度》太乙行九宫法，造四十五点之图，以当《洛书》；其阴阳奇偶，亦一一与《易》相接应；传者益神其说，又真以为龙马神龟之所负，谓伏羲由此而有先天之图；实则唐以前书，绝无一字之征验，而突出于北宋之初。邵雍、朱子亦但取其数之巧合，而未暇究其太古以来，从谁授受。于是宗羲病其末派之支离，纠本原之依托，著《易学象数论》六卷，自序云："世儒视象数为绝学；今一一疏通，知于《易》本无干涉；而后反求程传，亦廓清之一端。"

---

① 宗羲弟宗炎，字晦木。"爻"当为"炎"之讹衍。——编者

又称“王辅嗣《注》简当无浮义”；而病朱子添入康节先天之学，为添一障；可谓了当！而宗炎著《周易象辞》附《寻门余论》、《图书辨惑》二十四卷，大指谓“陈抟之图书，乃道家养生之术”；与元陈应润之说合；而论“四圣相传，不应文王、周公、孔子之外，别有伏羲之易，为不传之秘；《周易》未经秦火，不应独禁其图，转为道家藏匿二千年，至陈抟而始出”；则尤笃论也！然皆各据所见，抵其罅隙，尚未能穷溯本末，一一抉所自来。独胡渭著《易图明辨》十卷，辨《河图》、《洛书》，辨五行九宫，辨《周易》、《参同》先天太极，辨《龙图易数钩隐图》，辨《启蒙》图书，辨先天《古易》，辨后天之学，辨卦变，辨象数流弊；大指谓：“《诗》、《书》、《礼》、《春秋》，皆不可无图；独《易》无所用图。六十四卦二体六爻之画，即其图也。八卦之次序方位，则乾坤三索，出震齐巽二章尽之矣！”引据旧文，互相参证，以箝依托者之口。于是学者知图书之说，虽言之有故，执之成理，乃修炼术数二家旁分《易》学之支流，而非作《易》之根柢；视黄氏兄弟所论，尤为穷源竟委；其功不可没也！然此三君子者，于宋儒有推陷廓清之功；而汉学之究宣未极宏！至吴县惠士奇天牧撰《易说》六卷，以为：“今所传《易》出费直《易》。费本古文，王弼尽改俗书，又创虚象之说，而汉《易》亡矣！易者，象也；圣人观象而系辞，君子观象而玩辞；六十四卦皆实象，安得虚哉！汉儒言《易》，孟喜以卦气；京房以适变；荀爽以升降；郑康成以爻辰；虞翻以纳甲；其说不同，而指归则一，皆不可废。”然士奇博学无所成名，力矫王弼以来空言说经之弊，征引赅备，而失之杂！其子曰栋，字定宇者，博通经史，尤邃于《易》，谓：“孔子作《十翼》，其微言大义，七十子之徒相传，至汉犹有存者。自王弼兴而汉学亡，幸存其略于李氏《集解》。”精研三十年，引伸解类，始得贯通其旨；乃追考汉儒《易》学，掇拾绪论，成《易汉学》八卷；凡《孟长卿易》二卷，《虞仲翔易》一卷，《京君明易》二卷（干宝易附见），《郑康成易》一卷，《荀慈明易》一卷，其末一卷，则栋发明汉《易》之理，以辨正《河图》、《洛书》先天太极之学。又究汉儒之传以阐明《易》之本例，凡九十类，成《易例》二卷。汉学之绝者千有五百余年，至是而灿然复章！又自为解释，成《周易述》二十三卷，专宗虞翻，而参以郑玄、荀爽、宋咸、干宝诸家之说，融会其义，自为注而自疏之；持论尤精警者：孔颖达《正义》据马融、陆绩说，以爻辞为周公作，与郑学异；其所执者，《明夷·六五》云“箕子”，《升六四》云“王用享岐山”，皆文王后事，论者不能夺也！独栋引《春秋传》、《禹贡》、《尔雅》以证“王用享岐山”之为夏后氏而非文王；而箕子明夷，则用汉赵宾之说，疏通证明，以为“箕子”，当从古文作其子；其，古音亥，亦作箕。刘向云“今《易》箕子作荄兹”。荀爽据以为说，读“箕子”为“荄兹”。其与亥，子与兹，文异而音义同。《三统术》云：“该阂于亥。孳萌于子。”该，荄，亦同物也。五本坤也，坤终于亥，乾出于子，用晦而明，明不可息，故其子之明夷。马融俗儒，不识七十子传《易》之大义，读其为箕，盖涉《彖传》而讹。五为天位，箕子，臣也，而当君位，乖于易例甚矣！谬种流传，兆于西汉博士施雠读其为箕。蜀人赵宾述孟氏之学，以为“箕子明夷，阴阳气无箕子。箕子者，万物方荄兹也”。宾据古义以难诸儒。诸儒皆屈。于是施雠、梁邱贺皆嫉之。孟喜与雠、贺同事田王孙。喜未贵而学独高。喜所传《易家》候阴阳灾变书得自王孙；而贺恶之，谓无此事。语闻于上。宣帝遂以喜为改师法，中梁邱之潜也！雠、贺嫉喜而并及宾。班固作《喜传》，亦用雠、贺之单词，皆非实录。刘向《别录》犹循孟学；故马融俗说，荀爽独知其非，复用宾古义。虽敢为异论，而不尽合事实；然自是清儒论《易》家，多信孟喜真传田王孙学者，其说实自栋发之。然按《汉书·儒林传》云：“赵宾以为箕子明夷，阴阳气无箕子；箕子者，万物方荄滋也；云受孟喜。喜为名之。”此赵宾谓“箕子”二字为“荄滋”之误也。然则赵宾所见之《易经》，本是“箕子”二字矣。虞翻云：“箕子，纣诸父。五，乾天位，今化为坤，箕子之象。”虞翻世传孟氏《易》，而不从“荄滋”之说；可见孟氏《易》不作荄滋矣。惠栋言《易》尊虞翻，何以于此独不从虞翻乎？此不可解也！惟汉人之《易》，孟、费诸家，各有师承，势不能合。而栋之学宗祢虞翻，有未通，补以郑、荀诸儒；学者以无家法少之！未若武进张惠言皋文治虞翻《易》之为专家绝学也！惠言之论，大指以为：“翻之《易》学，自其高祖父故零陵太守光治孟氏《易》，世传其业，至翻五世，又具见马、郑、宋、荀氏书，考其是否；故其言《易》，以阴阳消息六爻，发挥旁通，升降上下，归于乾元用九而天下治；依物取类，贯穿比附，始苦琐碎，及其沉深解剥，离根散叶，畅茂条理，遂于大道；后儒罕能通之！自魏王弼以虚空之言解《易》；唐立之学官，而汉世诸儒之说微！惟郑、荀、虞三家，略有梗概可指说；而虞又较备。然则七十子之微言，田何、杨叔、丁将军之所传者，舍虞氏《注》奚从也！”故求其条贯，明其统例，释其疑滞，信其亡阙，为《周易虞氏义》九卷；表其大指，为《周易虞氏消息》二卷。又撰《虞氏易礼》《易事》《易候》《易言》及《虞氏略例》，务以探赜索隐，存一家之学焉。惟惠、张二家，咸以汉《易》之亡，归狱王弼；独甘泉焦循理堂明其不然！其大指以为：东汉末，以易学名家者，称荀、刘、马、郑。刘，谓刘景升表。表之学受于王畅。王弼者，刘表之外曾孙，而畅之嗣玄孙也。弼之学，盖渊源于刘，而实根本于畅。兄宏，字正宗，亦撰《易》义。兄弟皆以《易》名，可知其所受者远矣！故弼之《易》，虽参以己见，而解“箕子”为荄兹，正用赵宾解；又如读“彭”为旁，借“雍”为“甕”，通“孚”为浮，而训为务躁，解“斯”为厮，而释为贱役之属，皆以六书通借；解经之法，尚未远于马、郑诸儒；特貌为高简，故疏者概视为空论耳！因作《周易王氏注补》一卷，可谓持平之论也！考循之易本出家学；尝疑一“号咷”也，何以既见于《旅》，又见于《同人》？一“拯马壮”也，何以既见于《复》[1]，又见于《明夷》？密

① 《复》为《涣》之误。——编者

云不雨之象，何以《小畜》与《小过》同辞？甲庚三日之占，何以《蛊象》与《巽象》同例？乃遍读说《易》之书，既悟洞渊九容之术，实通于《易》；乃以数之比例，求《易》之比例；以《易》解《易》，触类求通，成《易通释》二十卷。自谓："学《易》所悟得者有三：一曰旁通。二曰相错。三曰时行。旁通者，在本卦，初与四易，二与五易，三与上易；本卦无可易，则旁通于他卦，亦初通于四，二通于五，三通于上。先二五，后初四、三上为当位。不俟二五，而初四、三上先行，为失道。《易》之道惟在变通；二五先行而上下应之，此变通不穷也。或初四先行，三上先行，则上下不能应；然能变而通之，仍大中而上下应，如《乾》四之《坤》，而成《小畜》、《复》，失道矣！变通之，《小畜》二之《豫》五，《姤》二之《复》五；《复》初不能应，《姤》初则能应；《小畜》四不能应，《豫》四则能应。《坎》四之《离》上而成《井》、《丰》，失道矣！变通之，《井》二之《噬嗑》五，《丰》五之《涣》二；《丰》上不能应，《涣》上则能应；《井》三不能应，《噬嗑》三则能应。此所谓时行也。比例之义，出于相错。如《睽》二之五为《无妄》，《井》二之《噬嗑》五亦为《无妄》；故《睽》之'噬肤'，即《噬嗑》之'噬肤'《坎》三之《离》上成《丰》，《噬嗑》上之三亦成《丰》；故《丰》之'日昃'，即《离》之'日昃'；《丰》之'日中'，即《噬嗑〉之'日中'。《渐》上之《归妹》三，《归妹》成《大壮》，《渐》成《蹇》；《蹇》、《大壮》相错成《需》，故'归妹'以须，之①、即《需》也。《归妹》四之《渐》初，《渐》成《家人》，《归妹》成《临》，《临》通《遯》，相错为《谦》；《履》故'眇能视，跛能履'；《临》二之五，即《履》二之《谦》五之比例也。"《易通释》既成，复提其要，为《易图略》八卷，凡《图》五篇，《原》八篇，发明旁通相错时行之义；《论》十篇，破旧说之非；复成《易章句》十二卷，总称"雕菰楼易学三书"，共四十卷。

---

① "归妹以须"，《归妹·六三》之爻辞。"之"字后疑脱一"须"字。——编者

盖其为学，不拘汉、魏各师法，惟以卦爻经文比例为主。“号咷”“密云”，踪迹甚显；“蒺藜”“樽酒”，假借可据；如郭守敬之以实测得天行也；可谓冥心孤往，独辟蹊径者矣！尤岂惠、张诸家，墨守汉《易》，姝姝一先生之言者所可及耶！晚清善化皮锡瑞鹿门撰《易学通论》，以张惠言为专门，焦循为通学；而谓“学者当先观二家之书”，可谓知言之士！然锡瑞论《易》，崇义理而黜象数，实主王注、程传；据《汉书·儒林传》以证明孟喜阴阳灾变书之不出田王孙，京房纳甲之托孟喜，而深慨清儒惠栋以来重理孟、京之绪之为大惑；曰：“经学有正传，有别传。以《易》而论，别传非独京氏而已。如孟氏之卦气，郑氏之爻辰，皆别传也。又非独《易》而已。如伏《传》五行，齐《诗》五际，《礼·月令·明堂》阴阳说，《春秋·公羊》多言灾异，皆别传也。子贡谓‘夫子性与天道，不可得闻’；则孔子删定六经以垂世立教，必不以阴阳五行为宗旨，至孟、京出而汉儒称谶纬；宋人斥谶纬而称图书。其实焦、京之《易》，出阴阳家之占验，虽应在事后，非学《易》之大义；陈、邵之《易》，出道家之修炼，虽数近巧合，非作《易》之本旨；故虽自成一家之学，而于圣人之易，实是别传而非正传。近儒于陈、邵之图，辟之不遗余力；而又重理焦、京之说。独焦循说《易》，自辟町畦，以虞氏之旁通，兼荀氏之升降，意在采汉儒之长而去其短；而于孟氏之卦气，京氏之纳甲，郑氏之爻辰，皆驳正之以示后学，曰：‘纳甲卦气，皆《易》之外道。’赵宋儒者，辟卦气而用先天。近人知先天之非矣，而复理纳甲卦气之说，不亦唯之与阿哉！”斯又侃侃敷陈，清儒之箴破也！他如衡阳王夫之而农之《周易稗疏》，萧山毛奇龄大可之《仲氏易》、《推易始末》、《春秋占筮书》三书，旌德姚配中仲虞之《周易姚氏学》、甘泉江藩郑堂之《周易述补》、震泽陈寿熊献青之《读易汉学私记》、宝应成蓉镜芙卿之《周易释爻例》之属，皆清儒《易》学之有根据，有条理者；虽立说或有未纯，要其创通新解，补苴前贤，多可取者！然《易》道渊深，包罗众义，随得一隙，皆能宛转关通，有所阐发，近儒侯官严复又陵序其所译英儒赫胥黎著《天演论》，则又据《易》理以阐欧学，其大指以为："欧学之最为切实，而执其理，可以御蕃变者，名数质力四者之学是已。而吾《易》则名数以为经，质力以为纬，而合而名之曰《易》。大宇之内，质力相推；非质无以见力；非力无以呈质。凡力，皆乾也。凡质，皆坤也。奈端动之例三：其一曰：'静者不自动。动者不自止。动路必直。速率必均。'此所谓旷古之虑；自其例出，而后天学明，人事利者也！而《易》则曰：'乾，其静也专，其动也直后二百年，有斯宾塞尔者以天演自然言化，著书造论，贯天地人而一理之，此亦挽近之绝作也！'其为天演界说曰：'翕以合质，辟以出力，始简易而终杂糅。'《易》则曰：'坤，其静也翕，其动也辟。'至于'全力不增减'之说，则有'自强不息'为之先。'凡动必复'之说，则有消息之义居其始。而'《易》不可见，乾坤或几乎息'之旨，尤与'热力平均，天地乃毁'之言相发明。"可谓有味乎其言之也！然严复尚非《易》家也，不过为阐《易》道以欧学者之大辂推[①]轮而已！至海宁杭辛斋出，精究《易》义，博及诸家传注，而搜藏言易之书六百二十余种，并世之言易藏者莫备焉！著有《易楔》□卷，《学易必谈》初集、二集各四卷，《易数偶得》二卷，《愚一录易说订》二卷，《读易杂识》一卷，《改正揲蓍法》一卷。其平日持论，以为："易如大明镜，无论以何物映之，莫不适如其本来之象。如君主立宪，义取亲民，为《同人》象。民主立宪，主权在民，为《大有》象，社会政治，无君民上下之分，为《随》象。乃至日光七色，见象于白《贲》；微生虫变化物质，见象于《蛊》。又如《系辞》言'坤，其静也翕，其动也辟'；而所谓'辟'者，即物理学之所谓离心力也；翕者，即物理学所谓向心力也。凡物之运动，能循其常轨而不息者，皆赖此离心、向心二力之作用。地球之绕日，即此作用之公例也。凡近世所矜为创获者，而《易》皆备其象，明其理于数

① "推"为"椎"之讹。——编者

千年之前。盖理本一原，数无二致。时无古今，地无中外，有偏重而无偏废。中土文明，理重于数。而西国则数胜于理。重理，或流于空谈而鲜实际。泥数，或偏于物质而遗精神。惟《易》则理数兼赅，形上道而形下器，乃足以调剂中西末流之偏，以会其通而宏其指。”此则推而大之以至于无垠；而异军突起，足为《易》学辟一新途者焉！篹《周易志》第二。

尚书志第三

昔在帝尧，聪明文思，光宅天下，将逊于位，让于虞舜；作《尧典》。虞舜侧微，尧闻之聪明，将使嗣位，历试诸难；作《舜典》。帝厘下土方，设居方，别生分类；作《汩作》、《九共》九篇、《槀饫》。皋陶矢厥谟，禹成厥功，帝舜申之；作《大禹》、《皋陶谟》、《弃稷》。禹别九州，随山濬川，任土作贡；作《禹贡》。启与有扈战于甘之野，作《甘誓》，太康失邦，昆弟五人，须于洛汭；作《五子之歌》。羲和湎淫，废时乱日，允往征之，作《允征》。自契至于成汤八迁，汤始居亳，从先王居；作《帝告》、《厘沃》。汤征诸侯，葛伯不祀，汤始征之；作《汤征》。伊尹去亳适夏；既丑有夏，复归于亳；入自北门，乃遇女鸠、女方；作《女鸠》、《女方》。伊尹相汤伐桀，升自陑，遂与桀战于鸣条之野；作《汤誓》。夏师败绩；汤遂从之；遂伐三朡，俘厥宝玉；谊伯、仲伯作《典宝》。汤既胜夏，欲迁其社不可；作《夏社》、《疑至》、《臣扈》。汤归自夏，至于大坰；仲虺作《诰》。汤既黜夏命，复归于亳；作《汤诰》。伊尹作《咸有一德》。咎单作《明居》。成汤既没；太甲元年，伊尹作《伊训》、《肆命》、《徂后》。太甲既立，不明；伊尹放诸桐，三年复归于亳，思庸；伊尹作《太甲》三篇。沃丁既葬伊尹于亳；咎单遂训伊尹事；作《沃丁》；伊陟相太戊。亳有祥桑穀共生于朝；伊陟赞于巫咸；作《咸乂》四篇。太戊赞于伊陟；作《伊陟》、《原命》。仲丁迁于嚣；作《仲丁》。河亶甲居相；作《河亶甲》。祖乙圮于耿；作《祖乙》。盘庚五迁，将治亳，殷民咨胥怨；作《盘庚》三篇。高宗梦得说，使百工营求诸野，得诸傅岩；作《说命》三篇。高宗祭成汤，有飞雉升鼎耳而雊；祖已训诸王；作《高宗肜日》、《高宗之训》。殷始咎周；周人乘黎；祖伊恐，奔告于受；作《西伯戡黎》。殷既错天命，微子作诰父师少师。惟十有一年，武王伐殷，一月戊午，师渡孟津；作《太誓》三篇。武王戎车三百两，虎贲三百人，与受战于牧野；作《牧誓》。武王伐殷，往伐归兽，识其政事；作《武成》。武王胜殷杀受，立武庚，以箕子归；作《洪范》。武王既胜殷邦，诸侯班宗彝；作《分器》。西旅献獒；太保作《旅獒》。巢伯来朝；芮伯作《旅巢命》。武王有疾；周公作《金縢》。武王崩，三监及淮夷叛；周公相成王将黜殷命；作《大诰》。成王既黜殷命，杀武庚，命微子启代殷后，作《微子之命》。唐叔得禾，异亩同颖，献天子；王命唐叔归周公于东；作《归禾》。周公既得命禾，旅天子之命；作《嘉禾》。成王既伐管叔、蔡叔，以殷余民邦康叔；作《康诰》、《酒诰》、《梓材》。成王在丰，欲宅洛邑，使召公先相宅；作《召诰》。召公既相宅，周公往营成周，使来告卜；作《洛诰》。成周既成，迁殷顽民；周公以王命告；作《多士》。周公作《无逸》。召公为保，周公为师，相成王为左右。召公不悦，周公作《君奭》。成王东伐淮夷，遂践奄；作《成王政》。成王既践奄，将迁其君于蒲姑；周公告召公，作《将蒲姑》。成王归自奄，在宗周诰庶邦；作《多方》。成王既黜殷命，灭淮夷，还归在丰；作《周官》。周公作《立政》。成王既伐东夷。肃慎来贺。王俾荣伯作《贿肃慎之命》。周公在丰，将没，欲葬成周。公薨；成王葬于毕；告周公；作《亳姑》。周公既没，命君陈分正东郊成周；作《君陈》。成王将崩，命周公、召公率诸侯相康王；作《顾命》。康王既尸天子，遂诰诸侯；作《康王之诰》。康王命作册。毕公分居里成周郊；作《毕命》。穆王命君牙为周大司徒；作《君牙》。穆王命伯冏为周太仆正；作《冏命》。蔡叔既没，王命蔡仲践诸侯位；作《蔡仲之命》。鲁侯伯禽宅曲阜，徐夷并兴，东郊不开；作《柴誓》。吕侯命穆王训夏赎刑；作《吕刑》。平王锡晋文侯秬鬯、圭瓒；作《文侯之命》。秦穆公伐郑，晋襄公帅师败诸崤，还归；作《秦誓》。至孔子观书于周室，得虞、夏、商、周四代之典，乃断自唐、虞之际，下讫秦穆，芟烦翦浮，举其宏纲，定为《尚书》百篇；而为之序，言其作意。或说："孔子求得黄帝元孙帝魁之书，迄于秦穆，凡三千二百四十篇。断远取近，定其可为世法者一百二十篇；以百二篇为《尚书》，十八篇为《中候》。"此据《尚书纬·璇玑钤》文也。谓之《尚书》者，梅赜伪孔安国《传》曰："以其上古之书，谓之尚书。"王肃曰："上所言，下为史所书，故曰尚书也。"盖书之所主，本于号令；所以宣王道之正义，发话言于臣下，故其所载皆典谟训诰誓命之文。子夏问《书》大义，孔子曰："吾于《帝典》见尧舜之圣焉！于《大禹谟》、《皋陶谟》见禹稷、皋陶之忠勤功勋焉！于《洛诰》见周公之德焉！故《帝典》可以观美。《大禹谟》、《禹贡》可以观事。《皋陶谟》、《益稷》可以观政。《洪范》可以观度。《太誓》可以观义。五诰可以观仁。《吕刑》可以观诫。通斯七者，《书》之大义举矣！"三千之徒，并受其学。及秦始皇灭先代典籍，焚书坑儒。天下学士，逃难解散！汉兴，孝文帝时求能治《尚书》者天下无有！独济南伏生名胜字子贱者，故秦博士，名能治之。欲召，而伏生年九十余，老不能行；于是诏太常使掌故颍川晁错往受之。秦时禁书，伏生壁藏之。其后大兵起，流亡，汉定，伏生求其书，亡数十篇；独得《尧典》、《皋陶谟》、《禹贡》、《甘誓》、《汤誓》、《盘庚》、《高宗肜日》、《西伯戡黎》、《微子》、《太誓》、《牧誓》、《洪范》、《金縢》、《大诰》、《康诰》、《酒诰》、《梓材》、《召诰》、《洛诰》、《多士》、《无逸》、《君奭》、《多方》、《立政》、《顾命》、《费誓》、《吕刑》、《文侯之命》、《秦誓》二十九篇。《汉书·艺文志》载《尚书经》二十九卷，盖即伏生书也。生以教于齐鲁之间，博引异言，援经申证，撰次《尚书大传》凡三卷八十三篇。其书兼明大义，不尽释经，而释经可据者，如大麓之野，必是山林；旋机之星，实为北极。

称祖归假，知事死如事生；鸟兽咸变，见物性通人性。十二州之兆祀，是祭星辰；三千条之肉刑，难解画象。七始七律，文犹见于唐山；五服五章，制岂同于周世？三公绌陟，在巡狩之先；重华禅让，居宾客之位。西伯受命，逮六载而称王；元公居摄，阅七年而致政。成王抗法，为世子以迎侯；皇天动威，开金縢而改葬。此皆伏生所传古解，而或者以为伏生弟子记也。学者由是颇能言《尚书》。而晁错传伏生书以教汝阳何比干少卿。诸山东大师无不涉《尚书》以教。最先出者，济南张生及千乘欧阳生，皆伏生弟子也。欧阳生，字和伯。传伏生之学，以授同郡儿宽。而宽又治古文《尚书》于鲁国孔安国。有俊才，举侍御史，见武帝，语经学。上曰："吾始以《尚书》为朴学，弗好！及闻宽说可观；乃从宽问一篇。"欧阳、大小夏侯氏皆出于宽，传伏生书而说多违异。如大夏侯说万方之事，大录于君，见《汉书·于定国传》；背伏生大麓之说一矣。小夏侯说周公封弟康叔，号曰孟侯，见《地理志》；背伏生迎侯之说二矣。夏侯说虞宾在位，为不臣丹朱，见《白虎通》。背伏生舜为宾客之说三矣。欧阳、夏侯说天子服十二章，公卿服九章，见《续汉·舆服志》；背伏生五服五章之说四矣。接儿宽为伏生再传弟子，欧阳、大小夏侯之所自出，而欧阳、大小夏侯说多违异伏生者，或者以宽受孔安国古文《尚书》而杂用古文之说也。宽授欧阳生子，世世相传，至曾孙高子阳。由是《尚书》世有欧阳氏学。济南林尊长宾者，事欧阳高，为博士，论石渠，后至少府太子太傅；传平陵平当子思、梁陈翁生。武帝时，当以经明《禹贡》，使行河，为骑都尉，领河堤，由是陈山川言治河者，别出《禹贡》为《尚书》专家之学，其端实自平当发之。当至丞相。翁生，信都太傅，家世传业，由是欧阳有平、陈之学。翁生传琅邪殷崇、楚国龚胜君宾。崇为博士，胜右扶风[①]。而平当传九江朱普公文、上党鲍宣子都。普为博士，宣司隶校尉。宣与龚胜，皆著高节，知名者也。济南张生为博士。鲁国夏侯都尉从受《尚书》

① 《汉书·龚胜传》为"胜守右扶风"。——编者

以传族子始昌。始昌之族子曰胜长公者，少孤好学；从始昌受《尚书》及《洪范五行传》，说灾异，后事同郡简卿；简卿者，儿宽门人；而胜又从欧阳氏问；为学精熟非一师也。征为博士光禄大夫。会昭帝崩，昌邑王嗣立，数出。胜当乘舆前谏曰："天久阴不雨，臣下有谋上者。"王怒，谓胜祅言！缚属吏。吏白大将军霍光。是时光与车骑将军张安世谋欲废昌邑王。光让安世以为泄语。安世实不言。乃召问胜。胜对言："《洪范传》曰：'皇之不极，厥罚常阴。时则下人有伐上者。'恶察察言，故言臣下有谋。"光、安世大惊。由是推阴阳言灾异者；别出《洪范》五行为《尚书》专家之学；其端实自夏侯胜发之。胜从父子建字长卿，自师事胜及欧阳高，左右采获；又从五经诸儒问与《尚书》相出入者牵联以次章句，具文饰说。胜非之曰："建所谓章句小儒，破碎大道。"建亦非胜为学疏略，难以应敌。建卒以自颛门名经，为议郎博士至太子少傅。胜用《尚书》授上官太后，官长信少府，迁太子太傅，受诏撰《〈尚书〉〈论语〉说》，赐黄金百斤。年九十，卒官，赐冢茔。太后赙钱二百万，为胜素服五日，以报师傅之恩。儒者以为荣！由是《尚书》有大小夏侯之学。齐人周堪少卿、鲁人孔霸次儒皆事大夏侯胜。霸为博士；堪译官令，论于石渠，经为最高；后为太子少傅，而孔霸以大中大夫授太子。太子即位，为元帝，累擢堪为光禄勋。堪传牟卿（疑或牟融之同族）及长安许商长伯。牟卿为博士。霸以帝师赐爵号褒成君；传子光子夏，亦事牟卿，至丞相，由是大夏侯有孔、许之学。许商明《洪范》五行，善推阴阳灾异，著《五行传记》一篇，见《汉书·艺文志》；四至九卿，号其门人沛唐林子高为德行，平陵吴章伟君为言语，重泉王吉少音为政事，齐炔钦幼卿为文学；王莽时，林、吉为九卿，自表上师冢，大夫博士郎吏为许氏学者各从门人会，车数百两，儒者荣之！钦、章皆为博士，徒众尤盛！此大夏侯之学也。传小夏侯之学者，有平陵张山拊张宾为博士，论石渠，至少府，授同县李寻子长、郑宽中少君、山阳张无故子儒、信都秦恭延君、陈留假仓子骄。无故善修章句，为广陵太傅，守小夏侯说文。恭增师法至百万言，为城阳内史。仓以谒者论石渠，至胶东相。宽中以博士授太子，即位为成帝，赐爵关内侯，迁光禄大夫，领尚书，甚尊重。宽中等守师法教授；寻独好《洪范》灾异，又学天文月令阴阳事。由是小夏侯有郑、张、秦、假、李氏之学。宽中传东郡赵玄，无故传沛唐尊伯高，恭传鲁冯宾。宾为博士；尊，王莽太傅；玄，哀帝御史大夫；至大官，知名者也。自武帝立《五经》博士；《书》惟有欧阳；至宣帝乃增立大小夏侯。夏侯《尚书》依伏生篇数；而欧阳氏则分《盘庚》为三；故《大小夏侯章句》各二十九卷，《大小夏侯解诂》二十九篇，与伏生经二十九卷同。而《欧阳章句》得三十一卷，见《汉书·艺文志》；是为今文《尚书》。古文《尚书》者，出孔子壁中；而藏之者，或说孔腾，或说孔鲋，未详孰是？武帝末，鲁共王坏孔子宅，欲以广其宫，而得古文《尚书》及《礼记》、《论语》、《孝经》凡数十篇，皆古字也。共王往人其宅，闻鼓琴瑟钟磬之音，于是惧乃止不坏宅；悉以书还孔氏。孔安国者，孔子十一世孙也；得其书，以所闻伏生之书考论文义；定其可知者，为隶古定，更以竹简写之，增多伏生十六篇；曰《舜典》、《汩作》、《九共》、《大禹谟》、《弃稷》、《五子之歌》、《胤征》、《汤诰》、《咸有一德》、《典宝》、《伊训》、《肆命》、《原命》、《武成》、《旅獒》、《冏命》；内《九共》分为九，则出八篇为二十四篇，而又增析伏生二十九篇之《盘庚》、《太誓》皆为三；《汉书·艺文志》著录《尚书古文经》四十六卷，为五十七篇者是也。盖《尚书》兹多于是矣！安国献之，遭巫蛊，未列于学官。安国为谏大夫，以传都尉朝。而司马迁亦从安国问故，撰《史记》，载《尧典》、《禹贡》、《洪范》、《微子》、《金縢》诸篇，采今文而不用古文说。都尉朝传胶东庸谭，谭传清河胡常少子，以明《穀梁春秋》为博士部刺史；又传《左氏》。常传虢徐敖。敖为右扶风掾，又传《毛诗》，授王璜、平陵涂恽子真。子真传河南桑钦君长。世所传百两篇者，出东莱张霸分析，合二十九篇以为数十，又采《左氏传》

书《叙》，为作首尾，凡百二篇；篇或数简，文意浅陋。成帝时，光禄大夫刘向校经传诸子，求《尚书》古文者；霸以能为百两篇征；以中古文校之非是，是为最先出之伪古文《尚书》。而中古文者，盖即安国所献者也。刘向以中古文校欧阳、大小夏侯三家经文；《酒诰》脱简一，《召诰》脱简二，率简二十五字，脱亦二十五字；简二十二字，脱亦二十二字；文字异者七百有余，脱字数十；而向治《穀梁春秋》，数其祸福，传以《洪范》，成《尚书洪范五行传论》十一卷；《汉书·艺文志》、《隋书·经籍志》著录者是也。自孝武时，夏侯始昌通五经，善推《五行传》以传族子夏侯胜，下及许商，皆以教所贤弟子；其传与刘向同。惟刘歆传独异。歆，向之子也；受诏嗣父领校秘书，贵幸，欲建立《左氏春秋》及《毛诗》、《逸礼》、古文《尚书》皆列于学官。哀帝令歆与五经博士讲论其义。博士或不肯置对。歆移书太常切责之。诸儒皆怨恨。卒不果立！王莽时，诸学皆立；而王璜、涂恽之传古文《尚书》者，皆贵显矣。由是《尚书》有古文之学。时世祖龙潜在野之长安，受《尚书》于中大夫庐江许子威；未详今古文谁宗？既，中兴汉业，立五经博士，《尚书》欧阳、大小夏侯；而古文不与立焉！疑亦习今文《尚书》也。今文欧阳《尚书》，后汉传习最盛。自显宗以下，诸帝者罔不习欧阳焉；则桓氏之故也。沛郡桓荣春卿少学长安，习欧阳《尚书》，事博士九江朱普，精力不倦，十五年不窥家园；教授徒众数百人。世祖即位，既立显宗为皇太子，选求明经，乃选荣弟子豫章何汤仲弓为虎贲中郎将，以《尚书》授皇太子。世祖从容问汤本师为谁？汤对“事沛国桓荣”。帝即命荣令说《尚书》；甚善之，拜议郎，入使授太子。每朝会，辄令荣于公卿前敷奏经书。帝称善曰：“得生几晚！”会欧阳博士缺。帝欲用荣，荣谦对“经术浅薄，不如同门生郎中彭闳作明、扬州从事皋宏奉卿也”！帝曰：“俞，往，汝谐！”因拜荣为博士；引闳、宏为议郎。车驾幸太学，会诸博士论难于前。荣被服儒衣，温恭有蕴藉，辨明经义，每以礼让相厌；不以辞长胜人，儒者莫之及！特加恩赏，常令止宿太子宫；积五年，荣荐门下生九江胡宪侍讲，乃能得出；旦一入而已，累擢太常。显宗即位，尊以师礼。尝幸太常府，令荣坐东南设几杖，会百官及荣门生数百人。天子亲自执业，每言辄曰："太师在是！"会三雍成，拜荣为五更。每大射养老礼毕，帝辄引荣及弟子升堂执经，自为下说；乃封荣为关内侯，食邑五千户。门徒多仕公卿；颍川丁鸿孝公、赵国张禹伯达、汝南张酺孟侯，皆至三公。荣少子郁字仲恩，少以父仕为郎，敦厚笃学，传父业；以《尚书》教授门徒常数百人。荣卒，袭爵。显宗以郁先师子，甚见亲厚。常居中论经书，问以政事；稍迁侍中。帝自制《五家要说章句》，令郁校定于宣明殿。永平十五年，入授皇太子经。太子即位为肃宗；累迁屯骑校尉。和帝即位，富于春秋。侍中窦宪自以帝舅之重，欲令少主颇涉经学。上疏皇太后曰："昔五更桓荣，亲为帝师。子郁结发敦尚，继传父业，故再以校尉人授先帝父子；给事禁省，更历四世。今白首好礼，经行笃备；宜令郁入教授。"由是迁长乐少府，复入侍讲。顷之，转侍中奉车都尉。永元四年，代丁鸿为太常。郁教授二帝恩宠甚笃；门人宏农杨震伯起、京兆朱宠仲威皆至三公。初荣受朱普学章句四十万言；及荣入授显宗，减为二十三万言；郁复删省，定成十三万言；由是有《桓君大小太常章句》。郁中子焉以父任为郎，能世传其家学，永初元年，入授安帝。而侍中南阳邓宏亦以帝舅治欧阳《尚书》，授帝禁中；然不如焉之三代帝者师，推世儒宗！三迁为侍中步兵校尉。永宁中，顺帝立为皇太子，以焉为太子少傅；月余，迁太傅；顺帝即位，累官太尉。弟子传业者数百人；江夏黄琼世英、宏农杨赐伯献，皆至三公；最知名。孙典字公雅，复传其家业，以《尚书》教授颍川，门徒数百人。桓氏自荣至典，世宗其道；父子兄弟代作帝师；受其业者皆至卿相，显乎当世；而学最高，称儒宗者，莫如丁鸿、张酺及杨震、杨赐祖孙父子也！张、杨两氏，家世传经；张酺、杨赐先后帝师，胥足绳徽师门者焉！考之于史：丁鸿年十三，与九江人鲍骏同事桓荣，受欧阳《尚书》，三年而明章句，善论难，为都讲。经学至行，显宗甚贤之！诏征鸿至，即召见说《文侯之命》篇，赐御衣及绶，禀食公车，与博士同礼。肃宗诏鸿与广平王羡及诸儒太常楼望、少府成封、屯骑校尉桓郁、卫士贾逵等论定《五经》同异于北宫白虎观；使五官中郎将魏应主承制问难，侍中淳于恭上帝亲称制临决。鸿以才高论难最明；诸儒称之；帝数嗟美焉！时人叹曰："殿中无双丁孝公！"数受赏赐，累擢少府。门下由是益盛；远方至者数千人；彭城刘恺、北海巴茂、九江朱伥，皆至公卿。陈留陈弇叔明亦受欧阳《尚书》于鸿，仕为蕲长。而鸿累转司徒，行太尉。张酺祖父充与世祖同门学，通《尚书》。酺传祖业，又事桓荣，勤力不怠，聚徒以百数。显宗为四姓小侯开学于南宫，置《五经》师，酺以《尚书》教授；数讲于御前，以论难当意，除为郎；赐车马衣裳，遂令入授皇太子。酺为人质直，守经义；每侍讲间隙，数有匡正之辞；以严见惮。及肃宗即位，擢侍中虎贲中郎将；数月，出为东郡太守。自酺出后，帝每见诸王师傅，尝言："张酺前入侍讲，屡有谏正，訚訚恻恻，有史鱼之节！"会东巡，幸东郡，引酺及门生并郡县掾吏会庭中；帝先备弟子之仪，使酺讲《尚书》一篇，然后修君臣之礼，赏赐殊特，莫不沾洽；累转太尉司空。子蕃，曾孙济，亦世其学。杨震父宝本习欧阳《尚书》；而震又受欧阳《尚书》于桓郁，明征博览，无不穷究；诸儒为之语曰："关西夫子杨伯起！"仕至司徒。中子秉，字叔节；少传父业，兼明京氏《易》，博通书传；仕为任城相。桓帝即位，以明《尚书》征入劝讲，拜大中大夫、左中郎将，累转太尉。子即赐也，少传家学，笃志博闻；仕为侍中越骑校尉。建宁初，灵帝当受学；诏太傅三公选通《尚书》桓君章句宿有重名者。三公举赐，乃侍讲于华光殿；迁少师、光禄勋，累转司徒；行辟雍礼，引赐为三老；又拜太尉，封临晋侯。初赐荐张济明习典训；因与济及太尉刘宽并入侍讲；至是辞不宜独受封赏，愿分户邑宽、济。帝嘉叹，复封宽及济子。宽少学欧阳《尚书》、京氏《易》，力尤明《韩诗外传》、星官、风隅、算历，皆究极师法，称为通儒；而以明《尚书》与赐同入侍讲。赐子彪，字文先，亦传家学。此桓氏门下生之传欧阳《尚书》，最为高第者也；其他后汉经师之世传欧阳《尚书》者：曰乐安欧阳氏。自前汉欧阳生传伏生《尚书》，至歙，字王思，八世皆为博士。歙既传业而恭谦好礼让；世祖即位，累仕迁汝南太守；在郡教授数百人。济阴曹曾，字伯山，从歙受《尚书》，门徒三千人，位至谏议大夫。而汝南高获，字敬公，少游学京师，与光武有旧；亦尝师事歙焉。歙子祉，河南尹，传父业教授。曰上党鲍氏。自前汉鲍宣受欧阳《尚书》于平当，传子永字君长，少有志操，能习欧阳《尚书》；世祖即位，累仕至兖州牧。子昱字文泉，少传父学，客授东平；累官太尉。子德，修志节，亦有名称，至大司农。凡此诸儒，皆授受有原，师承可考者。至师承不可考者：乐安牟长君高少习欧阳《尚书》，不仕王莽；世祖即位，大司空宋弘特辟，拜博士，稍迁河内太守；诸生讲学者常有千余人，著录前后万人；著《尚书章句》四十五万余言，皆本之欧阳氏；俗号为《牟氏章句》。而敦煌张奂字然明者，常受欧阳《尚书》于朱宠，养徒千人，著《尚书记难》三十余万言。顾以为《牟氏章句》浮辞系多，减为九万言（《后汉书·张奂传》章怀太子注："时牟卿受书于张堪，为博士，故有《牟氏章句》。"不知何据？倘参观范《书》诸传，当知《牟氏章句》自指牟长所撰者耳。且牟卿之师系周堪，非张堪。而张堪本传亦不言堪习欧阳《尚书》也）。上书桓帝，奏其章句。诏下东观，与牟氏并。牟长子纡又以隐居教授，门生千人。此外又有颍川太守京兆宋登叔阳、太尉河内杜乔叔荣、处士豫章徐稺孺子、汝南太守南阳宗资叔都、处士汝南廖扶文起、侍中蜀郡董扶茂安，皆习欧阳《尚书》，教授数百千人。盖东汉《尚书》今文之学，罔有盛于欧阳氏者矣！其以大夏侯《尚书》教授，可考见者三人：曰辽东太守南阳宋京及子司隶校尉宋意伯意；曰太尉北海牟融子优；曰大司农济阴张驯子俊。以小夏侯《尚书》教授可考见者一人：曰大司徒司直东海王良仲子。以夏侯《尚书》相传而未详大小何所属者，曰广汉杨统仲通、杨厚仲桓父子。未若欧阳《尚书》传习之盛也！时亦有初习欧阳《尚书》而后受古文者：曰谏议大夫南阳尹敏幼季。世祖初即位，上疏陈《洪范》消灾之术，曰大中大夫陈留杨伦仲理。史称“少为诸生，师事司徒丁鸿，习古文《尚书》”。然余考丁鸿习欧阳《尚书》于桓荣，具如所记，不闻其通古文；倘伦亦如尹敏之初习欧阳《尚书》，而后受古文者耶？古文《尚书》之专习者：曰汝南周防伟公。年十六，仕郡小吏；世祖巡狩汝南，召掾史试经；防尤能诵读，拜为守丞。防以未冠谒去，师事徐州刺史盖豫，受古文《尚书》，撰《尚书杂记》三十二篇、四十万言；累仕至陈留太守。又有鲁国孔僖仲和孔昱元世者，安国后也；自安国以下，世传古文《尚书》。古文《尚书》之有孔氏，比之欧阳《尚书》之有欧阳氏矣！其他汝南周磐坚伯、蜀郡张楷公超、颍川刘陶子奇、济阴孙期仲彧、中山刘佑伯祖，亦皆习古文《尚书》。而楷作《尚书注》。陶推三家《尚书》及古文，是正三百余事，名曰《中古文尚书》。然后汉之言古文《尚书》者，胥推扶风杜林伯山为继别之宗。方王莽之败；林则辟兵河西，得漆书古文《尚书》一卷；常宝爱之，虽遭艰困，握持不离身，既，还三辅，世祖征拜侍御史，问以经书。京师士大夫咸推博洽。河南郑兴少赣、东海卫宏敬仲等皆长于古学；兴尝师事刘歆；林既遇之，欣然言曰：“林得兴等固谐矣！使宏得林，且有以益之。”及宏见林，暗然而服！济南徐巡始师事宏，后皆更受林学。林出《漆书》以示宏等曰：“林流离兵乱，常恐斯经将绝！何意东海卫子、济南徐生复能传之，是道竟不坠于地也！古文虽不合时务，然愿诸生无悔所学！”宏因为作训注。于是古文遂行。林同郡贾逵景伯亦为作训。而逵之父曰徽者，受古文《尚书》于涂恽。逵传父业，能以大夏侯《尚书》教授。肃宗立，降意儒术；特好古文《尚书》、《左氏传》。建初元年，诏逵入讲北宫白虎观、南宫云台。逵数为帝言古文《尚书》与《经传》、《尔雅》诂训相应。

诏令撰欧阳、大小夏侯《尚书》古文同异。逵撰集为三卷；又为杜林传古文《尚书》作训。林同郡马融季长又为作传。北海郑玄康成先受古文《尚书》于东郡张恭祖；既乃西入关，因涿郡卢植子干事马融，受杜林漆书古文，为作注解。卢植少与郑玄俱事马融，受古学，好研精，作《尚书章句》；其书皆不得。独马融《注》十一卷，郑玄《注》九卷，著目《隋书·经籍志》。古文之得大显于世者，则马融、郑玄之力也！郑玄《书赞》云："我先师棘下生子安国亦好此学。自世祖兴后汉，卫、贾、马二三君子之业，则疋材好博，既宣之矣。"（《书赞》见《正义》云"棘下生者"，棘下，地名也。《水经注》二十六卷引《郑志》曰："张逸问赞云：'我先师棘下生何时人？'郑答云：'齐田氏时善学者所会处也。齐人号之棘下生'无常人也。"云"子安国"者，尊之为师，故子之也。）又云："欧阳氏失其本义。"则是郑玄者固渊原于孔安国氏，而又津逮夫杜林漆书者也。乃马融《书叙》云："逸十六篇，绝无师说。"岂都尉朝庸生等所传，但习其句读而不解其文谊欤？抑岂先有其说而后亡之欤？彼张楷之注，卫、贾之训，并止解二十九篇而不解十六篇欤？（《书叙》亦见《正义》。）厥后郑玄作注，可谓集诸儒之大成矣！其书分《盘庚》、《太誓》皆为三篇，分《顾命》"王若曰"以下为《康王之诰》，计三十四篇，合逸篇二十四，凡五十有八篇。然所注者三十四篇而已；岂二十四篇之谊未有闻于师，而不敢以己意说欤？（陆德明《经典释文》首卷云："马、郑所注，并伏生所诵，非古文也。"孔颖达《尚书正义》云："郑注《尚书》篇数并与三家同。"是郑未注二十四篇也。）抑岂残缺失次，不可读欤？既，议郎陈留蔡邕伯喈以经籍去圣久远，文字多谬；俗儒穿凿，疑误后学，乃与光禄大夫杨赐等奏求正定《六经》文字。灵帝许之。邕乃自书册于碑，使工镌刻立于太学门外。于是后儒晚学，咸取正焉。其《尚书》则今文欧阳、夏侯二家之所说也（据《尚书正义》孔颖达序）。东海王朗景兴以通经师太尉杨赐。而赐则受欧阳《尚书》于桓焉者也。则王朗者，焉之再传弟子，而亦治欧阳《尚书》者矣。后为会稽太守，为孙策所俘；魏太祖辅汉政，征拜谏议大夫，参司空军事；魏国建，累转司徒。子肃，字子雍，累官中领军，加散骑常侍，以儒宗为名臣，撰《尚书注》十一卷，《尚书驳义》五卷，载《隋书·经籍志》。及高贵乡公讲《尚书》；荥阳郑冲文和以司空执经亲授，与侍中高密郑小同俱被赏赐。郑小同者，郑玄之孙也。则是高贵乡公者，当是治郑注古文《尚书》者矣？既，幸太学，与博士论《尚书》，问三事。一事曰："郑玄云：'稽古同天。'言尧同于天也。王肃云：'尧顺考古道而行之。'二义不同，何者为是博士庾峻对曰："先儒所执，各有乖异；臣不足以定之。然《洪范》称'三人占，从二人'。贾、马及肃皆以为'顺考古道'；以是言之，肃义为长。"帝曰："仲尼言：'惟天为大，惟尧则之。''尧之大美，在乎则天。'顺考古道非其至也。今发篇开义以明圣德，而舍其大，更称其细，岂作者之意耶？"峻对曰："臣奉师说，未喻大义；至于折中，裁之圣思。"此高贵乡公之申郑黜王也。然王肃之说，与贾、马不违；盖肃善贾、马之说，而不好郑氏；非不通习古文者也。此以知魏以古文《尚书》立博士矣！吴国士大夫之通《尚书》者，独称琅邪诸葛瑾子瑜、广陵张纮子纲。纮治欧阳《尚书》；而瑾少游京师，治《毛诗》、《尚书》、《左氏春秋》，独《尚书》不详何家。然以《毛诗》、《左氏春秋》皆古文推之；当是古文《尚书》也。蜀士无得而称者焉！晋世秘府所藏，有古文《尚书》经文，后无传者！及永嘉之乱，今文欧阳、大小夏侯《尚书》并亡。济南伏生之传，惟刘向父子所传《尚书洪范五行传论》，是其本法；而又父子乖戾。江左中兴；元帝时，豫章内史汝南梅赜仲真奏上古文《尚书》孔安国《传》。然考《汉书·艺文志》叙古文《尚书》，但称"安国献之，遭巫蛊事，未立于学官"；而《儒林传》亦但称"孔安国以今文读之，因以起其家"；不云安国作传。则是安国作传，已嫌羌无依据。而其书析伏生二十九篇为三十三，增益二十五篇，以傅合于刘向《别录》言"《尚书》五十八篇"之数；

散百篇之叙，引冠篇端，而亡篇之叙，列次其间。其篇章之离合，篇目之存亡，绝与两汉所传不合；而立说多本王肃。赜自言："古文《尚书》受之城阳臧曹，而曹受之城阳太守天水梁柳洪季，柳受之扶风苏愉休预，愉受之太保公郑冲。"授受渊原如此。然考郑冲在魏授《尚书》高贵乡公，而高贵乡公讲《尚书》太学，乃据郑注以难王谊；具如前载。然则冲所授高贵乡公者，当是郑氏《尚书》；何缘传自冲之古文《尚书》孔安国传而转本王谊立说者耶？后儒谥之曰"伪"，非苛诬也！安定皇甫谧士安，梁柳之从舅子也；亦受孔传之古文《尚书》，故作《帝王世纪》，往往载伪孔五十八篇之说。谧高名宿学，儒者宗之；既相瓒述，遂翕然信奉，以为孔氏古文于是复出！其书复阙《舜典》一篇。齐明帝时，吴姚方兴于大航头得其书奏上，比马、郑所注多二十八字；于是始列国学。然郑义兼行。梁陈所讲，有孔、郑二家，北朝惟得郑义，至隋初，始行《孔传》。其为义疏者；有梁兼国子助教孔子祛撰《尚书义》二十卷，集注《尚书》二十卷；国子助教巢猗撰《尚书百释》三卷，《尚书义》三卷；国子助教费甝撰《尚书义疏》十卷；司徒蔡大宝撰《尚书义疏》三十卷；隋太学博士刘炫撰《尚书述义》二十卷，《尚书义疏》七卷；秘书学士顾彪撰《尚书义疏》二十卷，《尚书文外义》一卷；具载《隋书·经籍志》；皆据梅赜上伪孔安国传古文《尚书》也。隋太学博士刘焯亦为伪孔作疏，聪明博学，与刘炫齐名，时称二刘。刘焯，字士元，信都人。刘炫，字光伯，河间人。至唐孔颖达奉诏纂《五经义疏》，乃因梅赜之伪孔焯、炫之义疏，撰定《尚书正义》二十卷；序称："古文经虽然早出，晚始得行。其为正义者，蔡大宝、巢猗、费甝、顾彪、刘焯、刘炫等。其诸公旨趣多或因循；帖释注文，义皆浅略，惟刘焯、刘炫最为详雅。然焯乃织综经文，穿凿孔穴，诡其新见，异彼前儒，非险而更为险，无义而更生义。窃以古人言诰，惟在达情，虽复时或取象，不必辞皆有意。若其言必托数，经悉对文；斯乃鼓怒浪于平流，震惊飙于静树；使教者烦而多惑，学者劳而少功；

过犹不及，良为此者也！炫嫌焯之烦杂，就而删焉，虽复微稍省要，又好改张前义；义更太略，辞又过华；虽为文笔之善，乃非开奖之路，义既无义，文又非文，欲使后生若为领袖，此乃炫之所失，未为得也！”扬榷诸家，傥亦辞严予夺，具有裁断者也耶！惟颖达误以梅赜以上之书为壁中古文而为之正义；反斥郑注《书序》之二十四篇，为张霸伪造，而不知世所传《百两篇》者，出张霸，载《汉书·儒林传》甚明；而非郑注《书序》之二十四篇。二十四篇者，合今文为五十七，并叙为五十八；与《汉书·艺文志》刘向《别录》皆符；而合《九共》为一，则十六篇；又与《汉书·艺文志》相应；是实出于安国，自都尉朝以下，递有师承，信而有征者也。乃颖达云：“《艺文志》云：‘孔安国者，孔子后也，悉得其书，以古文，又多十六篇。’即是伪《书》二十四篇也。”是直斥安国所得之壁中古文为伪书矣！夫梅氏之书，不知谁何妄人伪作以诬安国？为安国子孙者，当力辨其非；乃颖达竟信奉以为先祖之书而曲为回护；反斥其先祖之十六篇为伪；是不祖其祖而祖他人！安国何不幸而有此不肖之孽孙哉！由是梅赜之伪孔《传》行；而孔安国之古文《尚书》，马融之所传，郑玄之所注者；胥偕今文欧阳、大小夏侯以俱亡！夫《书》以道政事，儒者不能异说也。诸家聚讼，不外四端：曰今文古文，曰错简，曰《禹贡》山水，曰《洪范》畴数，汉儒发其端，而宋儒演其绪。然宋儒持论多与汉儒不同者；盖汉儒重师法，宋学尚独见；汉儒好附会，宋儒病师心也。《洪范》畴数之说，始西汉今文家伏生《大传》以下逮京房、刘向诸人以阴阳灾异，附合《洪范》五事庶征之文；而宋儒又流为象数之学，惟图书同异之是辨，经义愈不能明。独泰州胡瑗翼之生于北宋盛时，学问最为笃实，撰《洪范口义》二卷，务在发明天人合一之旨，不尚新奇。如谓“天锡洪范”为锡自帝尧，不取神龟负文之瑞；谓五行次第为箕子所陈，不辨洛书本文之多寡；谓五福六极之应，通于四海，不当指一身而言；驳正梅《传》、孔《疏》，自抒心得。又详引《周官》之法，推演八政；以经注经，特为精确；其要皆归于建中出治，定皇极为九畴之本；辞虽平近，而深得圣人立训之要；远胜汉儒托圣经而演讥祥也！惟瑗明天人合一之旨，立说尚本汉儒；而临川王安石介甫则直持天人不相与，天变不足畏之论，以破伏生、董仲舒、刘向言《洪范》五行灾异之蔽；撰《洪范传》一卷，以庶征所谓“若”者，不当训顺，当训如；盖人君之五事，如天之雨炀寒燠风而已。安石说经好为新解，类如是矣！神宗初，安石以《尚书》入侍，遂与政；而子雱元泽实嗣讲事；有旨为之说；成《新经尚书》十三卷以进；诏下其说太学颁焉，雱盖述其父之学；王氏三经义，此其一也。自是朝廷用王氏之说，进退多士。迨徽、钦之际，说经者宗焉。独眉山苏轼子瞻撰《东坡书传》十三卷，多驳异其说。今王氏《新经尚书》不传，不能尽考二家同异。但就《东坡书传》而论，则轼究心经世之学，明于事势，又长于议论，于治乱兴亡，披抉明畅。其释《禹贡》三江，定为南江、中江、北江，本诸郑玄，远有端绪；惟未尝详审经文，考核水道，而附益以味别之说；遂以启后人之议。至于以羲和旷职为贰于羿而忠于夏，则侯官林之奇拙斋宗之；以康王之诰服冕为非礼，引《左传》叔向之言为证，则建阳蔡沈九峰取之。朱子《语录》亦称其解《吕刑篇》以“王享国百年耄”作一句，“荒度作刑”作一句，甚合于理；后与《蔡沈帖》，虽有“苏氏失之简”之语；然《语录》又称“或问：‘诸家书解谁最好？莫是东坡？’曰：‘然！’又问：‘但若失之太简。’曰：‘亦有只须如此解者。’”则又未尝以简为病。洛闽诸儒以程子被轼讥诃之故，与轼水火，独于此书有取焉！盖宋儒之说书者，实推轼及林之奇最条畅云！之奇之持论力排《王氏新经》，与苏轼同指；中绍兴二十一年进士第，累转校书郎。南渡以后，《王氏新经》之说已替，而朝廷欲令学者参用其说。之奇上言：“《王氏三经》，率为新法也。晋人以王、何清谈之罪，深于桀纣。本朝靖康祸乱，考其端倪，王氏实负王、何之责。在孔孟书，正所谓邪说诐行淫辞之不可训者。”虽深文周内，未为实录；然之奇说书颇多新解；

撰《尚书全解》四十卷，虽止《洛诰》，不为全解；而中以阳鸟为地名，三俊为常伯常任准人，皆未尝依傍前人；至其辨析异同，贯穿史事，覃思积悟，实卓然成一家言；吕祖谦之书学，即受诸之奇者也。龙游夏馔柯山虽不及之奇之门；然撰《尚书辞解》二十六卷，反复条畅，博采梅氏、伪孔、孔颖达、王安石、苏轼、林之奇及诸儒之说，深究详绎，使唐、虞三代之大经大法，灿然明白；而其中取林之奇之说者，实什之六七；盖渊源在是矣！至金华吕祖谦伯恭初本受学于之奇，撰《东莱书说》十卷；先之《秦誓》、《费誓》者，欲自其流而上泝于唐、虞之际也；辞旨所发，不能不敷畅详至者，欲学者易于览习，而优游餍饫以蕲深造自得也；讫于《洛诰》而遂以绝笔者，盖之奇书以是终；而祖谦即以是始；所以终始师说，为《尚书》一家之学也。虽然，凡此诸儒，皆据梅赜《伪孔传》而莫适疑为伪者！疑之，自武夷吴棫才老始！其言曰："伏生传于既髦之时；而安国为隶古；又特定其所可知者；而一篇之中，一简之内，其不可知者，盖不无矣；乃欲以是尽求作书之本意，与夫本末先后之义，其亦可谓难矣！而安国所增多之书，今书目具在，皆文从字顺；非若伏生之书，屈曲聱牙，至有不可读者！夫四代之书，作者不一。乃至二人之手而遂定为二体乎？其亦难言矣！"撰《书裨传》十三卷；首卷举要；曰总说，曰书序，曰君辨，曰臣辨，曰考异，曰诂训，曰差牙，曰孔传，凡八篇；惟其书始出，未为世所深信。故新昌黄度文叔名辈虽视棫差后（吴棫，宣和六年第进士，绍兴中为太常丞。忤秦桧，出为泉州通判。而度绍兴间登进士。宁宗时，为御史，劾宰相韩侂胄等）；而撰《尚书说》七卷，其训诂仍以《伪孔传》为主。独朱子超然远览，亦疑《孔传》之伪而著其说于《语录》曰："某疑孔安国书是假书；比《毛公书》如此高简，大段省事。汉儒训释文字，多是如此；有疑则阙。今此却尽释之。岂有千百前人说底话，收拾于灰烬屋壁中，与口传之余，更无一字讹舛？理会不得如此。可疑也。兼小序皆可疑。《尧典》一篇，自说尧一代为治之次序，至让于舜方止。今却说是让于舜后方作。《舜典》，亦是见一代政事之终始，却说历试诸难，是为要受让时作也。至后诸篇皆然。况他先汉文章，重厚有力量。他今大序格致极轻，却疑是晋宋间文章。况《孔书》是东晋方出；前此诸儒皆不曾见。可疑之甚。”是其抉摘《孔传》，视棫尤精确不磨者矣！顾朱子晚欲作《书传》，未及为；遂以属门人蔡沈。沈，字仲默，号九峰，建阳人；元定之子也；元定本名儒，尤精《洪范》之数；然未及论著，曰：“成吾书者沈也！”沈受父师之托，沉潜反复者数十年；然后成《书集传》六卷，《洪范皇极内篇》五卷，发明先儒之所未及。其辨今古文，曰：“按汉儒以伏生之书为今文，而谓安国之书为古文。以今考之，则今文多艰涩，而古文反平易。或者以为古文自伏生女子口授晁错时失之；则先秦古书所引之文，皆已如此；恐其未必然也？或者以为记录之实语难工，而润饰之雅词易好；故训诰誓命，有难易之不同；此为近之。然伏生倍文暗诵，乃偏得其所难。而安国考定于科斗古书错乱磨灭之余，反专得其所易；则又有不可晓者。至于诸序之文，或颇与经不合；而安国之序，又绝不类西京文；亦皆可疑。独诸序之本不先传，则赖安国之序而见。”可谓阐明师说，渊源有自者也！其论《洪范》数曰：“体天地之撰者，《易》之象。纪天地之撰者，《范》之数。数始于一奇。象成于二偶。奇者，数之所以立。偶者，教之所以行。故二四而八，八卦之象也。三三而九，九畴之数也。由是八八而又八八之为四千九十六而象备矣。九九而又九九之为六千五百六十一而数周矣。《易》更四圣而象已著。《范》锡神禹而数不传。”乃衍《洪范》九数为八十一章，而配以《月令》节气，欲以拟《易》；实本《易》家焦、京之术；特变《易》数为《洪范》以新耳目；盖开演《范》之一派者，实自沈始焉。惟朱子之说《尚书》，主于通所可通，而阙其所不可通；见于《语录》者不啻再三；而沈之撰《书集传》，于殷盘、周诰，一一必求其解。自序称“二典”、“三谟”，经朱子点定；而究其实，所谓朱子点定者，亦不免有所窜易。故宋末兰溪金履祥仁山及元儒休宁陈栎定宇、鄱阳董鼎季亨，皆笃信朱子之学者；而履祥作《尚书表注》，栎作《书传折衷》，鼎作《书传纂注》，咸于沈《集传》断断有辞。其说《禹贡》，大率用衢州毛晃之说。盖晃撰《禹贡指南》四卷，其书大抵引《尔雅》、《周礼》、《汉志》、《水经注》、《九域志》诸书，而旁引他说以证古今山水之原委，颇为简明。虽生于南渡之后，僻处一隅，无由睹中原西北之古迹，一一统核其真；而援据考证，独不泥诸儒附会之说；故沈《集传》多用之；亦言《禹贡》山水者所当考证矣！然宋儒言《禹贡》山水者，莫详于休宁程大昌泰之，莫卓于义乌傅寅同叔。盖大昌喜谈地理之学，尝以吏部尚书兼经筵，进讲《禹贡》；阙文疑义，疏说甚详。是《禹贡》实为大昌专门之学；所著《雍录》及《北边备对》，皆刻意冥搜，考寻旧迹；而《禹贡论》六卷，证辨尤详；其中《前论》五卷，于江水、河水、淮水、汉水、济水、弱水、黑水，皆纠旧传之误。《后论》一卷，则专论河水、汴水之患；而殿以《山川地理图》二卷。惟禹迹大抵在中原，而大昌生当南渡，地非亲历，不能阙疑，以此为孝宗所斥；要其援据厘订，实为博洽；后世注《禹贡》者，终不能废其说也。至傅寅所撰之《禹贡说断》四卷。博引众说，断以己意；具有特解，不肯蹈集前人。其论《孟子》“决汝、汉，排淮、泗而注之江”，为古沟洫之法；尤为诸儒所未及；可谓卓然能自抒所见者！足与毛晃之《禹贡指南》、程大昌之《禹贡论》，骖驾而三矣！特毛晃之《禹贡指南》，见采于蔡沈《集传》；而程、傅二家，则蔡氏采者少耳。宁宗之世，正蔡氏《集传》初出之时。而安福陈经显之撰《尚书详解》五十卷，独取古注疏，参以新意，与蔡氏颇有异同；虽援后世之事以证古经，或以驳杂为嫌；然赵岐注《孟子》，汉儒已有此例；于经之说《书》奚病！句栉字比，疏证详明，往往发先儒所未发；实足与林之奇、夏僎诸家相为羽翼；固无庸拘蔡氏之学，执一格以相绳也！蒲江魏了翁鹤山者，尝问业于蔡氏之同门建昌李燔敬子、赵州辅广汉卿；而为朱子之再传弟子也；然仍笃信梅氏伪孔

《传》之说；摘梅《传》、孔《疏》精要之说，标以目次，撰《尚书要义》十七卷，《序说》十卷，未免拘虚！然梅赜当东晋之初，去古未远，先儒旧义，往往而存；注《尚书》者要于诸家为最古！而孔颖达《正义》，诠释谨严，不立同异；而原原本本，考证粲然；故朱子《语录》亦谓“《尚书》名物典制，当看疏文”；然《尚书》文既聱牙，注疏又复浩汗，学者卒业为艰。了翁汰其冗长，使后人不病于芜杂，而一切考证之实学，已精华毕撷；是亦梅《传》、孔《疏》之功臣矣！宋儒疑梅传孔氏《古文》之非真者，自吴棫、朱子、蔡沈始。既，并伏生《今文》而疑之者，自赵汝谈始。汝谈，字南塘，宋之宗室，撰《书说》三卷，中疑古文非真者五条，盖吴棫、朱子、蔡沈之所尝疑，而未若汝谈之决也。然于伏生所传诸篇，亦多所掊击觝排；倘亦变本加厉者耶！然而勇于疑经，师心自用；未有如金华王柏鲁斋之甚者也！盖柏勇于疑经之不已，抑又勇于改经；撰《书疑》九卷，动以脱简为辞，臆为移补；其并《舜典》于《尧典》，删除姚方兴所撰二十八字；合《益稷》于《皋陶谟》；此有孔颖达《正义》可据者也。以《大禹谟》、《皋陶谟》为夏书；此有《左传》可据者也。以《论语》“咨尔舜”二十二字，补“舜让于德弗嗣”之下；其为《尧典》本文，抑或为他书所载，如鬻子述帝王遗语之类，已不可知？以《孟子》“劳之来之”二十二字，补“敬敷五教在宽”之下；则《孟子》明作尧言，柏乃以为舜语，已相矛盾；然亦尚有《论语》、《孟子》可据也。至于《尧典》、《皋陶谟》、《说命》、《武成》、《洪范》、《多士》、《多政》① 八篇，则纯以意为易置；一概托之于错简；有割一两节者，有割一两句者，何脱简若是之多？而所脱之简，又若是之零星破碎，长短参差，其简之长短广狭，字之行款疏密，茫无一定也。考刘向以中古文校欧阳、大小夏侯三家经文，《酒诰》脱简一，《召诰》脱简二。率简二十五字者，脱亦二十五字；简二十二字者，脱亦二十二字。文字异者七百有余，脱字数

① 《多政》当为《多》、《立政》。——编者

十，载《汉书·艺文志》，此实发见脱简之始。然向既校知脱简，自必一一改正；必不听其仍前错乱。又惟言“《酒诰》脱简一，《召诰》脱简二”，则其余并无脱简可知，亦非篇篇悉有颠倒。且“简二十五字者，脱二十五字，简二十二字者，脱二十二字”，具有明文；则必无全脱一章一段之事。而此二十余字之中，亦必无简首恰得句首，简尾恰得句尾，无一句割裂不完之事也。而柏乃托脱简之说，师心自用，勇于改经若此！然宋儒解《书》之作，亦有不以师心为病，而以辑佚为功者。闽人黄伦彝文撰《尚书精义》五十卷，荟萃诸说，依经胪载，不加论断，间有同异，亦两存之。其所征引，自汉迄宋，亦极赅博；惟编次不以时代。每条皆首列钱塘张九成子韶之说；或者疑即袭九成所著《尚书详说》五十卷，而伪托黄氏。然九成《详说》之目，仅见《宋史·艺文志》，久经湮晦；即使果相沿袭，亦未尝不可借是书以传九成书也。他如杨氏绘、顾氏临、周氏范、李氏定、司马氏光、张氏沂、上官氏公裕、王氏日休、王氏当、黄氏君愈、颜氏复、胡氏伸、王氏安石、王氏雱、张氏纲、孔氏武仲、孔氏文仲、陈氏鹏飞、孙氏觉、朱氏震、苏氏洵、吴氏孜、朱氏正大、苏氏子才等，当时著述，并已散佚；遗章剩句，犹得存什一于是编。体裁虽涉泛滥，而裒辑之勤，要亦不可尽没矣！然宋儒《尚书》诸家，最盛传者蔡沈。沈虽承吴棫、朱子之后，疑孔传古文之伪；然言性言心言学之语，宋人据以立教者，其端皆发自古文；故沈虽疑之而不敢论定也。其分编今文古文，自元儒湖州赵孟頫子昂始。其置古文而专释今文，自崇仁吴澄草庐始。惟孟頫以书画名后世，罕知其通经者；乃能灼知古文《尚书》之伪，撰《书今古文集注》而序之曰：“《诗》、《书》、《礼》、《乐》、《春秋》皆经孔子删定笔削，后世尊之以为经。秦火之后，《乐》遂无复存。《诗》、《书》、《礼》、《春秋》，西汉以来，诸儒有意复古，殷勤收拾；而作伪者出焉！学者不察，尊伪为真，俾得并行以售其欺；《书》之古文是已。嗟夫！《书》之为书，二帝三王之道，于是乎在；不幸而至于亡！于不幸之中，幸而有存者！忍使伪乱其间耶！又幸而觉其伪，忍无述焉以明之，使天下后世常受其欺耶！余故分今文古文而为之集注焉。嗟夫！可与知者道，难与俗人言也！余恐是书之作，知之者寡而不知者之众也！昔子云作《法言》，时无知者；曰：'后世有子云，必爱之矣。'庸讵知今之世，无与我同志者哉？"惜孟頫之书不传，而与孟頫同志者，时独有一吴澄。澄赠别孟頫诗云："识君维扬驿，玉色天人表，伏、梅千载事，疑谳一夕了"[①] 者也！因撰《书纂言》四卷，专释今文。自序谓"晋世晚出之书，别见于后"。然此四卷以外，实未释古文一篇也。考汉代治《尚书》者，伏生今文传为大小夏侯、欧阳三家。孔安国古文别传都尉朝庸生胡常自为一派。是今文、古文本各为师说。澄专释今文，尚为有合于古义，非王柏《书疑》举历代相传之古经，肆意刊削者比；惟其颠倒错简，皆以意自为，则与王柏同讥；然要与孟頫不失为元儒之铮铮者也！元仁宗延祐二年，议复贡举，定《尚书》义用蔡沈《集传》。休宁陈栎定宇初作《书传折衷》，颇论蔡氏之失；迨法制既定，乃改作《尚书集传纂疏》凡六卷；于蔡《传》有增补，无驳正；而驳正蔡《传》之《尚书折衷》，乃佚不传；自序称"圣朝科举兴行，诸《经》、《四书》，一是以朱子为宗。《书》宗蔡《传》，固亦宜然"云云。盖延祐设科以后，功令如斯，故不敢有所出入也。然元制犹兼用梅《传》、孔《疏》故吉水王充耘与耕作《书义矜式》，主张题义须依功令，仍得本梅《传》、孔《疏》立说，而不用蔡《传》也。充耘撰《读书管见》二卷，所说与蔡《传》尤多异同；其中如谓《尧典》乃《舜典》之缘起，本为一篇，故曰《虞书》；谓九族既睦，既当训尽；谓象以典刑，为各象其罪而加之，非垂象之意；谓同为逆河，以海潮逆入而得名；皆非故为异说者。至彭蠡陈师凯则又于名物度数，蔡《传》所称引而未详者，一一博引繁称，析其端委；然蔡《传》歧误之处，则不复纠正；

① 这是一首仄韵诗，"表"、"了"押韵，故"了"后"也"字为衍文，据《吴文正集》卷二十五。——编者

盖如孔颖达诸经《正义》，主于发挥注文，不主于攻驳注文也。独明太祖聪明首出，考验天象，知蔡《传》日月五星运行之说不合；诏征天下儒臣定正之，命翰林院学士刘三吾等总其事，书成，赐名《书传会选》凡六卷。每传之下，系以经文及传音释；于字音、字义、字体辨之甚详；其传中用古人姓氏古书名目，必具出处，兼亦考证典故；于蔡《传》之合者存之，不预立意见以曲肆诋排；其不合者则改之，亦不坚持门户以巧为回护；计所纠正凡六十六条。中如《尧典》谓天左旋，日月五星违天而右旋；《高宗肜日》谓祖庚绎于高宗之庙；《西伯戡黎》谓是武王；《洛诰》惟周公诞保文武受命惟七年谓周公辅成王之七年；皆采诸家之说以弼蔡《传》之违；是洪武中尚不以蔡《传》为主。其专主蔡《传》，定为功令者，则始自明成祖时行在翰林院学士胡广等之奉敕撰《书传大全》；大旨本陈栎、陈师凯，主于发明蔡《传》。蔡《传》旧为六卷，《大全》分为十卷。自是《蔡氏传》成不刊之典；而《梅氏孔传》亦若存若亡矣！然明儒有灼知《梅氏孔传》之伪而驳之者，旌德梅鷟因宋吴棫、朱子及元吴澄之说，作《尚书考异》五卷、《尚书谱》五卷。《尚书谱》尚以空言诋斥，无所依据。如谓孔壁之十六篇，出于孔安国所为；实以臆断之，别无确证。又谓东晋之二十五篇，出于皇甫谧所为，则但据孔颖达疏引《晋书·谧传》从其姑子外弟梁柳得古文一语，其说亦在影响之间。独《尚书考异》谓孔安国序并增多之二十五篇，悉杂取传记中语以成文，则指摘皆有依据；又如谓滇水出谷城县，《两汉志》并同；晋始省谷城入河北，而《孔传》乃云出河南北山；积石山在西南羌中，汉昭帝始元六年，始置金城郡；而《孔传》乃云积石山在金城西南；孔安国卒于汉武时，载在《史记》则犹在司马迁以前，安得知此地名乎？其为依托，尤佐证显然。连江陈第季立作《尚书疏衍》四卷，乃笃信《梅氏孔传》，以朱子疑之为非；而于梅鷟《尚书考异》、《尚书谱》二编，诋排尤力，以为诪张为幻，过矣！然第学问淹博，所著《毛诗古音考》、《屈宋古音义》诸书，皆援据该洽，具有根柢；其作是书，虽其初不由训诂入，而实非师心臆断以空言说经者比；如论《舜典》五瑞、五玉、五器，谓不得以《周礼》释《虞书》，斥注疏家牵合之非；其理确不可易；论《武成》无错简，《洪范》非龟文，亦足破诸儒穿凿附会之说；正未可以拘泥《古文》排诋梅鷟一事少之矣！惟梅鷟之攻古文，搜采未周，考证尚疏；人多不信！其昌言排击，尽发症结者，则始于清儒太原阎若璩百诗。若璩年二十，读《尚书》，至古文二十五篇，即疑其伪，沉潜三十年，乃引经据古，撰《古文尚书疏证》八卷，一一陈其矛盾之故。所列一百二十八条，其最精者谓："《汉书·艺文志》言'鲁共王坏孔子宅，得古文《尚书》。孔安国以考二十九篇，得多十六篇。'《楚元王传》亦云：'《逸书》十六篇，天汉之后，孔安国献之。'古文篇数之见于西汉者如此，而梅赜所上，乃增多二十五篇。此篇数之不合也。杜林、马、郑皆传古文者。据郑氏说：则增多者，《舜典》、《汩作》、《九共》、《大禹谟》、《益稷》、《五子之歌》、《胤征》、《典宝》、《汤诰》、《咸有一德》、《伊训》、《肆命》、《原命》、《武成》、《旅獒》、《冏命》凡十六篇；而《九共》有九篇，故亦称二十四篇，今晚出书无《汩作》、《九共》、《典宝》等。此篇名之不合也。郑康成注《书序》，于《仲虺之诰》、《太甲》、《说命》、《微子之命》、《蔡仲之命》、《周官》、《君陈》、《毕命》、《君牙》皆注曰亡；而于《汩作》、《九共》、《典宝》、《肆命》等皆注曰逸；逸者，即孔壁书也。康成虽云'受《书》于张恭粗'；然《书赞》称'我先师子安国亦好此学'，则其渊源于安国明矣！今晚出书与郑名目互异，其果安国之旧耶？古文传自安国，后惟康成所注者得其真。今文传自伏生，后惟蔡邕《石经》所勒者得其正。今晚出书'宅嵎夷'，郑作'宅嵎铁'；'昧谷'，郑作'柳谷'；'心腹肾肠'，郑作'忧肾阳'；'劓刵劅剠'，郑作'膑宫劓割头庶剠'，与真古文既不同矣。《石经》残碑遗字，见于洪适《隶释》者五百四十七字。以今《孔书》校之，不同者甚多。《碑》云'高宗之飨国百年'，与今书之‘五十有九年’异。孔叙三宗，以年多少为先后；碑以传叙为次；则与今文又不同。然后知晚出之书，盖不古不今，非伏非孔，而欲别为一家之学者也。《书序》，‘益稷’本名‘弃稷’，马、郑、王三家本皆然；盖别是一篇，中多载后稷与契之言。扬子云《法言·孝至篇》云：‘言合稷、契之谓忠。谟合皋陶之谓嘉。’子云亲见《古文》，故有此言。晚出书析《皋陶谟》之半为《益稷》，则稷与契初无一言；子云岂凿空者耶？班孟坚言：‘司马迁从安国问政。’故《尧典》、《禹贡》、《洪范》、《微子》、《金縢》诸篇多古文说。许慎《说文解字》亦云：‘其称书孔氏。’今以《史记》、《说文》与晚出书相校又甚不合。安国注《论语》‘予小子履’，以为墨子引《汤誓》，其辞若此；不云‘此出《汤诰》’，亦不云‘与《汤诰》小异’。然则‘予小子履’云云，非真古文《汤诰》，盖断断也。其注‘虽有周亲，不如仁人’句；于《论语》则云‘亲而不贤，不忠，则诛之；管、蔡是也。仁人谓箕子、微子，来则用之’。于《尚书》则云：‘周，至也；言纣至亲虽多，不如周家之多仁人。’其诠释相悬绝如此！岂一人之手笔乎？传义多与王肃注合，乃孔窃王，非先有孔说而王取之也。汉儒说六宗者，人人各异。王肃对魏明帝，乃取《家语》孔子曰‘所宗者六’之语；肃以前未闻也，而《伪传》已有之；非孔窃王而何？”可谓信而有征矣！惟若璩谓马、郑注本亡于永嘉之乱，则殊不然。考二家之注，《隋书·艺文志》尚皆著目，称“所传惟二十九篇”；盖去其无师说者十六篇，止得二十九篇，与伏生数合；非别有一本注孔氏书也。若璩误以郑逸者即为所注之逸篇，不免千虑之一失。又《史记》、《汉书》但有安国上古文《尚书》之说，并无受诏作传之事；此伪本凿空之显证，亦辨伪本至要之肯綮；乃置而未言，亦稍疏略；然反复厘剔，以祛千古之大疑。萧山毛奇龄大可好为驳辩，乃作《古文尚书冤词》八卷，百计以抵若璩之罅；然终不能以强辞夺正理；则有据之言，先立于不可败也。元和惠栋定宇遂因若璩之说，续加考证，成《古文尚书考》二卷，以益阐明郑玄二十四篇之即孔壁《真古文》焉。然刊正经文，疏明古注，栋犹未之逮也。由是嘉定王鸣盛西庄搜罗郑注，益以马、王传疏，以注二十九篇，又作案以释郑义；于马、王传疏之与郑异者，则条析其非，折衷郑氏；成《尚书后案》三十卷。吴县江声艮庭又广集汉儒之说以注二十九篇；汉注不备，则旁考他书，精研故训，成《尚书集注音疏》十二卷；皆因惠栋之说（鸣盛尝问学于栋。而声，则栋之弟子也），而以郑学为宗，证以许慎《说文》，辅以马融传谊；取《伪孔》之传，辞而辟之，黜其赝而存其真。古文《尚书》之学，乃焕焉重光！其后金坛段玉裁懋堂撰《古文尚书撰异》三十二卷，阳湖孙星衍渊如撰《尚书今古文注疏》三十卷，武进刘逢禄申受撰《尚书今古文集解》三十卷，则又间缉今文与古文异同。其中段玉裁于司马迁《史记》之异马、郑者，皆挤为今文说，斥今文不如古文。独孙星衍持平于西汉今古文，而知伏生今文《书大传》说之胜于马、郑古文；然于今文欧阳、大小夏侯之学，三家师说之异同者，又不暇致详也。邵阳魏源默深乃撰《书古微》十二卷以发明西汉《尚书》今文之微言大义，而辟东汉马、郑古文之凿空无师传；曰："治《尚书》者知东晋梅岐之伪，以返于马、郑古文本，此齐一变至鲁也。知马、郑古文说之臆造无师授，以返于西汉伏生、欧阳、夏侯及孔安国问政之学，此鲁一变至道也。"侯官陈乔枞朴园又益采摭《经》、《史》传注及诸子百家之说，成《欧阳夏侯经说考》一卷，《今文尚书叙录》一卷，《今文尚书经说考》三十三卷；实事以求是，必溯师承；沿流以讨源，务随家法；而参详考校，则亦有取于马、郑之传注，为之旁证引伸。于是今文《尚书》之学，亦以兴废继绝。惟清季善化皮锡瑞鹿门撰《书经通论》，谓"马、郑古文与今文驳异，当与伪孔同一不可信者"。则与魏源同其趣而与乔枞有取马、郑之旨微乖矣！斯亦今文学者之后劲也！其他治《禹贡》者，于清儒当推德清胡渭朏明，因尝与阎若璩共修《一统志》，得纵观天下郡国之书；而渭素习《禹贡》，谓唐孔氏、宋蔡氏于地理多疏舛。如三江当主郑康成“左合汉为北江，右合彭蠡为南江，岷江居其中，则为中江”之说；“浮于淮、泗，达于河”，河当从《说文》作荷；“荥波既潴”，当从郑康成本作播；梁州之黑水，与导川之黑水不可溷而为一；乃博稽载籍及古今经解，考其同异而折衷之；依经为训，章别句从，名曰《禹贡锥指》，凡二十卷；为图四十七篇；于九州山川形势及古今郡国分合异同道里远近夷险，犁然若聚米而画沙也！汉唐以来，河道迁徙，虽非《禹贡》之旧，要为国计民生所系；故于《导河》一章备考历代决溢改流之迹而表以图。盖宋以来傅寅、程大昌、毛晃而下，注《禹贡》者数十家。精核典赡，此为冠矣！当涂徐文靖位山撰《禹贡会笺》十二卷，又因渭所已言而更推寻所未至，博据诸书，断以己意；较之渭书，益为精密；盖继事者易为功也。渭又撰《洪范正论》五卷，大旨以禹之治水，本于九畴。故首言“鲧湮洪水”，继言“禹乃嗣兴”，终言“天乃锡禹”；则《洪范》为体而《禹贡》为用，互为推阐，厥义乃彰；然主于发明奉若天道之理；而不为汉儒之阴阳灾异，宋儒之象数图书。其辨证前人之说，如谓：“汉人专取灾祥，推衍五行，穿凿附会，事同纖[①]纬。其病一。《洛书》本文，即‘五行五事’至‘五福六极’二十字；惟‘敬用农用’等十八字，乃为禹所加，与危微精一之心法同旨；初一初二至次九，不过是次第名目，亦非龟文所有。龟之有文，如木石之文理，有可推辨，又如鲁夫人公子友有文在手之类；宋儒创为黑白之点，方圆之体，九十之位，变书而为图；以至九数十数，刘牧、蔡季通纷纭更定。其病二。又《洪范》原无错简；而宋儒王柏等任意改窜。其病三。”皆切中旧说之失。盖渭经术湛深，学有根柢，故所论一轨于理，而于汉儒附会之谈，宋儒变化之论，咸能一扫而廓除之也！宝应成孺芙卿撰《禹贡班义述》二卷。盖《汉书·地理志》言“推表山川”，本释《禹贡》；两汉经师遗说，多存其中；孺据以释本经，最得家法；援据精博，颛门之学也！又以《班义述》详于考古；乃复拟撰《禹贡

① “纖”当为“谶”。——编者

今地释》一书，首取今地释汉地，更取汉地证禹迹，期补前书之未备，而惜未成书也！殷虚甲骨者，逊清光绪戊戌己亥间，河南安阳县西北五里之小屯，洹水压岸，为水齧而崩，得龟甲牛骨，镌古文字，所记皆殷先王室所卜祭祀、征伐、行幸、田猎之事；故殷先公先王及土地之名，所见甚众。上虞罗振玉叔言撰《殷虚书契考释》，兼及书契中所见之人名、地名及制度、典礼，审释殷帝王名号。海宁王国维静安缵成其业，成《殷卜辞中所见先公先王考》、《续考》及《殷周制度论》各一卷；其尤得意者，商自成汤以前，绝无事实；《史记·殷本纪》，惟据《世本》纪其世次；而国维于甲骨中发现王亥、王恒之名，及上甲以下六代之世系，以甲骨文证补《尚书》，而治《尚书》者辟一新途径，为好事者之所诵说云！慕尚书志第三。

（中华书局《经学通志》，1936 年版）

现代中国文学史（节选）

序

余读班、范两《汉书·儒林传》分经叙次，一经之中，又叙其流别；如《易》之分施、孟、梁邱，《书》之分欧阳、大小夏侯，其徒从各以类次，昭明师法；穷原竟委，足称良史。是编以网罗现代文学家，尝显闻民国纪元以后者，略仿《儒林》分经叙次之意，分为两派：曰古文学，曰新文学。每派之中，又昭其流别；如古文学之分文、诗、词、曲，新文学之分新民体、逻辑文、白话文。而古文学之中，文有魏晋文与骈文散文之别；诗有魏晋、中晚唐与宋诗之别，各著一大师以明显学；而其弟子朋从之有闻者，附著于篇。至诗之魏晋，其渊源实出王闿运、章炳麟，而闿运、炳麟已前见文篇，则详次其论诗于文篇，以明宗旨；而互著其姓名于诗篇，以昭流别；亦史家详略互见之法应尔也。特是学者猥众，难以悉载。今但录其卓然自名家者，著于篇。

又按《汉书·儒林》每叙一经，必著前闻以明原委；如班书叙《易》之追溯鲁商瞿子木受《易》孔子，范书之必称“前书”是也。是编亦仿其意，先叙历代文学以冠编首；而一派之中，必叙来历，庶几展卷了如；要之以汉为法。特是规模粗具，而才谢古人。汉传经师，人系短篇，简而得要。仆撰文士，传累十纸，详而蕲尽。闻之前人：粤在明季，南浔庄氏为《明书》，中王阳明一传，有上下卷，共三百余页；其冗长无体裁可知已（陈寅清《榴龛随笔》）。传者以为笑。《书》曰："辞尚体要。"言史之论撰，贵简不贵烦也。然史笔贵能简要，而长编不厌求详。昔在鄞县万斯同季野草《明史》，每为一传，必就故家长老求遗书，考问往事，旁及郡志邑乘，杂家志传之文，靡不网罗；参伍而为长编，缅缅数十纸，传写者为腕脱；每语人曰："昔人于《宋史》已病其繁芜，而吾所述将倍焉。非不知简之为贵也。史之难言久矣，非事信而言文，其传不显。李翱、曾巩所讥魏、晋以后贤奸事迹，暗昧而不明，由无迁、固之文是也。而在今则事之信为尤难。盖俗之偷久矣，好恶因心而毁誉随之，一家之事，言者三人，而其传各异矣。言语可曲附而成，事迹可凿空而构。其传而播之者，未必皆直道之行也；其闻而书之者，未必有裁别之识也。吾恐后之人务博而不知所裁，故先为之极，使知吾所取者有可损，而所不取者必非其事与言之真而不可益也。"（钱大昕《潜研堂文集·万先生传》）可谓有慨乎其言之。然则详者简之所自出也。会稽章学诚实斋亦言："古人一事，必具数家之学；著述与比类两家，其大要也。班氏撰《汉书》为一家著述矣；刘歆、贾护之《汉记》，其比类也。司马光撰《通鉴》，为一家著述矣；二刘、范氏之《长编》，其比类也。古人云：'言之不文，行而不远。''文不雅驯，荐绅先生难言之。'为职故事、案牍、图牒之难以萃合而行远也，于是有比次之法。"（章学诚《文史通义·外篇·报黄大俞先生》）仆少眈研诵，粗有睹记；信余言之不文，幸比次以有法。征文，则扬、马侈陈词赋，《汉书》之成规也。叙事，则王、谢详征轶闻，《晋书》之前例也。知人论世，详次著述，约其归趣，迹其生平，抑扬咏叹，义不拘虚，在人即为传记；在书即为叙录，吾极其详，而以俟后来者之要删焉。署曰"长编"，非好为多多益善也。吾为刘歆、贾护，而听人之为班孟坚焉；吾为二刘、范氏，而蕲人之为司马君实焉；不亦可乎？

抑史家有激射隐显之法。其义昉于太史公，如叙汉高祖得天下之有天幸，而见意于《项羽本纪》，借项羽之口以吐之曰："非战之罪也，天也。"叙平原君之好客，而见意于《魏公子列传》，借公子之言以刺之曰："平原君之游，徒豪举耳!"事隐于此而义著于彼，激射映发，以见微旨，是编叙戊戌政变本末，详见《康有为梁启超》篇；而戊戌党人之不餍人意，则见义于《章炳麟》篇，借章氏之论以畅发之，如此之类，未可更仆数；庶几史家激射隐显之义尔。至若林纾之文谈，陈衍之诗话，况周颐之词话，以及吴梅之曲话，其抉发文心，讨摘物情，足以观文章升降得失之故，并删其要，著于篇。亦《班书·贾谊传》裁《政事》诸疏、《董仲舒传》录《天人》三策之例也。要之叙事贵可考信，立言蕲于有本。聊疏纂例，以当发凡。

中华民国十九年十一月十日无锡钱基博叙于光华大学

编首

1. 总论

昔清儒焦循以为一代文学有一代之所胜，欲自《楚骚》以下，撰为一集：汉则专取其赋，魏晋六朝至隋则专录其五言诗，唐则专录其律诗，宋专录其词，元专录其曲。而胡适亦谓："一时代之文学，周秦有周秦之文学，汉魏有汉魏之文学，唐、宋、元、明有唐、宋、元、明之文学。"披二十四朝之史，每一鼎革，政治、学术、文艺，亦若同时告一起讫，而自为段落。然事以久而后变，道以穷而始通。殷因夏礼，周因殷礼，其所损益者微也。秦燔诗书，汉汲汲修补，惟恐不逮；其所创获者浅也。六代骈俪沿东京之流。北朝浑朴启古文之渐。唐之律诗，远因陈、隋。宋之诗余，又溯唐季。唐之韩、柳，宋之欧、苏，欲私淑孟、庄、荀、韩以复先秦之旧也。元之姚、虞，明之归、唐，清之方、姚，又祖述韩、柳、欧、苏以追唐、宋之遗也。是则代变之中，亦有其不变者存。然事异世变，文学随之，积久而著，迹以不掩；而衡其大较，可得而论。兹以便宜分为四期：第一期自唐虞以迄于战国，名曰上古；骈散未分，而文章孕育以渐成长之时期也。第二期自两京以迄于南北朝，名曰中古；衡较上古，文质殊尚。上古之文，理胜于词。中古之文，渐趋词胜而词赋昌，以次变排偶，驯至俪体独盛之一时期也。第三期自唐以迄元，谓之近古。中古之世，文伤于华。而近古矫枉，则过其正，又失之野；律绝之盛而词曲兴，骈文之敝而古文兴，于是俪体衰而诗文日趋于疏纵之又一时期也。第四期明、清两朝以迄现代。唐之韩愈，文起八代之衰，宋之言文章者宗之；于是唐宋八大家之名以起。而始以唐、宋为不足学者，则明之何景明、李梦阳也。尔后谭文章者，或宗秦汉，或持唐宋，门户各张。迄于清季，词融今古，理通欧亚，集旧文学之大成而要其归，蜕新文学之化机而开其先。虽然，中国文学史之时代观，有不可与学术史相提并论者。试以学术言：唐之经学，承汉魏之训诂而为正义；佛学袭魏晋之翻译而加华妙；似不宜与宋之理学比，而附于陈隋之后为宜。而自文学史论：沈、宋出而创律诗，韩、柳出而振古文，温、韦出而有倚声，则开宋元文学之先河；而以居宋元之首为宜。故谓学术史之第二期，始两汉而终五代，与文学史同其始而不同其终。而第三期则始于宋而终明，与文学史殊其终，并不同其始。盖明之学术，实袭宋朱、陆之成规而阐明之；不如文学之有何、李、王、李复古运动，轩波大起也。试得而备论焉。

2. 上古

呜呼！文章之作也，其于韵文乎？韵文之作也，其于声诗乎？声诗之作也，其于歌谣乎？盖生民之初，必先有声音而后有话言，有话言而后有文字。故在六书未兴之前，人禀七情以生，应物斯感；感物吟志，情动于中，而形于言；言之不足，故嗟叹之；嗟叹之不足，故咏歌之；咏歌之不足，不知手之舞之，足之蹈之也。情发于声，声成文谓之音；譬之林籁结响，调如竽笙；泉石激韵，和若球锽；夫岂外饰，盖自然耳。朱襄来阴之乐，包牺《罔罟之章》，葛天之八阕，娲皇之《充乐》，其声诗之鼻祖也。惟上古之时，文字未著，徒有讴歌吟咏，纵令和以土鼓苇籥，必无文字雅颂之声；如此，则时虽有乐，容或无诗，譬之则猺獞之跳苗歌耳。是以缙绅士夫，莫得而载其辞焉，厥为有音无辞之世。是后鸟迹代绳，文字初炳，作始于羲皇之八卦，大备于黄帝之六书，而年世渺邈，则声采莫追。唐虞文章，则焕乎始盛。尧时有《康衢歌》、《击壤歌》，虞舜有《卿云》、《南风》、“明良喜起”等歌，始有依声按韵，诵其言，咏其声，播之篇什而为诗歌者。

虞舜诗之可信者，独见《尚书》之“明良喜起”歌，《尚书大传》之《卿云歌》。《南风歌》见称《礼·乐记》，而不著其词；见《尸子》，而辞气谐畅，疑若不类。然当日诗歌之属，必已多有。孔子于《帝典》录舜命夔之言曰：“诗言志，歌永言。”是诗教之始也。“明良喜起”歌者，《虞书》帝庸作歌曰：“股肱喜哉！元首起哉！百工熙哉！”皋陶庚歌曰：“元首明哉！股肱良哉！百工康哉！”又曰：“元首丛脞哉！股肱惰哉！万事堕哉！”凡三章，章三句，每句一音，虽以四言成句，而句有“哉”字语助；其实三言也。《卿云歌》曰：“卿云烂兮，纠缦缦兮！日月光华旦复旦兮！”凡三句，每句一韵，虽以四言八言成句，而句有“兮”字语助；其实三言七言也。惟二典三谟记言之文，四言成句而寡将以助语；用“也”、“矣”、“与”、“那”字者绝无；而“哉”字之语助亦止一二见。盖诗歌主音节，故成句之字数奇，而缀以语助，用以叶响。而言论则非同于歌咏；故典谟记载，多四言句而不用语助。此可以证韵文、散文之殊，在音节而不以句之奇与偶也。

后世有作，韵文多为偶，而散文多用奇。然三代以上，韵文不尽偶，而散文不必奇。凝重多出于偶，流美多出于奇。体虽骈，必有奇以振其气。势虽散，必有偶以植其骨。仪厥错综，致为微妙。试以《尧典》为例：“钦明文思”一字为偶。“安安”叠字为偶。“允恭”、“克让”二字为偶。偶势变而生三，奇意行而若一。“光被四表，格于上下”，语奇也而意偶。“克明峻德”四字一句奇。“以亲九族”十六字四句偶。“协和万邦”十字二句奇；而“万邦”与“九族”、“百姓”语偶；“时雍”与“黎民于变”意偶；是奇也而偶喜焉。“乃命羲和”一段奇；而“昊天”、“授时”隔句为偶；中六字纲目为偶。“分命”、“申命”四段，章法偶而辞悉奇。自“帝曰咨”至“庶绩咸熙”一段奇；“期三百”十七字参差为偶；“允厘”八字颠倒为偶；而意皆奇。故双意必偶；“钦明”、“允恭”等句是也。单意可奇可偶；“光被”、“允厘”等句是也。其中“以亲九族”四句，“慎徽五典”四句，凡数目之字，已无不对待整齐矣。“流共工于幽州”四句，竟居然以人名对人名，地名对地名焉；但不调平仄而已。然《关雎》“关关雎鸠”等四句，以雎鸠雌雄相应和，兴君子之必得淑女为好逑；意似偶而句法不偶。“参差有菜”等四句偶，而承之曰“求之不得，寤寐思服，悠哉悠哉，辗转反侧”，则又奇矣。首尾奇而中间以偶，骈文络乎散文之间，犹之偶数络乎奇数之间也。文之初创，骈散间用。数之初创，奇偶间用。厥后数理日精，奇数与偶数遂各立界说。文法日备，骈文与散文乃自为家数。喜骈，则成诗赋一流。嗜奇，则为散韵一派。又或合乐则以韵语，记事则以散行；而纯主偶者为骈体；纯主奇者称散文。然则骈散古合今分者，亦文字进化之一端欤。

惟声律之用，本于性初，发之天籁。故古人之文，化工也；多自然而合于音，则虽无韵之文，而往往有韵；苟其不然，则虽有韵之文而时亦不用韵；终不以韵而害意也。《诗三百》，有韵之文也；乃一章之中，有二三句不用韵者；如“瞻彼洛矣，维水泱泱”之类是矣。一篇之中，有全章不用韵者；如《思齐》之四章、五章，《召旻》之四章是矣。又有全篇无韵者；《周颂》、《清庙》、《维天之命》、《昊天有成命》、《时迈》、《武》诸篇是矣。说者以为当有余声；然以余声相协，而不入正文；是诗亦有不用韵者也。伏羲画卦，文王系之辞也，凡卦辞之系者时用韵，《蒙》之“渎”“告”，《解》之“复”“夙”，《震》之“虩”“哑”，《艮》之“身”“人”，皆叶韵也。孔子赞《易》十篇，其

《彖》《象》传、《杂卦》五篇用韵；然其中无韵者亦十之一。《文言》、《系辞》、《说卦》、《序卦》五篇不用韵；然亦间有一二；如“鼓之以雷霆，润之以风雨，日月运行，一寒一暑；乾道成男，坤道成女”，“君子知微知彰；知柔知刚；万夫之望”。此所谓化工之文，自然而合者，固未尝有心于用韵也。《尚书》之体，本不用韵；而《大禹谟》“帝德广运：乃圣乃神，乃武乃文；皇天眷命，奄有四海，为天下君”；《伊训》“圣谟洋洋，嘉言孔彰。惟上帝不常：作善，降之百祥；作不善，降之百殃”；《太誓》“我武惟扬，侵予之疆；取彼凶残，杀伐用张；于汤有光”！《洪范》“无偏无党，王道荡荡；无党无偏，王道平平；无反无侧，王道正直”；皆用韵。礼之为体，据事制范，章条纤曲；好礼君子，随所闻见，得即录之，名曰《礼记》，方放废是惧；遗文掇拾，奚遑协音成韵，金声而玉振之乎？然《曲礼》“行，前朱鸟而后玄武；左青龙而右白虎；招摇在上，急缮其怒”；《礼运》“玄酒在室，醴醆在户；粢醍在堂，澄酒在下；陈其牺牲，备其鼎俎；列其琴瑟，管磬钟鼓。修其祝嘏；以降上神，与其先祖；以正君臣，以笃父子，以睦兄弟，以齐上下，夫妇有所，是谓承天之祜”；《乐记》“夫古者天地顺而四时当；民有德而五谷昌；疾疢不作，而无妖祥；此之谓大当；然后圣人作，为父子君臣以为纪纲”；此其宫商大和，翻回取均，声不失序，音以律文，如刘彦和所谓“标情务远，比音则近；吹律胸臆，调钟唇吻”者，庶几得之。左氏传经，亦多叶韵；见于近人著述中所举者更难以悉数。即如四子书中，子思、孟轲之书皆散文；而《中庸》曰：“故君子不可以不修身；思修身，不可以不事亲；思事亲，不可以不知人；思知人，不可以不知天。”又曰：“大哉圣人之道！洋洋乎发育万物，峻极于天；优优大哉，礼仪三百，威仪三千。”七篇曰：“今也不然；师行而粮食：饥者勿食；劳者勿息；睊睊胥谗，民乃作慝。方命虐民，饮食若流；流连荒亡，为诸侯忧。”至于诸子之书，亦多有韵者，今试举《老》《庄》而言；《老子》：“元牝之门，是谓天地根；绵绵若存，用之不勤。”《庄子》：“巧者劳而智者忧；无能者无所求；饱食而遨游；泛若不系之舟。”子思、孟轲、老子、庄子，断非有意于用韵者也；而读其所作，谓非用韵而不可也。盖冲口而出，自为宫商；此即《乐记》所谓“声者由人心生”者也。故曰：“有歌谣而后有声诗，有声诗而后有韵文，有韵文而后有其他诸体文。”

《诗三百》之用韵，于不规律中，渐有规律，而为后世一切诗体之宗。其用韵之法有三：首句、次句连用韵，隔第三句，而于第四句用韵者，《关雎》之首章是也；凡汉以下诗及唐人律诗之首句用韵者源于此。一起即隔句用韵者，《卷耳》之首章是也；凡汉以下诗及唐人律诗之首句不用韵者源于此。自首至末，句句用韵者，若《考罝》、《清人》、《还》、《著》、《十亩之间》、《月出》、《素冠》诸篇，又如《卷耳》之二章、三章、四章，《车攻》之一章、二章、三章、七章，《长发》之二章、三章、四章、五章是也；凡汉以下诗，若魏文帝《燕歌行》之类源于此。自此而变，则转韵矣。转韵之始，亦有连用隔用之别，而错综变化，不可以一体拘，于是有上下各自为韵，若《兔罝》及《采薇》之首章，《鱼丽》之前三章，《卷阿》之首章者。有首末自为一韵，中间自为一韵，若《车攻》之五章者。有隔半章自为韵，若《生民》之卒章者。有首提二韵而下分二节承之，若《有瞽》之篇者。此皆诗之变格，然亦莫非出于自然，非有意为之也。

孔子博学于文，好古敏以求之。子贡曰：“夫子之文章，可得而闻。”盖继往开来，而集二帝三王文学之大成者也。稽之载籍，可考见者五事：

（甲）正文字。孔子在卫，曰“必也正名”，郑玄以正名谓正书字也。盖孔子将从事于删述，则先考正文字。春秋之时，文字虽秉仓史之遗，而古之作字者多家，其文往往犹在，或相诡异；至于别国，殊音尤众。孔子之至是邦也，必闻其政；又观于旧史氏之藏、百二十国之事，佚文秘记，远俗方言，尽知之矣。于是修订六经，将择其文之近雅驯者用之以传于学者，故以周公《尔雅》教人，其余亦颇有所定。六经文字极博，指义万端；间有仓史文字所未赡者，则博稽于古，不主一代；刑名从商，爵名从周之例也。春秋异国众名，则随其成俗曲期；物从中国，名从主人之例也。太史公往往称孔氏古文，以虽同是仓史文字，而经孔子考定以书六经，则谓孔子古文焉。意孔子当日必别有专论文字之书，其见引于许慎《说文》者不一。孔子曰："一贯三为王。"孔子曰："推十合一为士。"孔子曰："黍可为酒，禾入水也。""儿，仁人也。孔子曰：'在人下故诘屈。'"孔子曰："乌，盱呼也，取其助气，故以为乌呼。"孔子曰："牛羊之字，以形举也。"孔子曰："狗，叩也，叩气吠以守。"孔子曰："视犬之字，如画狗也。"孔子曰："貉之为言恶也。"孔子曰："粟之为言续也。"许慎谓孔子书六经皆以古文。《论语》"《诗》、《书》、执礼"谓之"雅言"；文字自孔子考定，始臻雅驯也。此孔子定文字之证。

（乙）订诗韵。孔子曰："吾自卫反鲁，然后乐正，《雅》、《颂》各得其所。"盖古诗皆被弦歌，诗即乐也。近世言古音者，如顾炎武、江永以来，并以《诗》为古之韵谱。夫《诗三百》删自孔子，是即孔子之韵谱也；以殊时异俗之诗，其韵安能尽合；意孔子就原采之诗，不惟删去重复，次序其义；而于韵之未安者，亦时有所正；故曰"乐正，《雅》《颂》各得其所"也。《史记·孔子世家》曰："《三百五篇》，孔子皆弦歌之以求合《韶》、《武》、《雅》《颂》之音。"则孔子未正以前，或不协于弦歌；既正以后，学者即据之为韵谱，故《易象》、《楚辞》、秦碑、汉赋用韵与《诗三百》合，皆本孔子矣。

（丙）用虚字。上古文字初开，实字多，虚字少。周诰、殷盘，佶屈聱牙，虚字不多，木强寡神。至孔子之文，虚字渐备；赞《易》用"者""也"二字特多。而《论语》、《左传》，其中"之""乎""也""者""矣""焉""哉"无不具备；作者神态毕出，尤觉脱口如生。此实中国文学一大进步。盖文学之大用在表情；而虚字者，则情之所由表也；文必虚字备而后神态出焉。

（丁）作《文言》。“文言”者，孔子之所作也。孔子以前，有话言而无文言。近人蔡元培称：“文言用古人的话传达今人的意思。”虽然，古人之话，果足当今之所谓“文言”乎？余不能无疑也。不知古人自有古人之话，古人自有用话所作一种通俗之白话文学书，即《尚书》、《诗经》是也。夷考《尚书》之《尧典》、《皋陶谟》、《高宗肜日》、《西伯戡黎》、《微子》、《洪范》、《康诰》、《无逸》、《君奭》、《立政》、《顾命》、《文侯之命》诸篇，当日对话之文也。《甘誓》、《汤誓》、《盘庚》、《牧誓》、《多士》、《费誓》、《秦誓》诸篇，当众演说之辞也。《大诰》、《多方》、《吕刑》诸篇，当日演说之文也。太史陈诗以观民风，而十五国风，则采自民间歌谣。斯二者，在当日义取通俗，文不雅驯。“格”之训至也，来也。“殷”之训中间之中也。“采”之训事也。“肆”之言于是也。“刘”之言杀也。“诞”与“纯”之言大也。“台”与“印”之言我也。“莫莫”之言茂密也。“揖揖”之言会聚也。“薨薨”之言群飞也。“怒”之言饥也。“旁旁”之言驰驱也。“迈”之言去也，行也。“监”之言终了也。“伾伾”之言有力也。如此之类，古人用语，随在可以考见。然则《尚书》者，古人之白话文也。《诗经》者，古人之白话诗也。惟话言不能无随时变迁，后人读而不易晓，遂觉为佶屈聱牙焉。《尔雅》一书，有《释诂》、《释言》、《释训》三篇；是即以中古以来通用之文言，而注释《诗》、《书》之古语也。蔡元培云：“司马迁《史记》……记唐虞的事，把‘钦’字都改作‘敬’字，‘克’字都改作‘能’字；记古人的事，还要改用今字。”若自余观之：司马迁以“敬”改“钦”，以“克”改“能”，乃是依孔子以来通用之文言，改订唐虞之古语；而非如蔡氏所云“记古人的事，改用今字”也。此为中国最古之白话文学。此外十三经之中，如《春秋左氏传》、《孝经》、《论语》、《孟子》、《礼记》之类，作于孔子之后者，皆文言而非白话；与《尚书》、《诗经》不同。所以字句之间，后人读之易晓，便不似《尚书》、《诗经》之聱牙涩舌；此可以见今之所谓“文言”，是从孔子以来到今通用，而不似古人之话之受时间制限。《书·盘庚》：“乃话民之弗率。”东坡《书传》曰：“民之弗率，……以话言晓之。”是《盘庚》之为古人之话，明也；而《盘庚》之佶屈聱牙特甚。孔子作《易·乾·坤》两卦《文言》，明明题曰“文言”而不称做“话”；然而句法字法，与今之所谓“文言”无大殊。更可见古人之话，自别有一种，而非即今之所谓“文言”也。自孔子作《文言》以昭模式，于是孔门著书皆用文言。左丘明受经仲尼，著《春秋传》，文言也。有子、曾子之门人，记夫子语，成《论语》一书，亦文言也。曾子问孝于仲尼，而与门人弟子言之，门弟子类记而成《孝经》，亦文言也。《檀弓》、《礼运》，皆子游之门人所记，亦文言也。可见仲尼之徒，著书立说，无不用夫子之文言者；故曰：“夫子之文章，可得而闻也疸虽然，夫子之文章，不曰“诵”而曰“闻”者；盖古用简策，文字之传写不便，往往口耳相授。阮元曰：“古人以简策传事者少，以口舌传事者多；以目治事者少，以口耳治事者多；故同为一言，转相告语，必有衍误，是必寡其词，协其音以文其言，使人易于记诵，无能增改；且无方言俗语杂其间，始能达意；始能行远。此孔子于《易》所以著《文言》之篇。”然则“文言”非古人之话，明也。大抵孔子以前，为白话文学时期；而孔子以后，则文言文学时期，孔子曰：“辞达而已。”“达”即《论语》“己欲达而达人”之“达”。达之云者，时不限古今，地不限南北，尽人能通解之谓也。如之何而能尽人通解也？自孔子言之，只有用文言之一法。孔子曰：“书同文。”又曰：“言之无文，行而不远。”此之所谓“远”，指空间言，非指时间言；是“纵横九万里”广远之远，而非“上下五千年”久远之远。推孔子之意，若曰：“当今天下各国，国语虽不同；然书还是同文。倘使吾人言之无文，只可限于方隅之流传；而传之远处，则不行矣。”所谓“言之有文”者，即阮元所谓“寡其词，协其音，……无方言俗语杂于其间”之言也。时春秋百二十国，孔子三千弟子，七十二贤，所占国籍不少；当日国语既未统一，如使人人各操国语著书，则鲁人著书，齐人读之不解。观于《公羊》、《穀梁》，已多齐语、鲁语之分，更何论南蛮鴃舌如所称吴楚诸国。此孔子于《易》所以著《文言》之篇而昭弟子之法式者欤？盖自孔子作文言，而后中国文学之规模具也。

（戊）编总集。古者《诗》三千余篇；及至孔子去其重，取可施于礼义，上采契后稷，中述殷周之盛，至幽厉之缺，始于衽席；故曰："《关雎》之乱以为《风》始，《鹿鸣》为《小雅》始，《文王》为《大雅》始，《清庙》为《颂》始。"三百五篇，厥为诗之第一部总集。孔子观书周室，得虞、夏、商、周四代之典，乃删其善者，定为《尚书》百篇，所以宣王道之正义，发话言于臣下，故其所载，皆典、谟、训、诰、誓、命之文。厥为文之第一部总集。则是总集之编，导源《诗》、《书》，而出于孔子者也。惟《诗》者《风》《雅》《颂》以类分，而《书》则虞、夏、商、周以代次。则是《诗》者，开后世总集类编之先河；而《书》则为后世总集代次之权舆也。子以四教，而文居首。及游、夏并称文学之彦，而子夏发明章句。懿欤休哉，此所以为六艺之宗，称百世之师欤！

3. 中古

凡经之《易》、《诗》、《礼》、《春秋》，传之《左》、《公》、《穀》，子之《墨》、《老》、《孙》、《吴》、《孟》、《荀》以及《公孙龙》、《韩非》之属，集之《楚辞》，莫非戛戛独造，自出机杼。是上古之世，文学主创作；而中古以后，则摹仿者为多。《史记·律书》仿《周易，序卦》；司马相如《大人赋》仿屈原《远游》；扬雄为汉代文宗，而其《太玄》摹《易》，《法言》摹《论语》，《方言》摹《尔雅》，《十二箴》摹《虞箴》，《谏不许单于朝》摹《国策·信陵君谏伐韩》，《甘泉赋》摹司马相如《大人赋》，几于无篇不摹；而班固《汉书·地理志》仿《禹贡》；陆机《辨亡论》、干宝《晋纪·总论》仿贾生《过秦论》。

如此之类，不可悉数。

章学诚曰：“西汉文章渐富，为著作之始衰。然贾生奏议入《新书》，相如词赋但记篇目，皆成一家之言，与诸子未甚相远；初未尝汇次诸体，裒焉而为文集者也。诸子衰而文集之体盛。”吾则谓文集兴而“文”、“学”之途分，何也？韩非子《五蠹篇》力攻文学，而指斥及藏管、商、孙、吴之书者。秦丞相李斯请悉烧所有文学诗书百家语，而以“文学”二字冠“诗书百家语”之上。太史公自序其书，举凡一切律令、军法、章程、礼仪，皆称之为“文学”。盖两汉以前，文与学不分。至两汉之后，文与学始分。六艺各有专师；而别为经学。诸子流派益歧，而蔚为子部。史有马、班，而史学立。文章流别分于诸子，而集部兴。经、史、子、集，四部别居；而“文”之一名，遂与集部连称而为所专有。

李延寿《北史·文苑传·序》曰：“江左宫商发越，贵于清绮。河朔词义贞刚，重乎气质。气直则理胜于词，清绮则文过其意。理胜者便于时用，文华者宜于咏歌。此则①南北词人得失之大较。”盖北人擅言事之散文，而南人工抒情之韵语也。然战国以前，如《经》之《易》、《书》《礼》、《春秋》，传之《左》、《公》、《穀》，子之《老》、《庄》(老子楚苦县人，苦县即今河南鹿邑县。庄子蒙人，蒙县在今河南商丘县之东北。本柳诒澂②说)、《孟》、《荀》等，其体则散文也；其用则叙述也，议论也；皆北方文学也。独《诗》三百篇，《楚辞》三十余篇，为言情之韵文耳。《楚辞》之为南方文学，固也。考《诗》之所自作，《吕氏春秋》载：“禹行功，见涂山之女。禹未之遇，而巡省南土。涂山之女，乃令其妾候禹于涂山之阳。女子乃作歌曰：‘候人兮猗!’实始作为南风。周公、召公取风焉以为《周南》、《召南》。”而郑樵为之说曰：“周为河洛，召为岐雍。河洛之南濒江，岐雍之南濒汉。江汉

① “则”为“其”之讹。——编者
② “澂”当为“徵”之讹。——编者

之间，二南之地，《诗》之所起在于此。屈宋以来，诗人墨客多生江汉，故仲尼以二南之地为作《诗》之始。”然则《诗三百》之始自南音，有明证矣。战国以前，所谓言情之韵文，可考见者，惟此与《楚骚》耳。未能与散文中分天下也。是为北方文学全盛时代。汉兴，而南人如枚叔、刘安、司马相如、王褒、扬雄之徒，寖与贾谊、晁错、董仲舒、刘向辈抗颜行。而司马迁撰《史记》，以史笔抒骚情；班固作《两都赋》，以赋体罗史实；且融裁南方文学以为北方文学矣。此实南方文学消长之一大枢机也。爰逮晋之东也，篇制溺乎玄风；嗤笑徇务之志，崇盛亡机之谈。孙绰、许询、桓、庾诸公虽各有雕采，而辞趣一揆，所以景纯《仙篇》挺拔而为俊矣。宋初文咏，体有因革。黄老告退而山水方滋，俪采百字之偶，争价一句之奇，情必极貌以写物，辞必穷力而追新，颜、谢腾声，骖以鲍照，尤足启后代之津途。自汉以来，模山范水之文，篇不数语；而谢灵运兴会标举，重章累什，陶写流峙之形；后之言山水也，此其祖矣。晋之陆云，对偶已繁，而用事之密，雕镂之巧，始颜延之；齐梁声病之体，后此对偶之习，是其源矣。然较其工拙，延之雕镂，不及灵运之清新，亦逊鲍照之廉隽。延之尝问鲍照己与灵运优劣，照曰：“谢五言如初发芙蓉，自然可爱；君诗若铺锦列绣，亦雕缋满眼。”延之终身病之。照以俊逸之笔，写豪壮之情，发唱惊挺，操调险急，史称其文甚遒丽，信然！然其所短，颇喜巧琢，与延之同病；至其笔力矫健，则远过之；与谢并称，允符二妙。然《国风》好色不淫，《楚辞》美人以喻君子，五言既兴，义同《诗》、《骚》，虽男女欢娱幽怨之作，未极淫放。至鲍照雕藻淫艳，倾侧宫体，作俑于前。永明天监之际，颜、谢寖微而鲍体盛行，事极徐、庾，红紫之文，遂以不反。既而徐陵通聘，庾信北陷，北人承其流化，“矜一韵之奇，争一字之巧，连篇累牍，不出月露之形；积案盈箱，惟是风云之状。世俗以此相尚，朝廷据此擢士”。李谔上隋高祖《革文华书》尝慨乎言之。厥为南方文学全盛时代。物极则反。《唐书・韩愈传》载：“愈常以为魏晋以还，为文者多相偶对，而经诰之旨，不复振起。故所为文抒意立言，自成一家。后学之士，取为师法。”论者谓“文起八代之衰”，实则唾弃南方文学，中兴北方文学耳。

燕赵多慷慨悲歌之士，江左擅绮丽纤靡之文，自古然矣。顾有不可论于三国者。魏武帝崛起称伯，开基青、豫，以文武姿，掞藻扬葩，把酒临江，横槊赋诗，固一世之雄也。子桓、子建，兄弟竞爽，亦擅词采；然华而不实，上有好者，下必殆甚。陈琳、阮瑀以符檄擅声，王粲、徐幹以辞赋标美，刘桢情高以全采，应玚学优以得文，皆一时之秀；已萌晋世清谈之习，开江左六朝绮丽之风矣。夫江左六朝，建国金陵，阻长江为天堑，与北方抗衡，其端实自孙氏启之。孙权称制江东，号吴大帝，然文笔雅健，不为绮丽；《与诸将令》、《责诸葛瑾诏》卓荦有西京之风焉。虞翻《谏猎》之书，简而能要。骆统《理张温表》，语亦详畅。而诸葛恪救国之论，慨当以慷，尤吴人文之可诵者。吴之末造，韦曜《博弈论》，华覈《请救蜀表》，渐近偶丽；然质而不俚；以视魏武父子之风情隽上，词采秀拔，固有间矣。谁则谓南朝文士尽华靡者乎？至蜀为司马相如、扬雄辞赋家产地，而陈寿称“诸葛亮文采不艳”，范頵谓“陈寿文艳不及相如，而质直过之”。是南人之文质直，转不如北人之藻逸工言情矣，可谓变例也。

自魏文帝始集陈、徐、应、刘之文，自是以后，渐有总集；传于今者，《文选》最古矣。昭明太子序《文选》也，其于史籍，则云“不同篇翰”。其于诸子，则云“不以能文为贵”。盖必文而后选，非文则不选也。六朝之人，多以文笔对举。《南史·颜延之传》：“竣得臣笔，测得臣文。”刘勰《文心雕龙》云：“无韵者笔，有韵者文。”或疑“文笔区分，《文选》所集，无韵者猥众。夫有韵为文，无韵为笔，是则骈散诸体，一切是笔非文”。近儒章炳麟氏之所为致谓于昭明者也。不知六朝人之所谓“有韵者文”之“韵”，乃以语章句中之韵；非如后世之指句末之韵脚也。六朝不押韵之文，其中奇偶相生，顿挫抑扬，皆有合乎宫羽。故沈约作《宋书·谢灵运传论》曰："五色相宣，八音协畅，由乎玄黄律吕，各适物宜；欲使宫羽相变，低昂合节。若前有浮声，则后须切响。一简之内，音韵尽殊；两句之中，轻重悉异。妙达此旨，始可言文。"其指实发于子夏《诗大序》，谓："情发于声，声成文，谓之音。"又曰："主文而谲谏。"郑玄曰："声，谓宫、商、角、徵、羽也。""声成文"，宫、商上下相应。"主文"，主与乐之宫、商相应也。此子夏直指诗之声音而谓之文也，不指翰藻也。然则《诗·关雎》"鸠""洲""逑"押脚有韵，而"女"字不韵；"得""服""侧"押脚有韵，而"哉"字不韵；此正子夏所谓"声成文之宫羽也气此岂诗人暗与韵合，匪由思至哉？子夏此序，《文选》选之，亦以抑扬咏叹，其中有成文之音也。六朝人益衍畅其指而为韵之说。《南史·陆厥传》云："王融、谢朓、沈约等文，将平上去入四声制韵，有平头、上尾、蜂腰、鹤膝，世呼为永明体。"所谓"平头"者，前句上二字与后句上二字同声；如古诗："今日良宴会，欢乐难具陈。""今""欢"同平声；"日""乐"同入声；是"平头"也。又如古诗："朝云晦初景，丹池晚飞雪。""朝云""丹池"同平声；是"平头"也。所谓"上尾"者，上句尾字与下句尾字俱用平声，虽韵异而声同；如古诗："西北有高楼，上与浮云齐。""楼""齐"平声；是"上尾"也。所谓"蜂腰"者，每句第二字与第五字同声；如古诗："闻君爱我甘，窃欲自修饰。""君""甘"皆平声，"欲""饰"皆入声，是"蜂腰"也。所谓"鹤膝"者，一句尾字与三句尾字同声；如古诗："客从远方来，遗我一诗札；上言长相思，下言久离别。""来""思"皆平声，是"鹤膝"也。然则后世之所谓韵者，以句末之同为适而求其大齐；而六朝人之所谓韵者，则以句中之同为犯而求其不齐。是以声韵流变而成四六之骈文，亦只论句中之平仄，不谓韵脚也。而章氏乃谓"《文选》所集，无韵猥众"；特以其无句末之韵脚耳。安知六朝以前之所谓"韵"者，非此之谓哉。

4. 近古

唐之兴也，文章承江左遗风，陷于雕章绘句之敝。贞元元和之际，韩愈、柳宗元出，倡为先秦之古文；一时才杰如李观、李翱、皇甫湜等应之，遂能破骈俪而为散体，洗涂泽而崇质素。上踵孟、荀、马、班，下启欧、苏、曾、王，盖古文之名始此。古文者，韩愈氏厌弃魏晋六朝骈俪之文，而返之于六经两汉，从而名焉者也。其文章之变，即字句骈散之不同；而骈散之不同，则诗文体制之各异也。文势贵奇；而诗体近偶。重骈之代，则散文亦写以诗体。重散之世，则诗歌亦同于散文。即如范晔生刘宋之时，增损东汉一代，成《后汉书》，自谓“无惭良直”；而编字不只，捶句必双，修短取均，奇偶相配；故应以一言蔽之者，辄足为二言；应以三句成文者，必分为四句；弥漫冗沓，不知所裁。初唐袭南朝之余，《晋书》作者，并擅雕饰，远弃史、班，近宗徐、庾。夫以琢彼轻薄之句，而编为史籍之文，无异加粉黛于壮夫，服绮纨于高士；著讥《史通》，非虐谑也。近世赵翼则谓：“以文为诗，自韩愈始。至苏轼益大放厥词，别开生面；天生健笔一支，有必达之隐，无难显之情。”故曰：“重骈之世，则散文亦写以诗体；重散之世，则诗歌亦同于散文”也。诗有六义，其二曰赋。赋者铺也；体物写志，铺采摛文，滥觞于诗人，而拓宇于文境者也。是以重骈之代，赋中诗体多于文体。重散之世，赋中文体多于诗体。试观徐、庾诸赋，多类诗句；而王勃《春思赋》则直七字之长歌耳。此重骈之代，诗体多于文体也。若欧阳修之《秋声赋》，苏轼之前后《赤壁赋》，则又体势同于散文。盖宋袭韩、柳之古文，而归于质；重散之世也。论古文之流别，韩愈以扬子云化《史记》，柳宗元以《老》、《庄》、《国语》化六朝，王安石以周秦诸子化韩愈，曾巩以《三礼》化西汉，苏洵以贾谊、晁错化《孟子》、《国策》，苏轼以《庄子》、《孟子》化《国策》；于此可悟文学脱胎之法；而唐以后之言古文者，莫不推韩、柳为大宗。然唐宋八家，韩、柳并称；而继往开来，厥推韩愈。独愈之文安雅而奇崛：李翱学其安雅，皇甫湜得其奇崛。其衍李翱之安雅一派者，至则为欧阳修之神逸；不至则为曾巩、苏辙之清谨。其衍皇甫渥之奇崛一派者，至则王安石之峻峭；不至则为苏洵、苏轼之奔放。其大较然也。

惟骈俪之文，虽摧廓于中唐之韩、柳；而骈俪之诗，则大成于初唐之沈、宋。夷考其始，汉魏六朝诗，祖述《风》、《骚》，陶写情性，篇无定句，句无定声，长短曲折，惟意所从；世号曰古体。唐调以声律，加以排整，句有绳尺，篇有矩矱，谓之近体，以别于古体也。古体、近体，唐代始划立鸿沟。近体诗者，合五、七言律，五、七言绝而称也。然诗之化散为骈，至唐而要其成耳。盖自沈约创声病之说，尔后诸家遵轨，竞为新丽，益与律体相近。陈隋之间，江总、庾信、虞茂、陆敬、薛道衡、卢思道等所作，往往见五律、七律、排律之体，此可以证六朝之散体趋骈，诗亦不在例外。然其初非出有意，不过偶合新调，故未能别成一格。凡其集中用律诗格调者，或仅六句，或至十句。至沈佺期、宋之问出，揣其声韵，顺其体势，始与六朝以前之古诗，判然分途而为律诗。盖前者之作，不期而成八句。后者之律，则立意而为四韵。诗之有沈、宋，犹文之有徐、庾也。绝之声调，与律同，或不与律同亦可；章四句，有全体属对者，有前二句或后二句属对者，盖由律诗中截来，故又号曰截句。然李白、杜甫，唐推诗圣；运古于律，纵横挥斥。李白五言律，秾丽之中，运以奇逸之思；而杜甫更能于四十字中，包涵万象。七言律，李白所短；而工于绝，纯以神行，独多化工之笔。杜不工绝，而善七言律；八音和鸣，济以沉雄。后世之言律绝者莫尚焉。是律绝之极工者，不拘于声律对偶；而铿锵鼓舞，自然合节，所以为贵也。然唐诗之有李、杜，犹唐文之有韩、柳。韩、柳并称，而继往开来，韩愈之力为大；李、杜竞爽，而入雅出风，杜甫之传称盛。一传而为元和，得韩愈、白居易焉，皆学杜甫者也。特韩更欲高，白更欲卑，韩得其峻，白得其平。自白衍而益为绮，则为温、李（温庭筠、李商隐），为宋之西昆。自韩流而入于奥，则为郊、岛（孟郊、贾岛），为宋之西江。杜诗之有韩愈、白居易两派，犹韩文之有李翱、皇甫湜两家矣。请得而备论之。

唐以诗名一代，有初、盛、中、晚之分。大抵高祖武德元年以后百年间，谓之初唐。唐玄宗开元元年以后五十年间，谓之盛唐。代宗大历元年以后八十年间，谓之中唐。宣宗大中元年以后至于唐亡，谓之晚唐。初唐诗人，王勃、杨炯、沈佺期、宋之问承陈、隋之后，风气渐转而骨格未完；齐、梁浓艳，尚有沾濡；排比之迹，盖亦精整。而陈子昂特起于王、杨、沈、宋之间，始以高雅冲淡之音，夺魏晋之风骨，变齐梁之俳优，力追古意。后代因之，古体之名以立。杜审言、刘希夷、张说、张九龄，亦各全浑厚之气于音节疏畅之中。盛唐稍著宏亮，储光羲、王维、孟浩然之清逸，王昌龄、高适之闲远，常建、岑参、李颀之秀拔，李白之朗卓，杜甫之浑成，元结之奥曲，咸殊绝寡伦。而李白、杜甫独以雄浑高古，称盛唐之宗。其次当推王、孟、高、岑。王维诗丰缛而不华靡，秀丽疏朗，往往意兴发端，神情傅合，由工入微，不犯痕迹，所以为佳；七言律尤臻妙境。孟浩然专心古淡，句法章法，虽仅止于五言四十字，而悠远深厚，超以象外，不犯寒俭枯瘠之病。高、岑不相上下。高适轶宕，一起一伏。岑参遒劲少逊高，而婉缛过之。选体，岑差健也。储光羲有孟浩然之古而无其深远。岑参有王维之缛而掩以华靡。李颀工七言律，称与王、岑并驾。然李有风调而不甚丽。岑参才甚丽而情不足。惟王差备美尔。中唐弥矜卓练；刘长卿以古朴开宗，韦应物、钱起以隽迈擅胜。而韦应物尤工五言，闲淡简远，境界绝高。大抵应物诗韵高而气清，王维诗格老而辞丽，并称五言之宗匠；然互有得失，不无优劣。以体韵观之，王维诗格老，而味远不逮应物；至于词不迫切而耐人咀味，应物自不可及也。下暨元和，则有柳宗元之超然复古，韩愈之雄深博大，元稹、白居易之清新，张籍、贾岛、孟郊之峻刻，李贺之奇诡，尤称一时之杰也。张籍工乐府，与元稹、白居易并称，专以道得人心中事为工。但白才多而意切，张思深而语精，元体轻而词躁尔。晚唐体愈雕镂。杜牧高爽欲追老杜；而温（庭筠）李（商隐）婉丽自喜，开宋初西昆之体；皮（日休）陆（龟蒙）鹿门唱和，亦为西江拗体之先河。斯皆晚唐之胜矣。晚唐人单辞片语，一联数句之间，实有精到之处；然格局未完，雕镵愈工，真气弥伤，此其短也。

律绝莫盛于唐，然律绝盛而词兴；而词者，则又律绝之破整为散者也。考词之滥觞，厥推李白之《忆秦娥》、《菩萨蛮》，及张志和之《渔歌子》，实破五七言之绝句为之。如《菩萨蛮》云："平林漠漠烟如织，寒山一带伤心碧。暝色人高楼，有人楼上愁。玉阶空伫立，宿鸟归飞急。何处是归程，长亭更短亭。"合五言七言而成。而张志和之《渔歌子》曰："西塞山前白鹭飞，桃花流水鳜鱼肥。青箬笠，绿蓑衣，斜风细雨不须归。"则裁七言绝一字者也。至《忆秦娥》云："箫声咽，秦娥梦断秦楼月。秦楼月，年年柳色，灞陵伤别。乐游原上清秋节，咸阳古道音尘绝。音尘绝，西风残照，汉家陵阙。"长短错落，亦裁之于七言或有余，或不足，皆以协和其调也。明杨慎云："唐人之七言律，即填词之《瑞鹧鸪》也。七言之仄韵，即填词之《玉楼春》也。"然则词不惟破绝，并破律为之矣。

词上承诗，下启曲，亦唐代一大创制也。蜀赵崇祚编有《花间集》十卷。其词自温庭筠而下十八人，凡五百首，为后世倚声填词之祖。陆务观曰："诗至晚唐五季，气格卑陋，千人一律；而长短句独精巧高丽，后世莫及，此事之不可晓者。"至于宋以词为乐章，熙宁中，立大晟府，为雅乐寮，选用词人及音律家，日制新曲，谓之《大晟词》。于是小令、中调之外，又出长调，而其体大备。故词之有宋，犹诗之有唐。宋初沿《花间》旧腔，以清切婉丽为宗；至苏轼出，始脱音律之拘束，创为激越之声调，一洗绮罗香泽之态，摆脱绸缪婉转之度，使人高瞻远瞩，举首高歌，逸怀浩气，超乎尘垢之表；或以其音律小不谐，自是横放杰出，曲子内缚不住者；比之诗家之有韩愈，遂开南宋辛弃疾等一派。辛弃疾才气俊迈，好为豪壮语，即法苏轼，为南宋词家大宗。然姜夔、张炎仍以清切婉丽为主。故宋词分二派，一派词意蕴藉，沿《花间》之遗响，称曰南派，是为正宗；一派笔致奔放，脱音律之拘束，称曰北派，号为变格。遗集尤著者：南派有晏殊《珠玉词》一卷，晏几道《小山词》一卷，柳永《乐章集》一卷，张先《安陆集》一卷，欧阳修《六一词》一卷，秦观《淮海集》一卷，李清照《漱玉词》一卷（以上北宋），姜夔《白石道人歌曲》四卷、《别集》一卷，张炎《山中白云词》八卷，吴文英《梦窗稿》四卷、《补遗》一卷，高观国《竹屋痴语》一卷，史达祖《梅溪词》一卷，王沂孙《碧山乐府》三卷，周密《草窗词》二卷。北派有苏轼《东坡词》一卷，黄庭坚《山谷词》一卷，辛弃疾《稼轩词》四卷，刘过《龙洲词》一卷，皆传诵人口者也。独周邦彦于南北宋为词家大宗，有《片玉词》二卷、《补遗》一卷，所作皆精深华艳，而长调尤善补叙，用唐人诗语，隐括入律，浑如己出，实兼综南北之长焉。

宋词至苏轼而变《花间》之旧腔，宋诗至苏轼而胚江西之诗派。宋初诗人如潘阆、魏野规规晚唐格调，寸步不敢走作。杨亿、刘筠则又专宗李商隐，词取妍华，而倡所谓西昆体者，欧阳修、梅尧臣始变以平淡豪俊，而规模未大。及苏轼出，乃以旷世之逸气高情，出入韩、白，驱驾万象，雄伟轶荡，故是宋诗人之魁也。其门下客有江西黄庭坚者，得其疏宕豪俊之致，而益出之以奇崛，语必惊人，字忌习见，搜罗奇书，穿穴异闻，得法杜甫而不为蹈袭，自成一家；锻炼勤苦，虽只字半句不轻出；世以其诗与苏轼相配，称曰苏黄，所谓江西诗派者宗之，是为宋诗一大变。而黄之所为不同于苏者，苏诗曲折理洋，如长江千里。而山谷险峻奇崛，如太华三危。一深一阔，二难一易，故不同也。彭城陈师道者，亦游苏轼之门，喜为诗，自云学黄庭坚。然庭坚学杜，脱颖而出。师道学杜，沉思而入。宁拙勿巧，宁朴勿华，虽非正声，亦云高格。后来惟吕本中克肖师道，弃所学学黄庭坚；黄致广大，陈极精微，天下诗人北面矣。乃作《江西宗派图》，遂以师道次庭坚之后，而并称开宗之祖焉。

夷考六朝之骈文，一变而为唐宋之散体古文，又一转而为宋元之语录及章回小说，文之破整为散则然也。唐之律绝，一变而为宋之词，又一转而为元之剧曲，诗之破整为散则然也。然则中古文学之由散而整者，近古文学则破整为散；其大较然矣。虽然，近古文学之破整为散，特为社会士夫言之耳；要非所论于朝廷功令。唐以诗赋取士，宋以经义取士，皆俪体也；遂为近代取士模楷。然则近古而后，社会士夫既厌俪体之极敝而救之以散行；而朝廷功令，方挽俪体之末运而歆之以禄利；而朝廷之禄利，不足以易士夫之好尚；此则不可不特笔也。

5. 近代

夷考明自洪武而还，运当开国，其文章多昌明博大之音。永、宣以后，安享太平，多台阁雍容之作。作者递兴，皆冲融演迤，不事钩棘，而杨士奇文章特优；一时制诰碑版，出其手者为多。仁宗雅好欧阳修文；而士奇文得其仿佛，典则稳称，后来馆阁著作，沿为流派，所谓台阁体是也。庙堂之上，郁郁乎文。弘、正之间，茶陵李东阳出入元宋，溯流唐代。擅声馆阁，推一代文宗；而门下士北地李梦阳、信阳何景明，乃起而与之抗曰："文必秦汉，诗必盛唐，非是者弗道！"曰："古文之法亡于韩。"为文故作艰深，钩章棘句，至不可句读；持是以号于天下，而茶陵之光焰几烬。洎北地信阳之派，转相摹拟，流弊渐深。论者乃稍稍复理东阳之传以相撑拄。盖宋元以来，文以平正典雅为宗；其究渐流于庸肤；庸肤之极，不得不变而求奥衍。王、李之起，文以沉博伟丽为宗；其极渐流于虚侨；虚侨之极，不得不返而求平实。一张一弛，两派迭为胜负，盖皆理势之必然。然汉魏之声，由此高论于后世，而与韩、欧争长。唐宋之文运，至此乃生一大变化矣。然较其得失：秦汉之文，玉璞金浑，风气未开。后世文明日进，理欲其显，故格变而平；事繁于昔，故语演而长；此亦天演自然之理。而何、李以其偏戾之才，矫为聱牙诘屈，无其质而貌其形，为文弥古，于时弥戾。故何、李之徒卒为委罪之壑。至嘉靖之际，历城李攀龙、太仓王世贞踵兴；更衍何、李之绪论，谓“文自西京，诗至天宝而下，俱无足观”。而世贞才最高，地望最显，声华意气，笼盖四海。独昆山归有光绍述欧、曾，毅不为下，至诋世贞为妄庸巨子。自明之季，学者知由韩、柳、欧、苏沿回以溯秦汉者，有光之力也。虽然，有光之文，亦自有其别成一家而不与前人同者。盖有光以前，上而名公巨卿，下而美人名士之奇闻隽语，刿心怵目；斯以厕文人学士之笔。至有光出而专致力于家常琐屑之描写。桐城方苞谓：“震川之文，发于亲旧及人微而语无忌者，盖多近古之文。至事关天属，其尤善者，不事修饰，而情辞并得，使览者恻然有隐；其气韵盖得之子长。”而姚鼐亦以为：“归震川之文，于不要紧之题，说不要紧之语，却自风神疏淡，是于太史公深有会处。”其尤恻恻动人者，如《先妣事略》、《归府君墓志铭》、《寒花葬志》、《项脊轩志》诸文，悼亡念存，极挚之情而写以极淡之笔，睹物怀人，户庭细碎，此意境人人所有，此笔妙人人所无。而所以成其为震川之文，开韩、柳、欧、苏未辟之境者也。

让清中叶，桐城姚鼐称私淑于其乡先辈方苞之门人刘大櫆，又以方氏续明之归氏而为《古文辞类纂》一书，直以归、方续唐宋八家，刘氏嗣之；推究阃奥，开设户牖，天下翕然号为正宗。此所谓桐城派者也。方是之时，吾家鲁思先生实亲受业于桐城刘氏之门，时时诵师说于阳湖恽敬、武进张惠言。二人者，遂尽弃其考据骈俪之学而学焉。于是阳湖古文之学特盛，谓之阳湖派。而阳湖之所以不同于桐城者：盖桐城之文，从唐宋八家入；阳湖之文，从汉魏六朝入。迨李兆洛起，放言高论，盛倡秦汉之偶俪，实唐宋散行之祖；乃辑《骈体文抄》以当桐城姚氏之《古文辞类纂》；而阳湖之文，乃别出于桐城以自张一军。顾其流所衍，比之桐城为狭。然桐城之说既盛，而学者渐流为庸肤，但习为控抑纵送之貌而亡其实；又或弱而不能振。于是仪征阮元倡为文言说，欲以俪体嬗斯文之统。江都汪中质有其文，熔裁六朝，导源班、蔡，祛其缛藻，出以安雅；而仪征一派，又复异军突起以树一帜。道穷斯变，物极则反，理固然也。厥后湘乡曾国藩以雄直之气，宏通之识，发为文章，而又据高位，自称私淑于桐城，而欲少矫其懦缓之失；故其持论以光气为主，以音响为辅；探源扬、马，专宗退之，奇偶错综，而偶多于奇，复字单词，杂厕相间；厚集其气，使声彩炳焕而戛焉有声。此又异军突起而自为一派，可名为湘乡派。一时流风所被，桐城而后，罕有抗颜行者。门弟子著籍甚众，独武昌张裕钊、桐城吴汝纶号称能传其学。吴之才雄，而张则以意度胜；故所为文章，宏中肆外，无有桐城家言寒涩枯窘之病。夫桐城诸老，气清体洁，海内所宗；徒以一宗欧、归，而雄奇瑰玮之境尚少；盖韩愈得扬、马之长，字字造出奇崛。至欧阳修变为平易；而奇崛乃在平易之中；桐城诸老汲其流，乃能平易而不能奇崛；则才气薄弱，势不能复自振起，此其失也。曾国藩出而矫之，以汉赋之气运之，故能卓然为一大家，由桐城而恢广之，以自为开宗之一祖，殆桐城刘氏所谓“有所变而后大”者耶？

自明以来，言文学者，汉、魏、唐、宋，门户各张，一阖一辟，极纵横轶宕之观；而要其归，未能别出于汉、魏、唐、宋而成明之文学。清之文学也，徒为沿袭而已。清初诗家有声者，如钱谦益、吴伟业、龚鼎孳为江左三大家，皆承明季之旧，而曹溶诗名，亦与鼎孳相骖靳。大抵皆步武王、李也。明末公安袁宏道矫王、李之弊，倡以清真。竟陵钟惺复矫其弊，变为幽深孤峭；与谭元春评选唐人诗为《唐诗归》，又评隋以前为《古诗归》。钟、谭之名满天下，谓之竟陵体，亦一时之盛也。新城王士祯肇开有清一代之诗学，枕葄唐音，独嗜神韵，含蓄不尽，意有余于诗，海内推为正宗。与秀水朱彝尊、宣城施闰章、海宁查慎行、莱阳宋琬所汇刻者，曰《六家诗》。彝尊学富才高，始则描摩初唐，继则滥泛北宋，与士祯齐名，时人称为“朱贪多，王爱好”。又有南施北宋之目；盖闰章以温柔敦厚胜，琬以雄健磊落胜也。当是时，商丘宋荦亦称诗宗，与士祯颉颃；而诗主条畅，又刻意生新，其源出于苏轼；游其门者，如邵山人长蘅等靡然从风，亦于士祯之外自树一宗。独王士祯名最高，然清诗之有王士祯，如文之有方苞也。清初诗人皆厌王、李之肤廓，钟、谭之纤仄；谈诗者颇尚宋、元，而宋诗之质直，流而为有韵之语录；元诗之缛艳，化而为对句之小词。王士祯崛起其间，独标神韵；所选古诗及《唐贤三昧集》，具见其诗眼所在；如《三昧集》不取李、杜一首，而录王维独多，可以知其微旨；蔚然为一代风气所归。但士祯之诗，富神韵而馁气势，好修饰而略性情。汪琬戒人勿效其喜用僻事新字，而益都赵执信本娶士祯女甥，习闻士祯论诗，谓“当如云中之龙，时露一鳞一爪”，而执信作《谈龙录》纠之，谓：“诗当指事切情，不宜作虚无缥渺语，使处处可移，人人可用。”① 论者以为足救新城末派之弊。大抵士祯以神韵缥渺为宗，而风华富有。执信以思路巉深为主，而刻画入微。王之规模阔于赵，而流弊仍伤肤廓；赵之才力锐于王，而末派再病纤仄；两家并存，其得失适足相救也。执信既著《谈龙录》，发难士祯；而山左之诗一变。钱唐厉鹗《樊榭山房诗》，精深峭洁，参会唐宋，于王士祯、朱彝尊外，又别树一帜；而两浙之诗一变。钱唐袁枚、铅山蒋士铨、阳湖赵翼并起，号江左三大家；而大江南北之诗无不一变矣。然乾、嘉之际，海内诗人相望，其标宗旨、树坛坫、争雄于一时者，要推沈德潜、袁枚、翁方纲。王士祯之诗，既为人所不餍，于是袁枚倡性情以矫士祯之好修饰而涉于泛。翁方纲拈肌理以救士祯之言神韵而落于空。沈德潜论格调以药士祯之工咏叹而楞于响。袁枚论诗，以为：“诗者，人之性情也。性情之外无诗。王士祯主修饰而略性情，观其到一处必有诗，诗中必用典，此可想见其喜怒哀乐之不真。”此袁枚论诗之旨也。翁方纲以学为诗者也。其论诗，谓：“士祯拈神韵二字，固为超妙，但其弊恐流为空调。”故特拈肌理二字，盖欲以实救虚也。所为诗，自诸经注疏以及史传之考证，金石文字之爬梳，皆贯澈洋溢于其中。王士祯之后，诗有翁方纲；犹桐城之后，文有曾湘

① 《谈龙录》确为此而作，但此段引文不见今本《谈龙录》。——编者

乡乎？然言言征实，亦非诗家正轨；故其时大宗，不得不推沈德潜。德潜少从吴县叶燮受诗法，其论诗最崇格律。尝曰："诗以声为用者，其微在抑扬抗坠之间。"① 此说本发之赵执信，谓："汉魏六朝至唐初诸大家，各成韵调；谈艺者多忽不讲，与古法戾。"乃为《声韵谱》② 以发其秘；亦犹曾湘乡论文从声音证入，以救桐城懦缓之失也。德潜又曰：诗贵性情，亦须论法。所谓法者，行所不得不行，止所不得不止；而起伏照应，承接转换，自神明变化；贵能以意运法，而不能以意从法。及自为诗，古体宗汉、魏，近体宗盛唐，尤所服膺者为杜，选《古诗源》及《三朝诗别裁》以标示宗旨。天下之谭诗者宗焉。踵其后而以诗名者：大兴有舒位，秀水有王昙，昭文有孙原湘，世称三君。四川有张问陶，常州有黄景仁、洪亮吉，江西有曾燠、乐钧，浙中有王又曾、吴锡祺、许宗彦、郭麐，岭南则有冯敏昌、胡亦常、张锦芳三子，而锦芳又与黄丹书、黎简、吕坚，为岭南四家。大率皆唐人之是学，未尝及德潜门，而实受其影响者。其中以舒位、孙原湘、黎简三家，尤为特出。位与原湘皆自昌黎、山谷入杜；而简则学杜而得其神髓者也。于是宋诗之径途渐辟。道光而后，何绍基、祁钰藻、魏源、曾国藩之徒出，益盛倡宋诗。而国藩地望最显，其诗自昌黎、山谷入杜，实衍桐城姚鼐一脉。鼐每诏人，谓"学诗，须先读昌黎，然后上溯杜公，下采东坡，于此三家，得门径寻入，于中贯通变化，又系各人天分"；及其自为诗，则以清刚出古淡，以遒宕为雄；由韩学杜，已开晚清同光体之先河，与文之萧然高寄者异趣；而特为文所掩抑不甚著。至国藩乃昌言"姚氏诗劲气盘折，能以古文家之义法通于诗"；而用其法，旁参山谷，益恣为生崭奥衍。洞庭以南，言声韵之学者，稍改故步，而湘潭王闿运则为骚选盛唐如故，比之古调独弹矣。王闿运始与武冈邓辅纶、邓绎，长沙李寿蓉，攸县龙汝霖四人者相善也，喜吟咏，日夕赓和；而辅纶尤工五言，

① 原文应为"诗以声为用者也，其微妙在抑扬抗坠之间"。——编者

② "《声韵谱》"为"《声调谱》"之误。——编者

每有作，皆五言，不取宋唐歌行近体，故号为学古，标曰湘中五子。而五子之中，闿运独推服邓辅纶云。

清诗有唐宋之殊；而词则宗宋。词学至南宋之季，几成绝响；知比兴者，金之白朴、元之张翥而已。朴词曰《天籁集》，清隽婉逸，意惬韵谐，可与张炎《玉田词》相匹。而翥《蜕岩词》，婉丽风流，亦有南宋旧格。惟朴所宗者，多东坡、稼轩之变调；而翥所宗者，犹白石、梦窗之余音；门径微有不同。明初作者，犹沾溉张翥之旧，不乖于风雅。永乐以后，南宋诸名家词，皆不显于世。盛行者，为《花间集》、《草堂诗余》二选。杨慎、王世贞辈之小令、中调犹有可取，长调皆失之俚。惟陈子龙之《湘真阁江篱槛词》直接唐人，可谓特出。明社既屋，京兆士大夫虽依新朝，犹慨沧桑，特假长短之句，借抒抑郁之气，始而微有寄托，久则务为谐畅。而吴越操觚家闻风兴起，作者、选者，妍媸杂陈，遂不免有怪词、鄙词、游词之三大弊。王士祯之数载广陵，实为斯道总持。盖皆祖述南宋，唯《草堂诗余》是规，罕及北宋以上；殆若文之祢唐宋八家而祧东西京；诗之学苏、黄而不知有苏、李十九首；未可谓善学也。洎士祯在朝，位高望重，绝口不谈倚声；独朱彝尊、陈维崧两人并世齐名，妙擅倚声，合刻《朱陈村词》，而清朝词派始成。惟朱才多，不免于碎。陈气盛，不免于率。朱之情深，所作词高秀超诣，绵密精美；其弊为饾饤。陈之笔重，所作词天才艳发，辞锋横溢；其弊为粗率。继之而起，名重一时者，实惟纳兰成德，门地才华，直越北宋之晏小山而上之。其词缠绵婉约，能极其致，南唐坠绪绝而复续；故论清初词家，当推成德为一把手；朱、陈犹不得为上。所惜享年不永，门户未张耳。然乾隆以前，言词者莫不以朱、陈为范围。钱唐厉鹗，吴县过春山，近朱者也；兴化郑燮，铅山蒋士铨，近陈者也。其后作词者遂分浙西、常州两派。浙西派始于厉鹗，鹗词宗彝尊，而数用新事，世多未见，故重其富；后生效之，每以捃摭为工，后遂浸淫而及于大江南北。然抄撮堆砌，音节顿挫之妙，未免荡然。特是绮藻韵致，词家之有厉鹗，如诗之有王士祯。有《樊榭山房词》一卷，《续集》一卷，生香异色，超然神解，如入空山，如闻流泉，节奏精微，辄多弦外之音；然标格仅在南宋，以姜夔、张炎为登峰造极之境；流极所至，为饾饤，为寒乞。亦与诗之渔洋末派同。武进张惠言乃起而振之，与其弟琦选唐宋词四十四家百六十首，为《词选》一书，阐意内言外之旨，推文微事著之原，比傅景物，张皇幽渺；虽町畦未辟，而奥窔已开；盖以深美闳约为主，其意在尊清真而薄姜、张，视苏、辛尤为小家，贵能以气承接，通首如歌行然，又须有转无竭。嘉庆以来名家，大抵自张惠言而出。其学于惠言而有得者，歙县金应城、金式玉也。其以惠言之甥而传其学者，则武进之董士锡也。此常州派之所由起也。荆溪周济稍后出，尝谓："词非寄托不入，专寄托不出。"其所立论，实足推明惠言之说而广大之。盖自济而后，常州派之壁垒益固矣。词之有常州，以救浙派俳巧之弊；犹之文之有湘乡，以矫桐城懦缓之失也。桐城之文，富神韵而馁气势，略如诗之有渔洋，词之有浙派；然而有不同者，盖崇雅淡而排涂饰，不如渔洋诗、浙派词之好修饰而略性情。此以流派论；若就词论词，南宋而还，极盛于清；然惟纳兰成德、项鸿祚、蒋春霖三人为当家耳。成德《饮水词》，哀感顽艳，得南唐后主之遗；虽长调多不协律；而小令则格高韵远，极缠绵婉约之致。鸿祚《忆云词》甲、乙、丙、丁稿，古艳哀怨，如不胜情；荡气回肠，一波三折，有白石之幽涩而去其俗；有玉田之秀折而无其率；有梦窗之深细而化其滞；殆欲前无古人。其《乙稿自序》云："近日江南诸子竞尚填词，辨韵辨律，翕然同声，几使姜、张俯首；及观其著述，往往不逮所言。"云云，婉而可思。《丁稿自序》云："不为无益之事，何以遣有涯之生！"亦可以哀其志矣。以成德之贵，项氏之富，而填词皆幽艳哀断，异曲同工，所谓别有怀抱者也。浙中填词为姜、张所缚，百年来屈指惟项鸿祚有真气耳。蒋春霖为诗，恢雄肮脏，若《东淘杂诗》二十首，不减少陵秦州之作；乃易其工力为长短句，镂情刿恨，转毫于铢黍之间，直而致，沈而姚，曼而不靡。文字无大小，必有正变，有家数；春霖《水云词》，固清商变徵之声，而流别甚正，家数甚大；与纳兰成德、项鸿祚二百年中，分鼎三足。咸丰兵事，天挺此才，为倚声家杜老；而晚唐、两宋一唱三叹之意则已微矣。或曰：“何以与成、项并论！”应之曰：“清初王士祯、钱芳标（钱芳标，字葆馚，华亭人，所著《湘瑟词》有‘惊才绝艳’之誉）一流，为才人之词，张惠言、张琦、周济一派，为学人之词。惟三家是词人之词，固不以流派限矣！”

此近代文学之大略也。现代文学者，近代文学之所酝酵也。近代文学者，又历古文学之所积渐也。明历古文学，始可与语近代；知近代文学，乃可与语现代。既穷其源，将竟其流，爰述历古文家为编首。

（节选自上海世界书局《现代中国文学史》，1936 年增订版）

我们应该做学生

我觉得我们现在对同学讲话，当先得对自己讲话；所以提出这个讲题，一方面自己做个检讨，一方面供同学的参考。我觉得现在最奇怪的，是镇定人心的呼声，发生在大学以内！如果我们做教授的教学有方法，同学平日做的学问得力，到了这个国难当头的时候，发挥我们的理智，我们的心，何用镇而后定！不但我们的心，当得不镇而自定；而且当此社会人心不定，还要我们发挥理智，去指导社会，镇定社会。现在不然，我们的心，尚且要校方设法来镇定；这便是证明我们做教授的平日没有师法；同学做的学问不得力，这实在是值得我们自行检举的一点；第二点，我觉得抗战现在成了事实，而其呼声则自民国四年，日本提出“二十一条”要求的时候，早已高唱；从此以后，学生不断的游行喊口号，做教师的不时提倡主持，到了二十余年的今日，抗日变作事实；然而我们中国机械化的军备不及日本；抗日的胜利不过是最后的一种预期；而中间不能不有顿挫，我们人民的流离困苦，随着开始，何尝不在预计之中。现在抗战遭了顿挫，我们跟着度流离的生活，这是我们求仁得仁。如果现在要恐怖，要徬徨，何必当初喊抗战！这便是证明以前的高呼，是一种不负责任，虚㤭的客气；今日的徬徨，是一种临难苟免，怯懦的心理。总而言之，是心力的不坚实，内心的空虚，证明我们从前的教与学全不得力。此后我们怎样来教学生，我觉得我自己先得从学生做起。

我早生数十年，惭愧没有做过一天学生；然而我觉得学生这个名词，非常有意义，所以奉劝现在做学生的，勿要忽略过。学生这两个字的意义：一为学习的生活，一为觉悟的生活，从前人解学字，叫做“学之为言觉也”；就是说我们所以要学，在需要一种觉悟；如果讲学而没有一种觉悟的启发，这种学就不要去讲！所以我们做学生的，当得从学习的生活，而过渡到觉悟的生活；换句话说，就是从模仿的生活，而变到有意义生活的自觉，不光跟着人家脚跟走。从前人家高呼，我也高呼；现在人家恐怕，我也恐怕；这便是生活一种不自觉的征象，那儿配称做学生？我们现在怎样才算得觉悟的生活呢？就是我们认为现在抗战，是我们向来主张的实现；现在一切生活的苦难，我们开始就预备着受；愈苦难愈觉悟，从前做学问，不过拿着书本空讲；现在做学问，方在算做生活实习，大难尽管临头，我们还得生活，并且要以教学解决生活，以生活体验学问。我现在想举个古人国破家亡，一面逃难，一面求学的生活，来做我们的榜样。

第一个是田畴，他是右北平无终——现在河北省蓟县人。他生在东汉的末年，因为中原大乱，胡夷交侵，好像我们现在的时代一样；这位田先生，觉得乡里律不住身，不能再像以前安居乐业了。据《三国志》本传说：“……遂入徐无山中，营深险平敞地而居，躬耕以养父母，百姓归之，数年间，至五千余家，畴谓父老曰：‘诸君不以畴不肖，远来相就，众成都邑，而莫相统一，恐非久安之道；愿择贤长者以为之主。’皆曰‘善’！同佥推畴，畴曰：‘今来在此，非苟安而已；将图大事，复怨雪耻；窃恐未得其志，而轻薄之徒，自相侵侮，偷快一时，无深计远虑，畴有愚计，愿与诸君共施之，可乎？’皆曰‘可’！畴乃为约束相杀伤、犯盗、诤讼之法，法重者至死，其次抵罪二十余条；又制为婚姻嫁娶之礼，兴举学校讲授之业，颁行其众，众皆便之，至道不拾遗；北边翕然服其威信！乌丸、鲜卑各遣译使致贡遗；畴悉抚纳，令不为寇。”我们看田先生的凭借，远不如我们现在；他也不过难民，只身逃到徐无山中，而能抚辑流亡，制定法纪，已经很不容易；还要兴举学校讲授之业，弄到国人信其教，乌丸、鲜卑服其威，北边翕然，并遣译使致贡遗；这是何等的胸襟气魄。看到我们现成一个大学几十个教授，文理工农各科，无不应有尽有；又有贤明校长为之领导；学校讲授之业用不到兴举，祇要继续；勿把畏葸怯懦的心理，借口国难，自己废学。我们的凭借，胜过田先生，尤望我们的成功，超过田先生。

还有两个古人：一个是容城孙奇逢；一个是昆山顾炎武。他们都是生在明末，明朝亡了，孙先生不肯异族的奴虏：清朝屡次征聘他出去做官；他不答应，就跑到河南辉县山中一块地方，叫做夏峰，弟子数百人，跟着他跑；然而他的学生，并没有像现在我们同学有家长供给学费；别样费可以省，张着口不能不吃；要饿着肚皮学，总不是事，于是孙先生就说："你们跟着我，我只有力耕自食。"这几百学生，就跟着他老师半耕半读，听他讲阳明学说，阐发良知，明心见性，顾炎武极佩服他，然而顾先生更来得。及明朝亡，他的家也跟着破；乡里存身不得，他就东奔西跑；然而他从前读的书到此乃获着实地考察的机会了。全谢山做《顾亭林先生神道表》，中间有一段说："先生之出游也，每以二马二骡自随载书；所至阨塞，即呼老兵退卒，询其曲折；或与平日所闻不合，则即坊肆中，发书而对勘之。或经行平原大野，无足留意，则于鞍上默诵诸疏；偶有遗忘，则于坊肆中，发书而熟复之。"他一生就如此一面流浪，一面问学，和孙先生半耕半读的生活又是不同。然而他的生活费那儿来？他却并没有愁穷诉苦，到处打抽丰；他尽管跟着亡国破产，他还能靠着自力致富。全谢山做他的神道表，又有一段说："先生既负用世之略，不得发摅；而所至每小试之，垦田度地，累致千金，随遇即饶足；每言：'马伏波田畴，皆从塞上立业，欲居代北。'尝曰：'塞上开山之利，过于垦荒。畜牧之获，饶于耕耨，使吾泽中有牛羊千，江南不足怀也！惜其人其地，有水而不能用；当遣人之南方，求能造水车水辗水磨之人。'"他曾经开垦山东之章丘，山西之雁门，两处田庄各数千亩，交他弟子经管着。他老人家又自己跑到陕西之华阴，以为："华阴绾毂关河之口，虽足不出户，而能见天下之人，闻天下之事；一旦有警，人山守险，不过十里之遥；若志在四方，则一出关门，亦有建瓴之便。"他老人家想把华阴做个根据，图匡复的大业；他就又在华阴垦荒，供给自己生活；而山东、山西两处的田庄收入，他就储蓄着以备有事之用。可惜他老了，没有偿他的志愿。然而他这种精神气魄，实在给我们后人以不少的崇敬。三百年后，我们汉族，总究匡复我们的河山；未始不是他老人家一番精诚的启示！我们后生小子，谈何容易说要学他老人家；然而他生当国亡家破，他一种流浪不忘问学的生活，可以证明他心力的坚实，何尝像我们现在流离才开始问学已无心了呢！

我还有一句话要说：就是一般读文科的同学，现在尤其烦闷。然而我觉得将来中国复兴，自然需要物质的建设；现在国家垂危，尤其需要心理的建设。如果心理的建设不成功，跟着人民的流离，就是人心的瓦解；然而心理的建设实在是一般读文科的人所义不容辞，不要说我相信中国决不会亡，就算中国竟不幸亡国，我们一般读文科的人，正有事做。我们不要说顾先生；试看欧洲大战以后，许多新兴之国，如波兰、捷克，都已亡了几百年，全赖一般有心人，导扬祖国的文学，促醒他民族复兴，很有许多例证。我们现在一般读文科的同学，何可自暴自弃、妄自菲薄着呀。

（原刊于《新阵地》第8期，1938年）

略论读书

读书通讯社迭以书来，督为《读书通讯》作文，因以近年来观感体察所及，略书以答其意。

欲读书，尤当知如何“读”。第一，读书不可不知文。朱子谓：“读书着意玩味，方见得义理从文字中迸出。”（见《语类·读书法》）“读书须看它文势语脉。”（同上）古人因文以见道，曾文正公致刘孟容书曰：“古之知道者未有不明于文字者也，能文而不知道者或有矣，乌有知道而不明文者乎？古圣观天地之文，兽迒逢鸟迹而作书契，于是乎有文。文与文相生而为字；字与字相续而成句；句与句相续而成篇。口所不能达者，文字能曲传之。故文字者所以代口而传之千百世者也。吾人所赖以学圣贤者，亦借此文字以考古圣之行，以究其用心之所在。然则此句与句续、字与字续者，古圣之精神语笑，胥寓于此。差若毫厘，谬以千里。词气之缓急，韵味之厚薄，属文者一不慎，则规模立变；读书者一不慎，则卤莽无知。”苟不知文，何能读书？然读书穷理，则又不可溺惑于文。朱子说：“读书看义理，须是胸次放开，磊落明快恁地去。”；（见《语类·读书法》）“不可终日思量文字，恐成硬将心去驰逐了”（同上）“今来学者，一般是专要作文字用。”（同上）盖以溺于文章为戒也。第二，治事不可不读书。今人在学校中读书，一办事，便说无暇读书，此大惑也。方太平军之乱，曾文正公在军，终日凝然，虽羽檄纷驰，而无日不读书静坐。尝谓：“军事变幻无常，每当危疑震撼之际，愈当征心定澂虑，不可发之太骤。”盖其数年所得力者在此，所以能从容补救，转危为安也。（见黎庶昌《曾文正公年谱》）罗罗山攻围九江，而太平军坚守不下，太息深忧，益讨部众而申儆之，或解说《周易》以自遣云。其临阵审固乃发，亦本主静察几之说。（见《曾文正公集·罗忠节公神道碑铭》）方胡文忠公治军皖鄂之交，练兵筹饷，日不暇接，而读书自课甚严，延老儒姚桂轩会讲《论语》，未尝稍辍。及自英山移营宿松，二百余里，夜则支帐为邸舍，辄烧烛席地以讲。一日病甚，不能食饮，左右请其小休，笑曰：“是口不能食，而犹能语言，耳亦犹有闻，岂以病而废学哉？”自言“读书有得，临政处事，及与文武将吏，叙论曲折，涣然于心目，获益岂浅？”（见郭嵩焘《养知书屋文集·论语序》）。且治事，且读书，则体验益切，而见理益明。古人以学问为身心性命，如是如是。

既明书之如何读，更进而言中国书之必得读者：一曰《四书》；一曰《通鉴》。左文襄公言：“近世士大夫专尚考证训诂书疏之学，以窥隙攻难为功，至标立汉学名字，号召后进，轻议先儒。及问以四子书义，不能答。尝以利害细故，颓乱而无所守，可不谓惑欤？”（见《左文襄公文集·陶文毅公节书冯定远〈杂录〉跋后》）“不佞少贫嗜学，苦无钱买书，于家塾中得见桂林陈文恭公在湖南刊行《四书》大字本，欣然忘食。”（见《左文襄公批札·翁藩司同爵呈赍各种书籍由》）“日有粗粝两盂，夜有灯油一盏，即思无负此光景。今年垂耳顺，一知半解，都从此时得来，筋骨体肤，都从此时炼就。无奇书可借，惟就《四书》、《五经》及传注昼夕潜心咀嚼，便一生受用不尽。”（同上）读《四书》以穷其理，读《通鉴》以验诸事，《四书》以明内圣外王之道，《通鉴》以极人情世变之幻，则庶乎本末兼赅矣。

（原刊于《读书通讯》第15期，1940年12月）

敬告知识青年诸君

凡在青年，义必从军，我元首亦既一再涣号，如纶如綍；而今年国庆纪念，军事委员会大戒于国，尤以“一寸山河一寸血，十万青年十万军”，大声疾呼，所以属望于青年者甚厚！如博庸朽，不能荷戈，寸心自疚，何敢腾说；独念胜利第一，未容默尔！

国家至上，青年及龄当服兵役，卫国有责，人所同然；何独以厚望于智识青年！回思十年以前，辽沈变起，日人乘我之不虞；我政府忍辱负重；而智识青年，攘臂大呼，申大义于天下，责政府以抗战，上说下教，义无反顾；然后政府有决心，国人誓同仇，连兵不解以迄今日，亦既寇深国危，苟我智识青年，不剑及屦及以起从军，而袖手雍容，文史自娱，则是遗国家以危而自居于安，凡有血气之伦，问心能不自疚耶！

或者以读书不忘爱国，养士之用，不在一朝。然国而不保，士孰为养！身为人奴，何用读书！吾在湖南言湖南，每有味乎左文襄公之言，其持论以谓：“才之难得，不在智而在勇！汉高百战而得天下，其《大风歌》，则曰：‘安得猛士兮守四方’；是真阅历有得之言！张良、陈平，满腹智计，若不得韩彭绛灌，亦不能济事！”今日戎马生郊，河山血染，我瞻四方，安得不重有望于智识青年之从军以为猛士也！岂徒以翰墨为勋绩，词赋为君子哉。

呜呼！四郊多垒，亦士之辱；凡我共学，盍来兴乎！

（原刊于《力行日报》，1944 年 11 月 15 日）

何谓国学

（华中大学湖南同学会演词）

抗战以来，余避难湖南，亦且八年，湖南已不啻我第二故乡；诸生自湖南来，亦承以父老视我，相招演讲，余愧无以相益，而诸生责我以讲国学。试问何谓“国学”？

（一）“国学”一词之所由起。“国学”之称，不见经史！而“文学”之称最古；《论语》“文学子游、子夏”是也。宋儒讲致知穷理之学，谓之“理学”；而以理学之究极，可以明心见道，亦称“道学”。清儒致力于诂经以推本汉儒，谓之“经学”；亦曰“汉学”；多见载籍。而未闻有称“国学”者！“国学”一词之所由来，不过数十年，乃对西学而有称。欧化东渐，日以富强相傲。吾国人矜奇惊新，亦以仁义为迂谈；几欲屏弃一切以相从事；放僻邪侈以为自由；长傲纵欲以言平等；反道败德以托革命；礼义廉耻，荡焉无存；方且以为外国之文明如此；我何为不如此；而乱日以长，傀焉不可终日！人穷则反本，而“国学”之名以起：“国学”云者，乃承欧化之披昌，而以明吾国之自有学；反本修古，所以防御西来之文化侵略，而涵有精神国防之意味焉！

（二）“国学”一词之涵义。欲知何谓“国学”，必先知何谓“国”，何谓“学”。《白虎通》：“学之为言觉也。”《说文》“学”作“斆”，训“觉悟也”。“学”而冠以“国”者，《说文》：“国，邦也：

从囗，从或。”“或，邦也，从囗，从戈以守一：一，地也。”是知国之为训，谊在防御；而从囗于外者，所以示国之有境，不可放弃；疆土然，论学亦然，国之有学，所以征国性之自觉！吾人可以学人之长以补己之短；而不可蔑我所学以徇人之学！吾人可以请益于人，而不可以归化于人也！国于天地，必有与立。苟国性失其自觉，斯民心不知所守；见异思迁之以同化于人者，抑何难投降称顺以纳土于人！苟吾人不知明德新民，居仁由义，国之所以为学；则舍己芸人，学西洋之科学艺术，皮傅欧化，亦徒贼夫人之子！须知今日之吾人，失其国性，而并失其人性；不知所以爱国，遂亦不知所以为人！同室操戈，杀人盈野，忍心害理，不知人间有悲悯事；而主持之者，孰非国之秀杰；问学以济贪诈，义理以文奸言，由不知所以为学，遂不知所以为人！而非促国性之自觉，无以发人性之自觉！

（三）我之所以言“国学”。国不能无学；而“国学”不可以名家；则以“国学”，乃举国四万万人，人人之所宜为学！而我之所以言“国学”，欲牖导国性之自觉以启发人性之自觉；知所以为人而为一君子。六经所明，不外人道。“仁”之为言人也。《论语》二十篇，千言万语，不论人之所以为我，而诏人之所以为人；是故标“仁”字以立人道之极，揭“君子”以立人伦之范。“子”者，男子之通称；“君”者，善群者也；“君子”之言善群之男子也：故曰“君子群而不党”。“群而不党”，斯人之所由以偶俱无猜，而讲信修睦，示民之有常者也；仁孰大乎是！《中庸注》：“人，读如相人偶之人。”党则有偶有不偶；群则无之而不偶，含宏光大，仁之至也！“仁”字从人从二，以见我之一人外，尚有人在；古人造字自有深意。天下之大，岂自便身图之所能一意孤行；而必恃乎全人类之讲信修睦以相与有成；然而知此者鲜！争民施夺，天下大乱，无不起于为我！所以古文“我”字从戈从勿；勿者，古人州里所建旗以为揭帜，象其柄有三斿；揭帜自我而他人勿恤，尔诈我处，戎心兴焉；此我之所以从戈，而孔子必以毋我为大戒也，今胜利虽临而丧乱未已，邦分崩离析，其大病在无一党团，无一阶级乃至无一人不思擅胜利于我以自便私图！君子不欲多上人；而今无一人肯降心相从以为人类之公仆！无一人不标高揭己以欲上人为领袖！争利者必先攘权，不仁者以身发财。断金不见同心；同室日以操戈！一人贪戾，一国作乱，其机如此；而人道或几乎息！我不恤人，人谁恤我！希腊哲人苏格拉底言：“个人当在群众之下！人生之最高目的，在实现道德之存在。”不知此者，不足以言“国学”！

然则“国学”为人道之学；人道不泯，国学不亡！而治国学必借读书。特经史子集，浩如烟海，执简御繁，莫如两书；读《四书》以揭人道之纲，读《通鉴》以尽人事之变。善读者玩索而有得焉，则终身用之有不能尽者矣！

（原刊于《苏讯》第77、78合期，1947年4月30日）

《国语》之古史今读

左丘明既为《春秋内传》，又稽其逸文，纂其别说，分周、鲁、齐、晋、郑、楚、吴、越八国事；起自周穆王，终于鲁悼公，别为《春秋外传》、《国语》[①]，合为二十一篇，其事以方内传，或重出小异；而其体则在《左传》，以事系年；《国语》以国分部；体制不同。

《国语》记春秋之事；而春秋为封建之世。世论一言封建，便以为部落割据而成不祥之词！不知此欧洲中古之封建，而非所论于中国也！中国之封建，封以表有德，建以立有功；封建者，所以破部落割据而成中国统一！司马迁《汉兴以来诸侯年表序》曰："殷次前尚矣！周封五等公、侯、伯、子、男；然封伯禽、康叔于鲁、卫，地各四百里；亲亲之义，褒有德也；太公于齐，兼五侯地，尊勤劳也。武王成康所封数百，而同姓五十五；地上不过百里，下不过三十里，以辅王室。"柳宗元《封建论》曰："周有天下，裂土田而瓜分之；设五等，邦群后，布履星罗，四周于天下；轮运而辐集，合为朝觐会同，离为守臣扞城。"则封建以扩充中央势力，而非仍固有之部落割据明甚！近人推勘其义而不同人云亦云者，独蒋百里先生，其持论以谓："我发见世界民族兴衰之原则，即生活条件一致者强，相离者弱，相反者亡！古之中国民族，当其人农业经济时代，而遇游牧民族之压迫，于是应用沟洫之治水术，而编成方阵形之农田曰井田，以拒绝骑兵及战车之突击。此一方阵，为

① 国语，原作"语国"，今乙正。

最小之抵抗单位，而亦为共同劳作之经济团体；所以中国古代军制，即包含于农制之中；所谓寓兵于农，即生活条件与战斗条件一致。封建非部落割据，而为打破部落割据之一种工具；封者殖民；而建则生活战斗一致之建设。井田非均产，而为国防制度之一；既可种田吃饭，又可出兵打仗。创制者周公，而继承者管仲（见《从历史上解释国防经济学之原则》）。此为华族完成自己文化时期，而播植两种子：一同化力，一抵抗力。而井田、封建，则其工具也，封建以殖民，筚路蓝缕，以启山林，是为攻势。井田以垦荒；九家相保，出入扶持，则为守势。两者如车之两轮，鸟之两翼；相辅而成。其尤妙者，则为文化之攻势一同化；武力之守势一抵抗。观于孟子说“用夏变夷”，《尚书》“黎民于变时雍”，《中庸》“舟车所至，人力所通，日月所照，霜露所坠，凡有血气，莫不尊亲”，吾人文化之攻势，不用杀人；而武力之守势，不恤拌命；孟子说：“凿斯池也，筑斯城也，效死而民不去。抵抗之烈如此！”知此者，而后可论中国之封建！

中国之封建，与欧洲中古之封建，情实不同！欧洲中古之封建，不过为封君对于农奴之压迫！即在法国，当十八世纪时，亦尚有封土制度之遗迹。农民身体，虽已不固定于封土；然地主对于佃奴，仍可强制舂米于地主之田，烘面包于地主之炉，压葡萄酒于地主之榨；而课以税。过桥有税；渡河有税；即驱羊而过地主之居，亦有税。而因有种种限制之故，为农民者终身耕一片土，而无法迁地为良；一年所获，须纳其一部于地主；一月售其地于他人，则须将得价之一交诸地主。若我中国之封建，则何有焉！于时，土地国有，分田授民，二十受田，六十归田。公田藉而不税。市廛而部税。岁饥而不征。林麓川泽以时入而不禁。著为法令，载在经典。岂如欧洲封君之虐取①民者耶！所以欧洲中古之封建，成国家之组织；而中国春秋之封②建，已为国家之成型，体国经

① “取”后疑脱“农”字。
② 封，原作“建”，今改正。

野，有典有则。所以《说文》：“封，爵诸侯之土也，从之，从土，从寸。”各其土也。“从寸，守其制度也。”“建，立朝律也。”则封建二字，又涵有国家法治之意焉！今假《国语》以明封建而阐立国之大法，选授如下目：

（一）论政治之组织，如：“桓公自莒反于齐”至“以守则固以战则强”（《齐语》），“宣王即位不藉千亩”（《周语》），“宣王既丧南国之师”（同上）“宣公夏滥于泗渊”（《鲁语》），“定王使单襄公聘于宋”（《周语》），“公父文伯退朝朝其母”（《鲁语》），“海鸟曰爰居”（同上），凡七篇。

亩一篇，则知封建之世，国家之财政，民生之利赖，莫不系农，故曰“民之大事在农”；盖经济之农本主义也。或者以农本主义，为农业社会之原始经济；而非所论于今日进步之工商经济！不知国以民为本，民以食为天，无间今古，岂以经济之丧；此所以百战百胜而一蹶不振也！鲁登道夫言：“德人不怕战而怕饿，战不足以摧败德国，而饿则足以危德国之生存！”语见《大战回忆录》。及今日之大战，美国先有事于农业政策，以为制裁纳粹之武器，曰：“喂饱英国；饿死纳粹！”

人劳力，无一人不服劳，无一时许自逸！而读《鲁语》“海鸟曰爰居”一篇，则知生有劳于民，然后死有祀于国！盖以劳则思，思则善心生；逸则淫，淫则忘善；所以罢士无伍，罢女无家；国家有督教之责任，人民有服劳之义务；国家立法制令以为国典，人民奉令承教以为人伦也。

（二）阐政治之理论，如：“襄王使召公过及内史过赐晋惠公命”（《周语》），“晋人杀厉公，边人以告”（《鲁语》），“厉王虐，国人谤王”（《周语》），“厉王说荣夷公”（同上），“季文子相宣成”（《鲁语》），“斗且廷见令尹子常”（《楚语》），“王孙圉聘于晋”（同上），“穆王将征犬戎”（《周语》），“桓公曰：‘吾欲从事于诸侯其可乎？’管子对曰：‘未可！邻国未吾亲。’”（《齐语》）

读《周语》“襄王使召公过及内史过赐晋惠公命”及《鲁语》“晋人杀厉公，边人以告”两篇，则知国以民为本；民之不惠，君负责任；而放杀者，人民所以课君主之责任也！读《周语》“厉王虐，国人谤王”，则知防民之口，甚于防川；而言论之自由，须予人民以尊重！读《周语》“厉王说荣夷公”，《鲁语》“季文子相宣成”及《楚语》“斗且廷见令尹子常”，则知专民之利，甚于盗攘中而国家之乐利，须予人民以共享。读《楚语》“王孙圉聘于晋”，则知安民和众，国家不宝玉而尊贤！读《周语》“穆王将征犬戎”，及《齐语》“桓公欲从事于诸侯，管子对邻国未吾亲”，则知柔远睦邻，不观兵而观德；兼弱攻昧，告用间而加兵也！

昔严又陵先生尝太息吾国狃于数千年之闭关一统，而昧今日之为列国争雄，其政涣而无纪；其民懦而苟安；集中《上皇帝万言书》痛切论之！苟观之上古，验之当世，参以人事，而审权势之宜；臭腐自化为神奇，何必乞不死之药于海上也！（华中大学讲稿之一）

（原刊于《武汉日报·文史副刊》第10期，1946年12月5日）

近百年湖南学风

一、导言

湖南之为省，北阻大江，南薄五岭，西接黔蜀，群苗所萃，盖四塞之国。其地水少而山多。重山叠岭，滩河峻激，而舟车不易为交通。顽石赭土，地质刚坚，而民性多流于倔强。以故风气锢塞，常不为中原人文所沾被。抑亦风气自创，能别于中原人物以独立。人杰地灵，大儒迭起，前不见古人，后不见来者，宏识孤怀，涵今茹古，罔不有独立自由之思想，有坚强不磨之志节。湛深古学而能自辟蹊径，不为古学所囿。义以淑群，行必厉己，以开一代之风气，盖地理使之然也。

天开人文，首出庶物以润色河山，弁冕史册者，有两巨子焉：其一楚之屈原，著《离骚经》，以香草美人为比兴，以长言永叹变四言，铿锵鼓舞，于三百篇之外，自成风格，创“楚辞”以开汉京枚马之词赋。其一宋之周敦颐，作《太极图说》、《通书》，契性命之微于大易，接孔颜之学于一诚，而以太极人极发明天人之蕴，倡理学以开宋学程朱之性理。一为文学之鼻祖，一为理学之开山，万流景仰，人伦模楷，风声所树，岂徒一乡一邑之光哉！然为生民立极，为天地立心，而辅世长民，一本修己者，莫如周敦颐之于宋，其次王夫之之于明。周敦颐以乐易恬性和，王夫之以艰贞拄世变；周敦颐探道原以辟理窟，王夫之维人极以安苦学。故闻夫之之风者，顽夫廉，懦夫有立志；闻敦颐之风者，鄙夫宽，薄夫敦也。敦颐，道州人；夫之，衡阳人。湖南人而有此，匪仅以自豪乡曲，当思以绍休前人。

自昔子思作《中庸》以说天命之性，而孟子道“性善”以修率性之道，开宗明义，而未有体系，所以“理”而不为“学”至周敦颐乃本《中庸》以上推之《易·系辞传》，而后天命之性、率性之道，有体有系，厘然秩然。犹若以为未足，更本《易·系辞传》以旁推交通诸《老子》“道可道，非常道”、“有物混成，先天地生”，拈出“太极无极”之义，以补《易系》之未所言，而后先天之道，天命之性，有体有系，厘然秩然。观其《太极图说》曰：“无极而太极。太极动而生阳。动极而静，静而生阴。静极复动，一动一静，互为其根。分阴分阳，两仪立焉。阳变阴合而生水火木金土，五气顺布，四时行焉。五行一阴阳也，阴阳一太极也，太极本无极也。五行之生也，各一其性。无极之真，二五之精，妙合而凝。乾道成男，坤道成女，二气交感，化生万物，万物生生，而变化无穷焉。”盖融《老子》、《易系》之义而冶之一炉者也。“太极”之词，出自《易系》；而“无极”之义，则参《老子》。老子言：“无名天地之始，有名万物之母。”“无极而太极”也。老子言：“天下万物生于有，有生于无。”则所谓“五行一阴阳”、“阴阳一太极”、“太极本无极”也。“太极无极，二而一，一而二”，此老子“有”“无”双观之所以“同谓之玄”也。太极图◑。中间一○，即“易有太极”也。○旁两抱，即两仪二画也。不过伏羲在太极上面直画两画成三，而敦颐却把伏羲两画弯转，抱在太极两旁，亦从《老子》“负阴抱阳，冲气以为和”之说悟出。老子所谓“道生一，一生二，二生三，三生万物”，统体一太极也。“万物负阴而抱阳，冲气以为和”，物物一太极也。“太极”二字，原本《易系》，尚是祖述孔门之旧。至于“主静立人极”，“人极”二字，则自敦颐始发之。其后从“人也得其秀而最灵”云云，皆说“人极”。人极与太极对勘而论，以明天人相与之际，绝非矫揉造作。故人能践形，即能尽性；能尽性，即能达天。天人一理，此敦颐立言之旨，而以《太极图说》挈其要，以《通书》畅其义。“定之以中正仁义而主静立人极”，“主静”二字，是立人极之本。“中正仁义”，又是主静之实落处。然“主静”之下，又自注曰“无欲故静”。“无欲”者，无人欲；无人欲，则纯乎天理矣。而“诚”以立其本，“几”以神其用。夫道非“诚”不立，非“几”不行。事之大小，天下之治乱，皆有“几”者行其间。天也，固人也。事有理有势，而行之必有其几，此则众人之所忽，而豪杰有为者之所必争也。敦颐言“诚神几谓之圣人”，“诚”者本也，“神”者用也，“几”者介乎动静之间。故曰：“动而未形，有无之间，几也厂莅事之初，有审几之明；及事变之歧出，又有赴几之智。一得其几，而万险胥平；一失其几，丛胜百出，咫尺皆荆棘也。然非“主静”者，不能审几赴几；而非“定之以中正仁义”，则审几赴几而或流于狙诈惨敬，吾见亦多矣。此敦颐所为“定之以中正仁义而主静立人极”也。程氏颢、颐，理学之宗，而兄弟受业。敦颐每令寻孔颜乐处，所乐何事。颍尝曰：“自再见周茂叔后，吟风弄月以归，有‘吾与点也’之意。”以其世居道州营道县濂溪上，世称“濂溪”先生。

周敦颐生当太平，王夫之身历世屯，而以明庄烈帝崇祯十五年举于乡。目睹是时朝政，刻核无亲；而士大夫又驰骛声气，东林复社之徒，树党伐仇，日寻于恩怨；发而为文章，黜申韩之术，嫉朋党之风，长言三叹而未有已。既一仕桂王，为行人司，知事终不可为，乃匿迹永、郴、衡、邵之间，终老于湘西之石船山，世称“船山先生”。清盗诸夏而抚定之，搜访隐逸，次第登进。虽顾炎武、李颙之艰贞，而征聘不绝于庐，独夫之深閟固藏，邈焉无与。平生痛诋党人标榜之习，不欲身隐而文著以求反唇，用是其身长遁，其名翳寂。其学出于宋儒张载，载著有《西铭》、《正蒙》等书，其学以仁为宗，以礼为体，而深信周礼为必可行于世。夫之则注《正蒙》数万言以讨论为仁之方，为《礼记章句》数十万言以阐明记礼之意。昔仲尼好语求仁，而雅言执礼；孟子亦仁义并称。盖圣人所以平物我之情，而息天下之争，内之莫大于仁，而外之莫急于礼。因人之爱而为之文饰以达其仁，因人之敬而立之等威以昭其义，虽百变而不越此两端也。夫之荒山敝榻，终岁孜孜，以求所谓育物之仁，经邦之礼，穷探极论，千变而不离其宗，旷百世不见知而无所悔，虽未为万世开太平以措施见诸行事，而蒙难艰贞以遁世无闷，固为生民立极。周敦颐光风霁月，饮人以和；夫之则茹苦含辛，守己以贞；周敦颐以道自乐，从容涵泳之味洽；夫之则历劫勿渝，厉世磨钝之节坚。翘企高风，诗不云乎：“我思古人，俾无试兮。”

降而晚近，世变亦益亟矣！百年以还，欧化东渐。挠万物者莫疾乎风，君子以独立不惧。而习尚之所蒸，抑有开以必先。汤鹏尚变以自名一子，魏源通经而欲致之用，胡林翼、曾国藩、左宗棠扶危定倾以效节于清，郭嵩焘、谭嗣同、章士钊变法维新迄于革命。新旧相劘，问学殊途，而要之有独立自由之思想，有坚强不磨之志节。湛深古学，而能自辟蹊径，不为古学所囿。志在于淑群，行不害违众，精神意趣，则无不同。余违寇来湘，披览著书，颇亦窥其指要，观其会通。睹记所及，写成是编，裒录汤鹏、魏源以下，得若干人以尽其变。上推周敦颐、王夫之两贤以端其趣，而行毋绳以求备。人不拘于一格，大者经文纬武，次则茹古涵今，略其是非功罪之著，而彰锄学暗修之懿。所贵好学深思，心知其意，用之则辅世长民，不用则致知穷理。内圣外王，在湘言湘，岂徒为诏于来学，抑亦自振其衰朽。凡我共学，倘能恢张学风，绳此徽美，树规模，开风气，以无忝于前人，岂徒一校之私以为幸，国家景命，有利赖焉。昔罗泽南以一老诸生，假馆四方，穷年汲汲，与其徒讲论濂洛关闽之学，师弟礲切。而其弟子王鑫、李氏续宾、续宜兄弟，杀敌致果，卓有树立。吾党身厕上庠以縻大官之廪，所凭借什伯于罗氏师弟，则所树立亦必什伯于罗氏师弟，乃足以副国家之作育。景行行止，在吾党好为之耳。尚乃勖哉，毋陨越以遗前人羞。

二、汤鹏　魏源

清治至道光而极敝，清学至道光而始变。于时承平之日久，主溺晏安，大臣委蛇持禄，容说以为忠；士人汩没科举，诗书以干泽。即有魁异杰出之才，不安固陋，而声气标榜，呼朋啸侣，桐城文章以学古，休宁名物以张汉，文史雍容，姑以永日，而辅世长民，以为非分。傥有文章经国，志气拔俗，发强刚毅足以有执，文理密察足以有别，发聋振聩，大声疾呼者，可不谓之豪杰之士哉！吾得二人焉：曰汤鹏，曰魏源。

汤鹏，字海秋，益阳人。擢道光三年癸未进士第，年甫自二十，所为制艺，列书肆中满街。士人模拟相踵得科第，而鹏唾弃不复道，专力为诗歌，自上古歌谣至三百篇、《离骚》、汉魏六朝下暨唐诗，无不形规而神挈之，未几得三千首。其始官礼部主事，为文章下笔不自休，大臣以为才，选入军机章京，补户部主事，转贵州司郎中，擢山东道监察御史。年始三十余，意气卓厉，谓天不无不可为者，徒驰骋文墨以自标置，无当也。于是勇言事，未逾月三上章，卒以得罪，罢御史，回户部员外郎，转四川司郎中。是时，英人扰海疆，求通市。鹏已黜不得言事，犹上书大臣转奏善后条陈三十事，报闻而已。鹏居曹司久，而负才气，郁不得施，以谓："事有积之已久则弊，而守之以固则枯；坏之已甚则匮，而处之以瞶则愚；振之以大声疾呼则訾其激，而荒之以流心佚志则厚其羞；料之以深识早计则嫌其躁，而亟之以颓光倒景则郁其忧。是故君子不能毋尚变。尚变云何？尔乃君毋过尊而自比于天地之大，臣毋过卑而下同于犬马之贱。大臣毋席尊荣以谩小臣，毋小其职掌乃并其聪慧气力而一例小之也。小臣毋畏谴何以媚大臣，毋大其爵秩乃并其神理骨干而一例大之也。国故毋有所支离禁忌而不以告人，民情毋有所增饰而不以上闻也。是则与天下臣民共其趣向，非则与天下臣民共其懊墨，功则与天下臣民共其欢欣，过则与天下臣民共其惩创。公辅毋自其岁月资格为之，将帅毋自其宗藩世胄为之也。机密宜选老成忠謇以厚其德、直其义；封圻宜兼文武干济以鸿其体、实其用；谏议宜格君心杜门户以申其直、示其大；守令宜引英俊擢三公以重其选、拔其尤。轻重贵贱之等，毋封己见以成倒置也；治忽安危之机，毋戾众志以得惨报也。科目毋徇文字，登进毋涉苟且也。军旅毋溺宴安，训练毋徇故常也。粟米之产，毋委以地气而不广生，毋限以农工而不众也。盐筴之利，毋敝以官守而不约束，毋画以疆界而苦迂滞也。而归之览上下古今善败得丧，毋涉其故而忘其新。闻变则骇者，无识而陋者也；稍变而留其半者，有志而懈者也。可变则变者，智也；不变不止者，勇也。变然后宜，宜然后利，利然后善者，仁也，义也。苟不得施于事而著之言。”于是为《浮邱子》一书，立一意为干而分数支，支之中又有支焉，则支复为军，支干相演以递于无穷。大抵言军国利病，人事情伪，开张形势，根极道德，一篇数千言者，九十一篇，计四十余万言，而植之以学，索之于古，以谓：“君子纳之于轨物，然后能裁之于义理；裁之于义理，然后能详之于体段；详之于体段，然后能鸿之于作用。君子曷施而每进益上如此也？《说命》之言曰：‘王，人求多闻，时惟建事，学于古训乃有获。事不师古，以克永世，匪说攸闻。’是故君子必于古乎索之。曷索之？曰于古载籍乎索之。……是故读经则思其意，读史则思其迹。思其意，则奥而衍，使人变动光明而济；思其迹，则炯而严，使人中正比宜而静。”“是故君子必读书则古，以握宰世服物之本。考之《诗》，然后知性情；知性情，然后能款万物。考之《书》，然后知政事；知政事，然后能著万物。考之《易》，然后知阴阳；知阴阳，然后能妙万物。考之《礼》，然后知典则；知典则，然后能衷万物。考之《乐》，然后知声音；知声音，然后能和万物。考之《春秋》，然后知名分；知名分，然后能戒万物。考之《论语》、《孝经》，然后知言行；知言行，然后能体万物。考之《大学》、《中庸》，然后知体用；知体用，然后能总万物。考之历代之史策，然后知成败之凡；知成败之凡，然后能操万物。考之当代之彝训，然后知创述之委；知创述之委，然后能巩万物。”每遇人，辄曰：“能过我一阅《浮邱子》乎？乃所愿，则学周公孔子之学，志周公孔子之志，以文周公孔子之文也。”然其学主王霸杂用，出入儒与名法，而不纯学周公孔子。其语杂糅孟轲、韩非，引物连类，旁征史实，而归宿于称说《诗》、《书》，则又似《荀子》书之引《诗》以卒篇。而其行文，则好为排比，体仍制艺，而自出变化，震荡陵厉，时而云垂海立，时而珠圆玉润，连犿旁魄，时恣纵而不傥，读之者目眩神夺，争之强，辩之疾矣。足以夺人之心，移人之志。傥后来康有为、梁启超报章文新民体之所昉乎？他所著述，如《明林》十六卷，指陈前代得失。又有《七经补疏》，阐发经义；《止信笔初稿》，杂记见闻。诸书皆出示人，惟《止信笔初稿》人多未见。或问之，曰：“此石室之藏也。”尝谓其友人曰：“汉以后作者，或专攻文辞，而义理不精，经纶不优；或精义理，优经世，而不雄于文。克兼之者，惟唐陆宣公、宋朱子耳。吾欲奄有古人而以二公为归。”其自许如此。

魏源，字默深，邵阳人。嘉庆己卯及道光辛巳两中湖南副榜。壬午，举顺天乡试，冠南籍。试卷进呈，宣宗手批嘉赏，名籍甚。明年为道光三年癸未，典会试者必欲罗致之以邀上眷。得一卷，文章绝类，及揭晓，则汤鹏也。而源不第，入资为内阁中书，改知州，游江南。而安化陶澍方官江苏巡抚，寻擢两江总督，兼管盐政，于源为乡先达，用其议以创海运，改盐法，国裕而民亦利，有遗爱焉，焯为名臣，则源之以也。道光二十四年甲辰，第进士，发江苏，以知州用，补高邮州。前此治经而张今文者，则《春秋》而已，至源乃推而大之以及《诗》《书》，遍于群经。著《董子春秋发微》七卷，曰：“所以发挥《公羊》之微言大谊，而补胡毋生条例、何邵公解诂所未备也了。”《诗古微》二十二卷，曰：“所以发挥齐鲁韩三家之微言大义，补苴其罅漏，张皇其幽渺，以豁除《毛诗》美刺正变之滞例，而揭周公孔子制礼正乐之用心于来世也。”《书古微》十卷，曰：“所以发明西汉《尚书》今古文之微言大谊，而关东汉马郑古文之凿空无师传也。”而总其凡于《两汉经师今古文家法考》，曰：“今日复古之要，由诂训音声以进于东京典章制度，此齐一变至鲁也。由典章制度以进于西汉微言大义，贯经术政事文章于一，此鲁一变至道也。”宣究今学，抉经之心，而博综子史，高谈王霸，宏我汉声，通经致用。以谓：“豪杰而不圣贤者有之，未有圣贤而不豪杰者也。贾生得王佐之用，董生得王佐之体，合之，则汉世伊颜之传也。秦汤方燠，九州为炉，故汉初曹参盖公沐之清风而清静以治。若乃席丰履豫，泰久包荒，万几丛脞于上，百慝养痈于下，乃不励精图治以使民无事，而但以清静为无事，有不转多事者乎？皇春帝夏，王秋霸冬，气化日禅，虽羲黄复生，不能返于太古之淳。是以尧步舜趋，禹驰汤骤。世愈降则愈劳，况欲以过门不入，日昃不食之世，反诸标枝野鹿，其不为西晋者几希。《诗》曰：‘民莫不逸，我独不敢休。’工骚墨之士，以农桑为俗务；而不知俗学之病人更甚于俗吏。托玄虚之理，以政事为粗才，而不知腐儒之无用亦同于异端。庄生喜言上古，上古之风必不可复，徒使晋人糠敖礼法而祸世教。宋儒专言三代，三代井田封建选举必不可复，徒使功利之徒以迂疏病儒术。君子之为治也，无三代以上之心则必俗；不知三代以下之情势则必迂。其不可变者道而已，势则日变而不可复者也。天有老物，人有老物，文有老物。柞薪之木，传其火而化其火；代嬗之孙，传其祖而变其祖。今自为今，古乃有古。执古以绳今，是为诬今；执今以律古，是为诬古。诬今不可以为治，诬古不可以语学。自古有不王道之富强，无不富强之王道。《易》十三卦述古圣人制作，首以田渔耒耜市易，且舟车致远以通之，击柝弧矢以卫之。禹平水土，即制贡赋而奋武卫；《洪范》八政，始食货而终宾师。无非以足食足兵为治天下之具。后儒特因孟子义利王霸之辩，遂以兵食归之五霸，讳而不言，曾亦思足民治赋皆圣门之事，农桑树畜即孟子之言乎！王道至纤至悉，井牧徭役兵赋，皆性命之精微，流行其间。使其口心性，躬礼义，动言万物一体。而民瘼之不求，吏治之不习，国计边防之不问；一旦与人家国，上不足制国用，外不足靖疆圉，下不足苏民困，举平日胞与民物之空谈，至此无一事可效诸民物，天下亦安用此无用之王道哉！曷谓道之器？曰礼乐。曷谓道之断？曰兵刑。曷谓道之资？曰食货。道形诸事谓之治，以其事笔之方策，俾天下后世得以求道而制事，谓之经。藏之成均辟雍，掌以师氏保氏大乐正，谓之师儒。师儒所教育，由小学进之国学，由侯国贡之王朝，谓之士。士之能九年通经者，以淑其身，以形为事业，则能以《周易》决疑，以《洪范》占变，以《春秋》断事，以《礼》、《乐》服制兴教化，以《周官》致太平，以《禹贡》行河，以三百五篇当谏书，以出使专对，谓之以经术为治术。曾有以通经致用为诟厉者乎？以诂训音声蔽小学，以名物器服蔽三礼，以象数蔽《易》，以鸟兽草木蔽《诗》，毕生治经，无一言益己，无一事可验诸治者乎？呜呼！古此方策，今亦此方策；古此学校，今亦此学校。宾宾焉以为先王之道在是。吾不谓先王之道不在是也，如国家何！《诗》曰：‘匪先民是程，匪大犹是经，维迩言是听，维迩言是争。’自乾隆中叶后，海内士大夫兴汉学，而大江南北尤盛。苏州惠氏（栋）、江氏（声），常州臧氏（镛堂）、孙氏（星衍），嘉定钱氏（大昕），金坛段氏（玉裁），高邮王氏（引之），徽州戴氏（震）、程氏（瑶田），争治诂训音声，瓜剖脉析，视国初昆山、常熟二顾（炎武、祖禹）及四明黄南雷（宗羲）、万季野（斯大）、全谢山（祖望）诸公，即皆挨为史学非经学，或谓宋学非汉学，锢天下聪明智慧，使尽出于无用之一途。独武进庄方耕侍郎（存与），生于其时其乡，其学能通于经之大义，西汉董、伏二先生之微森，未尝凌杂脉析，世之语汉学者鲜称道之。呜呼！吾所谓真汉学者，庶其在是。所异于世之汉学者，庶其在是。至嘉庆道光间，而李申耆先生（兆洛）出，独治《通鉴》、《通考》之学，以地证史，以史治地，起三代两汉魏晋南北朝唐宋元明，用康熙乾隆《皇舆一统图》朱印，墨注古地名其上。每代各为一图，号曰《历代沿革图》。疏通知远，不趋声气，而恶夫以饾饤为汉，空腐为宋。醰然粹然，莫测其际也。并世两通儒，皆出武进，盛矣哉！余于庄先生不及见，见李先生。”其学出于吾常州庄、李二氏，经经纬史，而润泽之以文章。词笔奥衍，熟于元明以来掌故，纂录《元史新篇》若干卷、《明代食兵二政录》七十八卷、《圣武记》十四卷、《皇朝经世文编》百二十卷。旁搜博采，尤悉心河道水利，海防边防，上下古今而明究其得失，如聚米画沙，如烛照数计。自谓坐而言，可起而行也。于时，英人以贩鸦片，绝通市，构衅于我。而兵舰东来，薄我广州，纵横海上，掠闽浙，入长江，师徒挠败。于是割地通商，而有南京城下之盟。中外大吏，相顾蓄缩。于是源发愤而道曰：“夷之水战与火攻，强于倭。倭之绝夷不与通市者，防其贩烟与传教。而夷之畏倭，畏其岸上陆战也。倭国三十六岛，港汊纷歧，其海口更多于中国，其水战火攻尚不如中国，止以陆战之悍，守岸之严，遂足詟夷心，绝市舶，而不敢过问。又止以刑罚之断，号令之严，遂足禁异教，断毒烟，而莫敢轻犯。吾之水战火攻不如夷，犹可言也；守岸禁烟并不如倭，可乎？不可乎？不能以战为款，犹可言也；并不能以守为款，可乎？不可乎？令不行于海外之天骄，犹可言也；令并不行于海内贩烟吃烟之莠民，可乎？不可乎？夫财用不足，国非贫；人才不竞之谓贫。令不行于海外，国非羸，令不行于境内之谓羸。故先王不思财用而惟亟人材；不忧不逞志于四夷而忧不逞志于国境。尝观周汉唐宋金元明之中叶矣，瞻其阙，夫岂无悬令？询其廷，夫岂无充位？人见其令雷行于九服，而不知其令未出阶闼也；人见其材云布乎九列十二牧，而不知其稿伏于灌莽也。无一政能申军法，则佚民玩；无一材堪充军吏，则傲民狂；无一事非耗军实，则四民皆荒。佚民玩，则画箠不能令一羊；傲民狂，则蛰雷不能破一墙；四民皆荒，然且今日揖于堂，明日觞于隍，后日胠于藏。而以节制轻桓文，以富强归管商，以火烈金肃议成汤，奚必更问其胜负于疆场矣。《记》曰：‘物耻足以振之，国耻足以兴之。’故昔帝王处蒙业久安之世，当涣汗大号之日，必虩然以军令饬天下之人心，皇然以军食延天下之人才。人才进，则军政修；人心肃，则国威遒。明臣有言：‘欲平海上之倭患，先平人心之积患。’人心之积患如之何？非水非火，非刃非金，非沿海之奸民，非吃烟贩烟之莠民。故君子读《云汉》、《车攻》，先于《常武》、《江汉》，而知二雅诗人之所发愤；玩卦爻内外消息，而知大《易》作者之所忧患。愤与忧，天道所以倾否而之泰也，人心所以违寐而之觉也，人才所以革虚而之实也。去伪去饰，去畏难，去养痈，去营窟，则人心之寐患去其一。以实事程实功，以实功程实事，毋谈天，毋画饼，则人心之虚患去其二。天时人事，倚伏相乘；知己知彼，可款可战。”于是搜采欧美各国国情地理以著中国攻守之宜，成《海国图志》一百卷，厥为国人谈瀛海故实者之开山，而其要归于“以守为攻”、“以守为款”、“以夷制夷”、“师夷之长技以制夷”，语重心长。时异势迁，生百年以后之今日，而籀源之所以为言，则有建诸天地而不悖，百世以俟天挺伟人而不惑者。日本之平象山、吉田松阴、西乡隆盛辈，无不得《海国图志》读之而愤焉惟焉，攘臂而起，遂以成明治尊攘维新之大业，则源有以发其机也。于时，海疆震动，东南汲汲，而西北边备弛，新疆协饷不继。于是源大声以呼曰：“伊古以来，中国边患，西北恒剧于东南。盖东南以大海为界，形格势禁，西北则广莫无垠也。国家平准噶尔之地，易其名，曰伊犁，曰乌鲁木齐，曰巴里坤，曰哈密。及平西域诸回部，若辟展，若哈拉沙拉，若库车，若沙雅尔，若赛里木，若拜城，若阿克苏，若乌什，若喀什嘎尔，若叶尔羌，若和阗，咸入版图。设将军、参赞、都统、提镇及办事、领队诸大臣，遣兵驻防以资镇守。或谓地广而无用，官精兵饷，岁解赔数十万，耗中事边，有损无益。曾亦思西兵未罢时，历康熙、雍正、乾隆三朝，勤西顾忧。且沿克鲁伦河长驱南牧，蹂躏至大同归化城。甘陕大兵不解甲，费岂但倍蓰哉！且夫一消一息者，天之道；裒多益寡者，政之经。国家醲醲孳生，中国土满人满，独新疆人寥地旷，牛羊麦面蔬果之贱，播植浇灌之易，氈裘贸易之利，金矿之旺；穷民服贾牵牛出关，至则长子孙，百无一反。是天留未辟之鸿荒以为盛世消息尾闾者也，是圣人损益经纶之义，所必因焉乘焉者也。奈何狃近安，忘昔祸，惜涓埃之费，昧溟渤之利，以甘闾闬鄙儒眉睫之见！”其后左宗棠用其言以我疆我理，改建行省，谓“新疆不固，则蒙古不安。匪特陕甘山西各边时虞侵轶，即直北关山亦将无晏安之日。近以用兵新疆，益叹魏子当日所见之伟为不可及”云。于时，兵败于海防，财匮于河决江淹。而河无岁不决口，以淹地数千百里，无岁不筹防以耗帑五六百万。于是源按图而陈曰：“我生以来，河十数决。但言防河，不言治河，故河成今日之患；但筹河用，不筹国用，故财成今日之匮。夫地势北岸下而南岸高，河流北趋顺而南趋逆。自古北行，而今每上游豫省北决，必贯张秋运河，趋大清河入海。何不顺其就下之性，筑堤东河，导之东北。北不驾太行之脉，南不驾泰山之脉。介两脉之间，所刷皆尘沙浮土，日益深通。于是河由地中行，无高仰，自无冲决。而官可裁防河之员数千百人，岁可省防河之帑五百万金。河不为患，帑不虚糜，而后国家得以全力以饬边防、兴水利也。然历代以来，有河患，无江患。河性悍于江，所经兖豫徐，地多平衍，其横溢溃决无足怪。而江流所经，狭者束于山，宽则潴于湖，宜乎千年永无溃决。乃数十年中，告灾不辍，大湖南北，漂田舍，没城市，无虚岁，而与河同患，何哉？承平二百载，土满人满，湖北、湖南、江南各省，沿江沿海沿湖，向日受水之地，无不筑圩捍水，成阡陌、治庐舍其中，于是平地无遗利。且湖广无业之民，多迁黔粤川陕交界，刀耕火种，虽蚕丛峻岭，老林深谷，无土不垦，于是山地无遗利。平地无遗利，则不受水，水必与人争地，而向日受水之区，十去五六矣。山地无遗利，则凡菁谷之中，浮沙壅泥，败叶陈根，历年壅积者，至是皆铲掘疏浮，随大雨倾泻而下，由山入溪，由溪达汉达江，由江汉达湖，水去沙不去，遂为洲渚。洲渚日高，湖底日浅，近水居民，又从而圩之田之，而向日受水之区，十去其七八矣。江汉上游，旧有九穴十三口以泄水，今则南岸九穴淤，而自江至澧数百里，公安、石首、华容诸县，尽占为湖田。北岸十三口淤，而夏首不复受江。监利、沔阳县，亦长堤亘七百余里，众占为坪田。江汉下流，则自黄梅、广济，下至望江、太湖诸县，向为浔阳九派者，今亦长堤数百里，而泽国尽化桑麻。下游之江面湖面日狭一日，而上游之沙涨日甚一日，夏涨安得不怒，堤垸安得不破，田亩安得不灾？然则计将安出？曰：除其夺水为利之人而已。人与水争地为利，而欲水让地不为害，得乎？湖南地势高于湖北，湖北高于江西、江南，楚境之湖口日蹙日浅，则吴境之江堤日高日险。沿江四省数十百万之荡析，孰与一邑一垸数千百家之饶衍乎？然而湖南、汉口大潦，诸县诸垸之民人之漂溺者，亦岂少乎？损人利己且不可，况损人并损己乎！乾隆间，湖南巡抚陈文恭公劾玩视水利之官，治私筑豪民之罪，诏嘉其不示小惠，此所以为大人也乎！”源以咸丰五年殁于扬州。而前一年，河决铜瓦厢以北流，由大清河入海，而河患消息，河防以纾，卒如所言，盖犹及见之。而夺湖为田之为江害，下民昏垫，迄今百余年，祸未有艾也。然而君子立言，不为一时，氓之蚩蚩，于源何憾焉。后人辑录其文，为《古微堂内集》二卷，《外集》八卷。

三、罗泽南　李续宾　王鑫

汤鹏、魏源，大言经世而行或不掩；罗泽南、李续宾、王鑫，笃实辉光而其德日新。汤鹏、魏源，犹以华士腾口说；罗泽南、李续宾、王鑫则以醇儒笃躬行。而遭逢世屯，奋身扞乡里，练丁设防，遂创湘勇，而起书生以当大敌，蹈难不顾，师弟僇力，转战大江南北，师殆而弟子继之，智名勇功，后先彪炳，羞武夫之颜，关其口而夺之气，亦其素所蓄积然也。汤鹏、魏源，高文雄笔，沛然出之，声采炳琅，腾诵士大夫。而罗泽南、李续宾、王鑫，文采不艳，辞达而已。然其声教遗言，皆经事综物，公诚之心，形于文墨，尤足以匡世拂俗，而有补于当世。

罗泽南，字仲岳，湘乡人。十岁能文。家酷贫，大父拱诗屡典衣市米，节缩于家，专饷于塾。而泽南溺苦于学，夜无油炷灯，则把卷读月下，倦即露宿达旦。年十九，即课徒自给，而丧其母。次年，大父及兄嫂相继殁。十年之间，迭遭期功之丧十有一。至二十九岁，而长子、次子、三子连殇。是岁为道光十五年乙未，大旱饥，泽南罢试徒步归，夜半叩门，则其妻方以连哭三男丧明。时饥甚，索米为炊，无有也。泽南益自刻厉，不忧门庭多故，而忧所学不能拔俗而入圣；不忧无术以资生，而忧无术以济天下。三十三岁，乃补县学生。逾四十，乃以廪生举孝廉方正。假馆四方，穷年汲汲。与其徒讲论宋儒濂洛关闽之绪，瘏口焦思，畅衍厥旨。其大者，以为天地万物，本吾一体，量不周于六合，泽不被于匹夫，亏辱莫大焉。凛降衷之大原，思主静以研几，于是乎宗张载而著《西铭讲义》一卷，宗周敦颐而著《太极衍义》一卷。幼仪不慎，异说不辨，则趣向不端，于是乎宗朱熹而著《小学韵语》一卷，辟王守仁而著《姚江学辨》二卷。严义利之闲，于是乎有《读孟子札记》二卷。穷阴阳之变，于是乎有《周易本义衍言》若干卷。旁及州域形势，而有《皇舆要览》若干卷。百家述作，靡不研讨，而其本躬行以保四海，则交通旁推而不离其宗。其后太平军洪秀全、杨秀清起广西，乘胜远斗以躏藉湖南，而里中书生多攘臂起，团民壮，捍寇患，死绥踵接而逐之湖外，则泽南之教也。咸丰二年，洪秀全围长沙，县令召泽南练乡勇，巡抚张亮基檄赴长沙。而同乡曾国藩以侍郎在籍，奉诏督治团练，亦在长沙。因与泽南讲求束伍技击之法，晨夕训练，湘勇自此始，而太平军之势日以沮。泽南以所部与太平军角逐，历湖南、江西、湖北三省，积功累擢官授浙江宁绍台道，加按察使衔、布政使衔。所部将弁，皆其乡党信从者，故所向有功。前后克城二十，大小二百余战，其临阵审固乃发，以坚忍胜。或问制敌之道，曰："无他，熟读《大学》'知止而后有定，定而后能静，静而后能安，安而后能虑，虑而后能得'数语，尽之矣。《佐氏》'再衰三竭'之言，其注脚也。"亦本周敦颐主静察机之说。其治军以不扰民为本。而视东南安危，民生冤苦，如饥溺之在己，与其所注《西铭》之指相符。军行所至，士民欢跃，或输敌情，或诉所欲，馈肉饷饭，如家人父子。得道多助，屡破大敌，而善以寡击众。乡人化之，荷戈从军，蔚成风气。时为之语曰："无湘乡，不成军。"藉藉人口。而不知无泽南，无湘军。惟泽南以宋儒之理学治兵，以兵卫民，皎然不欺其志。此湘军所以为天下雄，而国之人归颂焉。傥好驰马试剑，漫事从军以攫富贵，豪闾里，而不体泽南之以宋儒理学治兵，以兵卫民之指，意气自雄，是则泽南之志荒，而湘之所以为勇者亦耗矣。自来言宋儒之理学者，往往小廉曲谨，可以持当躬，而不足以任大事。顾泽南义勇愤发，本之间学。朝出鏖兵，暮归讲道。中间屡遭惨败，而志不挠，气益壮，讨部众而申儆之，或解说《周易》以自遣云。泽南以咸丰五年率所部随湖北巡抚胡林翼攻武昌，一日，大破太平军，追薄于城，城上炮如雨，一弹中额，裹创战。归而剧，日夜危坐不寐。越三日，病甚不能起，语喃喃皆时事，忽开目索纸笔书曰："乱极时站得定，才是有用之学。"仰卧，汗出如沈，握林翼手曰："死何足惜，恨贼未平。愿以兵属迪庵。"迪庵，其弟子同县李续宾字也。语毕而瞑，予谥忠节。著籍弟子数十人，同县王鑫及李氏续宾、续宜兄弟尤显名。而续宾久相随，引为贰，遂代将。

李续宾，字克惠，迪庵之号也。身长有膂力，习骑射，挽三石弓。泽南讲学里中，折节受学。及泽南练湘勇，遂引为佐。而泽南分所部为二营，以右营属焉。特敢战，所称湘右营者也。寻擢左。自从军，侍泽南循循弟子列，退然若无所知能，而临阵骁锐，善出奇制胜。每太息谓："天下本无难事，心以为难，斯乃真难。苟不存一难之见于心，则运用之术自出。今之时，岂无济变之才？而其心不挚。即有济变之心，而其计不决，所以难耳。军事之成败，其所争则在利钝，成与败显然易解。所谓利钝者，大约先一着为利，后一着为钝。徒以心不挚，计不决，而军兴以来，逆贼每先走一着，官军每走后一着，一日纵敌，祸成滔天。”其用兵专以救败为务，疾击争先。其在军中，泽南挈持大纲，而战守机宜，胥续宾主之。湘军之兴，诸将多以勇烈自诩，慷慨陈辞；续宾则含弘渊默，稠人广坐，终日不发一言。恒曰：“事由心定，毋张皇。”遇敌则以人当其脆，而己当其坚；粮仗则予人以利，而己取其窳；分军则留强者以予人，而留弱者以自隶。士卒归心，乐为之用。既代将，转战湖北、江西，克九江，累官擢浙江布政使，加巡抚衔。于时太平军英王陈玉成据安徽，放兵四出，号敢战。胡林翼谓：“非攻安徽，不足以守湖北。”乃请续宾以兵八千人进规安徽。时为咸丰八年八月。逾月，连下潜山、太湖、桐城、舒城四县，留兵守之，而兵分益少。于是所部仅五千人，进攻三河集，毁太平军九垒，而锐尽于攻坚。陈玉成与侍王李世贤以十万众至，连营亘数十里，遮粮道绝。续宾突围不得脱，跃马陷阵，死之，而余卒犹力战，一军尽殁，殆六千人无苟活者。其弟续宜，出收集散亡，哀迫之际，入则损食悲咽，出则拊循溃卒，思乡者遣归，愿留者编伍。哺粟赐衣，接以温语，差讨偏裨之罪，而简用其良，相与申儆简练，而湘军复振。续宾战必身先，而续宜则规画大计而不甚较一战之利。至其临阵，百审一发，则与续宾无不同。续宾刚毅木讷，选士以知耻奋勇朴诚敢战为上。每临阵，安闲镇静，不苟接刃。驭军极宽，终年不见愠色，而号令严明，如有犯者，挥涕手刃，曾不以情恕也。湘军营制，创于泽南。编队立哨，略仿戚继光束伍法。行之既久，诸将多以意更张，惟续宾独守师法，曰：“立法者但求大段[1]安善，行法者当于小处弥缝。”尤能以少击众，霆奋鸷捷，务制敌先，而亦以是败。然与太平军战之日久，洞悉情伪，而得制胜之算。与王鑫书曰：“贼军飘忽变动，无不活着；我军为贼牵制，总是滞着。若不变计，平贼无日。某以为围城堵隘之兵，固可静不可动。但贼善于乘虚，长于攻瑕，多方误我以入彼之彀中。我亦明知而不能不入者，则以我军别无一支足以流动活泼、电掣风行以预先扼击而制彼之计也。然则非别立常动

① “段”为“处”之讹。——编者

之兵不为功。而兵常动，专击窜贼援贼，乍至便迎头速剿，既败则拦尾猛追，务使虚无可乘，瑕无可攻。夫静驻之兵，既得以制贼死守之命；而常动之军，又可制贼飞扬之患，庶定澄清之局矣。但常动之军，因贼乃动，动之以机者也。有时无事而闲暇，则较静驻之而更静。相机而动，维吾之所欲为，然后致人而不致于人。”其后王鑫出兵江西，殄强敌，克名城，常以动制胜，则用续宾之说也。续宾军行所至，百姓欢迎，不扰耕市，不造守令，不索供张。与人接，讷讷不言，而意溢于色，色余于辞。虽他军之将士，逃难之流民，皆归之若父兄。闻其死，哭之皆恸云。予谥忠武。传有《李忠武公道书》四卷。

王鑫，字璞山。生三岁，母贺授以经，辄能背诵。十岁读书家塾，弱不好弄。日方晡，诸童为儿嬉戏，而鑫不与。手《通鉴纲目》一册，默然凝视，心所领会，动形于色。常大言：“人生一息尚存，即当以天下万世为念。”而书数语于壁曰：“置身万物之表，俯视一切，则理自明，气自壮，量自宏。凡生死祸福，皆所不计也。”时年十四。及二十岁，授经里中，不沾沾于章句，为书塾学约八则示学者，大指以求放心、化气质为归；而益自淬厉于学，欲以身先之也。二十四岁，补县学生。会罗泽南家居讲学，往受业。日夜讲习明善复性、修己治人之道。鑫体貌清癯，目光炯炯射人，声大而远，好为议论。同门侍坐，辞气溢涌，他人莫能置喙。泽南徐哂曰：“璞山盍少休，让吾侪一开口乎。”鑫亦自笑也。明年夏，大旱饥，土寇啸聚百人于县南掠食，居民惶骇无所措。鑫自学舍归，驰集里中人，略以兵法部署，而出境捍逐，应时解散。然后白县官发仓谷平粜，劝富绅出余谷赈济。饥而不害，时道光二十九年也。于是邑人推重，籍籍有任侠名。会太平军起广西，湖南亦震，而盗贼四起，乃倡团练保伍之法。邑人狃承平久，闻鑫议，莫不掩耳。而鑫不计成败利钝，不顾祸福生死，上说下教，将之以诚。以谓：“团者，团拢一气，尔我相救，生死相顾，此之谓‘团’。练则练器械，练武艺，练阵法，尤要练胆，而练胆必练心。胆有大有小，心则人同此心。人人欲保全身家性命，非杀贼不能自保，而非练器械、练武艺、练阵法，不能杀贼，所以要‘练’。然一人之力，能有几何？而盗贼则先啸聚多人，非大众随心，同心共死，互相保，不能自保，所以要团。非编民甲、清宵小，内奸不清，则外寇乘，所以非保伍，则团练亦无用。”湘乡之办团练，实鑫倡之。疑难百端，曾不自馁，积诚相孚，久而信赖。居恒太息，以谓：“每当盘根错节，掣肘违心之会，益叹民情之易与，而信王道之可行。抚躬内疚，窃恨世不我负，我自负世。然则无可逭，何敢以自弃者弃人。凡分所当为者，勉而行之，以求尽夫力之所能至焉。”然颇以此自信矣。咸丰二年，太平军入湖南，破道州。鑫上书知县朱孙诒，请练民兵。于是以意创为营制号令，日夜与罗泽南束伍选士，亲教之步伐技击，摄衣登台，陈说大义，声容慷慨，而湘勇自此始。既而巡抚张亮基檄举将才，朱孙诒举鑫以应。乃率三百人赴召。罗泽南亦奉檄率所部赴长沙，遂合军。而泽南将中营，鑫将左营。出剿衡山、安仁、桂东各县土寇，咸有功，叙绩以知县用。会国藩方练兵衡州，知其才勇，亦倚重之。谓：“王璞山忠勇男子，盖刘琨、祖逖之徒也。”鑫则自恨任事太早，用心太苦，出身太轻，上书乞归以力于学。国藩复书劝慰，欲增募其军为三千人。而鑫欲增兵万人，议论不相中。国藩疑鑫不为用，又以言大而夸，持之不固，发之不慎，气骄已盈，必以偾军也，下令汰为七百人。时左宗棠以举人参巡抚骆秉章幕府，谓其兵可用，乃仍所募三千四百人，留不汰。鑫则即募即练，以铁瓦缚士卒足，习超距；以重械勒士卒运，练臂力。习步伐，演阵式，无日不申儆所部，三令五申，而讲明分合之法，蕲于阵势变化，行伍不乱，乃可以少胜多，以静制动。于是重改定勇制，撰营制、职司、号令、赏罚、练法五篇，曰《练勇刍言》。而尤注意于练胆、练心。又以意为阵法，撰《阵法新编》。其书变通古人成法，务于以定持变，以整暇胜剽悍，诏偏裨演之。及左宗棠出总师干，为元帅，而鑫已殁，凡鑫偏裨，悉罗致，而以鑫从弟开化领营务处，行军布阵，一依鑫规。平浙平闽，追奔逐北，遂歼太平军以平粤。而西出潼关，平陕甘，则以提督刘松山为大将，盖以勇丁从募而隶者焉。善用城墙、梅花、大鹏诸阵以角悍回，虽突骑万千，坚不能入。迨其布阵方圆，平锐迭用，得古人静如山、动如水之意，盖鑫之遗教也。然鑫则以谓："将兵者练固不可废，而训尤不可缓。孔子言：'善人教民七年，可以即戎。'子路，勇者也。其治兵也，有勇必使之知方。五霸尤圣门之所羞称，然晋文用其民，必先教之；而子犯谆谆然以民为未知义、知礼、知信为惧。三代以后，节制之师尚多，仁义之师绝少。降至今日，则并节制之师亦无之矣。呜呼，练且不讲，训于何有？"在军中，尝教士卒习字读书，日课《四书》《孝经》，以义理反复训谕，而引论经史大义，譬晓耸切，听者至潸然泪下。迨夜，营门扃闭，习斗之声与讽诵声相间也。将出战，必手地图，召偏裨，环而坐，为言敌军出入何路，我师奇正孰出，揣情审势，人人献议，而相诘难，各尽其意，然后定谋。谋之既定，然后部分诸人，各专其任。有不如议，则罚无贷。纪律之严，诸将莫及也。然曾国藩则知鑫之不为用，而亦知己之不能用也，于是遗书骆秉章曰："璞山之勇，若归我督带，则须受节制，此一定之理。既不受节制，自难挈之同行。今日大局糜烂，侍岂复挟长恃势，苛人少节以自尊？又岂复妒才忌功，不挟健者以自卫？惟一将不受节制，则他将相效，离心离德，何以策功？若听璞山自成一军，公宜先行奏明，此亦一定之理，世虽大乱，而纲纪不可紊也。"然而左宗棠则笑之曰："涤生每叹人才难得，吾窃哂之。涤问其故，吾曰：'君水陆万余人矣，而谓无人，然则此万余人皆无可用乎？集十人于此，则必有一稍长者，吾令其为九人之魁，则九人者必无异词矣。推之千万人，莫不皆然也。'吾之所用，皆涤公用之而不尽，或摈不复召者，王璞山其一也。及吾用之而效，而涤又往往见其长而欲用之矣。然则涤之弃才，不已多乎！非知人，不能善其任；非善任，不能谓之知人。非开诚心布公道，不能得人之心；非奖其长，护其短，不能尽人之力。非用人之朝气、不用人之暮气，不能尽人之才；非令其优劣得所，不能尽才之用。亦于是讲求之而已。”国藩亦无以答。及国藩亲督水陆万人自衡州东征，而秉章檄鑫前驱，连克湘阴、岳州，疾进至羊楼司，而太平军大至。一接而败，退守岳州。而国藩部将邹寿璋驻焉，曰：“城空无食，不可守也。”鑫不听，而寿璋以所部退。鑫婴空城自守，而为太平军所围焉，一日不得食。国藩遣船至西门，各勇纷纷出，鑫问故，曰：“曾帅以船来迎矣，不出何为？”鑫羞而怒，拔刀自刎，众拥登舟。而营官钟近衡、近濂兄弟及刘恪臣十数人先后战死焉，皆楚之良而泽南弟子也。军声大挫，国藩骂曰：“狂夫，几何不败事！”而以大军继进，败于靖港，亦愤投水，廑乃获救也。鑫上书秉章自劾，而请收散亡，图后效。宗棠始终护持之，褫其官而不夺其兵。鑫则痛念前此致败之由，而深求古人所以致胜于万全之道，参以当日之所宜，若恍然有所得。日集各勇而训练之，务求使之人自为战。贻友书曰：“不敢躁，亦何敢怠。张睢阳诗曰：‘不辨风尘色，安知天地心！’鑫惟随时随事，尽分所能为，力所能至而已，他何知焉。”自是国藩以罗泽南、李续宾师弟军，转战江西、湖北，所向克捷，湘军威震天下。而鑫独将，听宗棠指挥以防湖南。其时东南各省，为太平军所掩有，独湖南号为完善，奉清廷号令，援师四出以拄太平军。太平军既奠都江宁，其徒在两粤者，日夜图北出与会。而湖南缘边列县，人心动摇，太平军至，则蜂起应。鑫所部不过千人，而又苦乏饷，常数日不得食，拊循教练，相孚以义，相励于勇。崎岖湘粤边境万山之中，所遇皆强对，其众数倍，朝东而暮西，此灭则彼起，孤危百战，经三四年，卒以扫荡太平军余党，不得阑入湖南境一步，俾北出湘军得以尽力征战，无反顾之虞，则鑫之力也。积战功累官加按察使衔以湖北道员记名简放。其时曾国藩困江西，分军四出，屡为太平军翼王石达开所败，而与先后巡抚文俊、耆龄咸不相能。御史萧浚兰条陈江西军务，国藩奉旨责问。而鑫贻湖北巡抚胡林翼书曰：“涤公心事如青天白日，而刚正之性，不可屈挠。其行之通塞，系世之否泰。彼己之子，固亦无如之何耳。”既则遗书江西以致国藩曰："世固有迹似终睽，而实神交于千里之外者，此不特难以见谅于流俗也。即一二有识之士，亦多泥其迹，莫察其心，夫岂咎人之不相知哉！生平读书论古，窃见夫贤豪者流，或于其志同道合之人仍有龃龉，自负昂藏傲岸之概，不肯降心。君子谓其所执者隘，而所亏者多也。乃匆匆焉而躬自蹈之，不亦伤哉！鑫之受知于阁下也，甚于壬子之冬，而极于癸丑之秋。自远于阁下也，肇于加募之初，而成于败衄之后。其中离合远近之故，未始非彼苍之默为颠倒位置。而疏狂之罪，在而无可辞矣。数年来，彷徨奔走于岭表洞庭之间，欲求如衡州抵掌之一日而不可得。呜呼，茫茫天壤，同志几人？觌面构交，知心谁是？此鑫所以情不自禁，而欲一献言于阁下之前者也。"国藩意亦释然。寻国藩丁父忧，回籍固请终制，而江西郡县陷于太平军者四十余城。湘军李续宾攻九江，刘腾鸿、李续宜围瑞州，刘长佑、萧启江规临江，黄冕、赵焕联攻吉安，皆顿兵坚城，久不下。战数败绩，而良将死，军气大熸。于是左宗棠为骆秉章草奏言："石达开在诸贼中，能以狡黠收民心，以凶威令其众。每战则选死士，厚供给，隶为亲兵，多至数千。其临阵也，以他部前驱，而以死士监其后，层层设伏待之。前战败，而挥之赴援，往往转败为胜。胜则尽锐冲压，官军每为所乘。其止也，乍东乍西，倏隐倏现，冀乱吾之谋；其行也，忽驰忽骤，或合或分，冀伺吾之隙。此贼凶狡，非王鑫一军不足制之。"于是鑫选锐三千人，谓："持之以小心，出之以多算。严申号令，明示赏罚，屡胜而气不敢骄，无贼而备不敢弛。禁骚扰以收民心，作忠义以邀天眷，让功能以和诸将。以此众战，其有济乎！"乃以咸丰七年三月出兵江西，不攻坚而游击，声东击西，纵横驰突；而伺其瑕，并兵一向。太平军猝莫知措，为之语曰："出队莫逢王老虎！"旬月之间，大捷十二。而鑫亦惫奔命，感热疾，卒于军，年才三十三，予谥壮武。其军则偏裨分领之，世称"老湘营"。及曾国藩再起督师，转战江西、安徽，则资老湘营以自强。其大将张运兰、运桂兄弟尤其选而鑫之偏裨也。鑫之治军，好整以暇，无日不课弁卒读书，而己亦无日不读书。尤喜《周易》，玩辞观象，窃叹人事之变迁，不外阴阳之消长，泰否之乘，剥复之运，其理甚著，而其几甚微。伊古来治乱兴亡之迹，不出乎此。而自恨胸中绝少宁静之致，太息曰："由平日养心养气未能用功耳。稍暇则温《周易》而心不与理洽；掩卷时，又忧书自书，我自我。然犹稍胜于悠忽过去也。试观古今来能胜大任者，虽身极劳，心极忙，此心必常有休暇之致。故万汇杂投，应之绰有余裕。盖暇则静，静则明自生；休则通，通则灵机常活。明与灵，吾心所恃以酬万事者也。大抵治兵与治心，事虽异而理则同。少纵即逝，常操乃存。危微之机，所关甚巨。将之以敬，贞之以诚，一有未至，则罅瑕立见，而流弊遂不可胜言，自非常惺惺不可也。天下事，坏于玩怠者固多，坏于张皇者实亦不少。镇静二字，实任重致远、酬酢万变之本。几须沉，乃能观变；神必凝，方可应事。若纷纷扰扰，不惟自损，且负国负民矣。"及其大捷于江西也，致左宗棠书曰："吾卒惫矣。幸气愈王而神愈敛，或尚可用。"宗棠复曰："璞山以治心之学治兵，克己之学克敌。知兵事以气为主，而多方养之，俾发而不泄，故其劳烈遂至于此。来书气愈王而神愈敛一语，直揭古今用兵要诀，非深于此道，不能说，不能知。果能此道矣，则静专动直，虽千万人何慑焉。尝论用兵须全体《周易》，知进退存亡而不失其正，才为万全。能此者有几人哉！"时李续宾方领兵九江，而鑫贻书规之曰："大丈夫出身为国计，名固不求，罪亦勿避。切勿效小英雄手段，知进而不知退，知经而不知权，胶拘于一成之见，听操纵于庸人之手也。"传有《王壮武公遗集》二十四卷。

四、胡林翼　曾国藩　左宗棠

罗泽南、李续宾、王鑫，三人者，披坚执锐以当太平军，身经百战，未享成功。而胡林翼、曾国藩、左宗棠三公，则知人善任使，指挥若定，幕府画啸，而坐享其成；身兼将相，爵至通侯。显晦不同，劳逸亦殊。然其困心横虑，裕以问学，以忧患动心忍性，而不以忧患丧气堕志，一也。如以勋名之崇庳，而定人品之高下，抑浅之乎为丈夫已。

胡林翼，字贶生，号润芝，益阳人，道光十六年丙申进士。咸丰朝，以战太平军，积功累擢官湖北巡抚，卒于官，谥文忠。其行事世多知，不具著，而著其动心忍性，见于经世宰物之大者，以为后世法。道光之季，林翼以知府分发贵州，历署安顺、镇远等府。捕盗锄奸，其平日训练壮勇，仿戚继光《纪效新书》、《练兵实纪》而变通之。勇不满三百，而锐健果敢，一可当十。搜剿匪徒于深林密箐，上下驰骤，与同甘苦。而著《保甲团练条约》及《团练必要》诸篇，颁之属县，督以必行，以固民志、清盗源。行之有效，夜不闭户。顾每以谓："团练之效，外助官军，内消宵小，此为治乡之要；而亦与吏治之用人、兵政之选将相似。假如守令不得人，则州县必坏；将领不得人，则兵勇必溃。团练亦然。以正士良民为一团之长，则一团之民皆可御侮。以劣生莠民为一团之长，则一团之民可使抗粮犯法、可使攘夺为乱。假乡民以兵刃，而官吏不能躬亲董劝，旌别淑慝，则目前之成效难期，而日后之流弊滋甚。"咸丰元年，补黎平府。洪秀全、杨秀清起广西，永宁、怀远、融县环黎平西南界，皆蜂起以应。林翼则举保甲，办团练，修建碉堡，连屯相望，以谓："言战不如言守，用兵不如用民。用民力以自卫，不如先用地利以卫民。"自后黎平迭为太平军及叛苗环扑，而屹不可拔，则林翼之以也。累擢四川按察使，留湖南办理防剿。以咸丰五年署理湖北巡抚。洪秀全已都金陵，倾锐而犯，武昌、汉阳、黄州、德安，皆为所据。林翼坐困金口，无官无幕，一身悬寄，独念自古平东南必争上游，武汉，则金陵之上游也，荆襄绾南北之孔道，而武汉又荆襄之咽喉，非力图之，无以救败。其时水陆军万人，多新募未经战阵，太平军所向披靡。林翼从容谈笑，处以坚定，军屡挫而气弥厉，鼓舞诸将，以忠义相感发。尝谓："兵事以人才为根本，人才以志气为根本。兵可挫而气不可挫，气可挫而志不可挫。”因以抚循温恤，整饬其军而简练之，遂克武汉而奠定焉。乃上疏言：“武汉形势壮阔，自古用武之地。荆襄为南北之关键，而武汉为荆襄之咽喉。昔周室征淮，西出江汉；晋代平吴，久谋荆襄。王濬造船，循江而下。陶侃之勋，镇守武昌。宋臣岳飞、李纲之谋画岳鄂，均以此作高屋建瓴之势。控制长江，惟鄂为要。夫善斗者必扼其吭，善兵者必审其势。今于武汉设立重镇，则水陆东征之师，恃武汉为根本，大营有据险之势，军士无反顾之虞。军火米粮，委输不绝，伤痍疾病，休养得所。应请于武汉设陆师八千人，水师二千人。此万人者，日夜训练，则平时有藜藿不采之威，临事有折冲千里之势。且东征之师，孤军下剿，善战者必伤，久役者必疲。伤病之人留于军中，不仅误战，亦且误饷。若以武汉之防兵更番递代，弥缝其阙，则士气常新，军行必利。至水师以炮为利器，炮声震迭，无半年不修之船，亦无一年不大修之船。更番迭战，以武汉为归宿，则我兵常处其安，而不处其危矣。”于时官私扫地赤立，吏好货，民骛乱。而林翼以乱之生由法度废弛，吏敝民偷，因循苟且以有今日。不务讨贼，则乱之流不塞；不务察吏，则乱之源不清。劾参镇道府厅以下数十员，与属吏更始，禁应酬，严奔竞，崇朴实，黜浮华。于是在官者推廉让能，稍知吏治矣。综核之才，冠绝一时。每于理财之中，暗寓教民察吏之法，谓：“天下非鄙吝之人不能聚财；非抑勒不能散鄙吝之财。明崇祯之劝慰而不助军饷，李自成之脑箍而一献百万，叔季人心，大率类是。夫不得已而养兵以杀贼，即日费万金，亦出于救民。取税赡军，使人民同仇，即以教忠。多入少出，使局员洁己，即以兴廉。”养兵六万，月费四十万，而民无怨谤，兵无乏饷，自是湖北军强天下。顾不为自固之谋，南征九江，北取安庆，发踪指示，皆出林翼。以为江楚唇齿相倚，而九江扼长江之冲，实江楚门户，九江一日不复，江楚一日不得安枕。九江既复，而太平军所扼长江险要，独有安庆。而有清一代，督抚之用兵出辖境，自林翼始。其治军务明纪律，而选将尚志气，用兵贵审固，以谓："将以气为主，以志为帅。专尚驯谨之人，则久而必惰；专求悍鸷之士，则久而必骄。兵事毕竟归于豪杰一流。气不盛者，遇事而气先慑，而目先逃，而心先摇。平时奉令慎谨，而真意不存，则成败利钝之间，顾忌太多，而趋避愈熟，必致败乃公事。然军事何常之有：以为兵力厚，而胜负之数又不系乎厚薄；以为将才勇，而胜负之事又不尽系乎勇怯。将在谋而不在勇，于战胜攻取之道具有心得，以静制动，以预应猝，以我料敌，以经行权，读兵书而通其变，而知进知退，能正能奇，虽古名将，不是过矣。凡事当有远谋，有深识。坚忍于一时，则保全必多；一惭之不忍，而终身惭乎！为小将须立功以争胜，为大将戒一胜之功而误大局。盖侥幸而图一胜之功，不如坚忍以规远大之谋。兵事不在性急于一时，惟在审察乎全局。全局得势，譬之破竹，数节之后，迎刃而解。贵乎审机以待战，尤贵蓄锐以待时。知敌之不可以力争，莫若审势而避其坚；知事之不可以勇斗，莫若择利而蹈其瑕。临阵分枝，不嫌其散；先期合力，必求其厚。择贼所不防之处，并力一战，如破竹然：于根本节要批之，则势钝；于竹尖竹尾批之，则势利。贼从东来，西面必轻；西面破，东面自懈矣。兵法攻瑕，不可不思。夫战，勇气也，当以节宣、蓄养、提振为先；又阴事也，当以固塞、坚忍、蛰伏为本。譬之南塘矛法，须先让对手打一下，然后应之。此理至微妙。坚持以待其弊，伺其瑕而蹈之，一发即破矣。不战则已，战则须挟全力；不动则已，动则须操胜算。非算定，非多算一二著，不能成功。以多蓄兵力，预留活著为第一义。凡兵事有先一著伐贼谋而胜者，有后一着待贼动而后胜者，此时须待贼动而后应之，躁者必败，静者必胜。动者必躁，静者有所恃，有所谋，不可测也。"抚驭诸将，量能授事，体其隐衷而匡其不逮。或家在数千里外，辄馈资用，问遗其父母，珍裘良药，使岁月至；而败军政，罚亦不贷也。生平以天下为己任，而体羸善病，咳血久，欲寐则咳，叹曰："吾欲耽半夜之美睡不可得，而百年之美睡又不即至，吾已矣夫。"既而曰："吾疾苦，不祈死，亦不怨生。惟义之趋，此心坦然，而精气迥异前数年矣。”及咸丰十年，曾国藩为两江总督，用林翼之谋以围安庆，久不克。而林翼亦出兵英山，进驻太湖为声援，调兵筹饷，日不暇给，而委己于学，夜则延老儒姚桂轩会讲《论语》，未尝稍间。一日，病甚，不食，左右请曰：“公休矣。”笑曰：“吾口不能食耳，吾舌尚存，吾耳有闻，何必不讲书，不听书？”自言：“读书有得，临政治军，与文武将吏叙论，无不尽其情伪，而心目涣然，指画秩然。”终日危坐，讲求兵事吏事之要，汲汲施行。顾左右叹曰：“闻道苦晚。今虽稍有所见，而不及行者多矣。”与曾国藩、左宗棠共济艰难，推诚相接。而两人者，名位高下迥殊，一与为亡町畦。每曰：“涤帅德高而谨慎之过，季高才高而偏激之过，咸性情之所独至，不能易也。涤公之德，吾楚一人；而季高谋人忠，用情挚，特伤于偏激；如朝有忠臣，室有节妇，平时尝小拂意，临患难乃知其可恃也。”而国藩之称林翼，则曰：“润公聪明，本可霸术。而讲求平实，从日常行事以见至理，开口皆正大之语，举笔则正大之文，不意朋辈中进德之猛，有如此者。其于朋友，纯用奖借，而箴规即寓乎其中。有权术而不屑用，有才智而不自用，有如此襟怀气局，岂与仓猝成功名权宜就事会者比哉！”李续宜隶林翼久，告国藩曰：“胡公待人多血性，然亦不能无权术。”国藩应曰：“胡公非无权术，而待吾子昆季，则纯出至诚。”续宜笑曰：“然，虽非至诚，吾犹将为尽力也。”传有《胡文忠公全集》四卷。

曾国藩，字伯涵，号涤生，湘乡人，道光十八年戊戌进士。咸丰朝，累官两江总督。以平太平军功，封一等毅勇侯，晋大学士，卒于官，谥文正。湘勇之战胜攻取，国藩资之以有成功，而威震天下。然而事之初起，国藩独焦心苦思，虑湘之不成其为勇，以谓：“湘勇不佳处有二：一则归心极切，无长征久战之志；一则体脆多疾病，不耐劳苦。将帅亦皆煦煦爱人，少英断肃杀之气。大抵衡湘之士，狃于风气，不惯面食。冬则皮帽皮衣，炭盘手炉，刻不能离。罗李名将，亦不免冬烘。”尝贻书刘蓉、左宗棠诸人太息论之，则湘之所以为勇者亦仅矣。而一时之风气转弱为强，因恃有一二贤豪长者为之倡。而忧勤惕厉，抑亦国藩矢此寸衷，有以鼓舞而大振奋之也。国藩幼而端默，未尝啼泣，花开鸟语，注目流眄，状若有悟。稍长，研穷经史，因文见道，而尤好韩愈文，慨然欲蹑而从也。既以二十八岁登进士，遂官京师，从太常寺卿善化唐鉴游，讲求为学之方。时方读史阐经世之学，兼治诗古文词。鉴则专以义理之学相勖。遂以朱熹之书为日课，而肆力于宋学矣。与蒙古倭仁、六安吴廷栋、昆明何桂珍、窦垿、仁和邵懿辰之徒，往复讨论，为日记，有过必记，力自绳检。每太息谓："今之学者，言考据，则持为骋辩之柄；讲经济，则据为猎名之津。言之者不作，信之者聩耳，转相欺谩，不以为耻。至于仕途，奸弊所在，蹈之而不怪，知之而不言。泄泄成风，阿同骇异。谓今日而言治术，则莫若综核名实，今日而言学术，则莫若取笃实践履之士。物穷则变，最浮华者莫如言。积玩之后，振之以猛，意在斯乎！"咸丰初，以直言极谏有声。累官侍郎，丁母忧回籍。而太平军长驱入湖南，奉诏督办本省团练。国藩语湖南巡抚张亮基曰："团练仅卫乡里，法由本团醵金养之，不饷于官，缓急不可恃。请改募成军，乃可资以讨贼。"湘勇之说自此始。而事权不属，文酣武嬉，召闹取怒。独以公忠诚朴为天下倡，与左宗棠书曰："今日百废莫举，千疮并溃，无可收拾。独赖此耿耿精忠之寸衷，与斯民相对于骨岳血渊之中，以求塞绝横流之人欲，以挽回厌乱之天心，庶其万有一补。"而以提督鲍起豹龃龉，嗾标兵与湘勇哄，移驻衡州以避之，增募勇丁足六千人。以谓："所募之勇，全在立营时之严训练。训有二：训打仗之法，训作人之道。训打仗，则专尚严明，须令临阵之际，兵勇畏主将之法令甚于畏贼之炮子。切不可使其因扰民坏品行，因嫖赌鸦片而坏身体。个个学好，人人成材，有殷殷望其成立之意，庶感发而日趋于善。练有二：练队伍，练技艺。练技艺，则欲一人敌数人；练队伍，则欲数百人如一人也。"每逢月之三八日操演，集诸勇而申儆之，反复谆谆至千百语。每日召诸裨将轮对，至一时数刻之久。自言："不敢法点顽石之头，亦欲苦口滴杜鹃之血。练者其名，训者其实。”哓口瘏音，耳提面命。然成师以出，大败靖港，而初困于江西，再围于祁门，诸将奔命，危然后安。其过人识力，在不摇定见。当死生存亡之交，持孤注以争命；值危疑震撼之际，尤百挫而不挠。盖其所志所学，不以死生常变易也。其在军也，终日凝然，奏牍书札，无不躬亲。危城之中，益诵书史。尝谓：“军事变幻无常，每当危疑震撼之际，愈当澄心定虑，不可发之太骤。”盖其生平所得力者在此，所以能从容补救，转危为安也。持己平实，不为矫激，而欲萃诸子百家之长于当躬。曰：“游心如老庄之虚静，治身如禹墨之勤生，齐民如管商之严整，而持之以不自是之心。虚心实做，庶几乎道矣。”综其一生，定为戒律，守之甚严，而持之有恒者，一曰不诳语，二曰不晏起。任事之初，横逆四面至，无所措手，以为天下事必无幸。与友人谈：“当今之世，富贵无可图，功名亦难就，惟有自正其心以维世道。所谓正心者，曰厚实。厚者恕也。己欲立而立人，己欲达而达人。己所不欲，勿施于人。存心之厚，可以少正天下浇薄之风。实者，不说大话，不骛虚名，不行架空之事，不谈过高之理，如此可以少正天下浮伪之习。”以此自励，亦以此戒所属。然挫败既多，德慧亦生。常诫诸将曰：“宁可数月不开一仗，不可开仗而毫无安排算计。凡用兵之道，本强而故示敌以弱者多胜，本弱而故示敌以强者多败。敌加于我，审量而后应之者多胜。漫无审量，轻以兵加于敌者多败。兵者不得已而用之，常存一不敢为先之心，须人打第二下，我打第一下。‘夫战，勇气也，一鼓作气，再而衰，三而竭。’余于数语，常常体验。大约用兵无他谬巧，常存有余不尽之气而已。孙仲谋之攻合肥，受创于张辽；诸葛武侯之攻陈仓，受创于郝昭；皆初气过锐，渐就衰竭之故。惟荀字之拔偪阳，气已竭而忽振；陆抗之拔西陵，预料城之不能下，而蓄养锐气，先备外援以待内之自敝。此善于用气者也。愿学陆抗，气方锐而厚蓄之；不愿学荀蔷，气已竭而复振之。愿算毕而后战，不宜且战而徐算。与悍贼交手，总以能看出他的破绽为第一义。若在贼者全无破绽，而我昧焉以往；则在我者必有破绽，被贼看出矣。毋乘以躁气，毋摇以众论，自能觑出可破之隙。若急于求效，杂以浮情客气，则或泰山当前而不克见。昔作有《得胜歌》云：‘起手要阴后要阳，出队要弱收队强。初交手时如老鼠，愈打愈狠如老虎。’虽粗浅之言，而精意不外乎是。大抵平日非至稳之兵，必不可轻用险著；平日非至正之道，必不可轻用奇谋。稳也，正也，人事之力行于平日者也；险也，奇也，天机之凑泊于临时者也。军事如枪法，门户宜紧；如拳法，有伸有缩。若入之太深，则有伸无缩矣。”然自将则败，命将则胜。其用兵也，不善制胜，而善救败。折而不挠，神闲气定；常以因祸而为福，转败而为功，以是诸将久而服之。居官治军，粹然儒者，戎马仓皇，不废文事。以谓：“古之知道，未有不明于文。吾儒所赖以学圣贤者，独藉于文以读古圣之书，而究其用心之所在。然则此句与句续，字与字续者，古圣之精神语笑，胥寓于此，差若毫厘，谬以千里。词气之缓急，韵味之厚薄，属文者一不慎，则规模立变；读书者一不慎，则卤莽无知。故欲明先圣之道，不得不精研文字。”及其自为文章，盖诵说桐城姚鼐之义法，至列之《圣哲画像记》曰：“国藩初解文章，由姚先生启之也了然寻其声貌，略不相袭。大抵以定气为主，以影响为辅，力矫桐城懦缓之失。探源扬马，专宗韩愈。奇偶错综，而偶多于奇。复字单谊，杂厕相间，厚集其气，使声采炳焕而戛焉有声。异军突起，而自成湘乡派。门弟子著籍者，武昌张裕钊、桐城吴汝纶最为绝出，先后主直隶保定之莲池书院。新城王树枏、武进贺涛，得其法脉，声光迸出以称宗于河北，传授徒友。于是河北之治古文者，皆衍湘乡之一脉焉。桐城之文，由归有光以学欧阳修，由欧阳修以追《史记》，蕲于情韵不匮，意有余妍。湘乡之文，由韩愈以摹扬马，由扬马以参《汉书》，蕲于英华秀发，语有遒响。桐城优游缓节，如不用力，而湘乡则雄奇跌宕，肆力为之。其大较也。自来言宋儒程朱之学者，无不拘谨。而罗泽南发之以大勇；为桐城方姚之文者，多失缓懦，而国藩矫之以神奇。然则湖南人之所以为湖南，而异军突起以适风土者，一言以蔽之曰强有力而已。奖拔英豪，如恐不及，而择其尤，同升诸朝。左宗棠以举人参湖南巡抚幕，而为湖广总督官文所劾，欲逮讯，则以深明将略荐为帮办军务，授浙江巡抚。李鸿章以年家子相依，管奏记，则以文武兼资荐为江苏巡抚。咸致大用，弘济艰难。其后宗棠故相违异，以见丰采、明孑立。而扬言于朝，则曰："曾国藩知人之明，谋国之忠，非所能及。"及国藩之殁，乃制其语为挽联曰："谋国之忠，知人之明，自愧不如元辅；同心若金，攻错若石，相期无负平生。"固以为和而不同，君子之道焉。传有《曾文正公全集》二百二十八卷。

左宗棠，字季高，湘阴人，道光十二年壬辰举人。洪秀全、杨秀清起广西，进湖南，奄有江东。宗棠起参湖南巡抚骆秉章军事。挥兵四出，遂以知兵历仕咸丰、同治、光绪三朝，平太平军，平陕捻，平甘回，克复新疆。累官浙江巡抚、闽浙总督、陕甘总督、两江总督，晋大学士，封一等恪靖伯，晋二等侯，谥文襄。历古以来，书生戎马，而兵锋所指，东极于海，西尽天山，纵横轶荡，未有如宗棠者也。世之人，徒震其功名冠时，才高意广，而不知忧勤惕厉，操心之危，虑患之深，固无不与胡林翼、曾国藩二公者同。胡林翼聪明绝世而纳之于平实，曾国藩谨慎持躬而发之为强毅，而宗棠则豪雄盖代而敛之以惕厉。语于人曰："古之读书修身卓然有立者，无不从艰难困苦历练而出。若读书不耐苦，则无所用心之人；处境不耐苦，则无所成就之人。'动心忍性'四字，最可玩味。'动'字之义，如乾之惕，震之恐也。'忍'字则艰贞正固之义。人情耽于逸乐；当无事之时，觉眼前无可复虑，耳目口体之欲日盛，而德慧术智日即消亡，冥然顽然。遇不如意事，见不如意人，斯可以验平素之道力。至成败利钝，在我者不能不明辨深思，在天者不敢参也。窃以为近时人心之蔽，每因此关未能勘破，而丧其心之所明以扰淡定之天。不如索性做去，成败利钝，不置于怀，世上尽有风波，胸中自无冰炭。而忧烦抢攘之中，时获一恬舒休裕之境，庶可担当世事。”自童儿时，即知慕古人大节。稍长为壮语，视天下事若无不可为。而贫无钱买书，于家塾得前巡抚桂林陈宏谋在湖南刊行大字本《四书》，辄欣然忘食。日有粗粝两盂，夜有灯油半盏，即思无负此光景。而无奇书可得，惟就四书五经，讽诵咀嚼。自谓：“一生受用不尽。四十年以后，抱负措施，都从此时蕴蓄。筋骨体肤，都从此时磨练也。”迨年十八九，于书肆购得顾祖禹《读史方舆纪要》，潜心玩索，喜其所载山川险要，战守机宜，了如指掌。又参以顾炎武《郡国利病书》及齐召南《水道提纲》，汇编手抄。又读贺长龄所纂《皇朝经世文编》，丹黄殆遍。而长龄以江宁布政使居忧长沙，闻而召延焉。发所藏书，借与披览。梯楼以取，而数登降，不以为劳。及宗棠之还书也，必问所得，讲论孜孜。每曰：“天下之大，人才之少，幸毋苟且小就，自限其成也。”遂介之见其弟熙龄。熙龄方以御史家居，主城南书院，而诏以读宋儒义理之书。乃与罗泽南为友，砥砺学行。而以二十一岁与兄宗植同榜乡试中式。宗植领解，而宗棠中式第十八名。遂入赘于湘潭周氏。妇名诒端，字筠心，常时敛框危坐读书史。香炉茗碗，意度翛然。而宗棠每与谈史，遇有未审，随取架上某函某卷示宗棠，十得八九。宗棠阅方舆书，而授妇绘图，为《舆地图说》，详绘山川道里，条列历代兵事，而不及形势。盖以地无常险，险无常恃，攻守之形，不可前定也。历岁乃成，署联于楹曰：“身无半亩，必[①]忧天下；读破万卷，神交古人。”少而力耕，喜读农书而躬验有得，以区种为良，作《广区田图说》，指陈其利。而以食为民天，必资于农，思为一书，分类撰著，曰《朴存阁农书》。自负平生以农学为长，尝问之而得其事，亦学之而得其理。以谓：“今之农者，亦如今之学者，欲速见小，自误而以误人。吾三十以后，读书渐多，阅世渐深，知区区之存于心中，自以为是者，仅足以仿当今无足指数之人。而于古之狂狷尚未逮也。则愿力耕读书以自勉其所为。”兄宗植假馆四方，岁暮归，辄出所著录相示。或谈掌故，

① “必”为“心”之讹。——编者

论时事。然学求心得，不尚苟同。尝各持所见，断断辩难，穷日达夕，至颜发赤，妇周乃温酒解之。酒后，或仍辩诘，或遂释然。三试礼部不第，伏处田里，半耕半读，而隐然具公辅之望。两江总督陶澍、云贵总督林则徐、贺长龄，交相推重。及洪秀全以其徒徇湖南，巡抚张亮基、骆秉章先后延佐军幕。是时民不知兵，兵不经战。宗棠以谓："欲遏贼势，先固民心，须先使民知兵。"会曾国藩奉诏办团，乃就商，所见略同。遂罗致豪杰，募练勇丁。国藩率师东征，而宗棠佐骆秉章以坐镇湖南。湖南之得以保境安民，湘勇之用能杀敌致果者，曾国藩倡之，骆秉章主之，而宗棠实力赞之。所用人才，皆国藩所不喜，曰："天下之才几何？若不宽以录之，则凡需激厉而后成、需磨炼而后出者，胥遭屈抑矣。凡用人，用其朝气，用其所长。忠告善道，使知意向。勿穷以所短，迫以所不能，则得才之用矣。然才之难得，不在谋而在勇。汉高百战而得天下，其《大风歌》，则曰：'安得猛士兮守四方！'是真阅历有得之言。留侯，曲逆，若不得韩、彭、绛灌之流，亦不能济事。大凡才气恢廓之人，时有粗豪之病。人之性质，各有短长，不可概以绳墨相拘，亦不必求其相谅。梦想奇才，求之不得，则以世之游侠必有奇才出其中也，不知若辈只能为乱民耳。试看历来游侠有几成人？屠狗贩缯中所以有豪杰者，所执虽卑，而其心尚朴，其性尚完。若游侠，则已凿其天。纵其偏至之性，不畏不仁，不耻不义，吾安得与之游节义之林哉！"选将训士，募府雍容；南征北讨，指挥若定。而申儆之曰："兵事属阴，当以收敛闭塞为义，战阵尚气，当以磅礴郁积为义。知柔知刚，知微知彰，则皆乾之惕若之心为之也。至用兵之道，察地势险易，审彼己情形，规模局势，尚可预计。而临敌之审机致决，瞬息不同。兵情因贼势而生，胜负止争呼吸，断无遥制之理。自忝军事，阅历颇多，其中有算至十分而用七八分已效者，有算至七八分而效过十分者，亦有算至十分而效不及三四分者，更有我算多而贼算不应，并有贼算出于我算之外者。大抵胜局须防一著之错，败局原有一著之生，其分在用之之人，其效在一心之用而已。兵事利钝，未可预知，而锐进须防其退速，后劲尤重于前茅。盖战阵之事，最忌前突后竭。行军布阵，壮士利器厚集于后，则前队得势，锋锐有加，战胜而兵力愈增，必胜之著也。若全力悉注前行，一泄无余，设有蹉跌，无复后继，是乃危道。”曾国藩出师屡挫，而宗棠用兵必胜。岸异自负，署号“葛亮”。特诏以四品京堂帮办国藩江南军务。募五千人，自树一帜，号曰“楚军”。遂以平浙，平闽，平粤，平陕，平甘，平新疆，战胜攻取，威殚旁达。而始出兵，之江西，与石达开战于景德镇。以新集之勇，当方张之寇，斩将搴旗，军声遂振。而诒所部将卒曰：“汝曹亦知我之所以胜乎？始贼以重围困我，贼众我寡，其锋锐甚，不可战也。贼见我不动以为怯，数挑战，骄也，骄极必怠，俟其怠而击之，用力少而成功倍也。兵之强弱，在乎气之盛衰。无以司其消长之权，则强者弱矣，今日之贼是也。我有以妙其鼓舞之用，则弱者能强矣。”大兵之后，赤地千里，而宗棠教将士种树艺蔬，辟田野而抚残黎，因地制宜，诏以山农泽农之法。其入甘度陇而平陕甘也，首师行所至，辄以屯田为务。至则相度形势，于险要之口安营设卡，而垦平原为广田。督弁卒战阵之余，即释刀仗事锄犁以艺谷蔬。农功之暇，则开沟洫，便灌溉以兴水利，筑堡塞以居遗民，给耕具种子以劝农田。官道两旁，种榆柳垂杨以荫行旅。兵民杂作，而宗堂日巡行看视以劳来而劝勉之。及其流亡渐复，客作渐集，则去而之他。所有兵屯之地，尽付之民，缓催科而劝储时。自凉州以西至玉门关，井灶相望，而杨柳夹道，延数千里，绿阴沉沉。盖所部楚军，向募农家，不收游惰，而偏裨亦多来自田间，故以其所习课其所能，不烦教督而自劝也。尝诏其子曰：“古人经济学问，多在萧闲寂寞中学得。积之既久，一旦事权在手，随时举而措之。吾频年兵事，颇得力方舆之学。入浙度陇，兼及荒政农学。大都昔时偶有会心，临急遽以得力。以此知读书之有益，而问学之宜豫。儿曹但知吾频年事功之易，而不知吾频年涉历之艰；但知吾此日勘定之功，而不知吾此后负荷之不易也。”新疆既定，而俄人以兵占伊犁，不肯还。李鸿章方为直隶总督，遥执朝政而主媾和，诏下总理衙门问宗棠。对曰："泰西各国，船炮虽利，而重洋远隔。彼以客军深入，虽得吾地，战则势孤，守则费巨；彼如思逞，亦有戒心。俄与中国，则壤土相连，狡焉启疆，得寸即寸，得尺即尺。苟无以制，患莫大焉。主战固以自强为急，即主和，亦不可示弱以取侮，譬之围棋，败局中亦非无胜著。惟心有恐惧，则举棋不定，不胜其耦矣。自海上用兵以来，其始坏于不知洋务之人，不知彼己，侥幸求胜。其继坏于深悉洋务之人，不知大计，苟且图存，愈办愈坏，莫知所措。西人狡诈，每于仓皇之际，乘吾猝不及详之时，危词迫促以要之，鲜不堕其度内。而和战未定之际，宜定计于先，而出之从容暇豫。以战为备，不妨以和为款。譬乘船遇风，当用风掉枪时，操船者欲张帆，必先下帆，令舟无欹侧，乃免遭险。若随风转脚，必有倾覆之虞。昔与多礼堂将军论黑龙江事，多将军力言'非由黑龙江出兵深入俄边，不能掣爱呼俄兵之势'。意以用棋局劫著为宜。且谓：'俄越境入中国，所坏者中国地方；我越境入俄边，所坏者俄国地方。得失固不相侔也，俄人须防后路，自不敢一意向前。'多名将，不徒以武力见称；丰镐旧家，未有其匹；惜不逢此奇杰，快睹壮猷也。"英风霜气，老当益壮，而出其余事为文章，亦复生气远出，磊落英多。胡林翼谦不敢言文事，而宗棠则仗气爱奇，殊不以唐宋八家自限，而欲驾出其上，大抵以汉京之典茂，救宋人之轻佚，略与曾国藩同。曾国藩力学而资禀拙，每有累句；宗棠则天分高而功夫浅，不免拙笔。然大方家数，不为描头画角，而出以灏气流转，拙处亦见姿致。顾不喜接文士，以谓华而不实，无补时艰。湘潭王闿运以文章傲视公卿，擅声东南，而与之书，怪其不以贤人相师，谓"天下之大，见王公大人众矣，皆无能求贤者"。顾宗棠则言："王壬秋为易笪村传，将胡文忠说得极庸，李忠武说得太愎，于理未安。即起笪村问之，亦必有蹙然不安者。徇一家之私言，乱天下之视听，文士笔端，往往如此。"妇周戏言："君不喜华士，日后恐无人作佳传。"笑曰："自有我在。求在我，不在人也。士君子立身行己，出而任天下事，但求无愧此心，不负所学。名之传不传，声名之美不美，何足计较！‘吁嗟没世名，寂寞身后事’，古人盖知之矣。”既而同县郭嵩焘、巴陵吴敏树，欲纂《楚军纪事本末》，遗书索钞奏稿书牍，宗棠复言：“吾湘二十年以来，内固封守，外从王事，所历多危险阻绝之境。他人咋舌敛手不敢引为己任者，吾湘毅然一身当之。其初何尝有天下后世在其念虑，亦何尝预计所事成否，为寂寞身后之图。会逢天幸，各有所就，战绩昭彰，此乃天下一大转机，吾湘祷祀求之者。岂谓功必自湖南出，名必自湖南出乎？其人先世，率守耕读，不但仕宦稀少，而经商服贾以至外省者亦不数见。老生宿儒，耐寒饿而厌声称，岁得馆谷数十石，即为称意。及兵事起，谨厚者走匿山谷，徐乃觉事尚可为，强起从戎，学骑马，学击刺，今所指为达官贵人，由此其选也。自今以观，高官厚禄，焜耀一时，何莫非先世贫苦困乏，蕴蓄积累所致乎？诸君子为桑梓谋，则凡所以去奢去泰者，莫如保先世纯朴愿悫之风以保世滋大。俾湖以外得长享萧闲无事之福，为幸多矣！”自言：“余出山十余年，跃马横戈，气扬心粗，恐善源日涸，得暇即亲六籍。”亦与胡林翼行军必讲《论语》，曾国藩临戎不废书史之旨趣同。胡林翼以聪明成其虚怀，可谓善用其长；曾国藩以愚直成其忠诚，及宗棠以刚愎成其鸷锐，则皆善用其短。而泽之以文章，养之以学问，以艰难自励其志气，以强毅自振于挫败，三公者，又不同而同。传有《左文襄公全集》一百二十三卷。

五、刘蓉　郭嵩焘

胡林翼、曾国藩、左宗棠，功成名显，身都将相，刘蓉、郭嵩焘，方振即蹶，中构谗慝，遇与不遇，固以不伦。左宗棠荐刘蓉自代以参骆秉章之军事，郭嵩焘为左宗棠劾去而荐蒋益澧为粤抚，交道离合，亦难言之。然处官以廉靖，委己于问学，位高者固以不懈于学善全其勋名，身退者亦以不懈所学自励于家园。德业尽异崇庳，而苦学则固同归。特刘蓉以宋为学，以廉自诩。而左宗棠则与人书以切论之曰：“廉仅士之一节耳。不廉固无足论，徒廉亦何足取！吾湘之人，厌声华而耐艰苦，数千年古风未改。惟其厌声华，故朴；惟其耐坚苦，故强。惟其朴也，故塞而鲜通；惟其强也，故执而不达。今之曾侯相及郭筠仙、刘霞仙，皆是也。至于操守一事，则曾、郭、刘皆无讥焉。朋友之道，贵规其短而知其长；论人之道，贵持其贫而止于当。霞仙若以其廉而傲人，则吾湘之人，尚无不廉而在位者，又何傲焉？若谓廉之外不必深求，则廉而在位者，又非湘所乏也。何以不闻自责以责人，而反据人所同有者以傲人乎？霞仙生平好论学，且好以宋之程朱轨辙自命；实则不得于言，勿求于心，告子阳明一路人耳。”极言砭讥。然而生乎今之世，由今之道，真能以宋为学而心安理得，以廉自诩而不间人言，吾见亦罕矣。

刘蓉，字霞仙，湘乡人。少有志节，与曾国藩、郭嵩焘布衣订交为兄弟。而国藩早贵，官京朝，蓉尚未补诸生也。国藩集苏东坡句为联以赠曰：“此外知心更谁是？与君到处合相亲！”盖以子由相视，而贻书告以因文见道之说。及国藩奉诏办本省团练，蓉规以书曰：“执事，今世所谓贤者。称执事之能者曰：‘文祖韩愈也；诗法黄庭坚也。奏疏所陈，欧阳修、苏轼之伦；志量所蓄，陆贽、范仲淹之亚也。’数者诚足以暴于天下矣。道丧而文敝，得贤者起而振之，岂曰小补。然此特士君子不得志于时之所为耳。既已达而在上矣，则当行道于天下，以宏济艰难为心。托文采以庇身，而政纲不问；借诗酒以娱日，而吏事不修；陋习相承，已非一日。君子推原祸殃所自始，将唾弃之不暇，忍复蹈覆辙而躬为之驾哉！大疏所陈，动关至计；是固言人所不能言、所不敢言。然言之而未见其效，遂足以塞大臣之责乎？国是未见其益，而闻望因以日隆；度贤者之心，不能无歉然于怀也。若夫陆、范之志量则远矣。匡主济时之略，先忧后乐之怀，执事雅量及此，庶能任天下之重者。亦望陈古训以自鉴而不矜于气，规大道以自广而务宏其度，集思广益，庶几近之。若规永叔、子赡之节概以自多，采退之、鲁直之词华以自豪，此承平无事之世，所为优游以养大臣之望者，而非当今之所急，以无救于治乱之数也。颂执事之贤者，曰‘其廉可师’；明执事之志者，曰‘以身殉国’。虽执事之自许也亦然，曰‘不爱钱’、‘不惜死’，壮哉言乎！虽然，以此二者明执事自待之志，可矣；若以慰天下贤豪之望，尽大臣报国之忠，则岂但已哉！贪夫之殉利也，如蚊姻之逐臭。于此有人，志节皎然，可不谓贤乎？然自君子观之，特士行之一节耳。贞女之自号于众曰‘吾能不淫’，不淫遂足以该淑女之贤德乎？不规其大而遽以自旌，则何见之陋也！今天下祸乱方兴，士气弥懦，欲驱天下智勇才辩之士，捐坟墓，弃亲戚，出没锋镝以与死寇角，非赏不劝。汉高捐四千户封赵壮士，而陈豨授首。项羽印刓不忍予，而韩信、陈平间行以急去。故滥赏则志士耻与庸竖为济，而吝赏抑无以系豪杰之心。以廉自奖，则抑将以廉绳人，而功名之士，乃掉臂而去之矣。故曰：‘廉介之操，以语执事自待之志可也。大臣之道，盖不止此，而抑非可以泛责之人人者也。’”国藩深纳其言，顾招之以书曰：“吾不愿闻弟谈宿腐之义理，不愿听弟论肤泛之军政，但愿朝挹容晖，暮亲臭味，吾心自适，吾魂自安。筠仙深藏梓木洞，亦当强之一行。天下纷纷，鸟乱于上，鱼乱于下，而筠独得容其晏然乎？”蓉赴召，而嵩焘继之。二人者与国藩约：“服劳不辞，惟不乐仕宦，不专任事，不求保举。”国藩诺，而诏管理银钱所主计曰：“郭、刘二君，吾兄弟交，不与众同。薪水惟所支用，不限数也。”然二人从国藩数年，不支一钱，国藩意颇不安。一日，欲登蓉荐牍，曰：“此亦古人之常。”蓉曰：“萧朱、王贡以转相汲引为贤，盖汉人踵战国余习，非君子相交以道也。士各有志，何以强为？”国藩乃止。国藩每谈经，好举汉学家言。蓉应曰：“汉人诂经，各有专门，守师说；虽所得有浅深，不尽当于古人精微之旨，要不失慎重传信、笃学好古之意。近世所谓汉学家，何谓者耶？异论歧出，其说千变，以为宋儒去今仅数百年，汉则数千年，于时较古，又宋儒者，功令所崇，众人之所同趣也，吾亦从而同之，不足为异，则创一解焉，引汉人笺注，曲为证附以成吾说；既可援汉儒以自尊，又可贬宋儒以立名，而吾之学，遂以超宋轶唐，独承汉以来二千年之绪。及叩以六经之大义微言与宋儒所以不合于道者，茫然莫知所谓。然则彼以汉学自鸣，非师古也，师心而已矣。其所为终身由之而不厌者，非好学也，好异而已矣。朱子于诸经讽诵反复盖数十年，精思熟读以求古人广大精微之蕴，汇众说而折其衷，推其用力之勤，知其所深造而自有得者，未可几及。特朱子于古今时务政治之宜，靡所不讲，而后之学朱子者，但守心性理气之辨，《太极》《西铭》之说，闭门独坐，泥塑木雕。一涉仕途，便无措手，所值皆无可奈何之事，所应皆未之前闻之务。此智略之士，睨视窃笑，以道学为废物也。至其行己立身，去就取舍，严义利之辨，兢兢不敢少过，则犹庶几君子。道虽未宏，学与行尚出于一也。至为汉学者乃歧而二之，'学则吾学也，行则吾不知也'。世亦遂无以行义责之者，以谓彼特为名物度数之学以资考证而已，不当以道义相苛。泯泯棼棼，学术坏而人心风俗随之。"国藩亦无以难也。及咸丰十年，左宗棠以佐骆秉章而专其政，为总督官文所劾，远引而荐蓉自代，以起之于家。明年，秉章移督四川，携蓉而往，平巨寇蓝、李二姓，散其徒众，遂授四川布政使。会太平军翼王石达开以其众经滇入川，而前扼大渡河，后阻苗山，陷绝地，饥无所掠食，于是蓉以兵往，抚其众而絷达开以归。问起兵状，达开历陈金田发难之后，战胜攻取，一一如绘，而猛鸷之气不衰。自言："南面称王十余年，屠戮官民千万计，今天亡我，何惜一死！"临刑怡然。蓉颇壮之。而左宗棠贻书，欲以葛亮一号貤赠。蓉戏对："诸葛食少事繁，鞠躬尽瘁，所不欲承，谨以奉璧。"寻以关中汉回交哄，而捻乘之，移蓉陕西巡抚，而为御史蔡寿祺劾罢。将去官，闻左宗棠奉诏以陕甘总督督师剿贼，而移书告，以谓："关陇用兵不可不早计者有六：一、剿贼不难，所难者筹饷筹粮。筹饷筹粮尚易，尤难者运粮。非宽筹粮饷，运有办法，切勿进兵。一、军糈无资，当缓新疆西征之师，先肃清陇境。辟地屯田，储糗粮，练马队，然后振旅出关。一、办甘贼，当以陕为根本。资粮转输，皆须借力于陕，非得同心膂、共忧乐之人为陕抚，持心定志，不足与济艰屯。一、捻贼入陕，号四五万，然能战者不过六七千人。每战，辄以马队万骑四面包裹，懦卒怯将，慑而望风靡。其实但能严阵坚持，屹立不动，则亦不敢进逼吾阵。俟其锐气之惰，奋起突击，必无不胜。一、办甘回，当先清陇东，次捣河狄。两地既定，其余可传檄而定。专事剿，则力固不逮；不痛剿而议抚，则叛服无常，亦何能济。一、关陇将才吏才，无可用者。然地瘠势艰，虽杰然者视为畏途，须广罗艰贞坚苦、仗义相从之侣，以资襄助。此六者其大端也。以公智虑渊涵，固可即此以得大凡矣。”其后宗棠平陕捻，平甘回以定新疆，一切经略，大率如蓉言。蓉既放归，营遂初园，杜门讲学者十年。其论学一以宋儒程、朱为归，力排汉学之穿凿，亦不取陆、王之禅悟，而于学者之不能反躬、徒以矜私知而炫多闻，尤不惮深贬而痛绝之。乃至讼其乡人以湘乡之功名日盛，而湘乡之风俗日敝，语重而心长以慨乎有言曰：“吾邑风尚素号愿朴，农民勤稼穑，士子励廉隅。故军兴以来，文职武弁，崛起草泽，以能为国宣力。而迁流日久，侥幸之心生。以利禄为易得，而争事繁华；变朴厚之旧风，而群趋嚣竞。乡村每有争讼，不问理而较势，及其呈控到县，亦复以是为衡。由是有势者恃以横行，而无力者亦借资于有力之绅衿以张其焰而求一胜。此民风所以浇漓，人心所以窳坏也。二十余年来，东南遘祸，举凡衣冠文物，竞逐纷华之国，无不残破。故家世族之所留遗，巨贾豪商之所积累，莫不荡为灰烬，化为飞烟。子女仳离，乞食道路。独湖南晏然无恙，吾乡人因此跻致名位，广积金钱。旧时凿井耕田之子，椎牛屠狗之夫，皆高牙大纛、美衣华屋以自豪于乡里。果有何功德在人，宜食此报以长保富贵而无后灾哉？智者见祸于未萌；凡无功有享厚报，无德而致大位，皆智者之所视为不祥而深自警惕者也。矧各省皆罹于难，吾乡独蒙其休。天道忌盈，物极必反，如不惕厉修省，懔持盈保泰之思，正恐暑往寒来，福过灾生。前日之膺祉蒙休，冠于他郡；后日之遭殃罹祸，亦且烈于他邦。此古今盈虚消息之常理，非同释氏因果报应之谈。每举以语朋辈，款语谆谆，听若虽颇面从，退则或相迂笑。人心陷溺，如何如何！”观其持论不徇风气，知制行不为诡随矣。论文不持宗派之说，而为文章条达疏畅，如己意之所欲出，其源盖出于苏轼云。传有《养晦堂诗文集》十二卷。

郭嵩焘，字伯琛，筠仙其号也，湘阴人。年十八，补县学生。游岳麓书院，识刘蓉，而曾国藩自京师归，道长沙，与蓉旧好也，介相见，欣然联欢为昆弟交，以问学相切劘。国藩称引汉学，蓉褒大宋儒，而嵩焘则言：“宋儒发明圣学至精密，独有一事与圣道大反。圣人之立教，曰‘慎言’，曰‘其言也讱’，曰‘古者言之不出’，无相奖以言者。尧舜禹之授受，曰‘惟精惟一，允执厥中’，内自毖于一心，而不敢及于天下之得失。而即继之曰‘无稽之言勿听’，是自圣贤之治天下，与其所以自治者，无不以言为大戒。宋儒顾不然，凡有言者皆善也，乃至劾欧阳公，劾富郑公、文潞公，皆谓之直臣矣。凡事皆可言也，乃至采宫禁之传闻，陈鄙夫之猥陋，皆自负为善谏矣。其间贤愚错出，人才勿论也。自汉唐迄今，政教人心交相为胜，吾总其要曰名利。西汉务利，东汉务名；唐人务利，宋人务名；元人务利，明人务名。二者不偏废也，要各有其专胜。好名胜者气必强，其流也揽权怙党，而终归于无忌惮。好利胜者量必容，其流也倚势营私，而终归于不知耻。故明人以气胜，得志则生杀予夺，泰然任之，无敢议其非。本朝以度胜，得志则利弊贤否，泛然听之，无敢任其责。一代之朝局成而天心亦定。终明之世，居位者大率负强使气魁人也。本朝则贤者优容，不肖诡随。稍能持正议，核名实，振肃纪纲，考揽人才，辄曰‘无度量’。吾不知所谓度量者，将奚以为也！司马德操谓‘识时务者为俊杰’，吾则以不为风气所染为俊杰。虽讲学治经亦然。宋明之语录，本朝之汉学，皆风气之为也。君子未尝不为之，而固非道之所存矣。自非深识特立之君子，介然无与于风气之会，乌足与论时务哉！”其意渊然以天下为量。尤自厉勤苦，以谓：“古无有以‘士’名者。自公卿大夫之子，下及庶人，皆入学。其能为士者，与其耕者工者，各以所能自养。其有禄于朝，则有上士、中士、下士之等，其次则任为府史。制行尤高，其志尤隐。舜、伊尹之耕，傅说之工，吕尚之屠且渔，胶鬲、管夷吾、孙叔敖之贾，皆任为士者也。至汉犹然。路温舒、卜式、王尊牧羊，公孙宏、承宫牧豕，儿宽为都养，朱买臣刈薪，匡衡佣作，梁鸿任舂，韩康卖药，徐穉耕稼，申屠蟠为漆工；或历仕公卿，或怀道守节，隐见不同，而皆不辞贱役，所资以为养然也。唐世尚文，人争以文自异而士重。宋儒讲性理之学，托名愈高而士愈重。人亦相与异视之，为之名曰‘重士’。不知所谓士，正周官所谓闲民也。士愈多，人才愈乏，风俗愈偷。故夫士者国之蠹也。然且不能自养，而资人以养，于国家奚赖焉？然自士之名立，遂有峨冠博带，从容雅步，终其身为士者，而士之实乃终隐矣。”举道光二十七年丁未进士，授翰林院庶吉士。回籍，会洪秀全以其徒徇湖南。曾国藩以侍郎居忧，奉诏办团练，欲不出。嵩焘驰谒，苦口陈说。国藩乃为起，而苦费绌。嵩焘则为建厘捐之议，规盐厘之法。国藩有所资以募勇制器，而湖南亦恃以保境安民，支柱东南，皆国藩有以发之也。既而帅勇援江西，俘太平军卒，讯知战罢则登舟，因言：“贼掠舟东下，纵横驰突，独占长江，而我无一舟与争利，非治水师，何以应敌？”而长江水师之议自此起。国藩亦以造船自任，移驻衡州，亦国藩有以发之也。江西围解，论功擢编修，入直南书房。而左宗棠在巡抚骆秉章幕，为总督官文所劾，诏下逮讯。国藩以谓：“宗棠去，湖南无人支持，东南大局不可问矣。”为尚书潘祖荫言之。祖荫遂据入告，直言：“天下不可一日无湖南，湖南不可一日无左宗棠。”诏问曾国藩意如何，遂授宗棠四品京堂，襄办军务。于是宗棠事解，而柄兵大用矣；则嵩焘之为斡旋也。同治元年，特授嵩焘苏松粮储道，再擢署广东巡抚。而宗棠以闽浙总督为钦差大臣督师入广东，连四摺纠参，褫嵩焘职而以畀其属蒋益澧，曰："此以人事君之义也。"嵩焘叹曰："季高至交三十年，吾一生为之尽力，而相煎何太迫若此！"因论："世俗语大人先生，动曰'有来历'，佛家所谓'前生因果'也。少年征逐，见朋辈中天分绝高而终无所成，是谓有来历而无积累。积累者，积功累行，冥冥中所以厚植其基，根本盛大而后发生始繁。然其建功立名，如曾涤生、左季高之成就，又自有因缘。若或使之，若或助之，随所至而机缘巧合，争相拥护，而觌面者景从，闻声者响附，三者合而后功成名立。自问此生谓'无来历无积累'不可。而相煎迫出于至交，堕我成功，岂所谓'无因缘'者耶？"其致怨于宗棠深矣。宗棠在官颇循名课实而为治尚严。嵩焘则言："曩读船山书辟申韩之说，极论诸葛公不当用此为治。窃疑诸葛公生扰攘之世，值群雄并起，仓猝以就功名，所自命者管乐，而其量固远矣，岂能以三代王政期之？其后从政粤东，稍以知轻重缓急，见诸言事者毛举多端，为综核名实之说，而后慨然太息思船山之言。盖亲见万历以后，头会箕敛，用操切之术以求挽虚诬锢蔽之习。繁刑峻法，愈益不当其罪，坐使人心解散、国计消靡以迄于乱。是以言之痛切如此。处末世，纪纲法度废弛久矣，人心变幻，不可穷诘。如此当益穷求吏治，培养国脉。静以俟之，宽以容之，安民保国，不至困乱无告，则犹可庶几矣。昔官京朝，推求国家所以致弊之由，在其例文相涂饰，而事皆内溃，非宽之失，颟顸之失也。宽者宣圣之明训，国家积累之至仁，乌可轻议哉！今一切以为宽，而以严治之，徒使武夫悍卒乘势罔利以相陵藉。向者之宽，与今日之严，其为颟顸一也。颟顸而宽，犹足养和平以维人心，颟顸而出之以严，而弊不可胜言矣。"宗棠在边，亦整军经武以对外主战，嵩焘则言："西洋负强争胜，怀乐战之心，而用兵具有节度。其发谋常在数年数十年之前，而后乘衅以求逞，犹不遽言兵也。挟其所争之势，曲折比附以为名，常使其气足以自伸以求必得所挟，是以先事有预定之略，临变有必审之几。以彼之强，每一用兵，迟回审顾，久而后发。其阴谋广虑，括囊四海，而造端必以通商。迎其机而利导之，祸有所止，而所发明之奇巧转以为我利用厚生。国家办夷务二十余年，受其陵藉，其原坐不知事理，天下籍籍相为气愤，皆出南宋后议论。孙武之言战也，曰‘知己知彼’。所谓‘知彼’者，知其国势之强弱，知其人才之能否，知其势之所及与其计划之所从出，而后可以总揽全局以决胜负之机。韩信攻赵，知广武君之计用与不用。魏武知袁绍之不能袭许，又知刘表之不能袭邺，则可谓能知其深矣。知敌之深，乃益有余地以自处。西洋之患亟矣，中外诸公，懵焉莫测其所由，先无以自处。主战愈力，自处愈穷。一将之能而晏然自以为安，一战之胜而嘎然据以为喜，以当小敌不足，况若西洋之气方盛而势方强者乎？彼固无求倾中国之心，何为激之使狂逞也！”于时直隶总督李鸿章，则不言战而通商劝工，练兵购械，讲制造，力图富强。嵩焘则言：“富强者，秦汉以来治平之盛轨，常数百年一见，其源由政教修阂，风俗纯厚，百姓家给人足，乐计趋公以成国家磐石之基，而后富强可言也。施行本末具有次第，然不待取法西洋，而端本足民，则西洋与中国同也。国于天地，必有与立，亦岂有百姓困穷而国家自求富强者？今视富强为国家之计，于百姓无与；不知西洋之富，专在民，不在国也。数百年来，顺通海道，尽诸岛国之利括取之，其奉固已厚矣。而治矿务日益精，五金出产之利，制备器具日益丰。又创为电报，数万里消息灵通。轮船、火车，驰行数万里以利转运。然必囊括四海，覰天下之利以为利，故能富也。中外情势之异，由来久远，以成风俗，未易强同。而其间有必应引其端而资其利，可以便民，可以备乱，可以通远近之气，而又行之甚易，历久而必无弊，则电报、轮船、火车是也。虽然，为是者有本有末，本者何？政教、人心、风俗是也。末者何？通工商之业，立富强之基，凡皆以为利也。利之所在，而政教修、人心厚、风俗醇者，国家与民共之。而又相与忘之，斯所以为大公而以美利利天下也。不然，争民施夺，上下交征利，民与民争则扰，上与民相匿则溃。扰者势有不能行，溃者情有所不能交达也。无其本而言富强，只益其侵耗而已矣。夫以西法为名，一切务为泰侈。士民失业者，亦皆引领以望，环集以求薪食，为利多少不能计，而所耗不资，久且不支。人人言利，而卒之无利可图以成败局。何者？无其本也。机器者，末之末也，凡用机器，必西人为之，中人多不能尽其法。此时宜广开西学馆，有人服习其业，知其所以为利，庶几人心所趋，自求之而自通之。所用机器，亦须因地制宜。何地何器，层累以求。贸焉而以机器往，愚者惊扰；即有知者，亦莫辨其所以为用。即此末中之一事，亦自有本末存焉。而百姓之为利，与所以求利国家，又自有本末次第。盖西洋富强之业，资于民人，其民人趋事兴功，而国家用其全力护持之，岁计所需以为取民之制。大兵大役，皆百姓任之，而取裁于议院。其国家与其民人交相维系，并心一力，以利为程。所以为富强者，人民乐利劝业，厚积其势以拱卫国家，行之固有本矣。未闻处衰敝之俗，行操切之政，而可以致富强者。日本在英国学工技者二百余人，其户部尚书恩娄叶欧举至奉使讲求经制出入，欲仿更制。而学兵法者甚少；盖兵者末也，各种创制，皆立国之本也。”自谓考古证今而知其通，由汉唐推之三代经国怀远之略，与今日所以异同，而有以见损益之宜。光绪元年，起为福建按察使，寻命以侍郎候补，在总理各国事务衙门行走。遂建议讲求邦交，遣使各国，以谓：“西洋立国，本末兼资。其君臣上下，同心一力以求所以自立；正宜推究其情势，洞知其利病，遇有交涉事，即可略得其梗概而资以因应。”诏以充出使英法大臣，补兵部左侍郎。中国之驻使外国自此始。命下之日，湖南人之官京朝者，以为大辱，正言切论而劝之辞。嵩焘曰：“苟利于国，不敢避就。身之不恤，何有于名？主忧臣辱，在此行也。”道员刘锡鸿求随使，嵩焘以其矜愎而不达事理，不之许也。锡鸿固以请，遂荐为贰，而相畔异，患生肘腋，劾以十款，末言：“由候简运使而授闽臬，由闽臬擢兵部侍郎，朝廷何负于郭嵩焘而日夜怨望？”嵩焘读之惶骇曰：“此真恶交矣，尚何言哉！君子之行道也，必有以振厉天下之人心而使之服，柔和生人之气使之驯，而后不疑于所行，而吾不能。自宋以来，尽人能文章，善议论，无论为君子，为小人，与其有知无知，皆能用其一隅之见，校论短长，攻剖是非，不能辨也。辨之愈力，攻者愈横，是以君子闻恶声至，则避之。避之者，所以静生人之气而存养此心之太和也。比匪之伤，吾道固穷，亦功业无因缘之明效大验矣。”径归卧家而不敢入朝也。因太息为人言：“数十年出处进退以及辞受取予，一皆准之以义。服官之始，即自誓不以不义之财贻子孙。及巡抚粤东，出使西洋，人之所视为利薮也，照例开支，分毫不溢。在官之日，视国家公款重于私款，私款或供友人称贷，公款无迁就也。以是准之今人，多与鄙衷违反，或至用相诟病，辄为忧然。少时读《张子全书》曰：‘士君子处治朝，则德日进；处乱朝，则德日退。’忧然有感于其言。程子谓‘朋友相处尤莫如相观而善之意多’，亦是此意。及莅仕以后，而所见有进。世之衰也，大抵营私利，负意气，惟意见之争，而于事理之当否，流弊之终极，竟一无考览。遇事有涉，陈说纷纭，每觉语言多而情事迂回。庄生有言：‘此一亦是非，彼亦一是非。’① 其实匿情以自图私便。阅历多而体验深，则常愀然怀薄视之心。已而乃大悟曰：‘张子所谓德日退者，其在斯乎！’夫不反躬而怀薄视人之心，则德之退有不胜穷也。夫任事在我，而展转有未遂，由学识有未充也！”自海外归而里居者十三年，主讲城南书院；兼辟思贤讲舍，祀王夫之，与学者讲肄其中。尤善言礼。早年与曾国藩商量旧学，国藩尝谓：“先王修己治人，经纬万端，惟在于礼。”而未有成书。嵩焘则学礼而深造自有得。以谓：“礼者，征实之书，天下万世人事之所从出，得其意而万事理。”于是研炼岁月，成《礼记质疑》四十九卷，折衷群经，以见诸行事，其素所蓄积然也。及其发为文章，理足辞简，特寓拗折劲悍之意于条达疏畅之中，坦迤之中自有波峭；不同曾国藩之瑰伟，亦异刘蓉之畅发。曾国藩追韩愈之雄茂，而语不检；刘蓉学苏轼之疏快，而味无余。嵩焘则得王安石之峭劲，而锋欲敛，畅而不流，拗以出遒。碑传之作，以简驭

① 《庄子齐物论》：“彼亦一是非，此亦一是非。”——编者

繁，以叙抒议，语无枝叶，义必明当，出入欧王，允裨史裁。传有《养知书屋诗文集》四十三卷，《奏疏》十二卷。

六、王闿运　阎镇珩

胡林翼、曾国藩、左宗棠、刘蓉、郭嵩焘，一代名臣，声施四海；王闿运、阎镇珩，老儒暗修，独抱遗经。遭际不同，出处攸异。然学不仅占毕，志在于匡俗；通经欲以致用，文章蕲于经国，则固不同而同。

王闿运，名满天下，谤满天下。目论者徒见其行己之通脱，与人之亡町畦。而莫知其振于孤童，鲁而愤悱，为学之不厌，诲人之不倦。其学人所知，不具著，而著其夙夜强学以待问，启迪后生如不及，恢张学风，不知老之将至。此则吾意中所欲言之王闿运。而不惮缕息旁搜以见景行之意。

王闿运，字壬秋，又字壬父。壬父二字，刻篆文小印，颠倒之如文王二字，隐自喻于素王之改制也。相传生时，父梦神榜于门曰“天开文运”，因以闿运为名。而性实鲁；幼读书，日诵不及百言，文不能尽解，同塾皆嗤之。师曰：“学而嗤于人，是可羞也。嗤于人而不奋，毋宁已。”闿运闻而泣，退而刻励。昕所习者，不成诵不食；夕所诵者，不得解不寝。年十五，始明训故。十九补诸生，与武冈邓辅纶、邓绎，长沙李寿蓉，攸县龙汝霖结兰陵词社。摈弃世所谓诗古文，而诗取潘、陆、谢、鲍，文则推源汉魏，号“湘中五子”。二十四而言礼，作《仪礼讲》十二篇。二十八达《春秋》。其治学初由礼始，考三代之制度，详品物之体用，然后通《春秋》微言。张公羊，申何休，今文家言于是大盛也。于时，学者承乾嘉以来训诂名物之学，习注疏，为文章法郑玄、孔颖达，有解释，无纪述，重考证，略论辩，掇拾丛残，而不知修辞为何事；读者竟十行，欲隐几卧。而闿运不谓是，因慨然曰：“文者，圣之所托，礼之所寄，史赖之以信后世，人赖之以为语言。辞不修，则意不达；意不达，则艺文废；俗且反乎混沌。况乎孳乳所积，皆仰观俯察之所得，字曰‘文’，言其若在天之星象，在地之鸟兽蹄迹，必其灿著者也。今若此，则文之道或几乎息矣。然辞不追古，则意不循今；率意以言，违经益远。是以文饰者胥尚虚浮，驰骋者奋其私知。故知文随德异，宁独政与声通！欲验流风，尤资总集。”为辑《八代文粹》，广甄往籍，归之淳雅。并为述其本由，使必应于经义。自以起孤童，未冠即与缙绅长者接，恐不礼焉，则高自标置，放言高论。而成名之后，弥以无让，貌似萧散，意实矜持。以二十二岁中咸丰三年癸丑举人，应礼部试入都，尚书肃顺方柄政，延为上客。一日，为草封事，文宗叹赏，问属草者谁，肃顺对曰：“湖南举人王闿运。”问：“何不令仕？”曰：“此人非衣貂不肯仕。”曰：“可以赏貂。”故事，翰林得衣貂，而闿运嫌以幸门进，不出也。既，文宗崩，孝钦皇后骤用事，以谋逆诛肃顺，余党株连，而闿运先以事赴山东。得肃顺书，驰入京，闻其诛，临河而止。寄南昌高心夔伯足诗曰：“当时意气备无伦，顾我曾为丞相宾。俄罗酒味犹在口，几回梦哭春华新。”心夔亦肃顺客也，盖不胜华屋山丘之感。后数十年，闿运老矣，而主讲船山书院时，一夜为客诵此诗，说肃顺事，曰：“人诋逆臣，我自府主！”泪涔涔下。其岁，走京师，托言计偕，而实未与试，阴以卖文所获数千金，致肃顺之家而恤其妻子云。闿运诙诡多智数，独于朋友死生之际，风义不苟如此。肃顺既败，乃踉跄归，伏匿久不出。及曾国藩起督师而入其幕，告国藩曰：“公之文，从韩愈以追西汉，逆而难，若自诸葛忠武、魏武帝以入东汉，则顺而易。”而国藩不之省也。国藩好荐士，其尤者至起家为巡抚、布政使。士争相效，闿运独为客，文章雍容，不受事，往来军中，或旬月数日即归。其后国藩益贵重，其客皆称弟子，而闿运为客如故。尝至江宁谒国藩，国藩未报而招之饮，闿运笑曰：“相国以为我慵啜来乎？”即束装行，国藩追谢之，不及也。及撰《湘军志》，叙国藩之起湘军及戡定太平军本末，虽扬诩功绩，而言外意见，婉而章，尽而不汙，焯有史法。

曾国荃者，国藩之弟也，自负血战下江宁以佐其兄，劳苦功高，读之而忿，致诘曰："皆君故人，何故刻画之？"毁其板。闿运笑语人曰："吾于《湘军志》著'李秀成者，寇所倚渠首，初议生致阙，及后见俘寇皆跪拜秀成，虑生变，辄斩之，群言益哗，争指目曾国荃，国荃自悲艰苦负时谤'云云。吾为曾沅甫发愤而道，沅甫乃以为恨而切齿于我，不知文之人不可与言文，以此叹令尹子兰之不可及也。"然其书实无大讥弹，自曾国荃以谤书为诋，而向声背实，不悦曾氏者，乃真以太史公目之矣。呜呼，动而得谤，名亦随之，世情自古如斯，所以闿运不怒而笑也。既以肃党摈，不用于时，大治群经以开教授。四川总督丁宝桢礼致之以为成都尊经书院院长。至之日，则进诸生而告之曰："治经之法，于《易》，必先知'易'字含数义，不当虚衍卦。于《书》，必先断句读。于《诗》，必先知男女赠答之词，不足颁于学官，传后世。一洗三陋，乃可言《礼》。《礼》明，然后治《春秋》。"又曰："说经以识字为贵，而非识《说文解字》之为贵。"又曰："文不取裁于古，则亡法。文而毕摹乎古，则亡意。然欲取裁于古，当先渐渍乎古。先作论事理短篇，务使成章。取古人成作，处处临摹，如仿书然，一字一句，必求其似。如此者，家信账记，皆可摹古。然后稍记事：先取今事与古事类者，比而作之；再取今事与古事远者，比而附之，终取今事为古所无者，改而文之。如是者，非十余年不成也，人病欲速。"遂教诸生以读十三经、二十四史及《文选》。汉儒人专一经，诸生亦各治一书，毋贪多，毋不经意。日有记，月有课，而闿运精勤校阅，将顺其美，而匡正其不及。暇则习礼，若乡饮投壶之类，三年皆彬彬矣。厥后廖平治《公羊》、《穀梁》、《春秋》，戴光治《书》，胡从简治《礼》，刘子雄、岳森通诸经，皆有师法，能不为阮元《经解》所囿，号曰"蜀学"，则闿运之以也。既归，主长沙校经书院，移衡州船山书院。在船山之日久，大吏造拜，或偃蹇不见；而引接后生，则温霭逾恒，曰："位高而齿尊者，菁华已竭，不如后生可畏也。"循循善诱。有献诗者，即陋劣不中律，未尝不为改窜。其弟子县人杨钧请曰："此不成语，何必枉抛心力?"应曰："人有好学之心，即有诱之之责。若因其陋而薄之绝之，心沮气堕，不得无望于进，即此恶诗亦不为矣。"县人张正阳者，本锻工也，耽吟咏而为人佣，一夕，睹白桃花盛开，而月色绮映，忽得句曰："天上清高月，知无好色心。夭桃今献媚，流盼情何深!"姜畲陈鼎见之大惊曰："子诗何似孟郊?然非王先生不能成子名。"会大雪，戴笠著屐，单衣磬踔，造门投卷。阍者见其面垢衣敝，拒不为通，则大呼曰："我以诗谒王先生，乃却我耶?"阍者不得已为进。方设筵宴邑令，邑缙绅先生咸在，闿运即席开卷读，顾曰："邑中有此诗人耶!"延之上座，座客愕然。正阳泥淖满身，而貂狐裘丽，嫌为所污，莫敢与酬对。闿运则殷勤问讯，遂使受学而补诸生，通"三礼"、《春秋》、《尚书》、《诗经》，讲评孜孜，撰有《诗经比兴表》、《礼经丧服表》，闿运叹为前人所未发也。然宏奖之中，不废规诫。龙阳易顺鼎者，幼而英秀，闿运呼之仙童者也。既而以道员自伤佬僚，署号"哭庵"。闿运则规以书曰："仆有一语奉劝，必不可称哭庵。上事君相，下对吏民，行住坐卧，何以为名?臣子披昌，不当至此。若遂隐而死，朝夕哭可矣。且事非一哭可了，况又不哭而冒充哭乎?闿运言不见重，亦自恨无整齐风纪之权，坐睹当代贤豪，流于西晋、五胡之祸，将在目前。因君一发之。"其峻厉如此。其弟子杨钧请业，曰："如何?"答曰："成名有余。"钧大惧曰："所谓'成名有余'者，殆谓自立不足也，敢不勉夫!"闿运言："诗有家数，有时代，文无家数，有时代。余学晋宋诗，骎骎入古。至于文力追班马，极其功力，仅得似《明史》，心甚耻之。及作《湘军志》，乃超时代矣。以数十年苦心孤诣，仅仅得免为明文。若学八家，数月可似。学话易，自运难。故不甚劝人学文，恐误人抛心力也。不如学诗，离去时代，专讲家数。成家，即上跻其代矣。"而钧则言："吾师门人，文字通顺者不多，皆谓唐宋之文不屑意，而以《史记》、《汉书》为学。故虚字多反用，造语尤晦涩，反不若时手之驾轻就熟，无词不达也。古诗不求明畅，以拙为宗，稍可掩不通之迹，故师门多诗人。”其为文章，长于抒情叙事，从容讽议，中含诙诡，以优游出顿挫，而不以驰骋为曲折。尝教人以学范晔《后汉书》及魏武帝文。钧则言：“魏武帝文无长篇，而亦不多，如何学？余初闻而疑之，久乃知其短篇无不具长篇气势，不骈不散，有子长之遗风也。”闿运为钧言：“作人墓志，须叙其生平不得意事，以别于传记。”乃授以所为《刚直彭公墓志》，寥寥短幅，中曰“然其遭际，世所难堪”，果叙其不得意事也。于是文思大进，深悟化繁为简、举重若轻之法，门弟子辑其诗文笺启，为《湘绮楼集》，凡若干卷。而钧则言：“湘绮之文，墓志第一。数千年来，传志不分，变为一体。而湘绮崛起，体格判然，峭妙轻灵，难于踪迹。”闿运为钧言：“汪容甫云：‘读书十年，可以不通。’‘不通’二字，俗人多不能解，非读书有得，又肯虚心者，不肯出此言也。然而难言之矣。汉学始有不通境界；宋学以意断，遂无不可通矣。此境甚高，读经可得。而治文史者则无所谓‘不通’。吾未信汪容甫之真能不通也。”宣统元年，巡抚岑春萱以闿运老儒，上所著书，赐翰林院检讨。及革命成功，而袁世凯为临时大总统，以年家子手书聘问，则复曰：“今之弊政在议院，而根由起于学堂。盖椎埋暴戾，不害治安；华士辩言，乃移风俗。其宗旨不过弋名求利，其流极乃至无忌惮。此迂生所以甘跧伏而闭距也。”既而世凯强起为国史馆馆长，以民国三年抵北京。人问：“咸同中兴，先生及见其人物。今之人才，何如曩日？收拾时局，有其人乎？”闿运沉吟有顷，笑曰：“以今视昔，才智殆有过焉。惟昔人做事认真，而今人做事不认真，收拾时局，殆未之信。”寻以龃龉归。而其殁也，以联句挽曰：“春秋表仅成，赖有佳儿习诗礼；纵横计不就，空留高咏满江山。”盖不为诗人自居也。其弟子杨度，颇传授心法而得其纵横之术，方以佐袁世凯谋称帝而负世谤，乃挽之曰：“旷代圣人才，能以逍遥通世法；平生帝王学，只今颠沛愧师承。”亦以政治家推之。然而同治之末，龙阳易佩绅者，易顺鼎之父也，以郭嵩焘之介而谒闿运，谈学论政极欢。嵩焘则以书诫之曰：“君子之学，必远乎流俗，而必不可远道。壬秋力求绝俗而无一不与道忤，往往有甘同流俗之见以畔道者。但论文章，友之可也，师之可也。至于辨人才之优绌，语事理之是非，其言一入，如饮狂药，将使东西迷方，玄黄易色，颠沛蹉失而不可追悔，独奈何反用其言以自求迷乱哉？”则固盛以文章推之矣。

阎镇珩，字季蓉，石门人。喜读书而生长穷谷，书不可得，从友人假得《文选》并注读之，数月皆能记。既而闻邻翁有《史记》，请借，不许，请就其家读之，又不许。而翁所居少薪，镇珩家有山场，请日馈肩薪，乃许之。正珩朝食毕，则荷薪携笔札往读之。且读且写，数月成诵矣。及补县学生，以制举八比之文教授乡里，而推之通经学古。方当王闿运誉满东南，文采焰映之日，而暗然潜修，不骛声气。学本程、朱，文为欧、曾。因文欲以见道，经世必以明礼。途辙所自，推本曾国藩；而文章浩落，不事涂饰，同国藩之宽博，异国藩之茁轧；然亦不为桐城末流之虚声摇曳；直抒欲言，意尽则言止，其意确然，其辞沛然。一时耆旧杨夷珍、郭嵩焘之伦，折辈行与交。而夷珍尤以古文自负，则以女继其室。然古文不为步趋以自名家。夷珍刻炼而笔驽，不免雕饰；镇珩则坦夷而气浩，自然方雅。是时汉学大盛，风流湘楚，人人婺通博以为名高，而耻言程、朱。至于文章，则穷诡极妍，宗尚齐梁。镇珩每诰于门人曰：“学无古今，适于用之谓贤。章句烦碎之学，有用乎？无用乎？百余年来，人人嗜奇炫博以倡汉学，自谓度元明而轶宋唐。然彼遭时无事，幸而窃据上位，如纪昀、阮元之徒，果何补于国家乎？自君子论之，貌荣闻而苟富贵，虽谓不有其人，可也。学以穷理为先，其次莫如通识古今之务，诗文抑其末尔。古之君子，学充积于心，其理得，其事该，未尝尽意以为辞，而辞莫善焉。今之学者，炫奇博，骛夸丽，哗世取宠利，而返之其中，无有也。孟子曰：‘我善养吾浩然之气。’韩子曰：‘本深而末茂。’二语者，非直为文言也，即文不外是矣。盖古之圣贤，未尝有意学为文，其中有所不得已，因事而书之于策，则道为之体，气为之用，道充，故气亦充焉。今之治文者，所得皆古人肤末，一字之奇崛，于文无关轻重，而斤斤然自许为谐古。其道，吾不知焉，其气，吾又不知焉。夫如是，其求孟、韩也愈似，其去孟、韩也愈远矣。且韩子诸碑铭，多仍汉魏雕刻之习，特文中一体尔，于道无与。古人极至之诣，不在是也。若其《原人》、《原道》、《原毁》、《争臣论》、《佛骨表》、《上张仆射》、《答孟尚书书》、《送王秀才》、《浮屠师文畅序》，其言宽平质直，无有艰苦拘涩之态，读之但觉真气充塞行间，与六经孟子相出入；而其词与其意适，则自荀卿、贾谊、司马迁、刘向、扬雄以来，未有过之者焉。夫所贵乎文者，非独声音采色之极其工，使人不能有加也。其得于中者，有至有不至；其发于外焉，无不肖之以出。凡勉强而伪为之者，皆不肖夫其中者也。故眉山苏氏之论，以为'辞至于能达而文不可胜用'，虽孟、韩之文，要于能达而止，然其所以能达者何在，吾不可不熟思而慎取之也。文至唐季五代，其气茶累而不能举。北宋诸子，矫而振之。其尤显者，庐陵之欧，临川之王，并南丰曾氏而为三焉。大抵浸润六经以出之，而曾氏最为无颣。夫文非可以徒作也，六经言道之祖，诸子时或叛而去之。扬雄、王通，无其道而强饰经言，其貌得，其实丧，学者卒莫之贵焉。曾氏之学，湛深经术，于道粹然，故其发之文者，湛深而精纯，往复而多不尽之致，汪洋自恣，与道大适。其于孟、韩，将殊途而同归也。近世言文者，诋方苞而进胡天游。天游于文初无所得，其外虽张为怪险，而中实寒馁，气塞滞而不流，譬诸画鬼者欺人以所不见，工拙不足论也。方氏渐渍经术者深，不烦涂雕，自然雅洁，粹乎儒者之言。姬传修饬之功，诚自有得于古人，然举唐宋以来宽裕恢博之气象，一变而为促狭，读其文者，如游穷岩绝壑，目隘而心不舒。视方氏未知何如，要其去韩、欧远甚。近代文家，曾文正才力豪纵，恃其骏足，一往奔放，时或轶出法度之外，然未尝与道不相准。盖其辞伟以辩，而其气沛焉能达，古之立言者类如是，宁独孟、韩云尔哉！”曾国藩探源汉之扬、马以学韩愈，力造雄奇瑰伟之境，以矫桐城缓懦之失。而镇珩则取径宋之欧、曾以学韩愈，务为坦荡浩落以出，一洗湘乡茁轧之语；涵蓄宏深，发挥盛大。义宁陈三立治古文有名，而镇珩与言：“近代作者，最难得优游宽博气象。”三立以为然，曰：“愿与吾子共勉之矣。”镇珩推本其意以为骈文，亦不涂泽，不使事，放言落纸，气韵天成。湘乡张伯纯妇何氏能诗，为序其集，有曰：“关河晓别，良人万里。”善化瞿鸿禨读之，激赏曰：“真六朝人语也。”所作如《漂母祠碑》、《吊春申君文》、《吊吴越钱武肃王文》、《吊罗昭谏文》、《屈贾合集序》、《游兰亭记》，浮藻既湔，古艳自生。与王闿运同时而不同格，同其散朗，异其弘润，标致不如，而意度过之。盖闿运取径徐陵以出入潘岳、陆衡，而镇珩则脱胎范晔以参随曹植、孔融也。自言：“初学唐四杰及李义山，志在流丽而已，往往混入袁吴一派。至作《吊钱武肃王文》，始专为魏晋人体。”诗亦肆意有作，务为优游宽博，盘硬而不入于生涩，疏宕而不落于浅俗，不为曾国藩之生奡排宕以学昌黎、山谷，亦不同王闿运之藻丽密以追士衡、康乐，只是学杜而得其跌宕昭彰尔。性勤恪，一息不肯以自懈；而受人之托，必为尽心。瞿鸿禨以光绪十九年督浙江学政，延校文。之杭州，舍馆甫定，鸿禨示所取优贡卷，颇不廉镇珩意，即捉笔改首次二名陈生、王生卷，涂乙几尽。鸿禨大服。学政署西有亭曰定香亭，故学政阮元建也。鸿禨新葺而为之记，使人持示，且贻书谓：“昔人诗云‘平生风义兼师友’，乞痛绳削，如改诸生之卷，惟恐其不多耳。”镇珩如旨。明日，鸿禨诣谢曰：“记劳点窜，惟以阮文达自比，殊愧其僭。”镇珩笑曰：“文达非有丰功盛德可比迹古贤，徒以文采风流烜耀一时而已。公以自比，吾犹为公羞之，奈何反疑其僭乎？”鸿禨默然。顾性实乐易，见人一技之善，必广为延誉，如不容口。尝主澧州之渔浦书院，病目已久，而白昼篝灯，据案校诸生课文，劣者，案左，不列等，佳者右而给奖。一生狙伺肘后，见已卷之左也，掔而杂之未阅卷内，寻阅而又左之，再掣之，如是者三。于是搓眼起立大呼曰：“此宁科场，吾校文亦有鬼神瞰督耶?”诸生传以为笑，而无不叹其校阅之矢慎矢勤为不可及。湖南学政以“博通古今，孤介绝俗”荐于朝。授官训导，部选缺，不赴。至宣统时，征为礼学馆顾问，亦不起也。独杜户摈人事，发愤著《六典通考》一书，以谓：“文墨俗生，往往掩摭汉儒章句，穿凿立异，谓之经学。耳食者因而惊宠之。其实庸猥下材，无足置齿论。夫士当为国家设施耳，区区操简牍，注一经，安足贵乎？尝论古先哲王经世之法，莫善于礼；礼之体用灿备，莫具于《周官》之书。曾子固盛引唐六典以为得《周官》精意，而明太祖因时立政，革中书省，重六尚书之权，几欲复周人设官之旧，相沿至今，遂莫之废。盖六经，圣人经世之书，其言无一不与道俱者也。汉以后诸君，于道或合或离，然即其行事得失，可以推见当时之治乱，而二三坠典遗文赖史家纪载以存者，未尝不与经训相表里，孔子所谓百世可知也。往览秦氏《五礼通考》，伟其通博，亦颇疑其征引丛杂，骈拇枝指，旁见歧出，观者不无惝恍而失所守。且五礼者，于六典仅一端，而不足以赅其全，欲以汇集睹记，别次为书，读史有得，随事著录。积十三年，成《六典通考》，凡二百卷。自以谓于先王之大经大法，究悉原委，蕲于匡补杜、马二《通》及秦蕙田《五礼通考》之书，而于世道之治乱兴废有补焉。昔曾国藩作《圣哲画像记》，谓：“先王之道，所以修己治人，经纬万汇者，曰礼而已。辨后世因革之要，而欲周览世之大法，必自杜氏《通典》始。马端临《通考》，杜氏伯仲之间，莫不以礼为竞竞。而秦尚书蕙田遂纂《五礼通考》，举天下古今幽明万事，而一经之以礼。”是则镇絎之学所由本也。于时王闿运才高意广，欲自外于国藩以别开风气；而镇珩严气正性，则推本于国藩以模楷后生。闿运通而门户大，镇珩介而不免固，然不得镇珩之固，无以救闿运之通。闿运啸傲公卿，跌宕文史，以经术为润泽，以文章弋羔雁，声气广通，宕而不反；而镇珩遗外声利，君子暗然，笃实辉光，足以日新其意矣。独居深念，身当叔季，每太息于民生之况瘁，士风之已偷，学术之不纯，而发愤言之，以谓：“君子之守身，不可以不正。而其为学也，必造己于广大。智足以周万物，仁足以利无穷，匹夫匹妇，有一不被其泽者，若己推而纳之沟中，宁日淡然而已哉！山林幽默之士，违天而自用，闭门而孤游，彼徒知用贫贱为己乐尔。抑知先忧后乐之君子，其身虽处穷约，而未尝不引天下国家为己任。劳苦变动，而其心益进于光明。盖坚忍之操，夙定于中，则事之卒然外至者，莫能以困我也。故曰：‘贫贱忧戚，玉汝于成。’彼流俗之人勿察，顾以其身不自佚乐为君子訾笑焉，岂不谬哉？始罗忠节公为诸生，家窭甚，岁尝聚徒讲授，所言皆古今经世大略，无一语及世俗利禄之学，乡里闻而窃笑，公勿为变。其后军事起，倡率义旅，为国讨贼，功虽未究，而其学术之正，气烈之高，无待余论矣。独其皇皇不自佚乐之心，由布衣以陟台司，未尝一日或异。然非知公生平之深与学道而自有得者，见不逮此。予尝谓今日人心之弊，患在居贫而强效富，无资而好为侈靡。耳目声色之娱，恣欲自快，脱手千金如稊稗；至其昆弟族戚之寒馁者，视之漠然，不啻秦越人之相值焉。夫如是，虽举天下国家畀之，岂能知忧哉？私其乐于一身而已矣。”传有《北岳遗书》二十一卷。郭嵩焘读其文而善之，贻书推挹，以谓：“议论沉实，有关世教。而力诋近世言汉学者，上及高邮王氏，要皆实有心得，非以门户争胜。想当施手时，巨刃摩天扬矣。往时孙芝房著《刍论》，推原汉学流弊足以乱天下，曾文正颇以为过。愚尝原《刍论》立言之旨，非谓乱天下者汉学之为也，为其意气之凌厉，闻见之烜赫，尽宋元以来所守程、朱之藩篱而务抉去之。但为规行矩步，屏不得与于学，积成贪戾暴慢之习，夷然不以为非。当乾嘉间创为此名，亦多聪明宏通辩博之士，十年间消磨既尽矣。而其习中于人心，相为披靡，无复廉耻礼义之存，则谓以其学乱天下，非过也。前时此风莫甚江浙，今又渐被湘中，人人排斥程、朱为名高，心有惧焉。甚望得如阁下者相与匡正而维持之。读其书，想见其人，亦邈然深长以思也。”

七、邹代钧　罗正钧

王闿运、阎镇珩肥遁邱园，邹代钧、罗正钧浮沉仕宦，而孜矻所学，上说下教，锲而不舍，终身以之，则固辅世以长民，同归而殊途。乃知进退无恒，非离群也；君子进德修业，欲及时也。

邹代钧，字甄伯，将生，而从大父汉章梦毕秋帆沅相造，故又字沅帆也。新化人。祖汉勋，博学名湖南，尤习州城形势沿革，而代钧濡染家学，尝言："切于经世之用者，莫史家地理若也。"史学地理之学，始于吾无锡顾祖禹《读史方舆纪要》，其后武进李兆洛朱印康熙、乾隆两朝《皇舆一统图》，而墨注古地名其上，起三代两汉魏晋南北朝唐宋元明，为二十图，曰《历代沿革图》，而后中国地域，古今沿革，了如指掌。魏源则私淑于李氏，而颇不慊顾氏之书，以谓："多言取而罕言守，言攻而不言防，乃抢攘策士之谈。"顾左宗棠不谓然，独称顾氏"熟于古今成败之迹、彼此之势"。而潜心玩究其书、手绘其图，以谓："康熙舆图，以测度定地而成。乾隆中，命何侍郎携带仪器，遍历各省而增订焉，是为乾隆内府舆图。欲知往古形势，当先据之以成图，然后辨今之某地，即先朝之某地，又溯而上之以至经史言地之始。以史印图，以图绳史，虽不必尽得实，而失实也亦寡矣。"然而未有成书。代钧则推本家学，而成宗棠之所未成，一以今地为依据，而沟通历代疆域、战争、漕运及江河迁徙等事，肆力探穷。年二十余，补县学生。发箧读祖所著书，负之走千里，谒左宗棠于酒泉军次。乞序而行之。宗棠以参军谋奏保，得官县丞。光绪十一年，贵池刘瑞芬以太常寺卿奉诏出使英吉利、俄罗斯两国，而代钧以两江总督曾国荃之介，得为随员。随员者，例二十人，而代钧得厕十九人之末。顾志节磊落，不以卑官自囿，长图大念，纵观欧亚全势，而陈议："修铁路起东三省，亘蒙古以达新疆，与俄起中亚细亚以横贯西伯利亚之铁路并行，而移民殖边，通商惠工，我不视之为瓯脱，俄自不敢起戎心。”又言：“高丽介日俄两大[1]之间，势不能自保，而我又无力以相保，狡焉启疆，何国蔑有？不如联东西友邦，公保其国为永久中立，比如欧洲之瑞士、比利时、卢森堡焉。”说瑞芬据以入告，为属草。奏入，留中，十九人者目笑存之，而代钧心独忧之，叹曰：“吾谋适不用，异日必有噬脐之悔，何嗟及矣！”英人争哲孟雄为印属小国，总理衙门以咨瑞芬。瑞芬集随员议，相顾莫发一言。代钧独侃侃而陈，谓：“哲属西藏，非印度属也。”援古证今，退而具议以献。顾瑞芬素倚任记室方某，召而示之，方厉声曰：“书生泥古，而昧于时务，何知大计？我天朝泱泱大国，岂在此七十里之小部落哉？英之所欲，不如与之以为好焉。”参赞马格里者，英人也，顾折之曰：“邹君，舆地家也，其说凿凿有据，苟以译复英外部，何必不得当也？”方乃蓄缩，而瑞芬从之。英外部果无辞，照租借例定议。自是交涉无不咨谋，而意气稍稍发舒矣。暇则究心地学。一日闭户，潜推度里相差之所以而憬然有悟，谓：“以尺量地，尺有差，地亦随之而差。以地定尺，地有准，尺亦随之而准。以地定尺，是谓迈特[2]，迈特者，法兰西之尺度名也。一迈特为四千万分地周子午圈之一，以吾华一尺与迈特比，为一万二千九百六十万分与四千万分之比，华之一尺，适等于百万分迈特之三十万又八千六百四十二。”遂以此率制中国舆地尺，而图绘乃有准绳。期满回国，叙劳报知县。时清廷方开馆续修《会典》，代钧上书五千言，言测绘地图，其要有三：一曰测天度，二曰测地面，三曰依率成图。立说周详，后来测绘者以为楷式。西士傅兰雅读之心折。而其论测天度，原本经术，熔冶欧法，尤发前人所未发，而阐扬家学。先是魏源之著《书古微》也，乃祖汉勋尝为绘《唐虞天象总图》，次璇玑内外之图，次玉衡三建，皆建北方定子位，分平旦、夜半、初昏及中星、用事分绘各图，而言：“善言地者必合于

① 疑脱一“国”字，当为“两大国之间”。——编者

② “迈特”后译“米突”、“米达”，今称“米”。——编者

天。地之合于天者，惟北极高度与东西偏度为最著。地图而不合天度，势必少准而多差。”代钧盖推本其说而上征于《周官》，以谓：“地体浑圆，其南北二点，正当天空之南北两极，其中腰大圈，亦与天空赤道相当。如人在北极下，则以北极为天顶。人渐向南行，见北极渐低，至赤道，则北极与天平合。南极亦然，是地之南北不同，则北极出地之高低必异也。东地之日出入，早于西地之日出入。周三百六十度，与天周相应，每度六十分，都为二万一千六百分。日历周天为昼夜，分二十四小时，时六十分，都为一千四百四十分。故时之一分，等于度之十五分。四分时等于一度。此地在彼地之东一度，则此地之日出入早于彼地之日出入四分时。是地之东西不同，则日出入之迟早必异也。而测天度者，必先定午线，如京师之有中线，英吉利之格林回次①，法兰西之巴黎，昔年西图所用之福岛，皆是也。《考工记》曰：‘匠人建国，水地以县，置槷以县，视以景，为规识日出之景与日入之景，昼参诸日中之景，夜考之极星。’按此言匠人建国而于夏至日定其国之午线也。‘水地’，言以水平地，如西人之用瓶水准。‘县’，垂线也。言地平者，必使地与垂线成直角。‘槷’，表臬也，植表臬使正如垂线而视其景也。日出之景与日入之景必等长，虑所识景端或不确，乃任以一景之长为半景，臬底为中心，展规为平圆，两景端均交圆边，则为密合，是为规识日出入之景也。复折两景端间圆边为点，向臬底作直线，即为午线之向，郑注‘度两交之间中屈之指皋，则南北正’，是也。又日中之景为长短，必与所作午线合，复以日中之景参之‘极’‘星’。近北极之句陈星，即《尧典》之‘璇玑’，‘璇’，旋假借；‘玑’，极也。言句陈为旋绕北极最近之星也。‘星’，即《尧典》之‘玉衡’、《雅》之‘斗极’，晋以后天文志所名‘黄道极’者是也。夜观句陈玉衡为直垂线，则赤道与黄极相当，又与所画午线合，则午线合，是‘夜考之极星’也。大司徒以土圭之法测土深，正日景。‘土深’，指南北；‘日景’指东西。夏

① “格林回次”即“格林威治”，今又译作格林尼治。——编者

至昼漏中，日南景短，是地在南近日，故土圭之景短也。日北景长，是地在北远日，故土圭之景长也。此定南北纬度之理也。日东景夕，是地在东，日过其国之午线时，东地之景已夕。日西景朝，是地在西，日过其国之午线时，西地之景方朝。此定东西经度之理也。西人定其国之午线，亦用匠人之法，而参以指南针，除电磁差，安子午差使极隐以窥日星之过午。其随处测经纬度，则自日唇将午，至日唇过午，用纪限仪或经纬仪屡测太阳高弧，取其最高处为本处太阳过午线距地平高度，亦即本处天顶度；以与本日太阳赤纬南北加减，即得本处北极出地之度。于是先以极准时表，如太阳过其午线之午正开准，行至本处，即测得午正，以与时表较迟早，差若干时分；化度，即知本处在其国之东西若干度分。但一测午正，而地之东西南北皆定。古今中外，若合符节。善言地者必合于天，是不可不先务也。”总裁王大臣善其议，奏充会典馆纂修。湖广总督张之洞电调主修湖北全省地图，以兼会典馆差，奏得旨俞允。图成，而系之以说，有曰：“武昌、荆州、襄阳，同为湖北重镇。然荆扼江而不能扼汉，襄扼汉而不能扼江，武昌江汉之会，可以制东西之命，可以交南北之冲，非特吴楚所凭陵，实为四方之辐辏。观此则知所轻重矣。”之洞以为卓识伟略，殆过顾祖禹云。代钧好谈兵谋，而于东南海防，西北边情，指陈凿凿。中日战起，我师屡败，而代钧陈说当道为持久之计，而无侥幸于一胜，以谓：“宜分全国为五镇，更进迭战，而屯重兵于京津以为中权，以偏师游徼辽阳、牛庄、海盖等战地，彼强而我后退，彼进则我旁挠。孤不羞走，只与之戏，亟肄以疲之多方以误之，未必非以弱制强，转败为胜之道。”又议合南北洋闽广师船哨巡海上，截日人之运输以阻其继械继师，所以措置甚备。书累数万言而莫之省，割地纳币而请盟焉；饮恨而已。于是德宗惩于前败，欲以变法自强，而诏开经济特科。张之洞及湖南巡抚陈宝箴、广东学政张百熙、礼部侍郎曾广銮，皆以代钧名上，坚谢不应也。既而拳乱起于北方，八国联军入京，而迫清廷为城下之盟；于是清廷以维新为媚外，而首兴学，诏以张百熙为管学大臣。于是奏起代钧充编书局总纂兼学务处提调官，实为光绪二十八年。其明年，充《钦定书经图说》纂修兼校对官。书成，擢分省补用直隶州知州。既而百熙奉诏筹设学部，代钧上书言："当此新旧交接之际，大惧新知未浚，旧学先亡。当以旧学为体，新学为用；庶无奇衺偏宕之弊。学部之设，当以干涉各省学务为主义。所谓干涉者，非徒文书往来之谓，一乡一村无学堂，学部之责也，一男一女不知学，学部之责也。"及学部成立，补员外郎，迁参事厅行走，咸以病辞。及三十四年，将以提学山东。旨未下，而代钧遽以寝疾，殁于武昌舆地学会。先是代钧之随使英伦也，购英、法各国所刊地图，满载以归。义宁陈三立、钱唐汪康年、达县吴德潇，皆年少气锐，而骛经世之学。代钧告之曰："英国兵部海部之舆图学，开办至今二百余年，未尝或辍。是知彼之雄长五洲，于地理固研求有素焉。朝廷万几勿遑，吾草莽臣且为之。"三人者力赞其议。遂创舆地学会，虽往来湘汉，于役四方，而图局常以自随，综绘中外舆图七百余幅，而译绘西人地图，原本比例，有用英法俄尺者，悉据中国舆地尺改归一律，无论何国何地，按图可得中国里数分率之准，五千年来未有也。族子永煌、永良、永修，咸传其学。而舆地学会之开，则永煌、永良赞襄之力为多焉。首出亚洲样图，即永良手绘也。永良，字易卿，尝佐代钧从测绘湖北全省地图，纂有《测绘综要》四卷，而叙以发其指曰："地图之制，不外测绘两端，而算术者，测法之原，测法者，绘事之原。其事不难，其理甚明，乃矜奇秘巧者笔之于书，而于测绘中之层累曲折，必故艰深其辞，以苦人探索，发挥寡而其辞晦，议论微而其意晦，以为不如是，则人不服予术之精深也。于是深者浅之，晦者显之，繁者简之，缺者增之。首算法，次测法，次绘法，次释器，条贯分明，不分中术西术，蕲于易知易能，而其中有用旧说者，有用其理而易浅说者，有合数说而成者，有分其说而散见者，间有窃附己意者，语多因袭，不害共晓而已。"以光绪三十二年先代钧死。代钧叹曰："吾失一臂矣！"及代钧之死，而舆地学会随解。所有地图之底本，制图之器械，盖学部购之以去而不知所用焉。永煌惧家学之渐以坠也，起而继之，开地学社于武昌，曰“亚新”，而永修实赞之。永修，字觉人。永煊，字焕庭。及永煊死，而子兴巨能缵其业。兴巨字伯庚，其父永煊出版之图，殆三十种，而兴巨随时调查，随事更正，事为之表，省为之说也。既以继志述事，而出版益夥，以永修宗老，奉手请益，而永修必发凡起例以为之序。其序河南道县图，以谓：“顾宛溪论河南形势，有曰：‘宛（南阳）不如洛（洛阳），洛不如邺（安阳）。’独不数汴梁，以其无险之可守也。夫闭关之世利于阻，开港之世利于通，地险不足凭，人险足以持之。铁路可以凿空，电信可以调兵，故山川丘陵，能限人于汽机未发明以前，不能限人于既发明以后。河南自黄河北徙，而患息于东，铁路中交，京汉通于南北，汴洛贯乎东西，周郾道清，胥足佐军转饷。江淮米粟，既实威仓，燕赵劲师，崇朝渡河。古今异形，夷险异势，使顾氏生于今日，必下转语曰：‘邺不如梁。’”酌古斟今而不为墨守，信为发顾祖禹所未发云！兴巨死，而子新垓缵其业，胚胎前光，不懈益修，祖父子孙，继继承承，邹氏舆地之学，于是过五世矣。清季以来，前后出版舆图殆三百种，而系说装册者十之三焉。余特仿《太史公书·孔子世家》《老子列传》之例，著其继世，以明家学。而自新垓以溯代钧，则曾大父行也。代钧一生孜矻，而未尝萦情禄仕。尝主讲两湖书院、京师大学堂，以所学传授弟子。而所纂述，舆图以外，有《西征纪程》四卷、《光绪湖北地记》二十四卷、《直隶水道记》二卷、《中国海岸记》四卷、《会城道里记》二卷、《中俄界记》三卷、《蒙古地记》二卷、《日本地记》四卷、《朝鲜地记》二卷、《安南、缅甸、暹罗、印度、阿富汗、俾路芝六国地记》八卷、《五洲城镇表》一卷、《五洲疆域汇编》三十一卷、《西图译略》十二卷、《文存》四卷、《诗存》一卷。

罗正钧，字顺循，号劬庵，晚号石潭山农，为湘潭人。少贫劬苦，读王夫之书，慨然想慕其人，镌一印曰“船山私淑弟子”，而罔罗旧闻，补辑仪征刘毓彩《船山年谱》二卷、《船山师友记》十七卷以寄意。及年逾弱冠，负笈长沙之岳麓书院，师郭嵩焘而友湘乡杜俞元穆。俞才气无双，而正钧亦好议论，务陵傍辈出其上，顾二人者，相好也。俞方读书其邑之东山，因得尽识其同学黄煦海霞、朱应庚恢元、陈瀚子滯、曾希文仙亭、张通典伯纯诸人，所谓“东山十子”者也，志意纵横而诗歌唱答，每有会也，篇什争出，互赞交诵，旁若无人。正钧独不能诗，默坐以听，而十子者亦置之不厝意。每发论曰：“往者湘乡曾、罗、左、李诸公以忠义倡动乡里，遂平剧寇，其为学具有本末，而未尝喜言诗。言诗者，湘乡之衰也。”然而十子者不以正钧言为忤。正钧举光绪十二年乡试，受聘为醴陵源口书院山长，而左宗棠先主讲焉，尝依朱子小学为学规八则，董课甚严，其后无踵行者，而业亦堕。至正钧踵修坠绪，士习丕变。三试礼部不第，而刻厉于学，景行乡贤，以为必可企而及。读其遗书，而为之年谱，欲以推见志事，为例尤精。每言：“刘毓崧《船山年谱》，虽不免疏舛，然其据遗书以谱生平，经纬往复，条贯而详核，非深具苦心者不能有也。”于是推本其体以成《王壮武公年谱》二卷、《左文襄公年谱》十卷。武强贺涛，尝受古文于桐城吴汝纶，而世之号称知言者也，尤喜诵说《左文襄公年谱》，叹曰：“昔赵充国平西羌，言兵事利害及屯田诸奏，翔实矜慎，一洗贾、晁浮夸之习，于汉文中为最知体要。班氏论次其传，一即仿效之，而其文乃与充国诸奏无异。文襄勋伐大于充国，而谋略则同。其筹画之见于章奏书牍，《年谱》既备采之，挈大拾零，捃摭遗佚，至繁博矣；而融以精意，经纬成章，洪赡坚重，一如《年谱》所载文襄之文。‘惟其有之，是以似之’，罗君之谓矣。”邹代钧驰心域外以究方舆，而正钧景行乡贤以治年谱，宏识孤怀，骈绝当代。侍郎廖寿恒以人才荐，诏用知县发直隶，试署抚宁。县瘠而民习为盗，士不知学，正钧之莅官也，则捐廉俸购书数千卷，置骊城书院，时诣讲课以劝学。而编保甲，捕斩大盗陈国魁、韩振铎等数人以靖盗。先是义宁陈三立为正钧论：知县一官当以听讼为教养，谓“判决公而民知是非，所以为教。判决勤而民免拖累，所以为养”也。正钧心识其言。至是定旬之三六九为堂期，亲自收呈，出批未尝逾三日，皆出亲笔，有虚诬者，必抉其情实乃已，往往一批而讼以息。有传案者，计道里远近为期，一到即审，非两造输服，不下判词，尤出以澄心审量，而邑大治。寻移定兴，而拳匪起。其原起于莠民习教以怙势，悍民习拳以抗教。而正钧折狱以情，治狱以平，教民无所怙恃，教士不得关说。顾邑民之习拳者，拳坛星布，拳众蜂屯，相为构扇，欲阑入；而正钧驰谕立散，罗拜跪送，呼“定兴好县官，勿犯也”。及返城，而邑绅鹿学尊迎谓曰：“今日真可谓黄巾罗拜郑康成矣。”然大府熟视莫为之所，而朝议袒拳，声生势张，渐不可制。而正钧请剿，久不报；请代，廑得归，而京师陷，拳匪亦熸，时为光绪二十六年。朝局更新，大臣交章论荐，宜加擢用。诏赴部引见。湖南巡抚俞廉三奏留本省兴学练兵，而以二十八年派赴日本观操，因考察学制。返报，而请派学生赴日本习专科之学，湖南之派留学生自此始。二十九年，直隶总督袁世凯奏立学校司，电调办学。正钧上言：“教育贵普及，而以中小学堂为本；然必先造就师资，而后中小学能刻期举办。”中国之有师范学堂，自直隶始，而直隶之办师范学堂，其议发自正钧。遂以学校司提调派充师范学堂总办，而招师范生六百人，分速成、完全两科，是为直隶创设师范学堂之始。明年，速成科毕业，派充小学教员，县各一人，是为全省各县创设小学堂之始。而部檄补授邢台县，世凯以兴学方始，而难其代，请改署清苑首县，仍兼办学。又三年，而师范完全科毕业，派充各府州中学教员，是为各府州创设中学之始。自创设师范学堂，日就月将，四年而全省之中小学堂如期成立。风声所播，于是山东、河南两省人士，胥以直隶办学，知所先后，程效最速，可为法式，请选派俊秀，附学师范，以资观摩而开风气，则正钧之以也。王闿运以今文开蜀学，而正钧树北学之规模，君子因机立教，予将以斯道觉斯民也，泽之所及者广矣，何必以私于里子弟哉！袁世凯奏请破格任用。三十三年四月，以保升直隶州知州，特授天津府知府，调署保定府，兼管全省学务，学部奏充二等谘议官。明年六月，以道员用，署山东提学使。时山东全省，仅省垣有师范学堂、高等学堂各一，而图书阙，规制简。正钧即以施之直隶而有效者，首从整饬师范学堂入手，厘订课程，礼延良师，而严定州县办学考成，法立令行。越二年为宣统元年，而自省垣以及各府州县之中小学堂，次第成立，一如直隶。然部定奖励，纳科举于学校，其士之入学者，既志在得官，而师之为教者，亦以为速化，而不知道问学而尊德性，先器识而后文艺，学校愈推广，风气愈窳敝。正钧愁然曰："此班孟坚所谓禄利之途然也，岂国家所以敬教劝学、化民成俗之意？惟读书可以变化气质；抑读书何限庠序诸生。"于是广购图书，以创办山东图书馆。而日本人有购运嘉祥、肥城诸县汉画像十石以过济南者，正钧叹曰："吾国艺人之瑰宝，何可为外人有！"截留不许出境，而创设山东金石保存所以附图书馆内，曰："士子摩挲古物，亦以发思古之幽情也。山左画像石最夥，山崖墟莽，往往有之，而武梁祠画像盛传于世，然黑文凸起，体貌朴拙。余获金乡汉扶沟侯朱舶墓画像石以置金石保存所，朱文古劲，独为精绝。往者诸暨陈章侯画人物，躯干伟岸，而衣摺如铁画银钩，瘦硬通神，见者称其兼有公麟、子昂之长，而章侯则自谓得之汉画，人以为大言诞诬。今观朱墓画像，而后叹章侯之言为有征也。"以宣统二年九月引疾归。归一年而革命成功，袁世凯为临时大总统，起正钧为经界局会办，再电不应，而使至，亦不见。搜采一时臣僚之殉清以死者，得百数十人，成《辛亥殉节录》六卷以寄怀云。正钧熟当朝掌故，尚气好谈兵，侃侃自将，多忤而少与；然所交契，如同县赵启霖芷亦、郭承锟伯庚、黄笃恂涤君、长沙左调元长卿、黔阳黄忠浩泽生、义宁陈三立伯严，及湘乡杜俞之伦，皆志节磊落之士。其中赵启霖，名御史也；黄忠浩，名将也；陈三立，名公子也；杜俞，名监司也。而郭承锦、黄笃恂、左调元三人者，困诸生不得出，无乡曲之誉。声闻显晦不同，而正钧久而敬之，盖无不同。三立则以正钧扬榷古今，议论务为激发，而诤之曰："以此承王先生遗老孤愤之流弊，其极也，将以党同门、妒道真。"正钧亦自笑也。顾正钧独称推郭承锟、黄笃恂及左调元为人，如不容口，以励儒行。

左调元者，家贫，居长沙城北一破屋，客至，坐门槛，商榷古今，至日旰不能设茗，薄暮则持一布囊，徐行入市，购米盐鱼肉以归奉母，意有欲，无不致也。为诸生数十年，憔悴专一，无当世名，而志在天下。颇嫉世衰政窳，不务推本仁义，每太息言之，以谓："天生民而立之君，所以养民之生，而非徒为奉已以自尊也。孔子于三代之君，独推禹无间然，而其所称，'菲饮食'、'恶衣服'、'卑宫室'三者而已。此则仁圣之同趣，治天下之要道也。"通《论语》、三《礼》，不为章句。或劝以著书，答曰："学务心知而已。后世著书之士，探索临时，久之已亦忘之矣。吾不为也。"

郭承锟者，少孤好学，闻湖北有章先生者，讲学山中，附舟造访，而途遇盗，刃伤数人，诸客惶怖乞命，承锟危坐大声以斥，盗不测所以，相惊引去。已从章先生受邵雍书，归而逾益精通，独处一室，如对严命。行事造次，必准前儒，人大姗笑之。及察其行已，久而益卓，转相钦叹。刘锦棠以通政使督师新疆，闻其名，走书币速驾。锦棠久将威重，幕府数十人，长跪白事，而承锟自以布衣为宾客，相见一揖，同幕侧目，以为慢也。意不自得，则日闭户著书；倦则匹马独出，冒大风雪，射猎天山，而赋长歌以摅怀云。始承锟家居贫甚，当授徒给衣食，而以不习制举文，无相延者。乃日具粥饭奉母，而身与其妻食糠秕，恒经月不粒食，其自厉如此。然志意广大，欲通一经以整齐百家。始治《春秋》，未卒业，见方苞书，与已说无殊异，乃弃去治《易》，著书曰《周易观象》。既至新疆，陕西有李生者，抱其父所著《易》，走千里造谒军中，言曰："吾父且死，属若干岁后，南方有郭君者至，可以畀矣。君岂其人耶？"承锟阅书名乃与已同，大异之，而益喜自负。于是为缮写其书以刊，而更名已书曰《周易经传解》，苦思力索，每下一义，屡岁始定；而自新疆归，未尽一月，毕上下《经》、《大象》，自诧为有神助焉。

黄笃恂者，博观书传，而修洁有精识，尝以春秋士大夫达于治术而有文采，后世能兼之者，独贾谊、苏轼，慨然慕其为人。兄弟八人，咸有才器，而笃恂次居仲，褒衣博带，相与提衡今古，以为古昔圣贤言治备矣，而立国日益贫弱，乃综览中西之书，斟酌百家之说，著为论曰："近古无百年之治者。近古之为治，无以禹墨为体，周孔为用者也。言夫其必以禹墨者，以其贵俭兼爱也；必以周孔者，以其敦礼明教也。由禹墨之道而不用周孔，则其弊也质胜文，所谓'见俭之利而因以非礼'，'推兼爱之道而不别亲疏'；由周孔之道而不别禹墨，则其弊也文胜质，所谓'博而寡要，劳而少功'。盖禹墨者，不敢一息弛其形；周孔者，不敢一息纵其心。不弛其形，不纵其心，庶政以修，百度以贞，而天下不治，治而不长久者，未之有也。弛其形，纵其心，上乐其欲，下同其风，纪纲废弛，内外交讧，而多其术以求富强，卒之富强不可治，而国愈困，民愈贫，俛焉不可终日矣。"又言："为学之道，先之以绝流俗之心，次之以集义，终之以成务。"高瞻远瞩，而最早死，年二十二，士论惜之。

三人者，皆屏迹闾巷，声光暗然，而左调元、郭承锟，尤穷窭不自活，正钧独喜诵说其言，以谓"岩穴之士，趋舍有时。王夫之著书，综贯天人，而遁世无闷，经二百余年，其书始出，而能读之者亦几人哉？太史公曰：'士欲砥名立节，非附青云之士，恶能声施后世？'抑亦志士仁人之所悲也。若左调元、郭承锟之属，其学行固皆有可称"。

正钧有《劬庵文稿》四卷、《诗稿》二卷、《官书拾存》四卷。

八、谭嗣同　蔡锷　章士钊

世穷欲变，当王为贵。谭嗣同、章士钊文章经国；蔡锷将略盖世。

文武殊途，成败异变，而无不运会维新，志欲匡时。谭嗣同明于死生之故，变法不成，而杀身以殉所信。蔡锷力张军国之策，所投非主，而反兵以声大义。章士钊欲权新旧之宜，与时相劘，而丛诟以将没齿。呜呼！君子之道，或出或处，或默或语。苏轼不云乎：“非才之难，所以自用者实难。”其中是非毁誉之故，亦监观得失之林也。吾于谭嗣同，而得处死之决焉；吾于蔡锷，而明择主之谊焉；吾于章士钊，而知用晦之道焉。遂以终于篇。

谭嗣同，字复生，浏阳人。父继洵，光绪初，以进士官户部员外郎，外擢甘肃巩秦阶道。历甘肃布政使，升任湖北巡抚。三子，嗣同次三。其乡人欧阳中鹄以举人会试留京，而继洵延馆其家，使受业焉。倜傥能文。自言：“少为桐城，刻意规之，出而识当世淹博之士，稍稍自恧。由是上溯秦汉，下循六朝，始悟心好沉博绝丽之文，子云所以独辽远也。昔侯方域少好骈文，壮而悔之以名其堂。嗣同亦既壮，所悔乃在此不在彼。而所谓骈文，非排偶之谓，气息之谓也。于云抑有言：‘雕虫篆刻，壮夫不为。’处中外虎争，文无所用之日，丁盛衰互纽，膂力方刚之年，行并所悔者矣。”于是改字壮飞。弱娴技击，长弄弧矢。其父之官甘肃巩秦阶道，而嗣同往省。尝于隆冬朔雪，挟一骑兵，七昼夜驰一千六百里，岩谷阻深无人烟，载饥载渴。比达，髀肉尽脱，濡裤血殷，见者目不忍视，而嗣同神色洋洋。乃父所部防军，设酒馔，鼓吹陈百戏以相宴享，嗣同不喜也。独出驰生马，走山谷中，遇西北风作，沙石击人面如中弩，而嗣同不顾，臂鹰弯弓，从百十健儿，大呼驰疾，争先逐猛兽。夜则支幕沙上，椎髻箕踞，掬黄羊血，杂雪而咽，拨琵琶引吭歌秦腔，欢呼达旦。既而出玉门关，谒新疆巡抚刘锦棠。于时方为驰骋不羁之文，讲南宋永康之学，抵掌而谈，奇策纷纭。自以究天之奥，握霸王之略也。自是往来于直隶、河南、陕西、甘肃、湖南、湖北、江苏、安徽、浙江、台湾等省，咨风土，结豪杰。而其父之巡抚湖北也，嗣同时以便道省视，因揽其山川形胜。一日，循视罗泽南洪山故垒，抚然有间，曰："此绝地也。武昌处江汉之冲，江水南来，掠城西而北，折而东，汉水自西来会，湖陂溪泽，左右萦带。惟道洪山而东，陆路达咸宁、通山，以联湖南、江西之势，而为武昌之吭背。而逼城以峙，俯瞰则环城百里一览尽。昔洪秀全踞武昌，而罗忠节公驻军于此，然利于主而不利为客。盖山蜿蜒一线夹两水间，而无冈阜以为屏辅，使城贼潜军断其后，则援军阻水，而不战成擒矣。幸胡文忠公先据金口，而罗公既得洪山，益南攻贼垒以自达金口军；于是掎角之势成，而武昌以南皆非贼有矣。然论武昌于今日，又非天下所必重。古之重武昌者，以其挈长江之要领也。今则中外互市，轮舟上下，而长江尽失其险。故武昌，譬则斗也，而其柄不在此。亦欲操其柄以斟酌海内，挹注八荒，必先以河南、陕西、四川、云贵、湖南、江西为根本，而以武昌为门户，合势并力以临驭长江之下流，然后东北诸行省恃以益重。嗟乎，古今之变亦已亟矣！余谓毋遽求其变也，先立天下之不变者，乃可以定天下之变尔。"先是罗泽南率厉乡人以起湘勇，曾国藩、左宗棠因之，削平东南，威弹旁达，南至于海，西极天山。而湘中子弟睹父兄之成功，欲袭故迹以奋起功名。顾嗣同悄然叹曰："湘军其衰矣。狃于积胜之势，士乃嚣然喜言兵事，人颇牧而家孙吴，其朴拙坚苦之概，习俗沾溉，且日以趋于薄。读圣人书而芜其本图，以杀人为学，是何不仁之甚者乎！"既而走京师，谒乡先辈刘人熙而问业焉。始识永康之浅中弱植，俶闻张载之深思果力，而发之以王夫之之精义，幡然改图。于是著《张子正蒙参两篇补注》。道之大原出于天也，王志，私淑船山之意也。乃进而求之六经，而欲以礼立体，以《易》观通，及治《春秋》以说例，一折衷于礼，而推本诸《易》以究天人古今之变，以谓："大《易》观象，变动不居，四象相宣，匪用其故。天以新为运，人以新为生，汤以日新为三省，孔以日新为盛德。方其机已勃兴于后，乃其情犹执滞于前，何异鸿鹄翔于万仞，而罗者视乎薮泽？则势常处于不及矣。智名勇功，儒者勿重，不必其卑狭也。方其事之终成，即其害之始伏。何异日夜相代乎前，而藏舟自谓已固，则患且发于无方矣。此皆不新故也。早岁之盛强，晚岁必臻衰老；今日之神奇，明日即化朽腐。道限之以无穷，学造之以不已，庸讵有一例之可概、一德之可得乎？常怪‘善’岂一而已，择之何云‘固执’俯仰寻思，因知固执乎此，将以更择乎彼。不能守者，固不足以言战；不能进者，抑岂能常保不退耶？嗣同之纷扰，殆坐欲新而卒不能新，其故由性急而又不乐小成。不乐小成，是其所长；性急，是其所短。性急，则欲速躐等，岂能深造而自有得？不得已，又顾而之他；又无所得，则又他；且失且徙，益徙益失。此其弊在不循其序，所以自纷自扰而无底止也。夫不已者，日新之本体；循序者，日新之实用。颇思以循序自敕，而以日进于不已。不已，则必不主故常而日新矣。”遂在浏阳设一学会。适南海康有为倡强学会于京师，多士风动。嗣同千里造谒，而有为归广东，不得见，见其弟子新会梁启超，则导扬师说，而为述有为所发明《易》、《春秋》之微言，穷《春秋》三世之义，阐《礼运》大同之治，而体《易》乾元统天之精，与嗣同平日所诵习契机，而益闻所未闻，则大感愤而欲措见诸行事。以父命就官知府，候补金陵。而石埭杨文会亦需次焉，博览佛典；嗣同时时往从之游，明心见性，而以反求诸己，自谓“作吏一年，无异入山”。闻华严性海之说，而悟世界无量，现身无量，无人无我，无去无住，无垢无净。舍度外人更无自度之理。闻相宗识浪之说，而悟众生根器无量，故说法无量，种种差别，圆性无碍。深造而有得，豁然贯通，能汇万法为一，能衍一法为万，无所罣碍，而以佛理印《易》理，以佛说“慈悲”证孔子言“仁”。佛说“悲智双修”与孔子“必仁且智”之义，如两爪之相印。惟智也，故知即世间，即出世间，无所谓净土。即人即我，无所谓众生。世界之外无净土，众生之外无我，故惟有舍身以救众生。佛说：“我不入地狱，谁入地狱？”孔子曰：“吾非斯人之徒与而谁与？”故即“智”即“仁”焉。即思救众生矣，则必有救之之条理，故孔子治《春秋》，为大同小康之制，千条万绪，皆为世界也，为众生也。因众生根器，各各不同，故说法不同，而实法无不同也。既无净土矣，既无我矣，则无所希恋，无所挂碍，无所恐怖。夫净土与我且不爱矣，更何利害、毁誉、苦乐之可以动其心乎？故孔子言“不忧”、“不惑”、“不惧”，佛言“大无畏”，盖即“仁”即“智”即“勇”焉。通乎此者，则游行自在，可以出生，可以入死，可以仁，可以度众生。于是观孔佛之会通，条而贯之，而傅以康有为《春秋》三世之义，《礼运》大同之说，以成《仁学》一书，而人我之阂以祛，死生之故以明，而任事之勇猛亦精进。呜呼，此所以舍命不渝，而能视死如归也！义宁陈宝箴方为湖南巡抚，其子三立辅之，慨然以湖南维新为己任。而嘉应黄遵宪为湖南按察使，宛平徐仁铸为湖南学政，以光绪二十三年先后到任，志同道合。前学政元和江标留而未去，力赞其谋。于是湘乡蒋德钧以四川龙安府知府任满赴部引见，措资回湘，凤凰熊希龄以翰林院庶吉士在籍，相与应和，欲纠湘中志士并力经营以为东南倡。德钧之知龙安府也，循良著绩，一致力于社仓、义学、保甲。约旨卑思，精心实践。而缉盗务获其魁，听讼必求其情。日坐大堂，躬收讼牒，旁批眉注，以示两造，无不情得，然后下判。在任九年，讯结万余起，好事者为弹词流传武昌。张之洞见而叹曰：“知府一官虚设久矣，得此君起而张之。”属门人杨锐通书致殷勤。答曰：“愿为饮冰茹蘖之劳臣，不为肠肥脑满之达官。”硁硁自守，亦磊落奇士也。至是宝箴奏请德钧以道员留省主时务学堂，而德钧则赴天津挟梁启超以归主讲席。黔阳黄忠浩自武昌归以主练新军，为统领。而嗣同则自金陵归以主南学会，为学长。南学会者，将以合东南各省士绅为一大朋，相与讲爱国之理，求救亡之法，而先从湖南省一省办起。以谓“策中国者必曰兴民权，而民权非可以旦夕而成也。欲兴民权，必先兴绅权以辅官治。欲兴绅权，尤必兴学会以开绅智。权者，生于智者也。唐宋以来，官必异籍，专制一切。而民之视地方公事，如秦越人之视肥瘠矣。今欲更新百度，必自通上下之情始。而绅士者，所以绾官民之枢，欲用绅士，必先教绅士。教之惟何？惟一归于学会而已”。顾学会也，而兼有地方议会之用。省有大事，必以谘议。先由巡抚聘选绅士十人为总会长，继由此十人各举所知展转汲用以为会员。每州每县必有会员三人至十人。会中每七日必演说一次。陈宝箴、徐仁铸、黄遵宪必率属官莅听。而嗣同为学长，主演说，慷慨论天下事，听者感耸。虽以召闹取怒，新旧互哄，而风声所播，各府州县私立学校纷纷成立。湖南新机勃发不可遏，则南学会之以也。时德宗锐意维新，而用事大臣不便。御史杨深秀言：“国事不定，则人心不知所向，如泛舟中流而不知所济。”而翰林院侍读学士徐致靖亦上疏请定国是。于是德宗以二十四年四月二十三日下诏誓改革。二十八日，召见康有为，命在总理衙门章京上行走，许专折奏事。徐致靖以子仁铸之言荐嗣同，召对称旨。而德宗用有为言，以七月二十日下诏显擢内阁候补侍读杨锐、刑部候补主事刘光第、内阁候补中书林旭及嗣同四人，著赏四品卿衔，在军机章京上行走，参预新政事宜。废八股，开学堂，汰冗员，广言路，凡百设施，不循故常。然杨锐骤用事，颇受馈遗，袍料狐桶，望门投止。而宦京朝久，深知宫廷水火，而势之不能以无虞也。会张之洞生日，其子在京设筵宴门生故吏，而锐举酒不能饮。座客问故，徐曰：“今上变法，太后意有忤。吾属参枢要，死无日矣。”至二十九日而锐召对，赐密谕，谓：“朕位几不免，汝康有为、杨锐、林旭、谭嗣同、刘光第等，速筹相救。”锐出传示，即所谓“衣带诏”者，相顾莫知所为计。而五人者，惟嗣同卓厉敢死有知略。于是说帝以八月初一日召见武卫军统领直隶按察使袁世凯，好言抚之擢兵部侍郎，专办练兵事务。而嗣同夜造世凯，出衣带诏示之曰：“天下健者推公，若勒兵以清君侧、肃宫廷，指挥若定，不世之业也。”且以手自抚其颈曰：“苟不欲者，请杀仆。”世凯正色曰：“君以袁某何如人哉！”顾以隶荣禄久，心惮之，不即发也。荣禄则微有闻，驰使询。世凯猝不得隐，则以归诚于荣禄。荣禄者，太后之母族也，以大学士出为直隶总督而柄兵居外，所部武卫军，分隶提督董福祥、聂士成及世凯。即闻世凯之言，而以告太后，太后怒。而德宗知事急，又以初五日召见世凯。世凯出语人曰："皇上责我以练兵，敢不奉召，他非我所知也。"顾林旭自始不以用世凯为然，以小诗代简示嗣同曰："伏蒲泣血知何用，慷慨几曾报主恩。愿为公歌千里草，本初健者莫轻言。""千里草"影董字，"本初"影袁姓。盖谓用袁世凯，不如用董福祥也。明日，梁启超方造嗣同，有所议，而太后垂帘训政，抄捕康有为南海馆之报至。嗣同从容语曰："吾惟一死以报知己，君盍入日本使馆，谒伊藤氏以营救康先生？"启超则以是夕宿日本使馆，而嗣同杜门以待，捕者不至。则以次日之晨访启超，劝东游。日使从旁讽曰："不如君偕。"嗣同不可，再三强之。嗣同曰："各国变法，无不流血。今中国未有以变法而流血者，此国之所以不竞也。有之，请自嗣同始！"因顾启超曰："不有行者，无以为后图。今康先生之生死未可知。而有为以初二日奉旨出京，次日敦促，先期逃遁，顾嗣同未之知也。御史杨深秀诵太后训政之诏，抗疏以为不可。援引大义，切陈时艰，清撤帘归政。遂偕嗣同及杨锐、林旭、刘光第与有为之弟广仁并就逮。而旭先一夕知不免，则哭于教士李佳白之堂。嗣同既入狱，题壁曰："望门投宿思张俭，忍死须臾待杜根。我自横刀向天笑，去留肝胆两昆仑。"盖怀有为及北京大侠王正谊所谓"大刀王五"者也。遂以十三日斩于市。临刑神色不变，而军机大臣刚毅监斩，嗣同呼之前曰："我有一言！"刚毅他顾不欲听，乃从容就戮。传有《莽苍苍斋诗》二卷、《补遗》一卷、《寥天一阁文》二卷、《远遗堂集外文》二卷，皆所自定三十年以前作。性任侠好事，而与友人书言："人生世间，天必有以困之。以天下事困圣贤、困英雄；以道德文章困士君子；以功名困仕宦；以衣食困庸夫。天必欲困之，我必不为所困，是在局中人自悟耳。夫不为所困，岂必舍天下事与夫道德文章功名货利衣食而不顾哉？亦惟尽所当为，其得失利害未足搜我之心。'强为其善，成功则天'，此孟子所以告滕文公也。可见事至于极，虽圣贤亦惟任之而已。君子坦荡荡，名教中自有乐地，安用长戚戚为哉！"顾嗣同之致命遂志，养之有素，其立身自有本末。而谈者藉为康有为之盛德形容，蔡锷之举兵讨袁，操之有本，在英雄别有襟抱。而论者漫谓梁启超之发踪指示，皮相目论，恶足与语天下士也哉！

蔡锷，字松坡，邵阳人。年十四，补诸生。十七而负笈时务学堂，梁启超主讲席，遂奉手焉。然得启超之心传者少，而受杨度之薰染者为多。杨度，字皙子，湘潭人也。尝受经王闿运，自谓承其平生帝王之学，而留学日本，倡君宪救国之论。而锷稍长亦东渡，入日本士官学校。乡人之中，独与度契。休假日，必饭于度。放言高论，谓“非军国主义不足以救积弱之中国。而近百年来，为一切政治之原动而国制组织之根本者，立宪制是也。为一切军事之原动而国军组织之根本，则义务兵役制是也。两者相反而以相成。自国家言，则立宪制者，求其个性之发展，故自由者，义取诸分，对内者也。义务兵役者，求其团体之坚固，故强制者，义取诸合，对外者也。自人民言，则有与闻政治之权利，即有保卫国家之义务。大君与人民共国家，即可课人民以兵役。”与度之君宪救国论，此唱彼和。于时清政既替，变法无成，海外三岛，志士云集；而抱负不同，各有揭帜。持君主立宪论者，以为“法制既修，政有常轨，君主不过虚器，何必汉人尸名。国步方艰，外侮频仍，苟以革命起衅，必贻瓦解之祸”。大放厥词以为之主者，保皇党之梁启超，而《新民丛报》其喉舌也。不然其说而倡民主立宪者，则曰：“治人治法，不可偏废。非我族类，其心必异。”主之者厥为国父，而为之喉舌以与《新民丛报》旗鼓相当者，则有汪精卫、胡汉民等主编之《民报》。而度依违其间，盖其持君主立宪与启超同，而保皇则匪我思存。于是异军突起以创《中国新报》。亦能持之有故，言之成理。而吐属婉约，不激不随，以视《新民丛报》之铺张排比、好为无端涯之词者，意度温文，动人娓娓，一册风行。而国父之自南洋抵东京也，下车之后，首造于度。谈三日夕，欲伸所信而引为同志，而度不以为可。临别而国父喟然曰：“吾舌敝而君执之坚。”度谢曰：“愧不克承公教。顾有一友，与公英雄所见略同，愿介以见。”国父问何人，曰：“黄克强。”而黄兴与国父之相见，则度为之介也。旋归国应经济特科试，列第一。或谗于太后曰：“启超之党也。”罢不用。而袁世凯方柄政，力荐度，召对，赏四品京堂，以为宪政编查馆提调，于是度以世凯为举主矣。既而宣统即位，其父醇王摄政，世凯称足疾罢，而度亦浮沉仕不进。及辛亥革命，黄兴以黎元洪起兵武昌，摄政王莫知所为，起世凯督师。朝旨未颁，而度先驰谒世凯，有所陈说。世凯之出也，遣唐绍仪赴沪媾和，而命度南下协赞。度与黄兴雅故，为世凯疏通其意；而和议屡停，以有成言者，度与有力焉。蔡锷与度过从之日久而习闻其言论，及归国，历主湖南、广西、云南总兵事，擢云南三十七协协统。时为辛亥二月，而英人窥我片马以有违言，于是辑《曾胡治兵语录》以申儆诸将。意别有会，则为加按。至曾国藩论“用兵之道，审量而后应之者多胜”一语，则加按曰：“兵略之取攻势，固也。必兵力雄厚，士马精练，军资完善，交通便利，四者具而后以操胜算。普法之役，法人国境之师，动员颇速，而以兵力未能集中，军资亦虞缺乏，遂致着着落后，陷于守势以坐困。日俄之役，俄军以西伯里亚铁路之交通，仅单轨，遂为优势之日军所制而以挫败。吾国兵力，决难如欧洲列国之雄厚；而‘精练’二字，此稍知军事者能辨之。至于军资交通，两者更瞠乎人后，如此而曰‘吾将取攻势之战略战术’，何可得耶。若与他邦以兵戎相见，与其孤注一掷以堕军，不如据险以守，节节为防，以全军而老敌师为主。俟其深入无继，乃一举而歼之。昔俄人之蹴拿皇，用此道也。”观于今日，我国人之坚持抗日，所见略同。而锷烛照几先，论之于二十年前。然抗日军兴，吾与语士大夫，罕有会其意者。吾自来湘，尝告人：中国之对外战争，有两番伟论，皆出湘人，而可以俟诸百世不惑。左宗棠之经略新疆也，俄人责言以陈兵，朝议蓄缩，而宗棠则主先进兵攻俄，引多隆阿之言，以谓：“俄越境人中国，所坏者中国地方；我越境入俄边，所坏者俄国地方。俄人须防后路，自不敢一意向前。”语详本传。蔡锷主以守为战，而宗棠则欲以攻为守，乃与自来德国兵家所倡防御须在敌国境内之说，如出一吻。当年左公之雄图大略，与锷此日之操心虑危，相反相映。然而锷知彼知己，其论为不乖于情者也。既而闻黎元洪、黄兴起武昌，遂举云南以应，为都督。顾锷高瞻远瞩，不甘割据偏方为蛮夷大长以自恣娱，而迭电各省都督，力图摧破省界，促成统一，而建设强有力之中央政府，我疆我理，扩张军管区，缩小省行政，其素所蓄积然也。于是和议成，而国父以黄兴与袁世凯有成言，遂逊位而以世凯继任临时大总统。顾以世凯之阻兵安忍，而兴有第二次革命之役，以民国二年据南京声讨。江西都督李烈钧、安徽都督柏文蔚、湖南都督谭延闿、广东都督胡汉民，无不响应，而锷按兵不动。及兴之败，国父亦遁荒在外，而以其年冬电告世凯，请解兵柄为天下先。遂入京，供职统帅办事处，与杨度过从。度论政而拷谈兵，意气如昨。锷言："兵者以战为本，战者以政为本，而志则又政之本。故治兵云者，以必战之志而策必胜之道者也。所谓立必战之志者，道在不自馁。夫强弱无定衡，五十年前之日本，百年前之德国，战败及革命之法国，彼惟不以弱灰心堕气而有今日耳。惟志不立，万事皆休。夫怵于外患者，退一步即为苟安，故古人必刺之以耻，曰'知耻近乎勇'。耻者，馁之战也。所谓策必胜之道者，道在不自满。昔普之覆于法，盖为墨守菲列德之遗制；而拿翁三世之亡，则在轻视普人之军制。盖兵也者，与敌互为因缘者也。夫习于常胜者，进一步则为虚骄，故古人必戒之以惧，曰'临事而惧，好谋而成'。惧者，谋之基也。必战者，至刚之志；必胜者，至虚之心。贤者负国之重，必以至刚之志，济之以至虚之心，而其入手治兵首在择敌。有迳以至强为敌者，如今之英德法，各有其心目中至强之对，而衡之以整军经武，是也。有先择一易与者为敌，而间接以达其抗拒至强之目的者，昔普欲战法而先试之于奥，伊欲战奥而先试之于俄。盖凡百困难，随一败以俱来，即随一胜以俱去。国家承积弱之势而欲以自振，往往用此。惟有大不可者二焉：一曰甲可战，乙可战，乃既欲战甲，又欲战乙，则大不可。备多者力分也。一则甲可战，乙可战，乃今日欲战甲，明日复战乙，亦大不可。心不战，力不举也。”具详所著《军事计划》一书。总统府内史夏午贻亦以乡人时往还。午贻，字寿田，陕西巡抚夏时之子也。贵公子早擢进士第，以杨度之举而得进于世凯。先是南北议和之屡停也，午贻实以世凯密命，贰保定军官学校校长廖宇春赴上海，与黄兴使者会甘肃路之文明书局。使者以临时大总统为饵，而宇春、午贻则探世凯之旨，以清室为市。宇春、午贻迳请以世凯为大总统，而使者则持之曰：“能倾覆清室者为大总统。”讼辩三日而有成言。于是宇春电告段祺瑞，而祺瑞遂率北方将士二十八万人通电以请清帝退位，而世凯遂继国父受任临时大总统。授宇春陆军中将勋三位，所以酬也。宇春则著《辛亥南北共和记实》，印播万册以鸣得意。世凯大恶之，遂以投闲置散，而任午贻为内史。午贻机敏有智数，尤善笔札。世凯有所指示，口授滔滔，而午贻则运笔如舌，手不停挥，无溢词，无隐情，世凯倚如左右手。世凯意之所在，他人莫测，而午贻则以日侍左右，独心领神会于语言之表。杨度有推毂之谊，午贻推知己之感，苟有知闻，必以告度。锷日夕过度，而午贻亦与愕上下议论。世凯以午贻侍论兵，谈言微中。一日语曰：“君何书生而晓畅戎机？”午贻谢曰：“不敢，此蔡松坡之论也。”世凯因言：“小站宿将，暮气渐深。而东邻虎视眈眈，实逼处此。不如就南中大将知兵者，授以大任，简练新军，庶可去腐生新，为国扞城。”盖世凯旧练兵小站，所部宿将，惟王士珍、段祺瑞、冯国璋三人，谚以龙虎狗为况，咸见倚畀。然士珍素性淡泊，畏远权势，虽曰知方，而非有勇，雍容雅望，本不足以投大遗艰。祺瑞廉洁自将，行行如也，果于自用，知小而谋大。士珍知柔而不知刚，祺瑞知进而不知退。国璋则贪财好色，位尊而多金，既以平黄兴而抚有江南，徒以酣豢，事世凯为谨，见则嗫嚅，风斯下矣。一旦有急，折冲御侮，孰堪大受？其他碌碌，世凯熟知之矣。辞气之间，颇属意锷。锷之督云南也，谍者报有人劝脱离中央，世凯批“应查”二字，交统帅办事处，亦以为查无实据，束之高阁久矣。及锷来供职，无意见之，心大危疑。而统帅办事处主之者雷震春，亦小站练兵旧人，窥世凯之旨而有忌于锷。谍报文书，为锷所见，莫或使之，若或使之。帝制议起而屡遭侦伺。世凯亦敬而远之，以高官为羁縻矣。然锷志气殊常，非如诸公衮衮之徒以酣豢也，勋业为重，禄位为轻。恒欲得人而匡辅之，挟雷霆万钧之势，以振中国，转弱为强。其弃云南而入觐也，以为世凯之足与有为也。顾世凯帝制自为，未遑远略，不竞于外而以咆哮于中国，专治一切，自便私图，此锷之所不能忍也。于是谒梁启超有所咨商，而微服出京，绕道回云南以谋声讨。世凯以民国四年十二月二十五下令民国五年为洪宪元年，而锷先三日以云南独立。唐继尧以都督任留守，而锷自将三千人出征，称护国军，任总司令。申儆于诸将曰："吾人以一隅而抗全国，庸有觊倖？然此一役也，所争者非胜利，乃中华民国四万万众之人格也。"遂进兵于四川，纳溪之役，失据败绩。然义声所播，举国风从。世凯掉心失图，遂以愤死，为民国五年六月六日也。万夫所指，不仆自僵，民嵒可畏，于斯征矣。于是黎元洪以副总统继任大总统，授锷四川都督，而锷不就。以谓："蜀虽可为，而民情浇薄虚骄，不适于从军。若用外军而屏土著，主客不容，终成水火。加以连年变乱，豪绅良民，多习为盗，恬不知怪。尝谓治蜀非十年不能澄清，谈何容易！必先临以雷霆万钧之力，芟夷斩伐；乱根既尽，民志渐苏，乃煦以阳和之气，扶植而长养之，亦盛业也。然我志不在此。北军朴勇耐劳，为全国冠，惜无国家思想，无军人智能，倘得贤将以董督而训练之，可植国军之基，不如置身彼中以为后图。"顾锷欲舍蜀以事北，而唐继尧则图窥蜀以自广。方锷以孤军入蜀而左次不得进也，世凯遣曹锟、张敬尧等帅师御之，其众十倍于锷，几不支。而继尧不济师，不继饷，坐视胜负。至是乃遣师命将，大举入蜀。锷则以电告曰："我辈应为国家，不为权利，毋负初心，贯彻一致。不为外界所摇惑，不受私暱所劫持，唯义所在，公私两济。今袁氏亦既殒命，不撤兵而进兵，锷愚莫测所以，兵连祸结，何以善后？锷为滇计，为公计，不忍不告。”继尧不听，而锷亦无以制也。顾锷清羸，病肺久，而戎马仓皇，日以沉绵，世凯死而铝亦不支。瘖失音，亟解兵以就医日本，而卒无救。遗书谓：“少慕东邻强盛，恒持军国主义，而非大有为之君，不足以鞭策而前。今日之政体孰善，尚乏绝端证断。特以袁氏强奸民意，帝制自为，爰申大义于天下，以为国民争人格。湘人杨度曩倡君宪救国论，而附袁以行其志，实具苦衷，较之攀附尊荣者，究不可同日语。望政府为国惜才，畀以宽典。”而于是锴之心事乃大白，欲持军国主义以外御其侮；而不欲拥兵割据，以地方抗中央。志在尊主庇民，整军经武，鹰扬虎视，别有伟抱，岂曰师命惟听，而奉梁启超之一言以称兵者哉？特以所投非主，而不能以义全始终，赍志以殁，识者哀之。后人搜其文章言论，为《蔡松坡遗集》十二册。呜呼！《传》不云乎：“君择臣，臣亦择君。”虽共和之成，名义可以无君臣，而大业之建，事实不能无主佐。蔡锷之治兵也，不肯拥兵割据以徇一时风气；然欲以尊重中央而无成功者，以所欲佐者袁世凯也。章士钊之治学也，亦不曲学阿世以徇一时风气，然欲以整齐议士，裁饬学风而无成功者，以始所佐者岑春萱，而后所佐者段祺瑞也。二人者皆好学深思而知四国之为，其所持者是也。然所为择而欲以行其所持者，惜乎非其主也。惟蔡锷反兵以申大义，心迹分明；而章士钊拂时以负众诟，志事不白。此其中亦有幸不幸哉！

章士钊，字行严，长沙人。少读书长沙东乡之老屋。前庭有桐树二，其中稚桐，皮青干直，而士钊日夕瞻对，油然爱生，诵白香山“一颗青桐子”之句，自号“青桐子”。二十一岁，负笈南京，进江南陆师学堂。长沙马晋羲方主讲国文、史地，以乡人子弟抚畜之。总办俞明震，名士擅学问，能奖掖后生，尤重士钊，而治校严。时则南阳公学大罢学，上海《苏报》特置《学界风潮》一栏，推波助澜，恣意鼓吹，士气骤动。中国学生之以罢学为当然，自《苏报》之倡也。一时知名诸校，莫不有事，而陆师亦不免焉。士钊既以能文章弁冕多士，则何甘于不罢课而以示弱诸校。一日，毅然率同学三十余人，买舟之上海，求与所谓爱国学社者合，并心一往，百不之恤。三十余人者，校之良也。此曹一去，菁华已尽。俞明震知士钊为同学少年信赖，函劝不顾；马晋羲先生长者，垂涕而阻，亦目笑存之也。自以为壮志毅魄，呼啸风云，吞长江而涌歇潮矣。然三十余人由此失学者过半，或卒以惰废不自振。中年以后，士钊每为马晋羲道之，追悔无极，曰："罢学之于学生，有百悔而无一成，愚所及身亲验，昭哉可睹。"事在前清光绪二十八年也。方是之时，革命之说渐起，而国父之声名未著。章炳麟、吴敬恒、蔡元培及善化秦巩黄之流，次第张之。巩黄掉臂绿林，潜踪女闾，自为风气，罕与士夫接。而炳麟、敬恒、元培，皆籍爱国学社。炳麟挟《驳康有为书》一册，沾沾自喜。而敬恒擅才辩，安恺第之演说，戏笑怒骂，四座尽靡。元培退然若不胜衣，与之言事，类有然诺而无讽示。士钊既罢学之上海，从诸公游，不可无以自见，独抵掌说军国民之义焉。炳麟则大喜，以为得一奇士也。沧州张继、巴县邹容，则以劫取日本留学监督姚某之辫走上海，亦居爱国学社。继为无政府主义，而容著《革命军》一书，士钊则润泽之。初版签书"革命军"三字，乃士钊笔也。而容以序属炳麟。一日，炳麟携与张继及士钊同登酒楼，痛饮极酣，曰："吾四人当为兄弟，僇力天下事。"炳麟年最长，自居为伯，而仲士钊，叔继，季容。自是士钊弟畜二人，而呼炳麟为兄也。容十九岁，年最幼，而气凌厉出士钊上，卒然问曰："大哥为《驳康有为书》，我为《革命军》，博泉为《无政府主义》，而子何有？"士钊则笑谢之而已。顾自内惭，乃据日本宫崎寅藏所著《三十三年落花梦》为底本，成一小册子，颜曰《孙逸仙》，而自序于端曰："孙逸仙，近今谈革命者之初祖，实行革命者之北辰，此有耳目之所同认。吾今著录此书，而标之曰'孙逸仙'，岂不尚哉？而不然。孙逸仙者，非一氏之所私号，乃新中国发露之名词也。有孙逸仙而中国始可为。天相中国，则孙逸仙之一怪物，不可以不出世。即无今之孙逸仙，吾知今日之孙逸仙之景与罔两，亦必照此幽幽之鬼域也。”其时天下固沙瞢然莫知国父之为谁何，而上海之与国父有旧者，独一秦巩黄，尤诵而心喜，为之序曰：“四年前，吾人意中之孙文，不过广州湾一海盗也，而岂知有如行严所云者。举国熙熙皞皞，醉生梦死，彼独一人图祖国之光复，担人种之竞争。且欲导扬人权于专治之东洋，得非天诱其衷而锡之勇者乎！”炳麟则为题词曰：“索虏披昌乱禹绩，有赤帝子断其嗑。掩迹郑洪为民辟，四百兆民视此册。”自是国父名著，播之文章而喧于士夫矣。时国父易名中山樵以避逻者，士钊著录，用孙中山三字，缀为姓字，睹者大诧，谓无真伪两姓骈举为呼之理，然中山之名自此称。会俞明震以清廷命来检察革命党，炳麟及容皆就逮，而士钊得脱，则以明震之厚重之也。士钊既免于难，乃还长沙，随黄兴纠集三湘豪杰，创立华兴会。而联洪帮哥老会以举事，不成，士钊乃亡命日本，走江户。则顿悟党人不学无术而高谈革命，祸至无日，功罪必不相偿。渐谢兴不与交往，则发愤自力于学，而一刮磨少年喜事之习。自是欲以向学持世，而不肯以议论徇人。一意孤行，积与世忤，蹶而不振，兆于此矣。于是黄兴以华兴会并入国父主持之兴中会，合组同盟会于日本之赤坂，中分八部，各司其局。而以“驱除鞑虏，恢复中华，建立民国，平均地权”为信条。会众三百余人，举国父为总理。而士钊则谢不与，兴则固邀而避之一室，动之以情，劫之以势，非署名隶同盟会者不得出。于是者持两昼夜，未获当也。既而士钊之英，入伦敦大学，习政治经济之学。顾最喜者逻辑，又通古诸子名家言，耙梳理而观其通。自是衡政论学，罔不衷于逻辑。黄花岗之败，志士骈首，而友人杨守仁同客英伦，闻之，发愤蹈海死。士钊索居黯然，感于诗人“秋雨梧桐”之意，遂易“青”为“秋”焉。其时北京《帝国日报》屡征士钊文，士钊则为英宪各论，皆署“秋桐”二字与之。辛亥八月，革命突起而共和肇造，推国父为临时大总统，奠都南京。然革命党人，所能依稀仿佛以涣然大号者，惟立国会、兴民权，廓然数名词耳。其中经纬万端及中西立国异同本义，殆无一人能言。士钊归自英伦，晤桃源宋教仁于游府西街。教仁以能文善演说而为国父所倚重者也，则坦然相告曰："子归乎！吾幸集子所言，以时考览而明宪政梗概。"出示一册，盖士钊投寄北京《帝国日报》英宪各论，剪裁装册也。于是士钊乃以明宪法，通政情，为革命党人所欲礼罗。吴敬恒、张继、于右任之徒，联翩相造，邀之入同盟会，士钊卒婉谢之。于右任方主《民立日报》，乃委己以听。《民立日报》者，同盟会之机关报也。梁启超尝持君主立宪以与同盟会牾，至是归国而惧不容，扬言于众曰："吾夙昔言立宪者，手段也，吾目的亦为革命。"同盟会不听，而操之益急。顾士钊习于英宪，持论不为瞻徇，独谓："政党政治之成功，在于党德。党德云者，即明认他党为合法团体，而听其并力经营于政治范围以内，以期相与确守政争之公平律也。凡一时代急激之论，一派独擅之以为名高，束缚驰骤，异议嗫嚅，垄断天下之舆论而君之，天下大事以定于一时；然理诎而不申，情郁以莫舒，乖戾过甚，卒亦大伤。凡所争执，隐之走入偏私，显之流于暴举。群序既不得平流而进，乃为事势之所必然。十七世纪，英伦之政争记录，凡号为阴谋史或流血史，即以此也。且一党欲其党内之常新，亦岂利他党之消灭？盖失其对待，何党可言？他党力衰，而己党亦必至虫生而物腐也。"一本其平素所笃信而由衷者，质焉剂焉，持说侃侃，以此大韪于国人，然亦以此失同盟会欢。同盟会既改组为国民党，黄兴重邀隶籍，士钊又不许。国民党人大哗，诋为别有用意。士钊发愤弃去，则别出周报以畅欲言、抉政情，凌云健笔，语语为人所欲出而不得出。传诵万口，而署之曰"独立"，所以揭持论不为苟同之旨也。袁世凯既为临时大总统，图专政，而欲借途宪法以谋称制。既知士钊之通宪法，而闻其不得志于国民党也，招入见，馆之锡拉胡同，礼意稠迭，惟其所欲。所望于士钊者，宪法之主持也。顾世凯则以早起家事清提督吴长庆，因与其子保初过从雅故；而士钊则保初亲女夫，意可属大事也。促膝深谈，具悉所以为帝制者，其计井然，则大骇。宋教仁既见贼，士钊意自危，而尽弃其衣装仆从，孑然宵遁。既抵上海，造黄兴，方图举兵，士钊则袖出讨袁之檄。而与章炳麟先后之武昌，说黎元洪戮力。元洪隐持两端，而二次革命之役猝起。于是国民党乃缠认士钊为政友。清前两广总督岑春萱亦起而声讨世凯以称大元帅，则以士钊为秘书。既不克，士钊亦被名捕，逃日本。知世凯不可与争锋，而欲藉文字以杀其焰，乃组《甲寅》杂志，以民国三年五月十日出版第一期。言不迫切，洞中奥会。国民党人既遁荒海外，而世凯务屏绝之不与同中国。于是士钊晓之以“政力向背论”、“政本论”。以谓：“为政有本，本何在？曰：‘在有容。’何谓有容？曰：‘不好同恶异。’昔在英儒奈端治天文，断言太阳系中有二力于焉运行。日者，全系之心也。一力吸行星而向之，曰‘向心力’；一力复曳行星而离之，曰‘离心力’。其后蒲徕士覃精史学，深明律意，以奈端之说可以衡政，极言为政当保持两力平衡之道。其说曰：‘社会号有组织，必也合无数人、无数团体而范围之。其所以使此人若团体共相维系，则向心力也；反之若团体因而瓦解，则离心力也。凡曰社会，无不有两力为之主宰。然谓后力可以刬除，亦决不能。盖社会者，乃由小团体组织而成。而小团体中之团体，莫不各有其中心，环之而走，无论何之，不尽离宗。则其对于他团体及其个体之为离立，可不俟辨。且社会过大，人心不同，各如其面。利害冲突，意见横生。彼之所以为康乐，此或以为冤苦。缓则别求处理，急则决欲舍去，社会之情，一伤至此，久之，势且成为中坚，所有忧伤疾苦，环趋迸发，群体不裂，又复几何？’夫所谓群体裂者，即革命之祸之所由始也。苟欲祸之不起，惟有保其离心力在团体以内，使不外崩，断无利其离而转排之理。苟或排焉，则力之盛衰，厥无一定。强弱相倚，而互排之局成。倾轧无已，争民施夺，生人之道苦，而国家之大命亦倾。由是两力相排，大乱之道；两力相守，治平之原。民军一呼，满廷解纽。昔日之主张君宪者，无不同情于革命。而吾首义诸君，乃不知利用众山皆向之势，索瑕寻衅，日媒蘖于人以自张。于是离心力之可转为向心力者，既为所排，而国内所有一切离心力，更不识所以位之，使得其所，而日以独申向心力为事。卒之离心力骤然溃决，土崩瓦解。顾今之为政者，既利用国民党之穷追离心力，收之以向己，而人心以得。而惜其不审筹一相当之地，以置不可收之离心力，使运行于法制之内，借图政治调剂之用，而措国家于治平。于是知褊狭者不可以谋国，浮浅者不可与议法也。”语重心长，其论深切著明，为世凯当日发，而实不仅为世凯当日发，盖有慨乎其言之矣。世凯稔恶，既以称帝，梁启超则领袖进步党以与国民党合而声讨。蔡锷者，启超弟子也，有云南首义之功。而岑春萱则入肇庆以称两广都司令，辟士钊为秘书长。启超来会，士钊建议辟新运以别立政统，不复国会。启超韪之，春萱亦以为然。而汤化龙、吴景濂以议长呼朋引类，会上海，以民意相劫持，天下重足而立，春萱、启超惕息莫敢禁。世凯既殪，春萱亦释兵。士钊则劝以从容养望，而自入北京大学讲学，期三年不闻政。春萱惑于人言，而欲恢复国会以收名望，召士钊议行止，士钊力沮之，并言国会黩货长乱，恢复无当人意状。春萱漏言而议士大恨。春萱亦卒走粤，召国会，立军府，而自为总裁。急电相召，无立异议地。士钊则降心相从。自后启超附段祺瑞以征南，而春萱遮蔽民党，用事于粤，士钊实为上佐。言议员宜课资格，受试验。闻者大哗。士钊又在上海揭论，主宪法不由国会订立。其文流传，两院中人指为叛逆；而以士钊之亦议员也，张皇号召，削其籍。又以附之者衡政必曰学理，谥之为“政学系”。时人为之语曰“北有安福，南有政学”，以为大诟。安福者，段祺瑞门下之政客系也。曹锟乘之，用吴佩孚以败段祺瑞。而春萱亦奔走失职。士钊睹事无可为，而疑代议之无补治制，以英国世界代议制之祖国也，乃以十年二月再游伦敦，历访其名士，相与考论。而小说家威尔思、戏剧家肖伯纳，皆于民治有贬词。威尔思约士钊赴别墅，从容谈及中国，慨然曰：“民主主义，吾人辩之使无完肤，只须十分钟耳。但其余主义脆弱，且又过之。持辩至五分钟，即已旗靡辙乱。是民主政治之死而未僵，力不在本身，而在代者之未得其道。世间以吾英有此，群效法之，乃最不幸焉。中国向无代议制，人以非民主少之。不知历代相沿之科举制，乃与民主精神深相契合。盖白屋公卿，人人可致，岂非平等之极则？贸然废之，可谓愚矣。吾欲著一书曰‘事能体合论’，意在阐明何事须用何能，何能始为何事。事能之间，有一定之选择方法，使之体合。中国民治，其病在事能之不体合也。”为太息者久之。而肖伯纳之所以语士钊者，意尤诙诡，谓：“能治人者始可治人。林肯以来，政体有恒言曰：‘为民利，由民主之民治。’然人民果何足为治乎？如剧，小道也，编剧即非尽人能之。设有人言‘为民乐，由民编之民剧’，岂非不词？盖剧者，人民乐之而不审其所由然；苟其欲之，不能自制，而必请益于我。唯政府亦然。英美之传统思想，为人人可以治国，中国则反是。中国人而跻于治人之位，必经国定之试程。试程虽未必当，而用意要无可议。余所当讲，亦如何而使试符其用耳。”于是士钊之政治信念渐变，遂返国也。会曹锟以直隶督军胁总统黎元洪而逐之，其大将吴佩孚练兵洛阳，申讨军实以为奔走御侮。锟弥洋洋自得，又欲借重议士，饵诱以选为总统。士钊既未甘以自货，遂遁而之上海。橐笔已久，辄复思论。而自以《甲寅》得大名，欲踵前轨，名仍《甲寅》，刊则以周。招资授事，计议初定而轩波大起。江苏督军齐燮元用吴佩孚之命，. 起兵以逐卢永祥于浙江。吴佩孚自将大军出山海关以攻张作霖。冯玉祥随吴佩孚出师而有贰志，取间道归以袭北京，取曹锟，而与作霖联军以夹击佩孚，尽俘其众，欲推段祺瑞以主国是。祺瑞失职久，莫知所为，而以士钊能文善论，思请以为谋主。士钊乃置《甲寅》周刊不论而奔命以赴，告祺瑞曰：“约法既坏，新法未生，何用总统旧名。西史纪元前，罗马初设民主，署曰公萨，译为执政。请以临时执政名义起用事。”于是祺瑞以执政建号北京，而用士钊为司法总长，寻兼教育总长，为十三年十一月也。自以为习熟情伪，奋欲更张，于是涣然号于众曰：“吾国兴学已久，而校纪日颓，学绩不举。学生谋便旷废，致倡不受试验之议。即受试矣，或求指范围，或胁加分数，丑迹四播，有试若无。为教授者，以所讲并无切实工夫，复图见好学生以便操纵，虚应故事，亦固其然。他国大学教授，在职愈久，愈见一学之权威，而吾国适得其反。夫留学生初出校门，讲章在抱，虽无成业，条贯粗明。而又朝气尚好，污俗未染，骤膺教职，亦以兢兢。此类人选，他国至多置之研究院内，助教室中，而在吾国，则为上品通才，良足矜贵。何校得此，生气立滋，过此以往，渐成废料。新知不益，物诱日多，内谄学生，外干时事。标榜之术工，空疏化为神圣；犷悍之气盛，一切可以把持。教风若斯，谁乐治学？独念吾国号为文化古国，海通以还，学术之途径日辟。今时述作，将百倍于古而未有已。乃自上海制造局倡议译书以还，垂四五十年，译事迄无进步，而文字转形芜俚。所学不邃，卤莽灭裂。有之，转发不如无书之叹。昔徐寿、徐建寅、华蘅芳、李善兰、赵元益辈，所译质力天算诸书，贯通中西，字斟句酌；由今视之，恍若典册高文，攀跻不及。即下而至于格致书院课艺，其风貌亦非今时硕博之所能几。以云进化，适得其反。髦士以俚语为自豪，小生求不学而名家，黄茅白苇，一往无余。学者自扪，宁诚不作？而为之学生者，读西籍，既无相称之功能；质本师，又乏可供之著述。几纸数年不易、破碎不全之讲义，尸祝社稷，于是出焉。此云兴学，宁非背道？且大学为学术总集之名，犹之内阁为政治总集之名。内阁有长财政者，不闻称财政内阁；有长司法者，不闻称司法内阁。今大学有农业大学，有工业大学，有法政大学，甚至师范美术，文科中之一部耳，亦独立称大学。干为支灭，别得类名，逻辑所不能通，行政所大不便。部落思想，横被学林。卒之兼课纷纭，师生旁午，学统尽坏，排娼风生。欲图易俗，乃画三策：一、本部设考试委员会，仿伦敦大学成例，学生入学毕业诸试，概由部办。二、本部设编译馆，求各大学教授通力合作，优加奖励，期以新著，播之黉舍，辞理并富，餍人取求。三、合并北京各大学。”骤议之日，士钊持说侃侃，无所避就，莫之能难。然而风声所播，诟谤乃丛。部试诸生，青年尤大不悦。先生长者，阳持阴默而阴和之，潜势极张。宏奖著述，则以为欲甄别教授。而合并各大学，施受之间，暗潮不可终日。士钊又以其间缰刊《甲寅》，论多违俗。于时胡适方主讲北京大学，而以倡新文化称大师，万流景仰，薄海风动。顾士钊则切论之，以谓："新者对夫旧而言之。彼以为反乎旧之即所谓新。今即求新，势且一切舍旧。舍旧，何有历史？而历史者，则在人类社会诸可宝贵之物之中，最为宝贵。今人竞言教育，不知教育者，在以前辈之所发明经验传之后人，使后人可以较少之心力进而益上；不似前人之枉费心力，惨淡经营，以安于一知半解而已。又尝譬之，社会之进程取连环式，其由第一环以达于今环，中经无数环，与接为构。而所谓第一环者，容与今环不同形，其间若渺不属。然诸环之原形，在逻辑依然各在。其间接又间接与今环相牵之故，可想象得之。故今之人而求改善今环，不得不求知原环及以次诸环之情实，资为印证。此历史一科所由立。而知新者早无形孕育于旧者之中，而决非无因突出于旧者之外。盖旧者非他，乃数千年来巨人长德、方家艺士之所弹精存积，流传至今也。新云旧云，特当时当地之人，以际遇所环，情感所至，希望嗜好所逼拶，惰力生力所交乘，因字将谢者为'旧'，受代者为'新'耳。于思想本身何所容心。若升高而鸟瞰之，新新旧旧，盖往复流转于宇舆久间，恒相间而迭见。其所以然，则人类厌常与笃旧之两矛盾性，时乃融会贯通而趋于一。盖吾人久处一境，饫闻而厌见，每以疲苶恼乱，思有所迁。念之初起，必有奋力向外驰去，冀得崭新之异壤。而盘施久之，未见有得。于时但觉祖宗累代之所递嬗，或自身早岁之所曾经，注存于吾先天及无意识之中。向为表相及意志之所控抑而未动者，今不期乘间抵巇、肆力奔放而不自知。所谓'迷途知返'，反者此时；'不远而复'，复者此境，本期翻新，卒乃获旧。虽云旧也，或则明知为旧而心安之，或则昧焉不觉而仍自欺欺人，以为新不可阶，此诚新旧相衔之妙谛，其味深长，最宜潜玩者也。今之谈文化者，不解斯义。一是舍旧，而惟渺不可得之新是骛。宜乎不数年间，精神界大乱。郁郁伥伥之象，充塞天下。躁妄者悍然莫名其非，谨厚者蔷然丧其所守。父无以教子，兄无以诏弟。以言教化，乃全陷入青黄不接，辕辙背驰之一大恐慌也。不谓误解'新'字之弊，乃至于此。"顾胡适又欲以欧化易中国，一唱百和，几成国是。而士钊则曰："唯唯，否否，不然。欧洲者，工业国也。工业国之财源，存于外府，伸缩力大。国家预算，得出以为入。故无公无私，规模壮阔，举止豪华。一一与其作业相应，无甚大害。而吾为农国，全国上下百年之根基，可得以工业意味罗之者，荡焉无有。无有而不论精粗大小，一为工业国之排场是骛。衣服器用，起居饮食，男女交际，社会运动，言必称欧美，语必及台赛。由放依而驰骋，由驰骋而泛滥，变本加厉，一切恣行无忌。此在国家，势不得不举外债，鬻国产，以弥其滥支帑金之不足；在私人，势不得不贪婪诈骗，女淫男盗，以保其肆意挥霍之无尽。其至于今，图穷匕见，公私涂炭。而冥冥中人道堕坏，凡一群中应有同具之恒德，沦胥以尽。乃至父不得教子，兄无以约弟，夫妇无以相守，友朋无以相信。群纽日解，国无与立。昔有学步邯郸，失其故步，匍匐而归。呜呼，吾人今后，亦求得匍匐而归为幸耳！"好恶拂人，多迕少可，人欲得而甘心，遂躁而毁厥居。愤以辞职，意忽忽不乐。因吟白香《孤桐》诗曰："直从萌芽拔，高见毫末始。四面无附枝，中心有通理。寄言立身者，独立当如此！"因易字曰"孤桐"也。及段祺瑞以十五年四月奔走失职，而士钊一蹶不振，移居天津，尤致力于《甲寅》。或谓："天下事未可以口舌争，胡哓哓以蒙诟召怒为？"士钊应曰："吾行吾素，知罪惟人。若其中散放言，刑踵华士；伯喈变容，罚同邪党；生命既绝，词旨自空。如其不尔，亦任自然。愚生平不工趋避之义，夙志不干违道之誉，天爵自修，人言何恤！"其年十月，以新出《甲寅》寄上海见示，告续发行。余报以书曰："见寄《甲寅》近期，知文章意气不衰。伏以时论重名誉，而古人称名德。名者公所自有，德则愿以致敬，君子道在自信，积毁几见销骨。德不孤，必有邻也。籀诵再四，为之神往。惟人未厌乱，天不悔祸，十余年来，士君子之宏言傥论，何莫非资大盗以乘权窃国。尊中央，则兆洪宪之帝政；言联邦，又启强藩之割据。民亦劳止，汔欲小休。而乱日方长，天挺人豪，方各肆其聪明才力以祸国殃民。吾侪读书谈道，夜气未梏，盍姑扪其舌，韬其笔，敛吾聪明才智，息事宁人，以毋为助恶长乱耶？仆于是叹诸葛公'淡泊明志、宁静致远'之为雅量渊识也。方其时，刘表以名士牧荆州，博求儒术，关西兖豫学士归者盖有千数。诸葛公以管乐自许，而南阳高卧。密迩州部，征聘不及，淡然有以相忘。'予怀明德，不大声以色'，虽不能至，心向往焉。昔闻左文襄自署楹语于门曰：'文章西汉两司马，经济南阳一卧龙。'未尝不叹左公虚骄之见，而未为知卧龙。龙而已卧，何心经济？而龙之得安于卧、成其卧者，在宁静而不在经济。窃欲改此联'经济'二字为'宁静'，书以相奉。'文章西汉两司马'，固在公有以自信；'宁静南阳一卧龙'，尤祝公善以致远。君子藏器于身，待时而动，何不利之有！与其为桐之孤，召闹取怒，不如为龙之卧，宁神养气也。"然以考试慎选举之资格，以试验重大学之课业，矫厉学风，宏奖编译，虽以召闹取怒于昨昔，而卒创制显庸于方今。功何必自我成，士钊傥有以自慰于迟暮矣。刊有《甲寅存稿》、《续稿》。

九、余论

余著《近百年湖南学风》，而表以十七人。其人有文人、学者、循吏、良相、名将，不一其人，而同归于好学深思；其事涉教育、政治、军谋、外交、欧化，不一其术，而莫非以辅世长民。时限以百年，而上下五千年之演变，缩映于此百年之内；人限于湖南，而纵横九万里之纷纭，导演于若而人之手。其人为天下士，为事亦天下事。倘读吾书而通其意，斯为政不厉民以自养，而论事不生心以害政。张皇湖南，而不为湖南，为天下；诵说先贤，而不为先贤，为今人。呜呼！尼父不云乎："我欲载之空言，不如见之行事之深切著明也。"贾生之著论过秦，而卒言之曰："观之上古，验之当今，参以人世，察盛衰之理，审权势之宜，去就有序，变化有时。"亦非以过秦人也，所以儆汉人也。昔太史公宏识孤怀，意有所郁结不得通，录秦汉，略迹三代，上纪轩辕，曰以"成一家之言"，而人当作《史记》读，心知其意之无其人，故曰"藏之名山"。余亦有别识心裁，寄意是书，略人之所详，扬人之所抑，以自明一家之学；而人或作方志读，心知其意之期来者，亦只俟之其人。吾所不知，盖阙如也。以言方志，吾漏正多。而读太史公书作《史记》，徒见不该不备而已。太史公原始察终，以史之体为诸子；吾则欲取精用宏，通子之意于传记。

或有问于余曰："王先谦与王闿运骈称二王，亦一时显学，成书数千卷，而著籍弟子且千人。吾子斐然有述，何遗此一老耶?"余应之曰："唯唯，否否，不然。"昔王益吾先生以博学通人督江苏学政，提倡古学，整饬士习，有贤声。余生也晚，未及望门墙；而吾诸舅诸父以及中外群从，多隶学籍为门生者。流风余韵，令我低徊。然文章方、姚，经学惠、戴，头没头出于当日风气，不过导扬皖吴之学，而非湘之所以为学也。余私家著书，不同官书，别识心裁。太史公书自有孤怀，而不欲以苟徇声气。王闿运之人之学，老辈颇多绳弹，然有其独到以成湘学。益吾先生，博涉多通，不啻过之，而无独到。曩者吾乡丁仲祜先生尝为余言："乡先辈治经，外行不入格。"余意殊不平，谓："君之所谓外行不入格者，特以吾锡先辈治经，不合休宁、高邮辙迹耳。然不依傍人户，异军突起，自有独到。如高攀龙之理学，绳以朱子之道问学，固为外道；而揆之阳明之致良知，亦未遽为入格也。然不入格而可以开宗。学亦多术矣：有外行而不害为名家通人者，如吾锡高攀龙之理学，不程、朱，不陆、王。顾栋高之治《春秋》，秦蕙田之于《礼》，非休宁、高邮，亦非苏州、常州。而顾祖禹之史学，不同当日之浙东，亦殊后来之嘉定，皆不害为博学通人也。有内行入格而只成曲学者，如俞樾诂经证子，毛举细故，自诩精识，以休宁、高邮张门户，其实以《经籍纂诂》一书作兔园册子而已。”仲祜无以难也。王闿运文章不为桐城，今文经亦非当行，然能开风气以自名家。益吾先生，文章桐城，训诂休宁，无不内行入格，然不能名家。而在吾苏，则贤学政也。异日江苏通志名宦传，必有一席，岂借拙著一小册子以为重耶？

或又曰：“子江苏人也，暂避兵侨寄于此，胡不惮烦而张皇湖南以成书耶？”余则应之曰：“余江苏人也，抑中国人也。江苏岂能外中国而独立？则吾何可限方隅以自囿？吾中国而有若胡文忠、曾文正、左文襄诸公，宁学圣贤而未至，不可违道以干誉；宁以一夫之不被泽为己疚，不以宠利居成功。鞠躬尽瘁，死而后已。可以仪刑于百世，岂徒一方之豪杰也！吾此日在湘言湘，昨昔在苏言苏，亦尝为江苏教育厅撰写《江苏学风》，远溯顾炎武、陆世仪，近不遗徐寿、华衡芳，而归之实事求是，遗外声利，亦欲以景行前徽，匡饬时贤。然而谈者徒称其博闻多识，罕会其苦心危言。语曰‘买椟还珠’，非珠之罪也。余讲苏学，称顾炎武、陆世仪，而不称钱大昕、阮元。以博闻强识，而动众徒以闻也。余讲乡学，称高攀龙而不称顾宪成，以门户声气，而东林所由托始也。世之谈学风者，多举东林以为咨询，而余不置对。非不能对也，方明之衰，士大夫好议论，不顾情实；国家可毁，而门户不可毁，异己必除，而客气不可除。党同伐异以为把持，声气标榜以为结纳，而义理不以饬躬行，问学不以经世用。及其亡也，法纪荡然。武人跋扈，文人未尝不跋扈，而矜意见，张门户，以庠序为城社，以台谏为鹰犬。恩怨之私，及于疆场，不恤坏我长城以启戎心。国事愈坏，虚誉方隆。而东林讲学实阶之厉。始作俑者，顾宪成焉。余宁为王夫之之荒山敝榻，没世不称，而不为顾宪成之籍甚群彦，言满天下。没世不称，庶几自葆其在我；言满天下，几见不以学徇人？处今日学风之极敝，而揭帜东林以为号，徒以长虚骄浮夸之气，而无救于世枉。顾宪成身在江湖，心存魏阙，结党合誉，实繁有徒，而气矜之隆，见道浅，不如高攀龙之处变若定，死义从容，自言：‘一生学问，至此亦少得力。’然就今日而言理学，与其讲高攀龙，不如讲陆世仪。精微不如，而切实过之。切实可以救虚夸，精微不免为游谈也。明末以遗老为大儒者，李颙学究气，独善其身，术未能以经国。黄宗羲名士气，大言不作，行不足以饬躬。王夫之槁饿荒谷，志行坚卓，又苦执德不宏。惟陆士仪、顾炎武，明体达用，有本有末，而又淡泊明志，不事驰骛。顾炎武博学于文，行己有耻，可以窥汉儒之真；陆世仪义理悦心，兵农济世，可以匡宋学之偏。真知灼见，身体力行，私心淑艾，窃愿景行。今日士风已偷，师道不立。曾子有言：'尊其所闻，行其所知。'而在道丧文敝之今日，行炫自耀，亦既无闻可尊，抑且何知可行？道听途说，惑世诬民，无事则聚徒合众，放言高论，闻警则掉心失图，逃死不遑。古人以忧患动心忍性，今人以忧患悻生丧志。平日侈谈之学问经济，文章道德，一旦大难临头，未有片语只字可以镇得心住，振得气壮。而丧乱孔多，以迄于今，寇深国危，土崩鱼烂，人民死亡奴虏以数千万。而庠序如林，师生如鲫，几见有明耻教战，引以己任，见危授命，视曰分内？多难古有兴邦，殷忧今未启圣。而闹学罢教，纷纭如故，玩日愒月，泄沓如故。既以讲学弋声利，又视旷课为寻常。行身以放浊为通而狭节信，受任以望空为高而笑勤恪。安得陆、顾其人生于今日，义理悦心，行己有耻，树之坊表以立懦廉顽！余虽为之执鞭，所忻慕焉。"

（原刊于《武汉日报》《文史》副刊第十至二十一期）

江汉炳灵诗文谈

昔张南皮督湖北学政，选多士应试，八股文之有声有色者，刊行《江汉炳灵集》，词意铿訇，余少知读而爱好之，至今检而讽诵，如遇故人；然而江汉炳灵，不限举业；其他诗古文词，固有为余肄业及之者。《武汉日报》记者①胡君肇书以主编《文学周刊》，相造索稿。昔余受聘浙江大学，与浙士谈浙学。而后违寇入湘，为湘人言湘学。景仰乡贤，颇多兴起；以见闻近观感切也。今余舌耕江汉，姑作《江汉炳灵诗文谈》，随所记忆，不暇诠次也！

一

明初文章，自杨士奇以宰辅摹欧阳，典则稳称，成台阁体；遍相摹仿，日就庸肤！李梦阳、何景明起而变之；李攀龙、王世贞继而和之；仿汉摹唐，蔚成风气；而江汉之间称盛！余读近儒监利王柏心《百柱堂全集》，其中序人诗文，往往称引明作者，名字历历，可覆按也。其尤著者，如黄冈王廷陈《梦泽集》之骤驾何李，蒲圻魏裳《云山堂集》之羽翼王李，王世贞《艺苑危言》皆极称之！而苍头异军突起以推到一时豪杰，不得不推公安袁宏道兄弟为双眼别具！兄宗道先以万历十四年会试第一入翰林，与同馆黄辉昌言排斥何李、王李之复古，而于唐称

① “者”字原脱，今补。

白居易，于宋推苏轼，名其斋曰白苏。至宏道推衍绪论，而益务为清新轻俊，欲以本色化涂泽，变板重为轻巧，致天下耳目于一新，而王李之焰文熠，拔帜易帜，目为公安体。宗道《白苏斋集》未见；独宏道有《中郎集》四十卷行世，顾《四库提要》则诋为小慧破律，而列之存目。据天门谭元春《鹄湾文草》，中有《袁中郎先生续集序》，称："往公之哭江进之也，有悔其诗文妙理，生前未商语。后寄黄平倩札，有悔其《瓶花》诗文，俱有痕迹语。夫公之妙于悔，何待公言哉！细心读《破砚集》，又似悔《潇碧》矣。细心读《嵩华游稿》，又似悔《破砚》矣。今读公续稿，其文章中卓大而坚实者，又似为古今人俱下一悔脚也。"则知宏道当日诗文，随有随刻，刻不一集；余旧藏其原刻《瓶花斋集》，不过十卷，而《四库存目》著录四十卷本未见，意必合诸刻为一编。及民国二十四年，上海世界书局出版《袁中①郎全集》一册，亟购而读之；乃苏渊雷所编，不分卷第而分五类。曰文钞，曰诗集，曰尺牍②，曰随笔，曰游记，各自为卷。其中文钞，分传记、序文、碑记、志铭、疏、广庄五目③；诗集，分拟古乐府、五言古、七言古、五言排律、五言律上、五言律下、七言律、五言绝、六言绝、七言绝十目。随笔，分随笔、瓶史、觞政、暑谈、狂言五目；游记，分游记、场屋后记、墨畦三目。惟尺牍不别析子目；不知据何本。而游记一卷，有称据梨云馆本，有称据四十卷本，据《锦帆集》；想系参合诸本而取其长也。细籀一过，而知宏道之论诗文，推陈出新，有见地；未可以小慧破律诋之也！

二

宏道论诗论文，具见集中《雪涛阁集序》、《叙小修诗》，及《答丘

① "中"字原脱，今补。
② "牍"字原脱，今据《袁中郎全集》及下文补。
③ "五目"当作"六目"。

长孺》、《答张幼于》、《答冯琢庵师》、《答陶石篑》、《与李龙湖》、《答梅客生开府》、《与江进之》、《答徐见可太府》及《与友人论时文》诸札；大大抵力湔涂泽，自抒所见，不宗汉唐而宗宋人，不尚学古而尚时宜，宁今宁俗，毋古毋质，谓："文之不能不古而今也，时使之也。古有古之时，今有今之时，袭古人语言之迹而冒以为古，句比字拟，务为牵合，弃目前之景，摭腐滥之辞；（见《雪涛阁·集序》）愈古愈近，愈似愈赝，天地间真文渐灭殆尽！"（见《与友人论时文》）"文准秦[①]汉矣，秦汉人曷尝字字学六经？诗准盛唐矣，盛唐人曷尝句句学汉魏？惟夫代有升降，而法不相沿，各极其变，各穷其趣，所以可贵！故吾谓今，诗又不传矣；其万一传者，或今闾阎妇人孺所唱《劈破诗》、《打草竿》之类，犹是无闻无识真，所作故多真声；不效颦于汉魏，不学步于盛唐，任性而发，尚能宣吾人之喜怒哀乐，嗜好情欲。"（见《叙小修诗》）已为近日之倡白话文者张目，而成胡适之祖师矣！特尚不欲为今日之黄茅白苇，而将古人一笔抹杀，以为诗文当从宋人入手，力崇欧苏[②]，谓："宋人诗，长于格，短于韵；而其为文，密于持论而疏于用裁；然其中实有超秦汉而绝盛唐者！夫诗文之道，至晚唐而益小；欧苏矫之，不得不为巨涛大海；至其不为汉唐人，盖有能之而不为者！"（见《答陶石篑》）夫岂不能为烦，为乱，为艰，为晦；然已简，安用烦；已整，安用乱；已明，安用晦；已流丽痛快，安用聱牙之语，艰深之辞！（见《与江进之》）"近日最得意，无如批点欧苏二公文集，欧公文之佳，无论；其诗如倾江倒海，直欲伯仲少陵，宇宙间自有此种奇观！苏公诗，高古不如老杜，而超脱变怪过之；有天地来一人而已！"（见《与李龙湖》）其论穷极流变，而明势之不得不然，可谓先得我心！及诵其文，随笔曲注，虽其体格时有卑者；然匠心独出，疏快中姿

① "秦"，原作"泰"，今改正。
② "苏"字原缺，今据下文补。

媚跃出；而①曲细事，自然名隽！尺牍，而称心而谈，俚语杂文，论混儒佛，事杂市井，会心不远，理趣洋溢，与古而赝，宁我而真！大抵信笔所至，曲畅尽意，其利处在此；其钝处亦在此！而笔无遁情，语无剩意，言之太尽，不耐咀味，时有美尽之忧，所以秀而不隐，新而不隽！又显□而未能旁口，所以肆而不宏，畅而伤絮！卓绝为巧而未能余味曲包；声尽昭晰而未能墨采腾奋；此其蔽也！至其记游之文，模山范水，亦时有刻露尖冷，开竟陵钟谭一派者！

三

综观《袁中郎集》，议论则旁通曲畅，叙述则穷态极妍，机趣别饶，颇具东坡之一体；而可惋在碎，不如东坡之篇章完具；又嫌太尽，不如东坡之神韵不匮！诗亦有余于机趣，不足于锻炼；亦学东坡而不至之为害！生平论诗，不崇古而薄今，而亦以东坡为宗，与论文同一机契；谓："于鳞李攀龙有远体，元美王世贞有连韵，然摹拟损其骨！"（见《答徐见可太府》）"夫诗之气，一代减一代，故古也厚，今也薄。诗之奇之妙之工之无所不极，一代盛一代，故古有不尽之情，今无不写之景。然则古何必高，今何必卑哉！"（见《答长孺》）"仆尝谓六朝无诗；陶公有诗趣；谢公有诗料；余子碌碌，无足观者！至李杜而诗道始大！韩柳元白欧，诗之圣也。苏，诗之神也。"（见《与李龙湖》）"青莲能虚，工部能实。青莲惟一于虚，故目前每有遗景。工部惟一于实，故其诗能人而不能天，能大能化而不能神。苏公之诗，出世入世，粗言细言，总归玄奥，恍惚变怪，无非情实；盖其才力既高，而学问识见，又迥出二公之上，故宜卓绝千古！至其遒不如杜，逸不如李，此自气运使然，非才之过也！"（见《答梅客生开府》）则其薪向可知。特以薪向东坡，而无东

① "而"下疑缺一"委"字。

坡之才；及其自为，融情入景，托物寄兴，清脱浏亮，颇能以本色标新领异；其诗胜者，则出白香山者为多，而似东坡者转少。至拟古乐府及五七言古，尽多温润流丽之词，发以沉郁顿挫之笔；七言古间为李吉[①]之奥丽；五七言律则多宋四灵之清炼；可知其泛滥诸家，取境颇广！而沈德潜《明诗别裁》，于《袁中郎集》，仅选其七言《感事》一律，谓“入于俳谐”，一笔抹杀！其实俳谐不免；而就全集论，如五言古《余杭雨》云：“无端放隙光，诱我余杭行！余杭有何趣，败寺老和尚！”《天目书所见》云：“独有知见人，不食本分草。其他粪扫堆，秘作无价宝！”又云：“演出活法聪，难瞒俊阎老！”《梦中题尊经阁醒后述之博笑》云：“富也而可求，执鞭所忻慕！金口亲传宣，语在《述而》篇。师与商孰贤，赐与回孰富？多少穷乌纱，皆被子曰误！”《石桥岩》云：“石门即前阁，石桥即后户。两门去几何，五五二十五。”《孟生为尊慈索诗》云：“少年读孟书，长大更聪明。他日逢滕子，井田行不行？”《湖上别同方子八[②]赋》云：“天地一排场，谁分旦与丑！”五言绝《严陵》云：“或言严本庄，蒙[③]庄之后者？或言汉梅福，君之妻父也？”《别无念》云：“海内交游多，何人可与语？我欲知姓名，东西南北去！”《同无念过二圣寺》云：“今日无念来，添一故事矣！”《途中口占》云：“骏马红丝络，幞头金蟒装。儿童拦路语，我[④]是赛牛王！”如此之类，语栈而意不断，故以俳谐为累！然集中不俳谐而得趣者什九；俳谐而不得趣者什一；正未可以“俳谐”二字一笔抹倒也！

四

公安体之衰，而竟陵体以兴。竟陵体者，起于竟陵钟惺、天门谭元

---

① 李吉，当作“李长吉”。

② 八，原作“公”，今据《袁中郎全集》改。

③ 蒙，原作“梦”，今据《袁中郎全集》改。《史记·老子韩非列传》载：“庄子者，蒙人也，名周。周尝为蒙漆园吏。”

④ 我，《袁中郎全集》明崇祯刊本作“道”。

春。钟惺，字伯敬，竟陵人，万历庚戌进士，官至福建提学佥事；而谭元春，字友夏，天门人，天启丁卯举人；两人者，声应气求以相左提右挈，而竟陵以成体；特元春稍后起，而惺实为之倡，遂以竟陵为揭帜云。

诗至晚明，钟谭异军别张；而钱谦益《列朝诗集》、朱彝尊《明诗综》，皆昌言诋排，竟陵遂为谤府！顾夷考其实，钟[1]谭之诗，蹊径别开，蕲以[2]幽冷救[3]何李、王李之绚烂；而为秀峭以矫公安之容易；诗道穷而必变，亦如肥鱼大肉，餍饫之过，而不得不思菜羹也！其诗出入中晚唐郊、岛、皮、陆之间，么弦侧调，亦有渊源；避熟就生，人自少见多怪耳！要之盛唐李杜，摹拟势尽；厌故喜新，人情皆然！王士祯《唐贤三昧集》，不取李杜一首；何尝不与钟谭所选《唐诗归》同指；而士祯诗为秀丽疏朗，钟谭出以幽深孤峭，皆欲以偏师制胜。或诋钟谭格局未完，雕镵愈工，不知真气弥伤；然士祯缥渺取神，风华富有，亦病性情不真；而一见诋亡国之文妖，一称为盛世之元音；岂非所遭之时有幸不幸耶！昔商务印书馆以辑"万有文库"，而属余论次明代文学；余尝稍引其旨，而未暇论定。

惺有《隐秀轩集》五十二卷。而《四库提要》著录惺《诗经图史合考》、《毛诗解》，入《诗》存目；《评左传》入《春秋》存目；《五经纂注》入《五经总义》存目；《合刻五家言》入杂家存目；《诗归》、《明诗归》、《名媛诗归》、《周文归》、《宋文归》，入《总集》存目；而《隐秀轩集》，并不见着录。其实惺著书，颇杂碎不成体；而诗文，则苦心琢炼，矫然别出于何李、王李及公安三袁之后，而以竟陵开派，结有明一代文章之局，何可不着；岂以其纤仄，而摈不与斯文之列耶？然世称钟谭，谭元春名亚于惺，而《岳归堂集》、《谭友夏合集》、《谭子

---

① "钟"字原缺，今据钱基博《中国文学史·近代文学自序》补。

② "以"字原缺，今据钱基博《中国文学史·近代文学自序》补。

③ "救"字原脱，上"钟谭之诗"之"钟"字误移于此，今据钱基博《中国文学史·近代文学自序》改。

诗归》，并见存目；然《隐秀集》独遗，意采访未得也！其集以《千字文》“天地玄黄，宇宙洪荒。日月盈昃，辰宿列张。寒来暑往，秋收冬藏。闰余成岁，律吕调阳。云”三十三字编次。月集以上为诗，盈集以下为文；其中地集三卷，黄集四卷，宇集二卷，昃集四卷，辰集三卷，列集五卷，往集、藏集及余集各二卷；以故三十三集得五十二卷。

五

惺之论诗，具见《诗归》；而集中《陪郎草序》、《与弟侄书》、《与高孩之观察书》，及《与谭友夏》诸诗，亦足以发；其大指归于主柔厚而砭豪俊，崇清新而融痕迹，谓：“诗以静好柔厚为教者也。今以为气不豪，语不俊，不可以为诗。世固有不必豪，不必俊，而能工诗者！豪则喧；俊则薄；喧不如静；薄不如厚。”（见《陪郎草序》）“轻诋今人诗，不若细看古人诗；细看古人诗，便不暇诋今人也！”（见《与谭友夏书》）“诗合一篇读之，句句妙矣；总看，有说不出病痛；须细看古人之作；《诗归》一书，便是师友也；慧处勿纤；幻处勿离；清处勿薄。”（见《与弟佺书》）“诗至于厚而无余事矣；然从古未有无灵心而能为诗者；厚出于灵，而灵者不能即厚。尝谓古人诗，有两派难入手处：有如元气大化，声臭已绝；此以平直厚者也；《古诗十九首》、苏李是也。有如高岩峻壑，岸壁无阶；此以险而厚者也；汉郊祀《饶歌》，魏武帝乐府是也。非不灵也，厚之极，灵不足以言之也！”（见《与高孩之观察书》）“曹能始言我辈诗，清新而未免有痕；有痕非他，觉其清新者，是也。痕亦未可强融；惟起急起手时，厚之一字，足以救之。如我辈数年前作诗，同一妙语妙想，当其离心入手，离手入眼时，作而与读者有所落然于心目，而今反觉味长；有所跃然于心目，而今反觉味尽者；何故？落然者以其深厚；而跃然者以其新奇；深厚者易久；新奇者不易久也；此有痕无痕之原也。”（见《与谭友夏书》）“至于痕则未强融；须由清新入厚以救之；岂有舍其清新而自谓无痕者哉！”（见《与高孩之观察书》）及诵其诗，刻意清新，而能出以坚峻。盖其气格清迥，意度闲远，所以承特李之口缗，公安之率易，而独能自振以别张一军。综观所作，律体不如古体，五言胜于七言，工为写景，发以名理，冥搜物象，匠心苦吟，出入郊岛以追大小谢，虽波澜不大，而咀味剧耐；五七言古拘于格窘，有语欲驶，无力能控；非其所长尔！惺未第时，尝与京山魏象先以诸生入郡试同舍，语次及明诗，谓象先曰：“近日尸祝济南诸公，亲尽且桃，稍能自出语，辄诧奇险，自我作祖，前古所无，而不知三为中晚唐人道过；由其眼中见大历前语多，长庆后语少，昧其偶合以为独创；然其人实可与言诗！”语见集中《私谥父穆魏长公太易墓志铭》。可以知明诗之绚烂极而转幽秀，已有先惺而为之者，而惺特发其指于《诗归》！

六

《四库存目》著录《诗归》五十一卷，《明诗归》十一卷，及《名媛诗归》三十六卷。其中《明诗归》、《名媛诗归》，皆出好事者依托。《明诗归》署钟惺、谭元春编；而录钱秉镫《南从纪事诗》，首称“皇帝十四载，仲冬月上弦”，则崇祯十四年辛巳；而惺殁于天启四年甲子，元春殁于崇祯四年辛未；年月遥隔，尤可征依托显然！惟《诗归》出于惺及元春，而惺为之主，评选唐人之诗为《唐诗归》三十六卷；又评隋以前诗为《古诗归》十五卷；合成五十一卷，一时风行，几于家弦户诵！然顾炎武《日知录》，诋为不考古而肆臆，小人而无忌惮；则以其选录古诗，以意窜改；实为才士自用之过！而承王李藻丽商皇之后，所选唐诗，专取清瘦淡远一路；其人人传诵，若李太白之《古风》，杜少陵之《秋兴》、《诸将》，概不入选；而以纤仄幽渺为宗，点逗一二幽隽字句以昭法式。袁宏道兄弟以轻俊矫王李之褥重；而惺与元春，则以幽冷洗王李之绚烂；所谓厌刍豢，思螺蛤也。盛名之致，会当穷变；虽规模不大，而壁垒自树；要亦秉其夙悟，运以苦思！朱彝尊《诗话》，谓是书乃其乡人托名。而按之《隐秀轩集》，载惺《诗归序》，称："今非无学古者，大要取古人之极肤极狭极熟便于口手者，以为古人在是。使捷者矫之，必于古人外自为一人之诗以为异；要其异又皆同乎古人之险且僻者，否则其俚者也；则何以服学古者之心！无以服其心，而又坚其说以告人曰：'千变万化，不出古人！'问其所谓古人，则又向之极肤极狭极熟者也！世真不知有古人矣！惺与谭子元春忧之，内省诸心，不敢先有所谓学古不学古者，而第求古人真诗所在；察访者求者之几于其幽情单绪①，孤行静寄于喧杂之中，而乃以其虚怀定力，独行冥游于寥廓之外；一逢一获；不敢谓吾之说，非即向者'千变万化，不出古人'之说；而特不敢以肤者狭者熟者塞之也！"又尝与蔡敬夫书，一再阐明所以，谓："家居与谭生元春深览古人，得其精神，选定古今诗，曰《诗归》，稍有评注，计三易稿，最后则惺手抄之。灯烛笔墨之下，虽古人未免听命，鬼泣于幽；谭郎或不能以其私为古人请命也！此虽选古人诗，实自著一书，曰《诗归》，使其耳目志气归于此耳；其一片婆心，时下转语；至直黜杨炯，一字不录；而《滕王阁》、《长安古意》、《帝京篇》、《代悲白头翁》、初盛应制七言律《大明宫唱和》、李之《清平调》、杜之《秋兴》等作，多置孙山外，实有一段极核极平之论，足以服其心。恨《诗破》一卷未成，不能录与公正之！"则是惺以"诗破"明"诗归"所以去取之意；而惺之于《诗归》，矜诩所见，屡见本集《与蔡敬夫书》；岂乡人托名之所为！《题库存目》亦不以乡人托名之说为然；而不明引本集以折之，乃曰："观二人所作，其门径之过如是"，作想当然之词；意当日未采购得本集，而为所不见也。谭元春《诗归序》，亦见元春《鹄湾文草》，明所以与惺任事之指，

① "察访者求者之几于其幽情单绪"，《隐秀轩集》（天启二年本）作"察其幽情单绪"。而下文"一逢一获"作"访者之几于一逢，求者之幸于一获，八者之欣于一至"。

而言："古人大矣，往印之辄合，遍散之各足。人咸以其所爱之格，所便之调，所易就之字句，得其滞者、熟者、木者、陋者，曰我学古人，自以为理长味深。夫滞熟木陋，古人以此数者收混沌之气；今人以此数者丧精神之原；而甚至以代所得名之一人，与一时同得名之数人，及人所得名之篇，与篇所得名之句，坚守庄诵，不过曰古今人自有笃论。夫人有孤怀，有孤诣，其名必孤行于古今之间，不肯遍满寥廓；而世有一二赏心之人，独为之咨嗟旁皇者，此诗品也。譬如狼烟之上虚空，袅袅然一线耳；风摇之，时散时聚，时断时续；而风定烟接之时，卒以此乱星月而吹四远。彼号为大家者，终其身无异词，终其古无异词；反以此失独坐静观者之心，所失岂但倍也哉！今为是选，不徇名；凡素所得名之人，与素所得名之诗，或有不能违心而例收者；因而代获无名之人，人收无名之篇，若今日始新出于纸，而从此诵之，将千万口！"意与序相发，而要其归于"代获无名之人，人收无名之篇"，"孤怀孤诣"，"咨嗟旁皇"，以避熟就生为生今反古，幽情隽语耳目一新；此所以异军□□特起，诗坛为之夺帜也！

七

惺以诗得名，亦以诗得谤；而罕论及其文；其实惺之好学深思，致力于文者不浅！惺辑有《周文归》、《宋文归》各二十卷，亦见《四库存目》；点逗字句，标揭新隽，与论诗同一蹊径；而《周文归》删节《三礼》、《尔雅》、《三传》、《孔子家语》、《国语》、《楚辞》、《逸周书》诸书，撮新标奇，虽识堕小慧，而趣绝恒蹊！又抄裴松之《三国志注》，刘孝标《世说新语注》，郦道元《水经注》，合为一书，谓："注之为言，依于其所注者也；故离乎其所注者而不能为书。离乎其所注者而犹能为书，盖注者之精神，有能自立于所注者之中，而又游乎其外者也；三注是也。"（见集中《三注抄序》）又选苏东坡文为一书，谓："有东坡文而战国之文可废！战国之言，非纵横，则名法；于先王之仁义道德、礼乐刑政无当焉；而其文终古不可废者，以其雄博高逸之气，纡回峭拔之情，常存于天地之间也。使战国人舍其所为纵横、名、法，而以为仁义道德，礼乐刑政之言；则其心手不相习，志气不相随，必不能如是雄博，如是纡回峭拔，以成其为战国之文；故文之存，理之亡也！夫必亡理而后存文；则是理者，词之祟，而文之贼也；岂有是哉！今且有文如此，能持其雄博高逸之气，纡回峭拔之情，以出入于仁义道德，礼乐刑政之中，体屡迁而物多姿；则吾必舍战国之文从之；其惟东坡乎！今之选东坡文者，漫以趣之一字尽之！夫文之于趣，无之而无之者也；譬之人，趣其所以生也，趣死则死。人之能知觉运动以生者，趣所为也；能知觉运动以生，而为圣贤，为豪杰者，非尽趣所为也；故趣者，止于其足以生而已！今取其止于足以生者，以尽东坡之文；可乎哉！"（见《东坡文选序》）袁宏道以趣学东坡之文，尚是人云亦云；而惺则不以趣尽东坡之文，可谓只眼别具！惺尤诵说黄山谷题跋，摘录其语，谓："题跋之文，今人但以游戏小语了之。不知古人文章，无众寡小大，其精神本领则一！看山谷题跋，其胸中全副本领，全副精神，借一人一事发之；落笔极深极厚极广，而于所题之一人一事一物，其意义未尝不合，所以为妙！"（见《黄山谷题跋语记》）可以想见功力所注。而诵其文，纡回峭拔，工议论，擅写景；议论以辨折往复尽意，渊源苏东坡；写景以细碎描写穷妍，脱胎郦道元；然有遒笔而无雄篇，有深论而乏远韵；词好尽而格则窘，则才限之也；然惺未尝不自知，观其《与谭友夏书》，谓："奇俊辨博，自是文之一种；以施之书牍、题跋、语林、说部，当是本色；至于鸿裁大篇，深重典雅，又当别论。正恐口头笔端，机锋圆熟，渐有千篇一律之意；如子瞻所称'斥卤之地，弥望黄茅白苇'，此患最不易疗！又文字一篇中，佳事佳语，必欲一一使尽；亦是一病，不为大家！"

综观惺文，正病千篇一律而好尽为累；大篇而乏鸿裁，奇俊而不辨博；深重典雅，更非所论；有纡回峭拔之致，无雄博高逸之气！而题跋之文，寂寥短章，情韵欲流，转耐咀味！

尺牍为《中郎集》各体之胜；而题跋则为《隐秀集》各体之胜，随事曲注，如不经意；而抒写抱负，体验人情，薄物细故之中，无不有至理妙道；惺纪山谷题跋，所谓“胸中全副本领，全副精神，借一人一事发之”者也。至论史之作，借题发挥，上下古今，推本人情，深得《东坡志林》、龙川《酌古》之意，而不为迂远难行之论！惺之题跋，妙能窄题宽做；而惺之论史，尤难深人浅语；未说破，则人人意之所无；而一说破，则人人情之所同；如太公、苏秦、留侯、陆贾、卜式、货殖诸论，余尤喜诵之！

八

惺之诗文，以孤冷出生新；而性行似之，贞介绝俗，以其不为一世人所可，而遂为一世人所奇；动而得谤，名亦随之！谭元春志其墓曰：“性深静如一泓定水；披其帷，如含冰霜；不与世俗人交接；或时对面同坐起，若无睹者！仕宦邀饮，无酬酢主宾，如不相属；人以是多忌之！而专积思于书史；斋头亦致法书名画，瓶几布设；不数日，阅翻功深，尘堆砚表，卷帷正倒参差；尝从尘砚中磨墨一方，头眼入于纸笔，作书生家纸格细字；居官垂老，无一日闲；潜思遐览，深入超出。及其改官南京时，僦秦淮一水阁，闭门读史，笔其所见，题曰《史怀》；孤衷静影，秦淮歌管，如不闻睹。每游人午夜棹回，曲倦酒尽，两岸寂寂；而犹有一灯荧然，守笔墨不收者；窥窗视之，则嗒然退谷也！”退谷者，惺之别署。然惺之严冷绝人事，非不晓世故，乃深晓世故，欲以自全于人外，困心横虑，观其为《简远堂近诗序》曰：“性孑而习昵，则违心；意僻而貌就，则漫世；初偕而中疏，则变素；恒亲而时乖，则示隙；违心谩世，薄道也；变素示隙，忌媒也。索居自全，挫名用晦，可以适己，可以行世！”及序《潘无隐集》，则更申言冷之所以，谓：“坐通都大邑，听四方之士来见；见者无人而不妙也；人无言而不妙也；举士所以求见，与吾所以见之意，俱不出于名；而士或不能尽其才；今之所谓热者，如是而已！予则不敢；然其迹似欲以①吾之说绸其才，而夺其所以致名之具；士滋不悦！又不能违心以悦人；以故吾于士宁有所不见；见者宁有所不言；甘为冷，为不可近而不悔者，不欲逐天下瞰名之人，驱而纳诸好好佳作之中者也！”与熊极峰书，则尤推论读书之所以，谓：“交情二字，只可于作秀才及退居林下时，以之责人；若仕宦得失之际，卖友求官，此亦理势之常；一一责而怨之，非惟待人不胜其刻，即居心亦苦矣！士大夫君臣朋友之际，处之未善，大半生于不读书！弟自《左》、《国》起，迄于宋元，因事立论，名曰《史怀》，取谢康乐怀抱观古今之意也。”余读《史怀》，陈古以监今，推本人情，欲寓用于藏；如《论留侯》，谓：“一生作用，著著在事外，步步在人先；其学问操纵，全在用人而不自用。”《论陆贾》，谓：“买田分金，饮食歌舞，藏身袖手于乐生娱老之中；诛吕安刘，调和将相，盖诸将相图功食报之终，乃为贾奋身揆策之始；意不能无所为，而又不欲为诸相之所已为。其有所不为也，不独养其纯气，留其全力以标其独能而已；抑亦置其身于诸将相之外，使汉不得有所加以为自全之地。而其起而有为也，则时必择其可，功必复其成，深心妙用，不出杯杓筐箧之内，而已默制诸吕之命；布局宽而当机紧，用力轻而取道捷；功归平、勃，而己不与。”设身处地，意以自况；人以“为”见作用，而惺欲以“不为”见作用；避所短而不犯，成其异以出众；此其所以动而得谤，名亦随之；高标远韵，令人可望而不可即；不搂世故，而世故亦莫能搂；以孤冷成自在，虽为俗人言也！然惺乃以俗人之难为言而神明之以妙其用；老子曰：“知我者希，则我贵矣！”夫惟为人严冷不喜接俗客，故得谢人事以肆力于文章；亦以为人孤冷不喜骛声气，而获免党祸以不及于宠

① “以”字原脱，今据《隐秀轩集》补。

辱！当时以大行拟科，为东林党人所挤，志节不舒，而不肯赶热，署其轩曰“隐秀”，其诗文，其学行，皆主之！而以官为隐，以读书为官；其胸襟近隘，其意念独深；其人其品，实不可及！而诵其①诗文，于师友骨肉存亡之际，挚情苦语，令人悱恻，则又未可以冷字抹杀！此太史公所以叹“人固不易知，知人亦未易也”！

九

《四库存目》著录谭元春集两本：一《岳归堂集》十卷，专收诗篇。一《谭友夏合集》二十三卷。余所藏者，为二十三卷合集本；一卷至五卷，为岳归堂新诗；六卷至十四卷，为《鹄湾文草》；十五卷至二十三卷，为岳归堂已刻诗选；乃明苏州张泽合元春诗文而刻；每篇有评，刻意放元春语；序称：“十年以来，摩挲既久，精神所注，点勘不休；遂觉前日之所解，今日辄不能解；今日之所好，又非往日之所好；青黄屡易，阐别弥远。私心诵言，冀一语两语似谭子；使亲见谭子，进我于道；而又素耻未同之言，恐为其所羞拒；读其书，想见其人，客有自竟陵来者，辄询其起居何似；欣然以为乐！”亦可谓好有偏至；尾署“癸酉初秋，古吴张泽题于旨斋”；癸酉为崇祯六年；张泽行事无可考，而冥心孤往，亦畸人也，然而序谓：“客携谭子《岳归堂新诗》及《鹄湾文草》至，急取②读之；灵深之气，响答高广；质深之云，风发峻远！”翻籀合集，实为借誉！笔梗而才涩，何来“风发峻远”！韵木而神索，几见“响答高广”！王、李不免枵响，而元春则多哑调！公安不免率语，而元春则更滞机！外静而中躁，句炼而格伤，好行小慧，不成大器；特以与钟惺同选《诗归》，避俗避熟，而值风气之欲变，遂以齐名而称钟谭！其实钟之用思，深而入幽，而元春则肤；钟之造语，瘦以

① 其，原与下文“知人亦未易”之“亦”字互易，今据《史记》乙正。
② 取，原作“敢”，形近而误，今据《谭友夏合集》改。

出韵，而元春则木；毫厘千里，不可不察！

元春序《诗归》，有“灵迴朴润”之语；然而谭何容易！观元春所作，力湔浮藻非不欲朴；然而槎枒，则未尝润！故弄机锋，似乎能灵；然而晦盲，抑何能迴！特功力虽未至，而议论颇入妙！如《自题简远堂诗》曰：“诗文之道，大患有二：朴者无味，灵者有痕。故有志者，常精心于二者之间，而验其候以为浅深；必一句之灵，能回一篇之运；一篇之朴，能养一句之神；乃为善作！古人一语之妙，而常借前后左右宽裕[①]朴拙之气，使人无可喜而忽喜焉；如心居内，目居外，神光一寸，其余皆皮肉肤毛也；若满身皆心，心外皆目，人乃大不祥矣！然前后左右，所以藏此语者，亦必如古人之宽朴！予进而求诸灵者十年，退而求诸朴者七八年，于所谓灵与朴者终不合！”究其不合之所以，正以不免一患，“朴者无味”，“灵而有痕”；自称“进而求诸灵者十年”，而前后左右，所以藏此一语之灵，未能如古人之[②]宽朴，所以有痕而歉浑！然大篇宽幅尽有，而苦无大力控抟；冗伤絮语，简无余韵，所以瘦硬而无神也！至于《奏记蔡清宪公》，谓：“伯敬诗，春所不如；然而有一进步焉！元气浑沌以上语，正宜厚其气而泯其迹[③]。‘之’、‘而’、‘于’以诸虚字，还宜用则择，而多则舍[④]。”其论是矣。然而《元冬》之诗，余正病其气之孤迥而未厚，其迹之口崭口未泯！之而于以诸虚字，难视伯敬为检择；而进于元气浑图以驾伯敬，则未也！观其《题伯敬诗集》曰：“人见祇成数卷诗，我见镕裁成光彩！岁岁顾影步步入，取次观之浅深在。岭秀潭空云未作，静者独居百花落。有闻无声肃肃如，惟恬惟澹涵其博！于古不背今不袭，升沈其外中而立！古人变化真难穷，内有

---

① 裕，原作“格”，今据《谭友夏合集》改。
② 之，原作“乙”，形近而误，今据文意改。
③ “迹”字原阙，今据《谭友夏合集》补。
④ “还宜用则择而多则舍”，原作“还宜多则择而用则舍”，“用”与“多”互易，今据《谭友夏合集》改。

浮焰人误拾！与子劝戒非一端，如子深究者实难！”① 其识议非不超：然元春诗澹而性未恬，语仄而趣不博，神气索莫，何之焰可浮乎！只缘蕴于中不厚，所以形于外者以仄以瘠！然而荒寒萧瑟，清音独远，亦时足以涤尘襟，发遐思！

十

元春之文，亦不出空旷孤迥之一境，而特工于记游写景，抑亦有由！观其刻《水经注批点序》曰：“自《水经》有注，而桑氏书遂真为经矣！注行而孤吟遥想之夫，若有所恃以自证其山水之好；端坐深读，若奇卉佳木，森森磕磕，丽我瞻瞩；又若塔庙碑版，光我目，苍我思；有高人真僧，迢迢待我，可举足提杖而一往也！闻一名家前辈，岁辄一阅，深叹其勤，求其书观之，笔如槁木，无复冥奥；似为考核记丑而已！私语亡友钟子曰：‘如是，则是书亦可不著也！’余之所得于郦注者，自空蒙萧瑟之外，真无一物！而独喜善长读万卷书，行尽天下山水，囚捉幽异，掬弄光彩，归一绪以力致其空蒙萧瑟之情于世；而世之人，犹执考核记丑以求之，不幸而与类书同功！呜呼！则是书亦可不著也！”然而吾见今之世，固有称为巨子，学农不能执耒相，学文又不操毛锥，而欺世盗名，挟桑经郦注，袭乡先生之唾余，以自矜考核记丑者，此诚不足当元春一笑！而元春，则以用功郦注者深，所以囚捉幽异，掬弄光彩，记游写景以致力于空蒙萧瑟，时得其似。所惜笔如槁木，苦心造语，而才不相副，有隽语而无遒笔，所以幽情秀韵，细碎不成片段！然名章迥句，处处间起；会稽李慈铭莼客摘录入《越缦堂日记》。

竟陵之起，本以不歉于公安；而元春为《袁中郎先生续集序》，颇

① “成数”二字，“肃肃如”、“如子深究者”二“如”字原并阙，今据《岳归堂合集》补。

能穷其变以观其通，究极利病；谓：“公安袁述之行其先中郎续集而属余序。察公之用心，其议不待人发，而其才不难自变；其识已看定天下所必趋之壑，而其力已暗割从来所自快之情！余因思古今真文人，何处不自信，亦何尝不自悔！当众波同泻，万家一习之时，而我独有所见；而我独有所见，虽雄裁辨口摇之，不能夺其所信！至于众为我转，我更觉进；举世方竞写喧传其文，而真文人灵机自检，已遁之悔中矣！此不可与钝根浮器人言也！往公之哭江进之也，有‘悔其诗文妙理，生前未商’语；后《寄黄萍倩札》，有悔其‘《瓶花》诗文，俱有痕迹’语。夫公之妙于悔，何待公言哉！细心读《破砚集》，又似悔《潇碧》矣！细心读《嵩华游稿》，又似悔《破砚》矣！今察公续稿，其文章中卓大而坚实者，又似为古今人下一悔脚也！”意有未尽，而答袁述之书，谓：“传世者之精神，其佳妙者原不能定为何处，在后人各以心目合之。而若其所不足，人常指为疵类者；夫安知后世之传，不即在此；而又安知古人所以坚取后世名者，不明留此一段以发其所议，而因以传其佳妙耶！无论古人之深远①，与君家先生之灵奇，必有出于此者；即济南诸公，自有所以开人之议，与以议而留天下后世之名，夫岂苟也乎哉！此不实致力于文事，不回旋于古今之变；决不知有谀人人益卑，谤佛佛益尊之权理也！”开拓万古心胸，议论独抒，可谓发人未发！然而世固有一凡人誉之，则自以为有余；一凡人阻之，则自以为不足者；恨其不闻元春此论也！

袁中郎诗文，一以东坡为宗；然钟谭亦不废东坡，钟惺既有以《东坡文选》；而元春则选东坡诗而序之，谓：“东坡之诗，则其文之委也；文中所不用者，诗有时乎或用；文中所有余于味者，或有时不足于诗。盖尝为之说曰：文如万斛泉，不择地而出；诗如泉源焉，出择地矣！文行乎不得不行，止乎不得不止；诗则行之时即止；虽止矣，其行未已也！文了然于心，又了然于手口；诗则了然于心，犹不敢了然于口；了

① 深远，原作“深处”，今据《谭友夏合集》及文意改。

然于口，犹不敢了然于手也！请以是而求东坡之诗文，庶几焉！”此其论诗与文之别；亦复会心不远！中郎论东坡诗，能尽其妙；而元春则能发其病；所贵好学深思，心知其意也！

十一

聊城陈子翰先生，名邦屏；读《江汉炳灵诗文谈》，颇不以余为剌谬，贻书见逮；而以余论列公安。谓宗道《白苏斋集》未见，乃以在成都所购《袁伯修全集》寄赠；且引“诗书同骨肉”之语，要以必受。余疏懒多病，杜门罕接，而声气之应，北极陇右，南尽粤海，往往文章赏□[①]，不远千里；而今客授江汉，又得子翰，亦不落莫矣；重负其意，亟尽日之力读之。其集卷一之六，古今体诗；卷七之八，书阁文；卷九之十，序；卷十一之十二，志状；卷十三，祭文；卷十四，游记；卷十五之十六，笺牍；卷十七之十九，说馆；卷二十之二十二，杂说；共二十二卷。《袁中郎集》尚[②]见《四库存目》；而《袁伯修全集》，则并《存目》不收！集中论文上下两篇，昌言排何李王李之模拟，而自称“少时喜读沧溟、凤洲二先生集”。所以其文，未能自拔，犹仍王李之庸缚肤滥，罕如东坡之新鲜矫警！《推论谢安矫情》一篇，别有会心，借题发挥，旁证曲喻，极似《东坡志林·论史》；而特以辨折出明快，深切喜往复，词笔亦复相类。《毛颖》、《陈玄》、《石泓楮》诸传，本韩愈《毛颖传》而恢廓之，持抒以明净，随物敷形，神情傅合，亦得苏意。他未能称也！然宗道之文，未臻东坡之新鲜矫警；而宗道之诗，颇造香山之恬适清旷；特未能如香山之逸趣横生，穷笔势之所之！又于恬适清旷之中，时露萧瑟怅惘之意，亟亟顾影；言为心声，年不中寿；未能如香山之大年享乐，亦征之于诗什也！

---

① 阙字疑为“会”。

② “尚”字上原衍一“溟”字，系下文“沧溟、凤洲”之原阙文“溟”窜入，今删。

宗道，字伯修。与弟宏道、中道，咸以文章称于当世，号“公安三袁”。而宏道最有名，宗道最先起。宏道学问之以禅参儒，文章之以今废古，途径别用，不必以词翰石[①]名理，不必以名理碍性宗；又不必以词翰名理规规上合乎秦汉唐宋；而独往独来，本之性情，情契真，真生新；思澜言泉，无不渊源宗道。特宗道明而未融，而宏道则力破余地以推勘尽致，所以宗道难为兄也！

余读宗道论文上下，谓：口舌代心，文章又代口舌，展转隔碍，虽写得畅显，已恐不如口舌矣；况能如心之所存乎？故孔子论文，曰：“辞达而已！”唐虞三代之文，无不达者；今人读之，不通晓，辄谓古文奇奥。夫时有古今，语言亦有古今；今人所诧谓奇字奥句，安知非古之街谈巷语耶！《方言》谓楚人称知曰党，称慧曰享，称跳曰蹶，称取曰挺。余生长楚地，未闻此言；今语异古，此亦一证。《史记》五帝三王纪，改古语从今字者甚多：畴改为谁，俾为使，格奸为至奸，厥田、厥赋为其田、其赋，不可胜记。空同不知，篇篇模拟，摘古字句入己著作！古人之文，专期于达；而今人之文，专期于不达；而又号于人曰：引古词，传今事，谓之属文。然则二典三谟，非天下至文，而前无古人引果何代之词乎！少时喜读沧溟、凤洲二先生集。沧溟《赠王序》，谓：“视古修词，宁失诸理！”夫孔子所云[②]“辞达”者，正达此理耳！无论典、谟、语、孟；即诸子百氏，谁非谈理者？皆理充于腹而文随之；何所见而赖古人失理耶！凤洲《赠李序》曰：“六经固理薮，已尽，不复措语矣！”沧溟强赖古人无理；而凤洲则不许今人有理！然其病根，则不在模拟而在无识！使胸中焯有所见，理充词沛；将墨不暇研，笔不暇挥，兔起鹘落，犹恐或逸；何有闲力暇唇，引用古人词句耶！诚能从学生理，从理生文；虽驱之使模，不可得矣！

李空同之为辞必拟于古；而宗道则以辞必达于今，古之拟，则辞

① “石”当作“碍”。
② “云”字原脱，今据《白苏斋类集》补。

不达。李沧溟、王凤洲以为文惟修其辞；而宗道则以文必达于理，理之失，则言无本。而要归于“从学生理，从理生文”。使胸中焯有所见，理充词沛，将墨不暇研，笔不暇挥，兔起鹘落，犹恐或逸；何有闲力暇唇，引用古人词句耶！此宗道论文之所以贵达也。古人之文，惟东坡为能达。而王鱼洲晚年乃以学东坡为宗道所称；集中《答陶石篑书》，称：“套洲才却大；晚年撰造，全效坡公！”或诧其说。往年余假唐蔚芝先生所藏《读书后》八卷，读一过；其中议论，往往驳难东坡；而往复深切，乃如东坡文字，不复摹秦仿汉，明快且驾宗道而上之。乃知绚烂之极，而归平淡，殆文境穷变之必然，作者亦不自主也！

十二

余不能饮，而闻善饮者言：“酒品，辣为贵，苦次之，而甜为下。”诗文亦然。楚辞，文章之祖，然而香草美人，独多苦语。白香山之诗，欧阳永叔之文，春容恬适，读之，神愉体轻；可谓甜矣；然其至处，语挚情深，往往有在怅惘不甘中者；则其耐人咀味，转不在甜而在苦！尝有人以交通某总长集见贻。余读之曰：“虽是当行而非出色！诗无茂意，公牍无辣气。”然而诗文之茂尚有，公牍之辣实罕！旷观古今，惟韩非之子、太史公之史为能辣，而其文中又有别。韩非操心虑危之意多，惨礉少恩，辣而意冷。太史公悲天悯人之情深，慷慨伤怀，辣而情热。继太史公而有作，宏识孤怀，不害为韩非之惨礉少恩，而独出之养太史公之悲天悯人，雄深雅健，辣而情热者，吾必推明宰相江陵张文忠公居正！

张居正，字叔太，号太岳；嘉靖二十六年进士，累官右春坊右谕德，侍穆宗裕邸讲。穆宗即位，入阁参政；受穆宗遗诏辅神宗，为首相者十年，相业独隆而受祸独酷；身死未几，削官籍产；诸子或死或戍；

久而论定，追谥文忠。所著《太岳集》四十六卷，为其子懋修所编；其门生沈鲤序其首，吕坤书其后，署万历壬子，则万历四十年也；内奏疏十三卷，书牍十五卷，文集十一卷，诗六卷，《女诫直解》一卷。《四库全书》收入《存目》，谓："文章本非所长！集中奏疏启札最多，皆在庙堂时论事之作，往往纵笔而成，未尝有所锻炼也！"其实诗文有茂意，公牍有辣气，兼能骈□[①]；以余所见明人文集，罕有居正之比！居正与太仓王世贞同举嘉靖二十六年进士。世贞盛扬何、李之波，而为后七子之首；其持论文必西汉，诗必盛唐。居正早以同年生过从议论，不无沾溉；此诗文之所以有茂意也！今诵其文，看似纵笔而书，而以肃括之笔，抒宏赡之唐，寓偶于奇，从容盛大，似欲追踪先汉，而不以□人自囿；《承天大志纪赞》，尤以摹班书，辙迹显然！《存目》乃谓"文章本非所长"，又曰"未尝有所锻炼"，似是而非；抑锻[②]亦寻声逐乡之谈已！诗亦辞气豪迈而风调清深，沨沨乎盛唐之遗；惟七言不如五言，而古体尤胜律体。五言古如《蒲生野塘中》曰："蒲生野塘中，其叶何离离！秋风不相惜，靡为泉下泥！四序代炎凉，光景日夕驰。荣悴不自保，倏忽谁能知！愚暗观目前，达人契真机。履霜知冰凝，见盛恒虑衰。种松勿负垣，植兰忽当逵！临市叹黄犬，但为后世嗤！"《暮宿田家》曰："暝投谷田港，野日沈荒岗。行子昧所之，假息墟里旁。野老喜客到，开门下严装。坐我茅檐下，饭我新炊粱。儿童四五辈，趋走行壶浆。答竹有余粒，旁舍绕丛篁。攘袂再三起，向我夸耕桑。体貌虽村愚，言语多慨慷！世儒贵苛礼，文缚意则凉！太羹不俟和，素质本无章。感此薄流俗，侧想歌黄唐！"余尤喜诵之；爱其振采克鲜，自然遒亮，取径陈子昂、李太白以追魏晋，跌宕昭彰，固不徒肤袭盛唐以骖随前后七子也！

① "骈"下疑阙一"偶"字。
② "锻"字当衍。

十三

《太岳集》诗文之有茂意，固未易几；然而余所拳拳服膺者，尤在《太岳集》之书牍有辣气！浮议党论，一扫而空；如《秦穆宗论振纪纲》曰：“近年以来，纪纲不肃；上下姑息，委曲迁就。法之所加，惟在微贱；而强梗者，虽坏法干纪而莫之谁何！礼之所及，惟在朝廷；而为下者或越理犯分而恬不知畏！人情习玩已久，稍一振之，必曰拂人之情；又诋务为操切。夫徇情之与顺情，名虽同而实则异。振作之与操切，事若近而用则殊。盖顺情者，因人情之所同欲者而施之；《大学》所谓‘民之所好好之，民之所恶恶之’也；若徇情则不顾理之是非，事之可否，而惟人情之是便而已！振作者，谓整齐严肃，悬法以示民而使之不敢犯；孔子所谓‘道之以德，齐之以礼’也；若操切则严刑峻法，虐使其民而已！故情可顺而不可徇，法宜严而不宜猛。”《答应天巡抚宋阳山论均粮足民》曰：“贿政之弊易治，姑息之弊难治！何也？政之贿，惟惩食而已，倚法为私，割上肥己！夫民之乱，咸以贪吏剥[①]下而上不加恤；豪强兼并而民贫失所故也！今为侵欺隐占者，权豪也，非细民也！而吾法之所施者，奸人也，非良民也！夫吏之被讦也，以虐政毒民；然茹其毒者，恒不能讦吏；而讦吏者，皆武断乡曲，素不畏官法者也。盗之起也，以迫于饥寒；然饥寒者，不能为盗；而为盗者，皆探丸亡命，喜乱好斗者也！”《答应天巡抚胡雅斋》曰：“吴中赋役不均，豪右挠法；一旦骤绳以法，人遂不堪！虽然，此吴人之福，而彼不知也！夫富者，怨之府；利者，祸之胎；而人所以能守其富而莫之敢攘者，恃有国家之法故耳！彼不以法自检，乃怙其富势而放利以敛怨；则人亦不畏公法而挟怨以逞忿；是人也，在治世，则正法之所不囿；在乱世，则大盗之所先窥；乌能长有其富乎！”《答苏松巡按曾士楚》曰：

① “剥”字原阙，今据《明文在》补。

“嘉靖间，周如斗巡按苏松，博流俗之誉，将应征钱粮，概请停免；士民悦之，为建生祠；奏留再历，遂超陟①苏松巡抚；至是钱粮征发，经费所系；不复宽停。吴人大怒，毁其生祠！向之颂美，转而怨恩！盖骊虞之术易穷，众庶之情难厌也！人情叵测，众庶难调；惟一以大公至正行之，乃得无咎无誉耳！”《答宪长周友三论弭盗》曰：“荀子之不欲，虽赏之不窃，此孔子箴鲁之失政。若谓徒不欲可以弭之，无是理也。夫人之可以纵情恣意而无不得者，莫逾于为盗！而秉耒持锄，力田疾作，束缚以礼法，世之所至苦也；安于其所至苦，无所惧而不为非者，惟夷、由、曾、史为然！今不曰‘吾严刑明法之可以制欲禁奸也’；而徒以不欲率之，使民皆释其所乐而从其所至苦，是关下皆夷、由、曾、史而后可也！”《答南司成屠平石论学风》曰：“公好谭理学，雅称同志！独仆亦尝周旋其间，听其议论；而窥其微处，则皆以聚党贾誉，行径捷举，所称道德之说，虚而无当；庄子所谓‘其嗑言者若哇’！而其徒侣众盛，异趋为事；大者摇撼朝廷，爽乱名实；小者匿蔽丑秽，趋利逃名！”急言竭论，欲以拨乱而反之正；几乎一鞭一条痕，一掴一掌血，可谓辣手铸文章；然庸众喜于委徇，奸宄惮其精核，召闹取怒，遂集天下之大谤，而一切不顾。《答南学院李公》曰：“浮言私议，人情不免！虽然，不容何病；不容然后见君子！不谷弃家忘躯，以徇国家之急，议者犹或非之；然不谷持之愈力，少有建立；毁誉关头，若打不破。天下事无一可为者！”《答奉常陆五台》曰：“仆一念为国家，为士大夫之心，自省肫或专一；其作用处，或有不合于流俗者！仆尝有言：‘使吾为剑子手，吾亦不离法场而证菩提！’”《答吴尧山》曰：“二十年前，曾有一宏愿，以其身为蓐荐，使人寝处其上，溲溺之，垢秽之，吾无间焉！此固吴子所知！有欲割取吾耳鼻，我亦欢喜施与，况诋毁之乎！”其自任以天下之重，诚足使懦夫有立志！顾《存目》谓：“文章本非所长，集中奏疏启札，往往纵笔而成；未尝锻炼。”而吾诵其文，肆笔出

① “陟”字原脱，今据《张太岳先生文集》补。

之，公诚之意，形于文墨；而华实相扶，自然弘壮，无奇谲之词，无藻绘之色；无柔曼之容，无暴慢之琴；转非文士之寻章摘句可及；天下文章，孰大乎是！

十四

居正为治，循名核实，不惟以绳人，而亦以裁己，引绳切墨，曾不少假；大公无我，所以为难！观其《上神宗辞恩命疏》曰："臣忝为大臣，即不能树德养望，挽回师济之风；亦宜思砥行矜名，恪守廉隅之节。若靦颜滥冒，不知止足；则瘝素之罪，臣实尸之；贪进之戒，臣先犯之！"《答两广总督刘凝齐论严取与》曰："不谷当事以来，私宅不见一客，非公事不通私书，门巷阒然，殆如僧舍；虽亲戚故旧交际常礼，一切屏绝；此四方之人所共见闻，非矫伪也！屡拟严旨奖廉抑贪，欲庶几以身帅众，共成羔羊素丝之风，而终不可易！尸苞苴之使，未尝绝也！钻刺之门，未尝堪也！虽殡荼茹荤，徒自苦耳！"此以见政风之不易澄清，仕途之谬为容悦，殆以自古而然，不惟于今为甚！然居正风裁甚峻，乃至曾祖之表闾辞、父丧之转辞；而辞建坊，辞三事诏，无不引绳墨，切事情，明是非，侃侃而谈！观其《答楚按院陈燕野辞表闾》曰："先曾祖平生急难赈乏；使其有知，决不忍困吾乡中父老[①]以自炫其闾里！今岁楚中重苦垫溺；少省一分，则民受一分之赐；在寒门少此，无损纤毫！"《答荆州道府辞两院建坊》曰："往者察院建坊，仆[②]屡书止之；今闻汪凌二公又有此举；使仆疾首蹙额！敝郡连年水患，民不聊生；乃又重之以工役，使万姓睊睊口诅咒而心咨怨；将使仆为荣乎？辱乎？若欲给予折价，尤不敢当！家有薄田数亩，足为俯仰之资；仆又时时以禄人奉老亲，击鲜为宾客费；家不患贫。而诸公所缠，铢两

① "困吾乡中父老"，原作"困吾乡中"，今据《张太岳先生文集》及文意改。
② "仆"字原脱，今据《张太岳先生文集》补。

皆民膏也！”《答湖广巡按朱谨吾辞建亭》曰：“承示为不谷作三诏亭以彰天眷；日夜念之，是重困乡人，益吾不德也！吾平生学在师心；不但一旦之毁誉，不关于虑；即万世之是非，亦所不计也；况欲侈恩席宠以夸耀流俗乎！露台，百金之费，中人十家之产；汉文犹且惜之；况千金乎！当此岁饥民贫，一金可活一人，千金可活千人矣；何为举千人之命，弃之道旁；为官使往来游憩之所乎！且盛衰荣瘁，理之常也！时异势殊，陵谷迁变，高台顷，曲池[1]平，虽吾宅第，且不能守；何有于亭！数十年后，此不过十里铺前一接官亭耳，乌睹所谓三诏者乎！”《答诸官辞赙馈》曰：“承以孤辞禄守制，特捐俸以助不给。但孤受事以来，四方餔遗，无不力却；然一二相知，尚有量受；今则虽至相知，亦不敢受！孤今日暂留，但以受君父非常之恩，艰巨之托，不得不弃家捐躯以图报称；非有利于天下也。”故上不受公家之禄，下不通四方转遗；惟赤条条一身，光净净一心，以理国家之务，而不敢一毫自利；所谓或远或近，或去或不去，归洁其身而已！若独辞上禄以沽名，又受私馈以自润，内欺其心，外欺其主；孤不敢也！”情论理遣，盖严于取予如此！然神宗疑居正久专政，受馈遗，必多蓄也；及居正死，遣刑部右侍郎邱橓偕锦衣卫指挥籍其家。侍郎于慎行贻橓书曰：“江陵平生以法绳天下，而间结以恩；此其所入有限矣！彼以盖世之功自豪，而不甘为污鄙；而以传世之业期其子，又不使滥有交游。其所人又有限矣！若欲根究株连，称塞上命；恐全楚公私，重受其困！江陵太夫人在堂，八十老母；诸子书生，不涉世事；籍没之后必至流离落魄，可为酸楚！”橓不答，坐居正赃二百万；尽籍诸子兄弟产，不足载；则掠治诸子，口讽以诬所不快；且旁摭荆州大姓以为有寄匿。长子敬修《狱中报橓书》，谓：“先人当国十余年，赏赉之外无私入，赐第之外无别椽，海内共知，岂公同朝而有不知！”橓掠治益急。敬修自缢；卒不足额，而戍居正之弟居易及敬修诸弟于烟瘴地。至神宗末年，兵败政弛，国以陵替；而论

[1] 池，原作“也”，今据《张太岳先生文集》补。

者追思居正，连章讼言其有十大功于国；不省也！

十五

欲明居正之为政，必知居正之论治。居正推本历史，卑宋而尊秦，议论不主故常，以谓："天下大事，极则必变，变则反始。尧舜以前，其变不可胜穷已！历夏商至周而靡敝已极，天下日趋于多事。周，王道之穷也；其势必变而为秦，举前代之文制，一切铲除之，而独持之以法；此反始之会也。然秦不能有，而汉承之！西汉之治，简严近古，实赖秦为之驱除；而贡薛韦匡之流，乃犹取周文之糟粕，用之于元成衰敝之时；此不达世变者也。历汉唐至宋而文敝已甚，天下日趋于矫伪。宋，颓靡之极也；其势必变而为胡元，取先王之礼制，一举荡灭之，而独治之以简；此复古之会也。然元不能久，而本朝承之！国家之治，简严质朴，实藉元以为之驱除；而近时迂腐之流，乃犹祖晚宋之弊习，而妄议我祖宗之所建立；不识治理者也！"又曰："三代至秦，浑沌之再辟者也；其创制立法，至今守之以为利；史称其得圣人之威！使始皇有贤子！守其法而益振之；积至数十年，继宗世族，芟夷已尽；老师宿儒，闻见悉去；民之复起者，皆改心易虑以听上之令；即有刘项百辈，何能为哉！盖人心久则难变；法之行，不可虑始；即有不便于人者，彼久而习之，长而安焉！惜乎！扶苏仁懦，胡亥稚蒙，再传而蹙，此始皇之不幸也！假令扶苏不死，继立，必取始皇之法纷更之以复三代之旧；至于国势微弱，强宗复起，亦必乱亡！高皇帝以神武定天下，其治主于威强；前代烦文苛礼，乱政弊习，删削殆尽；又浑沌之再辟也！建文误用齐黄诸人，日取高皇帝约束纷更之，亦秦之扶苏也；建文不早自败，亦必亡国！"语见文集杂著。其实一张一弛，文武之道；積弛之后，必救以张，政治演变，无往不复；自古而然，于今为烈！自由之极，而争民施夺，纵欲长傲，人人自图私便！平等之极，而群龙无首，莫衷一是，人人予尝莫违！其弊为散漫，为颓靡，无力，为多议论，少成功！而极权政治，乃以集体效能，当王者贵，寖欲与之代兴；民主自由云乎哉！使居正生于今日，必且为之辞曰："法与美，民治之穷也，颓靡之极也；其势必变而为苏联，举民主自由之纷纭抢攘，烦文苛礼，一切铲除之，而独定之于口，齐之以政；此反始之会也！"然而众醉独醒，口无，吾前识！二十年前读严又陵先生《答熊纯如书》，谓："近者俄日革，而造成恐怖，由共和而流为过激；其宗旨行事，与百年前革命一派绝然不同；其人极惧平等自由之说，以为明日黄花，过时之物。世界方在法轮大转之秋，凡古人百年数百年之经过，至今可以十年尽之。盖时间无异空间。古人行程，数年而后达者，今人可以数日至也。二切学说法理，今日视为金科玉律，转眼已为蘧庐刍狗，成不可重陈之物；如平等、自由、民权诸义，百年以往，真如第二福音；乃至于今，其弊日见；不变计者，且有乱亡之祸！老夫年将七十，暮年观道，十八九与前不同。独吾辈托生东方，天赋以国；国者，其尊如君，其亲如父；今乃于垂老之日，目击危亡，挽救无术！又熟知世界大势，日见半开通少年，于醉梦中求浆乞酒，真使人蕲死不得！所绝对不敢信者，以中国之地形民实，可以共和存立；而求所以出此共和者，又断然无善术！中国之弱其原因不止一端；观其大患，在士习凡猥，而上无循名责实之政！齐之强以管仲，秦之起以商鞅，其他若申不害、李悝、吴起，降而诸葛武侯、王景略，唐之姚崇，明之张太岳，凡为强效，大抵皆任法者也。吾国人学术既不发达，而于公中之财人人皆有巧偷赢夺之私；如是而增国民负担，谁复甘之！草衣木食，潜谋革命，则痛哭流涕，譬政府为穷凶极恶；一旦窃柄自雄，则舍容色货利，别无所营；平日爱国主义，不知何往！以如是之国民，虽为强者奴隶；岂不幸哉！是故居今日而言救亡，惟申韩庶可用；除却综名核实，岂直他途可行！"呜呼！何其言之恫，而与居正如出二吻也！此吾所以抚《太岳集》而低回往复不能已也！

十六

明之丧也，扶衰起蹶，尚非不治，抑亦有人。江陵张文忠公居正，名相也；江夏熊襄愍公廷弼，名将也。一将一相，皆江汉间气所钟，质有其文，而皆不以功名终！居正尸骨未寒，夺官追赃，长子敬修以追赃不足额，自缢死。廷弼傅首九边，受戮尤惨，长子兆珪亦以悬脏无力缴，自刎死。然居正当国专政，尚得行其所志以延口绝之祚六十年；而廷弼御戎筹边，亦不得展所施，以完明垂破之辽于一日！居正明罚敕法，矫一世之枉，用劫著以勇于敢；而廷弼相敌观变，制万全之胜，不用劫著以勇于不敢。廷弼初以辽东经略被劾，回籍听勘，上疏言："年来庙堂议论，全不谙军中情实！前冬去春，敌以冰霜伏，关然言师老财匮，马上催战；及战败，始愀然不敢道战！比见臣收拾才定，而愀然者又复关然责战！窃谓一盘残局，败已至此，何可轻下劫著；如臣渐进渐逼之法，虽武侯复起，不易臣言！"

观其综事经物，细针密缕；与国正之大刀阔斧，计无反顾者异趣！然成败异变，功业相反，而不苟徇士大夫议论，以卒为士大夫议论所陷，二公者，则殊途而同归！一时引绳批根以陷二公于大戮者，舞文弄墨，皆人伦冠冕之清流雅望，乃至东林党人，亦与推刃焉！不创二公陷，即以陷明三百年之宗社，陷世世子孙之谓他人父，为胡虏臣妾以没世不复；然而意气所激，门户相轧，欲得甘心！其时御史江秉谦独极言："熊廷弼出万死不顾一生，收拾余烬，战守经年，其才识胆略有大过人者；使得安其位，展其雄抱，何至败坏若此！今逞臆者，宁坏朝廷之封疆，必不肯消胸中之畛域！宁甘心以辽阳与人，心不肯平气，以议论宽劳臣！"余读之，每为雪涕也！然而后之视今，项犹今之视昔！宋明以来，国已一亡再亡，神明华胄，已一再臣奴于非族；而引绳批根，士大夫之议论，必不肯少衰；徒滋纷纭，何补家国；彼苍者天，曷其有极！

《熊襄愍公集》十卷，中卷一之二巡按疏，卷三之四前经略疏，卷五后经略疏，卷六揭帖[1]，卷七书牍；卷八性气先生传、东事问答、□传，卷九杂文，卷十诗，附其子兆珪、兆壁诗文；乃前清嘉庆十八年癸酉，江夏徐文检署华所辑。先是乾隆朝，四库全书馆开，上谕旨："胜国去今尤近；至神宗以后诸臣奏疏，内有辽沈用兵，涉及本朝，若杨琏、左光斗、熊廷弼诸人，削切敷陈，殷鉴不远，尤关系明季之所以亡，与本朝之所以兴；触目惊心！着派诸皇子同总师傅蔡新为总裁；其皇孙皇曾孙之师傅翰林等，即著为纂修；校录进呈，候朕亲裁。书成即交武英殿刊刻，仍抄入《四库全书》，将此旨冠于简端。"而高宗御制《乐善堂文集》有《熊廷弼论》，且谓："明之晓军事者，当以熊廷弼为巨擘！彼其自坏长城，尚得谓之有人心，具天良者乎！"殄瘁之恫，出于见仇！然《熊襄愍公集》，《四库》不见著录，《存目》亦未收；岂亦如居正《太岳集》之以"集中奏疏启札最多，皆庙堂论事，纵笔而成"；而更置之不论不议之列耶！然则文章经国大业之谓何已！及徐文检搜辑成书，则录高宗纂录《明臣奏疏上谕》及御制《熊廷弼论》，与乾隆四十八年湖广总督舒常、湖北巡抚姚承烈查明熊廷弼五世孙泗先业儒一疏，加恩以训导之上谕及《明史·熊廷弼传》冠简端口卷目；而搜采《当日科道勘辩》诸疏，《法司谳疏》及《戮后科道阁臣申雪》诸疏，与明清诗文记载议论之涉熊廷弼者，为卷末以殿集后。张居正精能文事，而下笔若不经意；廷弼则无意作文，而措词特有扩气。两人者文格不同，而同于纵笔而成。特居正宏深肃括，其词严峻；而廷弼荡决恣肆，其意愤盈。

十七

廷弼起家进士，一按辽东，再任辽东经略。方清人初起，朝议多主急战，而廷弼独屡疏言："今人但知立论高奇，取效眉睫；臣之愚见，

① 揭帖，原作"揭牍"，涉下文"牍"字而误，今据《熊襄愍公集》改。

不为庸常所忽易，则为贤知所不屑，而不知事固有不费力而其功大者！夫前日之建人东有朝鲜，北有北关，南有辽开一带；仅仅东北一条走路；四围逼仄，无充拓之兵；山地出产，无富余之粮！使我清河、抚顺失事以后，而于兵粮凑集之时，中外当事者不急战，不催战；复清抚，守宽奠，而建城设将于柴河、靖安间，悉索重兵，互相犄角，渐逼而转蹙之；将使兵无日长，粮有日耗，犹可望渐次就范耳！自大军三路败没，而始得出人无常，掠尽屯堡，臣大飨士卒，佯示进攻，而畏不敢出！臣督兵马巡沈阳奉集，修城以逼；而建人亦惧，悉撤东边及老寨诸营，并新寨，合力防我，坐以待攻，情见势绌，而进攻辽阳，已绝口不道矣！诚使将勇且智，兵强且多，自当建大将旗鼓，整众直前。今兵将既未可以语此，便当寻一用懦、用庸、用弱、用少之法，以使之心有所持，力有所借。移沈奉及各路兵马六七万人，距抚顺五六十里，札三大营，卫以战车，环以木城，只相持而勿与战；然后别选精骑，分道出宽奠、清河，两路必无重兵相阻，可以长驱而前，深入绕袭以靡其势而乱其心。抚顺之相持，守其所不能攻；别道之来捣，攻其所不能守；攻守迭用，可坐而困也！年来台省建议，何尝有一效！地方事当听地方官为之；彼既处凶地，肩重担，自能区处停妥，干办紧急；何用拾帖括语徒乱人意！”朝论哗然！廷弼回籍听戡，而清人大入，沈阳、辽阳一时并陷！朝论又哗然，而亟起廷弼，再任经略；然卒不得行其志；身受大戮，而辽东亦亡！夫清之兴，由于得辽东；明之亡，由于失辽东；而辽东之得失，系于廷弼一人之用舍！使廷弼柄兵久任用，清人未遽能逞志，清高宗著论所为叹明人之长城自坏也！

十八

集中卷一之八，皆前后任辽东时之奏疏书牍，事昭而理辨，气盛而辞断，经事综物，文不雕饰。而丁宁周至，忠诚之心，形于文墨！其中

《除报羡余疏》、《议屯田修边疏》、《申明款议疏》、《敬陈战守大略疏》及《奉旨交代疏》，边情敌势，缕析指陈，委备而出以悬到，可以媲美西汉赵充国《屯田》诸疏；而雄肆之气，喷薄横出，则又过之！特其壮有骨鲠，不畏强御，气流墨中，声动简外，殆余所谓书牍有辣气者；而以姜桂性成，东林党人，亦不假借；召闹取怒，遂以杀身；死于封疆失陷，实死于口舌议论！余读湘阴郭筠仙先生《养知书屋文集》，每论“世之衰也，大抵营私利，负意气，惟意见之争，而于事理之当否，流弊之终极，竟一无考览；遇事有涉，陈说纷纭，每觉语言多而情事迂回！庄生谓‘此亦一是非，彼亦一是非’，其实匿情以自图私便！君子之行道也，必有以振厉天下之人心而使之服，柔和生人之气使之驯，而后不疑于所行！而自宋以来，尽人能文章，善议论；无论为君子，为小人，与其有知无知，皆能用其一隅之见，校论短长，攻剖是非。不能辨也，辨之愈力，攻之愈横！”余未尝不有慨乎其言！而廷弼性气峭直，不肯不辨，责任所在，不容不辨！呜呼！此廷弼之所以不免，而成明之所以亡！呜呼！议论多而成功少，此宋之所以亡也；覆辙相寻，而明仍焉！国不竞亦陵，必由多议论。法人擅议论，而屡覆于德。美人多议论，必不竞于苏；举棋不定，著著落后，授苏以隙，已见一端！廷弼疏言：“待我议论定，而敌兵已过河矣！”呜呼！无易由言！

十九

廷弼笔挟风霜，曾不自贷，广宁一陷而辽东全失，由于巡抚王化贞不受节制而为清人所乘。廷弼闻警，自将五千骑驰援；而化贞已弃广宁，与廷弼遇大凌河，大哭曰：“几不得见公！”廷弼笑曰：“公欲以六万众一举荡平，事竟何如？”化贞惭，议守宁远及前屯。廷弼曰：“嘻！毋及！惟护溃民入关耳！”乃以所将五千骑授化贞为殿，护溃民；而己则先驱抵山海关，下令溃军暂札关外，护百姓进毕，方许入关；入关，必先下马解刀，受约束，方许放进。军民帖然！既而得旨出关驻中前所。蓟辽总督王象乾固留守关，曰：“公一摇足，关必不守！”而化贞愿行。廷弼谓化贞曰：“吾两人今日听逮，为封疆受法而死；他日人知警畏，尚有死守封疆者；则死犹为有益！若明知出关之无济，以图缓死于一时；到底事坏必死，而又带去一山海关，致危神京以重其孽，则不如吾两人者连颈就逮！”先是廷弼上《封疆已失疏》曰：“律坐家长：臣虽节制不行，而名位在抚臣上；且宜从首论酬。知责报臣；虽兵马未预，而恩礼在抚臣上；又宜从首论。祖宗二百余年之疆土，沦弃于臣等之手；而致陵寝宫禁，皆震惊不得宁。河西数十万之生灵，播迁于臣等之手；而使父母妻儿不得保。兴言及此，万死不足赎也！又奚论是非曲直哉！”《贻阁部书》曰：“身为经略，使国家二百数十年疆土，自吾身而失之；敢不以身为朝廷受法！况近年边事国事，只缘人臣规避苟免，不肯受法；所以人人不知惊畏，外务说谎以欺君，内务扶同以误国，旁务乘机以报忿；不扪良心，不顾国宪，一任仇毒陷害，而卒以沦弃封疆，机隍宗社！今日之法，请先从弼始！使后来边臣知畏而不敢轻弃所守；廷臣知畏而不敢横生意见；则山海关其尚有死守之人哉！”及王象乾疏留廷弼守关以系人心；而廷弼则疏请速逮以正大法，谓：“为封疆而暂守者，一时之权宜也。为封疆而任咎者，万世之正法也；正法一坏，祸不可救！”披肝沥胆，纳身司败；则是身受显戮，缚首九边，天下后世以为冤，而廷弼固不自以为冤也！丈夫出身任事，功罪与天下人共见，而为国受恶，不受人怜；以视专城拥节，受口柄寄，而胜不相让，败则相诿者，猥琐龌龊，真不中作仆已！

二十

集中诗不多，而兴之所至，亦见抱负；如《题画》曰：“一卷石，数茎草。虽不多，劲得好！”《采石矶》曰：“江心一片石，独拄风涛久！有时触其怒，能作蛟龙吼！”不减曹公之古直。《园中秋夜感雨霁》曰：“半城红树下斜阳，尽入平塘弄晚光。天迥乍晴云细细，露寒初夜月苍苍。远山恍自空中出，野水偏迎雨后凉。徙倚朱晖看不尽，满园橘绿与橙黄！”《春雨东园杂咏》曰：“春寒病肺怯登台，溪午酣吟坐曲隈。避客却愁无客到，望书偏畏有书来。游鳞浑忘濠梁乐，猥羽空劳鹰隼猜！自是逐臣图苟活，敢云明主弃不才！”又曰：“人共愁霖倍寂寥，我何索处更逍遥！绝无来往人稀到，小有逢迎鹤见招。鱼喜水新争上跃，鸟欺枝软故低摇。息心聊作青松侣，塞耳那闻小麦谣！”亦有唐音之尔雅，而景中有人，言外寄意，怅惘不甘，耐人咀味！至《初任经略除夕感怀》曰：“孤灯霭中夕，我忧亦何忡！矧兹岁云暮，乃在辽海东！白日沈阴气，黑水蛰妖口！绵岩冒霜甲，盈野明宵烽！虚薄忝危障，偶与时会逢！覆沈谅难拾，残枰讵易工！已视秋鸿没，俄惊岁猎穷！边邮日告警，祸乱靡所终！如何中朝士，门户纷兴戎！豺狼夹辇立，戈矛谈笑中！哀哉同室斗，贾勇为谁雄！胡不轸国恤，协莽而和衷！念此不能寐，感慨伤心胸！寂历一开帷，寒星落高墉！看弓冷胡月，闻笳凄代风！展转亘长夜，放声欲一恸！岂不饮屠苏，愁颜宁复红！岂不荐辛盘，五肠结不通！常恐年岁驶，颓驭罔回踪！乘时一投袂，无为叹征蓬！”《再起经略过恨者关》曰：“两年关上路，三度病中过。衰为沙场早，愁缘世网多！逐臣甘粪土，举国误风波！涕泪三朝事，驰驱敢息它！”劳臣心事，忧国如见；然而言者谆谆，听之藐藐！“哀哉同室斗，贾勇为谁雄！”“逐臣甘粪土，举国误风波！”彼昏不知，误国自误，为敌驱除，天乎人乎！

（原刊于《武汉日报·文学副刊》，1948 年 10 月 14 日、21 日、28 日，11 月 4 日、11 日、18 日、25 日，12 月 2 日、9 日、16 日、23 日、30 日，1949 年 1 月 6 日、13 日、20 日、27 日，2 月 17 日、24 日，3 月 3 日、10 日）

华中高等师范学校历史博物馆赠品说明书

卷头语

家无长物，不过旧物故纸，以供标本研究。凡赠品二百一十一件，分十类，每类就所认识，而按时代以成系列，系以说明；一知半解，不足以言博物，更何足以表现中国历史之悠久；不过出其所藏，公诸同仁同学，聊竭区区以发动社会之文物教学而已！卑之无甚高论也！

文物教学之第一步，在认识。

据历史以认识文物，因文物以认识社会。

认识须能知类通达，而转认识以成知识；因一物之认识以推见同类，因此一类之认识以推见相互之他类，因所见而推所未见，观其会通，则必有待于辩证。

文物教学，须视之为考古学之演进，而不限于考古学。考古学，不过就一古物而考其来历，明其制作。至于文物教学，尤当注意于物物之相互，而观其生灭错综以应用唯物史观辩证；乃为好学深思、心知其意也！《易·系辞传》："物相杂，故曰文。""文"者，物之相互。曰"物"，可以认识尽；曰"文物"，则不能以认识尽，而必有待于辩证。

苟不能应用辩证以阐明物之相互，不能知文物。所以说明颇注意于物之相互，且因所见而及所不及也。

德国米海里司教授，以一九〇八年出版《美术考古学发见之一世纪》一书，注重历史之发展；吾人不能不从客观之分析入手，实事求是，缜密考证；然而吾人不可以忘全体，一编之中，三致意焉①。

钱基博

一九五二年十二月②

---

① 初稿本此段大异，曰："自惭孤陋，不足以当大方家之一吷；抛砖引玉，必有启予！"

② 初稿本作"六月"。

（甲）殷虚龟甲三件

一、龟甲三片

一大两小，大者纵径十三点七公分，横七点八公分；小者纵十公分，横五点五公分；每片刻词完，皆单行刻一“[illegible]①”，即贞字。贞，问也。《周礼·春官·太卜》：“凡国大贞，卜立君，卜大封。”注：“贞，问也。”其记甲子，曰“甲丁”，曰“甲巳”，曰“乙戊”，与后人不同。刘鹗《铁云藏龟》，有曰“乙子”，曰“己子”，曰“癸子”者，谓不经见。惟杨潜斋谓：“字新镵，仿制赝品。”聊备一格。甲骨者，清末光绪戊戌己亥间，河南安阳县西北五里之小屯洹水崖岸，为水啮而崩；得龟甲牛胫骨，镌古文字。上虞罗振玉考其地环洹水三周而居，即《史记·项羽本纪》所谓“洹水南，殷虚上”；因名所出曰“殷虚甲骨文”，谓殷商贞卜文字之遗也。丹徒刘鹗始搜藏之，而选拓文字，成《铁云藏龟》一书。其后瑞安孙怡让始据甲骨以研究《说文》；海宁王国维始据甲骨以补正《史记》；既而郭开贞据甲骨文以研究古代社会而著书；于是研究之范围，恢而益广以六通四辟矣！

（乙）旧玉二十六件

一、周武王之大璜

玉圆而中有孔曰璧；半璧曰璜，径二十公分；依吴大澄《古玉图考》周镇圭尺，得径一尺二寸；朱砂沁，作枣皮红，映日通明，已是旧玉脱胎；而刻作一鱼，矫尾掠首，跃如也！《史记·周本纪》载：武王伐纣，渡河，有白鱼跃入王舟；谓为受命之符，得璜而信；《古玉图考》言：“《周礼》大瑞，传世者惟璜最少，《礼记·明堂位》大璜；大璜乃礼神之

① 此为甲骨文“贞”字。

玉，与佩璜不同。”而《古玉图考》著录百余玉，沁色有黄，有黑，而绝无朱砂沁，竟体透红如此璜者；自来论旧玉者，莫审于陈性。陈性，字原心，江苏江阴人也。其父好搜藏旧玉；而性少小耳目濡染，尝客游湖北，往往贫不能举火，辄手一玉，彳亍于市，且行且抚摩之。道光壬午，回里省母。其母手一箧付之曰：“此汝父一生心力，易产所置，将留以待进呈者，皆三代物也！”性受而检之，得八十一玉，光怪陆离，五色具备，携之出游。其后秀水杜文澜，遇之武昌陈东屏座上，谈次，见其探背出一璜，大如碗，曰：“此周朝姜太公璜也！曾游晴川阁，堕三层楼，不死，以背有此璜，能轻身也，自是常负之，不须臾离！”文澜笑以为诞！然其璜著录吴大澄《古玉图考》，而性撰《玉纪》一书，其本家学而详论之，皆信而有征者；其说以谓：“玉有古今新旧之别。新玉，人皆知之；古玉，则以入土不入土为断；入土重出之玉，谓之旧玉。玉有九色：玄如澄水曰瑿（音兮）。蓝如靛青曰碧。青如鲜苔曰璕（音笔）。绿如翠羽曰瓐（音卢）。黄如蒸栗曰玵。赤如丹砂曰琼。紫如凝血曰璊（音门）。黑如墨光曰瑎（音谐）。白如割肪曰瑳。赤如斑花曰瑌（音奭）。此新玉古玉自然之本色也。至于旧玉则当分别外沁之色。所谓沁者，凡玉人土年久，则地中水银沁入玉里，相邻之松香、石灰以及各物有色者，皆随之浸淫于中；如下染缸，遇红，即沾红色；遇绿，即沾绿色；故入土重出之玉，无有不沾颜色者；若无水银沁入，虽邻入颜色，亦不能入玉中。有受黄土沁者，其色黄（色如蒸栗），名曰玵黄；若受松香沁者，色更深，复原时酷似蜜蜡，谓之老玵黄。有受靛青沁其色蓝（色如青天），名曰玵青；此青衣之色，传染沁入，有深浅不同；有深似蓝宝石者，谓之老玵青。有受石灰沁者，其色红（色如碧桃），名曰孩儿面；其复原时，酷似碧霞玺宝石。有受水银沁者，其色黑（色如乌金），名曰纯漆黑，此非地中之水银，乃古时殓尸之大堆水银沁入，方有此颜色。有受血沁者，其色赤，名曰枣皮红，如有浓淡之别，如南枣、北枣；此乃尸沁，非洁物也。有受铜沁者，其色绿（色如翠石），名曰鹦哥绿；则铜器入土年久，而青绿生；玉适与之相邻，为其传染沁入，复原时，似翠石而更娇润。此外杂色甚伙，有朱砂红、鸡血红、棕毛紫、茄皮紫、松花绿、白果绿、秋葵黄、老酒黄、鱼肚白、糙米白、虾子青、鼻涕青，以及雨过天青、澄潭水苍诸名色，受沁之源，难以深考，总名之曰十三彩。又有各种巧沁花色，如虾蟆皮、洒珠点、碎瓷文、牛毛文、唐斓斑等名。惟沈埋之日久，干老色枯；非经手盘，养以人气，不能鲜莹复活！然玉在土中，五百年，体松受沁；千年，质似石膏；二千年，形如朽骨；三千年，烂为石灰；六千年不出世，则烂为泥矣！如果三代以上旧玉，体已朽烂，其质松软，指枣亦能捣落，名曰老三代。若秦汉时旧玉，质地虽已烂软，玉性未尽，非刀不能削落。若晋魏六朝旧玉，质地未松，其性尚坚；偶有软硬相间者，系南土中出世之物也。至唐宋时旧玉，质地全在，坚硬如故，惟水银间有沁入玉中耳。所以三代以上旧玉，初出土时，不可骤盘，只可在手中抚摩，以其质地松软；最好藏于贴身著肉，常得人气养之；年余，玉气稍苏，谓之腊肉骨；又养一二年，玉稍复明，谓之腊肉皮；云骨，云皮，拟其状之相似也。养之年久，地涨自然透出，层厚一层，渐渐复硬，再挂再养，色浆亦自然徐徐铺满，还原十足，酷似宝石，非十余年不能成也！是为脱胎旧玉。脱胎云者，玉器埋土中三四千年，朽烂如石灰；出世，常得人气，养之复原；石性全去，但成精华，犹之仙者脱尽凡脱之意；其玉晶莹明洁，毫无渣滓瑕疵，似宝石而更含光纯粹，乃阴阳二气之精也，故称宝玉；此非亲历其境者不知！初出之土旧玉，质地未坚，倘有误碰损璺（音问），只要不落，即挂在贴身，常时养之，日久自能合拢。”

二、圭

圭亦作珪。《说文》：“珪，瑞玉也，上圆下方。以封诸侯，从重土。”此圭剡首而方邸，上博而下狭，高二六点五公分，依周镇圭尺，得一尺七寸；剡首下最宽七点七公分；邸最狭五点二公分。《尔雅·释器》："珪大尺二寸谓之玠。"此圭尤大于玠也；面隆背平，背雕[1]七星，而面则一龙从天如下，怒鬣垂胡，戏珠吸水，波涛腾涌，疑为祷旱玉之龙。《说文》："珑，祷旱玉，龙文。"《周礼·冬官·考工记》："画缋之事，……水以龙。"《吕氏春秋·召类》："以龙致雨。"用以祈雨，故龙文；而背雕七星者，七星，北斗，而背，则面之阴也。《史记·天官书》："北斗七星。"《春秋纬·运斗枢》曰："第一至第四为魁，第五至第七为杓，合为斗；居阴播阳，故称北斗。此七星之所以雕于背。""北"之为文，本从二人相背。《史记·鲁仲连传》："士无反北之心。""北"即背也，七星在圭雕于背，即以象征在天之位于北。《史记·天官书》："北方，水；太阴之精。"《易·丰·九四》："日中见斗。"象曰："日中见斗，幽不明也。"孔颖达疏："日中盛明，反而见斗；以譬当光大而居阴，是应明而反幽暗不明。"雨来之象也，故知其为祷旱玉之珑焉。《诗·大雅· 云汉》，为周宣王祷旱之诗，而曰："圭璧既卒，宁莫我听。"则祷旱玉之有圭，明也。绿玉，松香沁，几全体黄；而验其瑑饰，则汉雕也，余藏祷旱玉之珑不一，其制有璧有圭。

三、牙璋

璋者，半圭而似刀，有牙，则又为璋之变形；长三八点五公分，依周镇圭尺，得二尺四寸；自背至刃，得六公分；背厚零点八公分，近背有孔二，可以系组；而柄如齿牙，起凹凸，以便握固，所谓牙也。圭璋左右皆平直，此独有旁出之牙，故曰牙璋。《周礼·春官·典瑞》："牙璋，以起军旅，以治兵守。"注引郑司农云："牙璋，瑑以为牙；牙齿兵象，故以牙璋发兵。"此径取象于刀，不惟牙齿之为兵象。《古玉图考》著录牙璋一，形制大小，与此略似，惟两侧无刃，尚为刀之具体而

---

① 校对人注，原为"琱"，"雕"的异体字，后文同。

微，而此则有刃甚锐。郑振铎《中国历史参考图谱》第四辑，图版第六著录西周之直方系玉器之二十八图，中有一玉，长方而匾，一端稍狭，而亦身有两孔，厚背薄刃，与此同，惟无旁出之牙。而三十一图著录东周之牙璋，两端皆斜方出棱，而亦一旁有刃，形制全与此同，惟无孔。而《古玉图考》所著录，近柄一孔，以此知牙璋形制亦不一也。余尝谓圭璋特达，为石器时代之石刀、石斧所演进，观牙璋尤显而可见；石灰沁，竟体作鱼肚白①；此与周武王之大璜，质皆风化，不似玉，扣之作瓦片声，伯希和《玉谱》认为真三代玉也。

四、苍璧

径八公分，依周镇圭尺，得五寸二分；大朴不雕，玉质莹润，水苍色，土沁黄。《周礼·春官·大宗伯》："苍璧礼天。"璧者，圆而中有孔。西人在欧洲发掘石器时代遗迹，往往得石器，而璧之圆有孔，而缘边薄锐，名之曰环状石斧，以谓："中国旧玉之圭璋，固出自石斧；而璧亦由环状石斧演变而出也。"吾国盘山墓地及东北各地出土石器，亦有环状石斧如璧，而璧之一侧，磨锐出刃。

五、系璧

系璧者，小璧系带间悬左右，佩物也。此系璧，径大五公分，凸雕，一面蟠龙，一面卧蚕纹与谷综相间；青玉，水银沁，纯漆黑。

六、琮

外方内圆，得内径五点八公分，依周镇圭尺，得三寸六分；高四

① 白，原作"皮"，今据初稿本改。

公分，《白虎通·瑞贽》："圆中方外曰琮。"《周礼·春官·大宗伯》："黄琮礼地。"注："琮之言宗，八方所宗；故外八方象地之形；中虚圆以应无穷，象地之德，故以祭地。"其实"琮"之言中；中者，八方之所宗也，盖演自先史穴居之中溜。刘熙《释名·释宫室》："中央曰中溜。古者寝穴，后室之溜，当今之栋下，直室之中，古者溜下之处也。""寝穴"，亦作"复穴"。《礼记·月令》："中央土，其祀中溜。"注："古者复穴，是以名室为溜云。"疏："郑意言'中溜犹中室'，乃是开牖象中溜之取明，则其地不当栋，而在室之中央。"庾蔚云："复，谓地上累土；谓之穴，则穿地也。复穴，皆开其上取明，故雨溜之，是以后因名室为中溜也。"于时，原始人类之吾祖，营窟而处，以窟暗无光，而于窟顶凿一圆孔以取明，遂为一室之所仰承，而又以雨溜之也，谓之中溜，而象征为土神。《礼记·郊特牲》："家主中溜而国主社。"注："中溜，亦土神也。"于是有"中央土，其祀中溜"之礼文；而祭地，则取象于中溜以制琮；中圆者，象中溜之孔；而外八方者，象中溜之四壁与四隅也。此琮，青玉，水银沁，作纯漆黑，质渐风化，三代旧玉。

七、小珇琮

外有刻瑑，棱棱如锯齿，所谓珇也。《周礼·春官·典瑞》、《冬官·玉人》，皆作"驵"。注引郑司农云："驵，外有捷卢也。"疏："捷卢，若锯牙然。"而"驵"读为组，以组系之，因名；亦见注。《古玉图考》著录珇琮，大小不一；大者，依镇圭尺高十二寸，内径四寸；小者，高一寸三分，内径一寸九分。此一小者，高二点九公分，内径三点二公分，依镇圭尺，得高一寸九分，内径二寸一分；白玉，石灰沁，作鸡骨白，土蚌风化，三代玉。

八、韘

亦称决，用之于射。射礼：右巨指着决以拘弓弦。士大夫通用象骨，惟天子佩玉，因以玉为之，故玉韘传世绝少。此玉韘，圆而一面平；平者，所以便拘弦，不滑脱也；瑑饰蟠螭，螭身，松香沁，黄晕；高二点七公分，内径二公分。

九、珌

以饰刀柄首；上有三孔，一大小二，以便接柄也；莹黄如琥珀而不拾芥，乃《周书·顾命》之所谓“夷玉”。疏引郑康成云“夷玉”，东北之珣玗琪也。《尔雅·释地》：“东方之美者，有医无闾之珣玗琪焉。”医无闾，山名，在今辽宁省之锦州；今尚产玉，俗称锦玉，以琢烟嘴、扇坠等物。此珌入土，有水渍；高三点二公分，阔四点七公分，厚零点七公分。

十、琫

珌上有三孔，而琫则中空，上下贯以饰刀鞘之口；白玉，黄晕，瑑饰龙纹①，似汉雕；高二点五公分，阔四点六公分，厚一点六公分。

十一、璏

以饰剑鞘，反面中央有长方孔，固著于剑鞘，离鞘口三分之一鞘长，所以贯带而佩于腰下，《古玉图考》以为革带之佩玉；及日本关野

① 纹，原作“文”，今据初稿本改。

贞博士等发掘朝鲜平安南道大同江面乐浪之汉墓第九号坟，中有玉装刀剑，乃知璏为剑鞘之佩玉也，俗名昭文带。此璏白玉，面瑑谷纹，水银沁，黑晕；长九点五公分，阔二公分，厚零点五公分。

十二、玲瓏

方而高，两端圆，中空，四面有珇，似珇琮，以饰马鞭之柄，其来已古。《说文》："玲瓏，石之次玉者。"惟此玲瓏，瑑饰以太极；太极，始见唐镜纹饰，似唐以后物。青玉，水银沁，黑晕；高六公分，方一点六公分。

十三、小觿

小觿一对。觿，所以解结。《礼记·内则》："左佩小觿。"《古玉图考》言："古觿多用角，用象骨为之，故玉觿传世绝少。"此觿碧玉，黄斑，弯如牛角，又如猛兽之犬牙，日本人谓之勾玉，盖反映狩猎时代之先民生活。于时，出狩有获，归则悬所获之兽牙或角于身以明得意，其后遂演为勾玉，盖坪井博士之所发明也。

十四、龙辅

琢一龙，首尾衔接，成椭圆环；纵七点三公分，横三公分；瑑饰以交错之卧蚕纹，头角峥嵘，刀法浑朴；而葱玉，水银沁，班驳极古，必三代物；不知何用？意器之配件也。因忆《春秋左氏传》：昭公二十九年，公使公衍献龙辅于齐侯。注："龙辅，玉名。"辅之为言毗辅相助也，意亦器之配件而琢玉为龙者。姑亦以龙辅为名。

十五、带钩

带钩，自春秋战国以迄秦汉，形制极多；其钩多作各种鸟兽之透雕，姿态各具，无一相同。《淮南子·说林训》所称“庙堂之坐，视钩各异”是也。其钩有铜有玉。此玉钩，琢一龙捩首成钩头，而鼓其满雕之腹；背一突起，以固于带之一端，而又一端，则拘以钩也。长九点二公分，白玉，黑璊。

十六、琀

送死口中玉曰琀，琢为蝉形。《古玉图考》言：“今世所传古玉蝉，往往无孔，不能佩，皆古之含玉也；其有孔者，为后人所凿。”此琀蝉有孔可佩，白玉，璊斑。

十七、汉玉印

汉制，皇太子，金印龟纽；诸侯王，金印驼纽；列侯、丞相、将军，金印龟纽；秩二千石，银印龟纽；以下皆铜印瓦纽。此印白玉，水银沁，纯漆黑，色泽深厚。其纽龟背龙首，双角怒目而垂其胡，歧尾鬖松，颇不经见，而透雕有神，乃汉雕之标准品也。无文字，自古未篆，非后人磨去。连纽高二公分，方三点三公分。

十八、军曲候印

《续汉书·百官志》：“大将军营五部，部下有曲，曲有军候一人，比六百石。”军曲候印，铜印瓦纽习见，而罕有玉。故宫博物院见有汉玉军曲候印一方，无纽。此则瓦纽，而纽有谷文方格以为瑑饰；白玉，土璊；连纽高二公分，方二十八公分，军曲候铜印，余得不少；普通连纽高二公分，方二公分至二点三公分。

十九、鸡

玉质[①]温润，而宝光溢目；琢一鸡，翕翼怒目而昂其首，高十四公分，神气如生，此亦汉雕；惜一尾两足断，而经截改；沁色，竟体作茄皮紫。

二十、镇纸

长方，条直，长十三点六公分，阔一点四公分，厚一点二公分；一面刻篆文“太古氏”，一面刻“水竹山”，亦篆文；白玉，水银沁，竟体作纯漆黑。

二十一、璧雕

边有缺刻，乃以嵌璧为接缝也；长方，高二十二点五公分，阔十八公分，厚一公分；凸雕高山大壑，飞瀑腾涌，层云吐月；两蝙蝠半空翱翔，一自云中下，一自山洞出，若相顾盼，而不见一人，如见太古洪荒，气势苍茫，意境奇辟！昔人称唐关仝画山水，山峰壁立，从平地陡起，不用劈皴，山形如层螺，浓墨挥洒，不事烟云，高古简朴。此璧雕极得关仝之神，而出以大刀阔斧，如兔起鹘落，尤臻怪伟！疑是唐雕，以其不似宋人之云山画，石如云动也。白玉土蛀，已渐风化。

---

① 玉质，原作“物质”，今据初稿本改。

二十二、乐拨

以拨琴瑟之弦；双龙翼一琴，雕琢颇古，不多见；长方，长五点六公分，阔四点三公分；白玉，土璊，唐韦绚《刘宾客嘉话录》称："贞观中，弹琵琶，裴洛原始废拨，而用手。"《唐书·苏珽传》载：皇甫恂使蜀，檄取库钱，市琵琶捍拨，玲珑鞭；珽不肯予，乃知古人鼓弦，自有用拨以代指者。

二十三、汉玉钏

《说文》："钏，臂环也。"亦称条脱。条者，言其屈曲如绳条；脱者，言其润滑亦脱手也。此钏大朴不雕，而抚之润腻，滑不留指，屈曲如绳条，乃钏之原始式；黄玉，水银沁；土蚀有孔，径七点五公分。

二十四、碧玉钏

不作绳条式，而环耸如墙，径八公分；似旧玉，水银沁，而实新玉，透碧，有黑斑，如片云，如点墨，沈翠苍碧，色泽古媚，当为黑龙江玉。

二十五、汉玉班指

著于右手之巨指，即古所谓韘；惟去其平面而为桶圆，不利拘弦而成指饰；不知始何[①]何时？余藏一班指，黄玉，土璊；横列汉篆"左冯翊玉"四字，阴文。按左冯翊乃汉武帝太初元年，分京兆尹置；则西汉

① 此处疑脱一"地"字。

已有班指。此班指白玉，口缘晕黑，通身牛毛纹，高二点五公分。

二十六、碧玉佩

纵九点四公分，横三点五公分，厚一点四公分；新玉，刻一青蛙踞荷叶，叶作枯荷色，相映古媚，乃天成巧色。

《说文》以玉为石之美者；玉之为器，不过石器时代之演进。余读郑振铎《中国历史参考图谱》第八辑，图版第七著录盘山墓地所得石刀，已有圆似璧者；有长方而一端方、一端圆似圭者；有杼上终葵首似大圭者；有似半圭之璋者，而似圭似璋之石刀，皆中有孔以系组，而《周礼·冬官·玉人》所谓“圭中必”之“必”，所以玉器为石器之演进。然石器之为斧为刀，不过以供人类之斗争，而玉器之为圭[①]为璋，则以象征人类之道德。《礼记·聘义》：“君子比德于[②]玉焉，温润而泽，仁也。缜密以栗，知也。廉而不刿，义也。垂之如队[③]，礼也。叩之，其声清越以长，其终诎[④]然，乐也。瑕不掩瑜，瑜不掩瑕，忠也。孚尹旁达，信也。气如白虹，天也。精神见于山川，地也。圭璋特达，德也。天下莫不贵者，道也。”石以荦确象征初民之健斗；玉以温润象征人类之道德。《诗》不云乎：“言念君子，温其如玉。”玉乃石之美者，由石演进而用玉，此自象征人类之意识，渐次演进，而欲以道德代斗争。恩格斯以斗争为学说，然而著《从猿到人》一文，最后则以唯物史观驳斥英国达尔文之进化论，而谓：“达尔文谓自由竞争，生存争斗，为生物之所经常有，而不知人类之不终应用；只有社会生产之有意识组织，而人类乃以超越动物之境界。”道德者，人类之意识；而玉，则以象征人类之意识者也。

---

① 圭，原作“刀”，今据初稿本改。
② 于，原作“如”，今据初稿本改。
③ 队，原作“隧”，今据初稿本改。
④ 诎，初稿本作“绌”。

(丙) 铜器八十件

一、商饕餮觚

高十七点七公分，口径十点九公分，底径五公分，盛酒之器。一升曰爵，二升曰觚。孔子曰："觚不觚，觚哉觚哉！"觚之为言寡也，饮常寡少曰觚；后世沈酒曰酣，而觚大于二升，孔子伤之而有不觚之叹，所以古觚小。宋《宣和博古图》著录商、周觚三十五，如尊而小，敞口，长身，圈足，而腹起四棱。《西清古鉴》及《宁寿鉴古》之所著录者亦然。此觚腹起四棱，而跨棱成饕餮①图案，错以雷纹，略如《宁寿鉴古》卷十著录之商父乙觚二与商父丁觚，而大小则与父乙觚仿佛②，据估客言安阳出土。陈梦家《海外中国铜器图录》著录七觚，而认觚为第一期商至周初器。宋人赵希鹄《调燮类编》中有宝玩一类，论铜器曰："铜器入土千年，纯青如铺翠，名曰土古。其入水千年，纯绿，莹如玉；其色午前稍淡，午后乘阴气，翠润欲滴，名曰水古。其色紫褐，有朱砂斑，甚或凸起如上等辰砂，名曰传世古。"此觚紫褐色，有朱砂斑，乃传世古也。

二、周蟠虺觯

亦饮器；匾圆，口敞，敛颈，圈足，高九点九公分；口纵七点九公分，横八点八公分；底纵五点八公分，横七点四公分；《海外中国铜器图录》著录一觯，形制略同，而亦认为第一期器。觯大而觚小，二升曰觚，三升曰觯。觚高而觯低。觚圆而觯匾圆。觚侈口而小腹，故容少；觯口侈而腹大，故容多。觚以自饮，故以少为贵；觯以献贵，故以多为

① 此处据初稿本，疑脱一"面"字。
② 校对人注，该词书中为"髣髴"，"仿佛"异形词，下文同。

贵；《礼记·礼器》“尊者举觯”，是也。又觯，罚爵也，则不敢少饮以逃罚。此觯适容前觚之倍而稍不足，颈及圈足有蟠虺纹带，底下划方格斜线，成网纹，与《宁寿鉴古》卷十一著录之周蟠虺觯同，而大小亦仿佛，惟颈及圈足两侧无耳尔。

三、周妇卣

周成王锡周公以秬鬯二卣。平王锡晋文侯如秬鬯一卣。秬者黑黍，以有香之鬯草酿之而成酒，故有秬鬯之目，用之于祀祖之灌。而卣则以盛秬鬯，敛口，侈腹而圈足，匾圆，有盖，有提梁之鋬，通盖高二十三公分；口纵四点九公分，横五点七公分；腹围四零公分；底纵九点四公分，横六点九公分；满雕，盖蟠夔纹，顶耸小纽，作一羊跪乳状，取其孝也。鋬满雕雷纹而镂四龙首张口左右互衔以衔两环而挈全器。器腹环蟠夔纹，而上下以绹纹为界。上下满雕雷纹以组成崚嶒之山形图案。底铭“彝妇亚虔”四字，古文“彝”字象形如鸟，盖取象于宗彝之鸟彝，与《西清古鉴》卷十九著录之周妇壶同其铭文而不同其器，可知为一时一人制，盖主妇所执以承祭祀；“虔”者，恭虔之义也。鎏金，剥落。《海外中国铜器图录》称：“盖上为小顶纽，不可却立，多第一期商至周初器；其后演进而可却立，平置作杯。”所以盖之却立，不却立亦可以验器之时期。此卣跪羊之小顶纽，不可却立，当为第一期周初器也。不可却立者谓之盖，而可却立者谓之会。

四、周师贲□[①]毁会[②]

古者鼎敦簠簋之盖，可以却立而平置者，皆名为会。《仪礼·特牲

---

① 校对人注，该字未能查证，左为“糾”字，右为“糸”字，该篇下文“□”同。
② 毁会，初稿本作“敦盖”，实误。

馈食礼》曰："佐食启会，却于豆南。"此谓佐食者取会却置而奠之，以待尸入而食也。《公食大夫礼》曰："宾卒食会饭。"此谓取饭于敦，反会置之，以就食也。俯之则为盖以覆器，仰之则为会以置食；会可以兼盖之用，而盖不能兼会之用。此则毁之会也。"毁"，古簋字，宋以来误为敦；清钱玷十六《长乐堂古器款识》，辩"毁"之为簋而非敦；验之器，毁与簋同圆而信。此毁，全器已失而仅剩会，高六点五公分；径十六点五公分；鎏金，璃雕，中心蟠夔四，外环三牺，起耸而高；却立，则成三足而可平置；又外蟠夔四，而错以雷纹，与《西清古鉴》卷六之周三牺鼎会同。惟彼为鼎而此则毁，内有铭四行，文曰："师贲□其作宝毁，其万年子子孙孙永宝用。"凡十七字。

五、周季子□[①]簠

《说文》："簠，黍稷圆器也。簋，黍稷方器也。"然据《西清古鉴》及《宁寿鉴古》著录之簠，器皆长方，簋与毁多圆，而知《周礼·舍人》："凡祭祀共簠簋。"郑玄注"方曰簠，圆曰簋"之为有征。此簠亦长方，高四点四公分；口径纵十三公分，横十六点七公分；底径纵八公分，横十一公分；璃雕，蟠虺纹；两耳，四足；耳作夔首衔器，形制略同《西清古鉴》卷二十九著录之周铸公簠及蟠虺簠二，内有铭[②]四行，文曰："维季子□作宝簠，其万年子子孙孙永宝用。"凡十七字。

六、周贯耳壶

椭圆而高，高二十一点五公分；口径纵五点八公分，横七点七公

---

① 校对人注，该字未能查明，左为"糹"，右上为"且"，右下为"又"，该篇下文"□"同。

② 铭，原作"名"，今改正。

分；底径纵七点七公分，横九公分；腹围三十四点五公分；敞口，长颈，深腹，圈足，方格网纹底；颈部左右两耳，作管状，可以绳贯，故谓之贯耳壶。贯耳壶多素器，此独雕绘满眼！全器自颈至足，四纹带，皆以雷纹为地，而雷纹有方，有圆，有相联之双雷纹；而双雷纹中，有正反对称相联。足部纹带最狭，而腹部最宽；图案，则大饕面，而衬托以圆形之双雷纹。颈部连两耳，则双雷纹之方与圆相敍；而蟠虺纹左右对称以隐约构成一饕餮面图案。至颈部与腹部之间，又有一宽纹带，则中央倒垂一如意钩，而衬托以方圆雷纹；下耸一山，左右倾斜作陂陀形；两鹿相向，上坂而驰，此实普通铜器所不经见！铜器纹饰之以生物为图案者，夔龙纹、饕餮纹、蟠虺纹、凤纹，皆习见，而鹿则绝少！惟《西清古鉴》卷三十一著录汉螭鹿三壶，鹤鹿一壶；而其鹿皆四足而耸立，不如此壶鹿前后两足，仅作侧面之投影，与殷及周初之夔凤纹同；而若驰若逐，以足着地，渐涉动作，则不似殷及周初之为静态，意春秋战国器也。铜器纹饰之璘雕，以第一期殷及周初为最盛，有全器透雕或浮雕者。西周则铭文繁而雕饰简，惟簋耳，鼎足，壶颈及匜盉之鋬有之。至春秋战国而璘雕又盛，所不同于殷及周初者；则殷及周初，仅肖鸟兽之静止，而为定型之图案所拘，板滞欠生动；而春秋战国，则鸟兽之姿态生动，渐臻自然，不如殷及周初之板滞！如新郑出土之云龙罍，龙作蟠游活泼之状，不如殷及周初之蟠夔、蟠虺，倔强寡趣；左右耳则作两龙一上一下，相背而游以成透雕。而蟠虺方壶，耳及足，皆透雕两龙，作四足爬走之态；而耳作龙首反顾，尤有态！又一立鸟盖蟠虺方壶，虺亦游走，不仅蟠屈；两耳及足，亦透雕四足爬走之两龙；盖立一鸟，耸身舒翼，栩栩欲翔！日人住友氏藏一金银错饰之盉，其提梁作一长身耸立之狸，张口欲吞；而喙作一鸟首，鸟首上更雕一鼠，作窜伏状，与狸前后相逐，如逃狸之捕者。神情活现，余藏一盉，亦复乃尔，以视殷及周初，生趣盎然矣！正可与此壶之鹿驰对照，作一解也。色褐，其光油然而幽。据《调燮类编》云：“褐色出自高阜古冢，砖宫石室，惟地气蒸润，日久光莹，变为褐色，纯一不杂。故古铜以褐色为上，水银黑漆为次，青绿者又次之也。若得纯青绿，一色不杂，莹若水磨，光彩射目者，又在褐色之上。”此壶，则褐色也。凡铜器在古墓，悬空而不着土者，闭置日久，气郁还润，而以光莹，估客谓之悬坑。新郑出土之蟠夔九鬲，原置鼎鼐之内，四围不与土气相接，而蓝碧交加，灿烂夺目，于诸器中最为莹泽云。

七、周牺尊

失盖；背高十五公分，连首耳高二十三公分；深八点五公分，阔七公分；纵胸至尻，长二零公分；尾垂九公分。周身璃雕，颈有辔勒，口有衔；耸耳偃角，前后四足蟠螭纹，垂尾如意双钩纹；而背腹两侧，则以长方矩形组成图案，似案被也。周身嵌绿松石十八，眉心一块，方者最大；两目亦以绿松石嵌，环颈之辔，周嵌七粒，背左右两侧八粒；故宫博物院亦藏一牺尊，嵌绿松石，仅眉心及两目，不如此尊之多，而无纹饰，亦不如此之璃雕。绿松石镶嵌，绝不多见，从前伦敦中国艺术国际展览千有余品，而镶嵌绿松石者仅两见：一牺尊，一殷虚出土之象牙小圆柱饰品，则以绿松石镶嵌人字纹套箭头形。余见一商雕戈，则刀柄嵌绿松石。绿松石多嵌商雕，俗称商嵌，西周不见，至战国又见于铜器。惟牺尊为六尊之一，始见《周礼·春官》；《礼记·明堂位》云：“牺象周尊也。”则此牺尊与故宫博物院所藏，断非商器而皆为战国器也。然《诗·鲁颂·閟宫》：“牺尊将将。”毛公传：“牺尊有沙饰也。”《周礼·春官·司尊彝》：“其朝践用两献尊。”郑玄注引郑司农云：“献读为牺，牺尊饰以翡翠。”则牺尊自有饰，饰以翡翠者不见；而饰以绿松石者，仅见故宫博物院所藏及此牺尊，此牺尊四足透雕之螭，蟠屈飞动，亦与春秋以前器之蟠夔、蟠虺，仅作静态之侧影者不同。大抵商器繁雕，西周则简，战国繁雕如商，而加以生动；此牺尊与灌耳壶，皆为战国标准器。

八、周灌壶

鋈金，有提梁缺[①]，有盖缺，敛口，侈腹；有喙，作螭龙之延颈，而昂其首；腹下三足，如兽脚，去盖，高五点五公分，口径三点二公分，腹围十六点三公分；绕腹绹纹带一；上下蟠螭纹带各一，与《西清古鉴》卷三十一著录之周蟠螭盉二形制纹带全同，虽大小攸异，而可推知为同一时之器。《海外中国铜器图录》著录一提梁盉，则纹带异而形制同；审为第四期战国器，谓："盉至第四期，始有以提梁代鋬者。"此则似提梁盉而特小。日本《景印支那器物图考》中有大小相似之小盉，题曰灌壶，不知何据？灌者，谓祭先之酌郁鬯以降神也。《礼记·郊特牲》："周人尚臭，灌用鬯臭，阴达于渊泉，灌以圭璋，用玉器也。"注："灌以圭瓒。"则灌以玉之圭瓒，不闻有铜之灌壶，识以俟考。

九、周七十二枚大编钟

编钟十六，悬于一虡[②]，大小相次，其铭亦相次以成文。此为大号之编钟，钲间大篆两行，铭曰"君锡用作宝其"六字，两面铭同，则是卿大夫荣君之锡而作；词气未完，其次一钟，必承"其"字，"为万年子子孙孙永宝用"之类；有纽，直悬；高十一公分，纽高七点九公分；两铣相距十一点五公分，横七公分；穷曲纹，折旋中矩，形制特异。凡钟三十六枚，上下夹鼓与舞之中，两面四行，每行三列，每列三枚，四九得三十六枚。此独七十二枚，于上图枚四行，行三列，列三

① 校对人注，该处小字体"缺"为原文持有，后文同。
② 校对人注，原字上为"虍"，下为"共"，只找到疑似该字的异体字。

枚，得三十六，而舞下圆锥枚四行，行三列，列三枚，又得三十六；则是七十二枚，分为上下两组，而枚形各别，与习见著录者不同。三代器铭多阴文，此独阳文，亦罕见也，青铜。

十、周小编钟

有甬侧悬，连甬高五点一公分；两铣相距三点二公分；横二点一公分；形制甚精，钲间一面大篆“以喜”，一面大篆“锗以”，当亦前后相次以成文。于上两面双龙[①]，合之又成饕餮面图案。一面于角有“乐”字。青铜。

十一、周服剑

身长三十四点四公分，柄长八点六公分，青铜，寿州出土；形制尺寸，与《西清古鉴》卷三十八著铭之周服剑二同。《周礼·冬官》：“桃氏为剑，身长五其茎，谓之上制，上士服之；身长四其茎，谓之中制，中士服之；身长三其茎，谓之下制，下士服之。中其茎，设其后。”此剑身长四倍于柄，乃中士所服，身长四其茎者也。茎自中部以后渐大，至末则凸零点四公分，成一圈边，如菌伞状，此之谓：“中其茎，设其后。”郑玄训“设”为大，谓“从中以却，稍大之也；后大，则如把易制”。而十九世纪末，北部意大利出土铜器时代之青铜柄之紫铜短剑不少，著见瑞典蒙德留斯博士所著《先史考古学方法论》一书之附图70以至75者，其柄亦中央小，以渐扩大而至末成菌伞状；形制与此之所谓“中其茎，设其后”，丝毫无二；博士亦以为“便于握持”，与郑玄同。

① 此处据初稿本，疑似脱一“纹”字。

十二、周矛头

长二零点五公分；青铜，润滑如翠玉；想见赵希鹄所谓“水古”，所谓“纯青绿，一色不杂，莹若[1]水磨”。两侧开锋而中凸有脊，其后为柄，中空以内柲而成桶；桶上有銎断以便穿绳固结。据英国考古学者格林威尔，论矛之在英演化，有六阶段：1. 匕首。2. 匕首加柄，内于柲，而首作矛头。3. 柄加宽；内柲处加箍以免罅裂。4. 箍与矛头合成一体，而为桶之初步。5. 桶旁加銎以穿绳固结。6. 銎向上升。此矛已演进而抵英矛之第六阶段。然吾国殷虚出土之铜矛，双锋凸脊，已平柄宽成桶，桶旁有銎，而且桶身[2]刻有花纹；其桶有直贯矛尖者，有只止于矛尖者。此矛则桶贯矛尖。而吾藏一矛，则矛头尚扁平作匕首；而桶只止于矛柄，镂有饕餮纹，而以云雷纹作地；旁有两銎，成左右耳，盖商矛也；惟绿润则远逊此矛之“莹若水磨”！

十三、周、秦、汉、隋、唐镜十二件

古人非镜以取火于日，谓之阳燧。《周礼·春官·司爟氏》：“掌以夫遂取明火于日。”郑玄注：“夫遂，阳燧也。”《礼记·内则》：“小觿金燧。”陆德明《释文》：“燧，火镜也。”晋崔[3]豹《古今注》：“阳燧，以铜为之，形如镜，向日则火生，以艾承之，则得火也。”然以镜取火，由来已古。河南安阳县之殷虚，出土一小镜，背镂虺龙纹；则殷人已制镜，不始于周。余旧得一镜，亦云出河南安阳，乃刘铁云家流出；径不足八公分，青绿满绣，背素纽，绕以三爬虫动物，宛委相随，巨尾纤首

① 若，原作“岩”，今改正。
② 身，原作“声”，今改正。
③ 崔，原作“淮”，今改正。

而隆其脊，无足，非螭非龙，尚是原始艺术之实物模拟，而未演化为图案，为铜器纹饰所不经见！外直凿纹带、外边带，以渐隆而锐起；卷边而面微凸，形制奇古，决不止于周镜！阳燧之镜必小，如所见晚周日光镜、汉明光镜，小者径七八公分，大亦不过十公分左右，皆不大；以便随身佩带，而可以随时取用，映日得火也。《西清古鉴》、《宁寿鉴古》著录汉长生镜及千秋镜不少，其铭犹以“日光”、“日月之光”为词，寔承阳燧之取火而来；其后乃施之照容，铭亦多端，有祈“富贵”、祈“高官”、祝“宜子孙”者，有称“仙人不知老”者，乃至唐镜铭多以五七言诗称美容颜，而阳燧之意荡然矣！唐以前，镜面凸，至唐则为平面。唐以前，镜式多圆，间有方者，至唐则圆以外，有葵花、荷花、菱花诸式，而菱花为多；至宋则葵花、菱花而外，又有亚形、钟形。《宁寿鉴古》著录之汉鸾兽鉴，葵花；《金石索》著录之汉双凤双狮镜①，菱花皆唐镜，汉镜无是式也。《宁寿鉴古》著录之汉宝鉴，钟形；汉卍字鉴，亚形；以及《金石索》著录之六朝百炼镜，亦亚形，皆宋镜，唐以前镜无是式也。据日人汉学考古学家近重理学博士分析中国古镜，汉镜含铜百分之六十五，锡二十五；青铜之硬度最大，可以使制作十分精致。唐以后镜，锡渐减少，然而大量②铜锈，土花斑纹，庐山真面，罕见全貌；而技巧之千变万化，全在镜背，镜背之完备者，分边带、外区、内区，以及纽、五部；而纽及纽座之文饰，亦种种不同。而就全镜而言，则有直凿纹、斜凿纹、曲尺纹、雷纹、夔龙绕行纹、凤马绕行纹、飞禽纹、华叶纹、重圈纹、星云纹以及蟠龙、飞鸾、四神、十二禽诸种，亦有镂人物神仙故事者，重规叠带，形形色色。大抵汉魏多镂神人异兽以及瑞鸟，为图案之设计，重规叠带，庄严肃穆；至唐，则简单明朗化而参以花草，趋于生动活泼。纽座，则汉镜有四叶纹、连珠纹，而唐镜有花瓣纹之纽座，此镜背纹饰之大较。而镜背又以其铜色，有青

① 镜，原作“竟”，今改正。
② 量，原作“远”，今改正。

绿背与银背、铅背之不同。《调燮类编》云："古镜以银背为上，铅背次之，青绿又次。银背者，冢内水银沾染，年久入骨。有先授血水，始受水银浸入，则色如铅。若铅背埋土，年远变黑，谓之黑漆背，此价尤高。"兹检所藏十二镜以见一斑；其中银背、铅背，不过十之二三，而青绿者居多。

1. 周明光镜

径七点五公分，面银青，朱绿绣错；银背，纽作带状，围以双线之方框[①]；方框之外四面四乳，而四隅有双线之曲尺纹四；曲尺之直角，与方框之四角顶接；而划方框之四面成四区，每区铭两字，文曰："见日之光，天下大明。"俗称日光镜；此为先称镜之最早有铭文者，外重圈纹带，以渐隆而锐起，成边带；边则自镜面向镜背略为倾斜，成卷边式。普通称为日光镜者，所见不少，其铭有曰："见日之光，天下大明"，如此镜者；有曰"见日之光，长毋相忘"者，有曰"见日之光，长乐未央"者；疑当时民间寻常日用之镜，人人佩身，所以流传独多，大都卷边式、带状纽；而纽间有作皇冕状（王公贵族所用），或两兽相衔状者，无不围以双线之方框；而铭，有在框外，有在方框之双线中；无花纹，而以圆线相环，或直线相交，组成图案，而参以四乳，自来著录以为汉镜。然汉镜，半球圆纽；而日光镜，带状纽，乃先秦晚周之特征，不惟无汉镜之花纹，而仅以圆线、直线互环成图案。如此镜者，亦与《海外中国铜器图录》著录第四期战国镜之全面满雕龙虫交织纹、四龙凑纽纹、飞禽纹、华叶纹者异趣，而益形其简质，必当早于第四期战国。《海外中国铜器图录》称第四期镜之特点：（1）纽作带形或两兽相啮形。（2）边缘作凸带。（3）花纹以龙虫交织纹、句旋纹、山形纹、飞禽纹等为主。据此，则《金石索》著录之汉日光镜七、日明镜一，皆战国镜也。其中第一日光镜之纽，作伏兽形之图案，与汉镜伏兽纽之象生者不同；纽外方框，框内铭曰："见日之光，天下大明，用者君

① 框，原作"匡"，今改正。

卿。”自非寻常百姓家物；框外四隅四乳，而四乳之中，则为龙虫交织纹，边缘作半月纹之凸带。第三日光镜，则两兽相啮纽；纽外方框，框内铭曰：“见日之光，天下大明。”与此镜同，而框外有华叶纹，间以四乳，半月纹之凸带边。其他五镜以及日明镜，纽不尽带；而纽外方框，框内有铭；框外华叶纹参四乳，以及半月纹之凸带边，则无不同；以视此镜之图案成于线条者，为有花纹，似灿然华矣；然花纹既同战国，而铭字亦非汉篆。汉篆结体方整而笔划粗重，此则结体长圆而字画瘦挺，出入籀斯之间，亦过渡之战国书也。

2. **周明光镜**

径九点八公分；面银青，朱绿绣错；背带状纽，圆以凸带，又外凸带；第二凸带之外，则四C[1]与四巾相间；又外凸带，又外铭带。文曰：“内清躬，以昭明光辉，象夫日月；心意惕天，愿默塞天子。”古篆二十一字，油然莹泽，如水中荇藻，迥非顽碧所能仿佛，又外斜线纹带；又外凸带卷边，无他花纹，仅以圆线大小相环成图案，其简质，当早于第四期战国。

3. **先秦龙虫交织纹镜**

径九公分；面银青，朱绿绣错；体薄而带状纽，绕以细浅之龙纹交织纹，宛委相属；外直凿纹带，外边带，以渐隆而锐起。

4. **汉明光镜**

径八十二公分；面银青，满绿绣；背半圆鼻，圆以凸带；外斜凿纹带，外铭带；文曰“内而清而颢以得明光而□天日月心而”，篆十六字，结体方而笔划肥重，显与先秦日光镜铭字异体；外斜凿纹带，外凸带边。

5. **汉明光镜**

径九点二公分；面银青，朱绿绣错；背半球圆纽，有连珠纹之纽

① 校对人注，本人未能识别的铭文，本篇下文同。

座；外凸带，外斜凿纹带；外铭带文曰“清明光□□□[1]光而□天日月心志而忠不匕丙而”，篆二十字，中五、六两次泐；而“清”字前有两点“..”以识起句。外斜凿纹带，外凸带边。

6. 汉明光镜

径一零公分；面银青，朱绿绣错；背半球圆纽，有半月纹之纽座；外斜凿纹带，外铭带文曰“内而清而以而古而明而光而天而日而月”，篆十七字；外斜凿纹带，外凸带边。汉明光镜，亦如周日光镜之为寻常百姓用品，而简质无花纹，仅以圆线小大相环成图案；汉镜流传，此为最多。

以上皆阳燧。凡阳燧以供日用取火者，皆不大，而可佩于襟带间；其渐大者，花纹亦渐繁丽，日趋于美观[2]；与平民脱节，而成王公贵人之奢侈品矣！

7. 汉长宜子孙镜

径一零点八公分；面银青，朱绿绣错；背半球圆鼻，有四叶纹之纽座；而四叶间，篆“长宜子孙”四字，不复以日月光明为词，而阳燧之意茫如矣！外凸带，外半月纹带，外直凿纹带，外琴弦纹带，外直凿纹带，外凸带边。

8. 汉武帝天马蒲桃镜

径十一点四公分；面白，背半球圆鼻，绕以四马驰逐，而满播牵藤带叶之蒲桃为地；外锯齿纹之凸带，又外则牵藤带叶之蒲桃缤纷，而马驰鸾翔其间，又外则直凿纹、锯齿纹，以渐隆起而成边带。据史：汉武帝遣张赛通西域，还具言：“大宛在汉正西，去汉万里；有蒲桃；多善马，马汗血，其先天马种也。”武帝乃遣贰师将军李广利出兵伐大宛，取善马，而蒲桃亦流入中国；一时铸镜以昭成功，明德意；《西清古鉴》著录甚多，题曰“海兽蒲桃镜”。

---

① 校对人注，黑色“□”为原文持有，后文同。

② 美观，原作“观美”，今乙正。

9. **隋[1]家常贵富镜**

径十五点六公分；面朱绿满绣，背半球圆纽，有连珠纹之球座；外半月形之凸带，外细线带，外铭带文曰："家常贵富。"其字似分似隶，而参以四花；外细锯齿纹带，外半月形之凸带边。不见《西清古鉴》、《宁寿鉴古》，而《金石索》著录三镜，列隋仁寿镜之后；其纹饰之简单明朗化，而参以花草，以开唐风；纽及边带，则同汉镜，形制实在汉、唐之间。

10. **唐太宗秦王镜**

径十五公分；面满绿绣，背半球圆纽；外环四马相逐而驰，间以桃实带叶；外铭带，诗曰："赏得半泐秦王镜半泐，拌半泐不惜千金！非半泐关泐欲照胆泐，持是自明心！"外边带，作双线纹，以渐隆起；形制与《金石索》著录之秦王镜二同。秦王者，唐太宗也；玩镜词，乃铸以赏所部将士而相约结不叛，故有"照胆"、"明心"之语。史称太子建成、齐王元吉以秦王府多骁将，欲诱之使为己用，故秦王铸镜分赏以相约结也。余得其三，此其大者。

11. **唐凤马镜**

径十六点七公分；面黑，土蚌孔累累，黑漆背，半球圆纽，有葵花纹之纽座；其外两凤两马相间，而绕之将驰将翔，凸边。《西清古鉴》亦有唐凤马镜，两凤两马，绕纽翔驰，形态仿佛，而参以繁花；边缘有花蝶虫鸟，而边作菱花式，不如此镜尤极简单明朗之致，乃中唐以后镜也。

12. **宋王古庄镜**

径九点五公分；面白，带状纽破，绕纽一大菱花，内诗曰："月样团圞水样清，好将香闺伴闲身！□鸾不用盖孤影，开匣当如见故人！"菱花外缘以花叶，中有"王古庄"字，当系造镜人；边缘作凸带。

---

① 隋，原作"随"，今改正。

十四、历代货币五十二件

旧藏货币，战乱散失，劫余所遗，以备一格：

1. 齐刀二品（罕）

《汉书·食货志》云："太公为周立九府圜法，黄金方寸而重一斤；钱圜函方，轻重以铢；故货，宝于金，利于刀，流于泉，布于布，束于帛[1]。太公退，又行之于齐。"大抵货以金为国宝，而民间则刀与泉并行。谓之刀者，拟其形之似也；旧藏三品：

（1）齐法化。方身两面，一面古篆"齐之法化"，一面"十化"。"化"者，货之省文；"法化"者，谓法定之货币也；"十化"以权小者，犹后世泉之有当十也。柄末作大刀环，而刃向内弯，颇似殷虚出土带环铜刀，连柄长十六公分。日本景印《书道全集》第一册著录一柄，大小相仿，而刀文则一面"齐法化"，一面"安"。临桂况周颐《香海棠馆咏泉诗》，有齐法化及齐建邦始法化两品，皆以太公为言，当是春秋时货币也。（2）节墨巴法化。"巴"者，邑之省文。"节"古通"即"，"节墨"即"即墨"。《史记·齐太公世家》"齐威王九年，即墨大夫"云云。即墨亦法化，当是限于地方使用，刀身一面篆"节墨巴法化"；柄末作环，连柄长十三点五公分。《书道全集》著录"即墨之法化"一柄，长十八公分；则节墨法化，有大小二品。

2. 召刀

连刀环长一零点五公分。刀身一面篆[2]；或以为明，或以为莒。独吾乡丁仲祜先生谓是"召"字，称："莒刀之说，因《通考》有'齐莒谓刀'之语，故以大者属之齐，小者属之莒。然此多出于燕市，无一

① "布于布，束于泉"，原稿缺，今补上。

② 校对人注，先秦铭文，按钱先生观点为"召"字，本篇第二个同，第三个则为铭文"刀"字。

出东之莒县者！至以○☽为明，尤大谬不然！盖☽非月字，乃刀字；○非⊙之日字，乃口字也；‘刀’‘口’二字，合之则为‘召’。”《史记·燕召公世家》称：“召公奭与周同姓，姓姬氏。周武王之灭纣，封召公于北燕。”今之北京为燕都，宜其刀之多出于燕市也。戴熙《古泉丛话》，周颐《香海棠馆咏泉诗》，有召刀圜泉一品，不作刀形。

3. 汉

（1）半两：汉高后苦秦钱重，更铸八铢泉，文曰“半两”，与半两不同。半两为秦泉，《史记》：秦至关中，铸泉，文曰半两，重十二铢，较大，内方外圆，始成定型，而为二千年来全国流通之主要货币。此为半两，较小，汉高后铸；两宋不从两“人”，唯作“十”字，亦有作“两半”者。亦有更小之半两而穿下作三竖者，则三铢泉矣！（2）五铢两枚：汉武帝元狩五年，始行五铢泉，中历七百三十九年，至唐高祖武德四年始废。中间有作“珠五”者，则蜀汉刘先主铸。

4. 新莽

（1）货泉两枚，即谶应“白水真人”者，以为光武中兴之兆也。（2）大泉五十。

5. 梁

五铢两枚，有外郭，梁武帝所铸，有大小二品，此其大者。小者背无郭，谓之女泉。

6. 唐

（1）开通元宝，唐高祖武德四年七月，始废五铢而铸，从此直至五代，不绝制用，成为全国流通之主要货币。其间惟肃宗铸干乾元重宝，然而代宗嗣位，废之而仍行开通元宝；其文自上及右，回环读之，欧阳询所书。有背作指掏痕者，相传进范时，唐太宗长孙皇后掏一甲迹。及南唐后主铸铁泉，其文亦“开通元宝”，则徐铉篆书。（2）乾元重宝，唐肃宗铸。

7. 宋

宋代铸泉，字备真、草、篆、隶，最可玩赏。（1）太平通宝，真书，宋太宗铸；（2）咸平元宝，真书；（3）祥符元宝，真书；（4）天禧通宝，真书。以上三种，宋真宗铸；（5）皇宋通宝二枚，一真一篆，宋仁宗铸；（6）治平元宝，真书，宋英宗铸；（7）熙宁元宝，篆书；（8）熙宁重宝，真书；（9）元丰通宝两枚，一篆一行。以上两种，宋神宗铸；（10）圣宋元宝，一大一小。大者罕行书，制作精好，径二点九公分；小者篆书；（11）崇宁通宝，径三点三公分；宋徽宗御书泉。徽宗自号其书为瘦金体；今徽宗各泉，皆瘦金书也；（12）大观通宝，一大一小。大者径六点五公分，不分正背，两面皆字，殊不经见；或以为钱样，制作精好。在徽宗①御书泉中，书法以此为第一！世每夸工于八法者，为铁画银钩，为此足当之耳！以上三种，宋徽宗铸；（13）建炎通宝，篆书，径二点九公分；（14）绍兴通宝，真书，径二点九公分。以上三种，宋高宗铸。

8. 金

（1）正隆元宝，金海陵王铸；（2）大定通宝，金世宗铸，字作瘦金体，传党怀阴书。

9. 明

（1）大宗通宝罕，明太祖以元至正二十一年，称吴王时铸；有平泉，当二、当三、当五、当十五等。此背有“十”字，径四点四公分，盖当十泉也；制作精好，其字铁画银钩，作瘦金，遒丽不下宋徽宗之大观云；（2）洪武通宝，明太祖铸；（3）永乐通宝，明成祖铸；（4）隆庆通宝，明穆宗铸；（5）万历通宝，明神宗铸；（6）崇祯通宝，明怀宗铸；（7）洪化通宝，时吴三桂之孙②世璠铸。

10. 清

（1）顺治通宝，清世祖铸；（2）康熙通宝，清圣祖铸；（3）雍正

① 徽宗，原作“薇中”，今改正。

② 原文为“子”，吴世璠实为吴三桂之孙。

通宝，清世宗铸；（4）乾隆通宝，清高宗铸；（5）嘉庆通宝，清仁宗铸；（6）道光通宝，清宣宗铸；⑺光绪通宝，清德宗铸；（8）光绪元宝半元银币，湖北省造。

11. 太平天国圣宝

面“太平天国”四字，背“圣宝”二字，洪秀全铸。余旧得太平天国泉，尚有“太平天国开元”，背“武”字；“天朝通宝”，背“永”字；“皇帝通宝”，背“圣”字；“太平通宝”，背“文”字；皆在南京铸。又有“平靖胜宝”二枚，一背“中”字，一背“长胜军”三字，从前湖南北多有之，应当日军中铸以作军用货币也。今皆亡之矣，姑识之以待搜求。

12. 外国

（1）宽永通宝，日本铸；始铸于宽永二年，为明熹宗天启五年，流通中国最多；（2）天保通宝，日本铸，椭圆形，纵四点六公分，横三公分，方孔，与普通钱无异；面“天保通宝”四字，在孔上下直书，背孔上有“当百”二字；孔下铸金工花押，始铸于天保六年，为清宣宗道光十五年；（3）景兴顺宝，为越南王显宗，在长兴三十七年，即清高宗乾隆三十三年；（4）光宗通宝，安南王阮文惠铸，文惠光宗元年，为乾隆五十三年。

西欧诸国之货币，由希腊古代以迄今日，未见有孔者也；有孔者，只中国之铜钱。《说文》：“古者货贝而宝龟。周而有泉。至秦废贝行钱。”然而又云：“钱，铫也；古田器。”则以“古田器”之“钱”，而代“古者货贝”之用。所以有孔之钱，乃田器与贝之混合，以渐演进。贝为原始社会之古货，初用原贝，继于贝背凿一圆孔，以便穿绳携带；河南安阳，满洲芦家屯，皆有出土，椭圆，长由二点三公分，递降以至一点六公分。贝为海介虫；吾国初民开化自西北，距海远，贝不易得，故以为宝；然以得之不易而用之渐广，乃有代用品而以骨制；普通长二点七公分许，阔二公分，厚零点二公分乃至零点八公分，若用锐利之青铜刀所刻镂；表面中央镂一纵直线，而于两侧有短平行线十数，恰似子安贝之口缘，里面则平滑，有径一分许之半圆形小孔；惟在滕县出土者，常有二孔；而出土河南新安者，仅有一孔，至其色泽，则有淡褐，有淡绿，乃加染所成也；其后铜器之用渐广，而仿贝用铜铸，普通长一点五公分，阔零点九公分，椭圆，而一端广，一端窄，窄处穿孔，名蚁鼻钱，俗称鬼脸钱。此铜钱之鼻祖也，然钱之最初，寔为田器，而由田器以转用为货，则有铲币，有双足布以为之居间。武梁祠壁画，画神农氏手执两刃臿以治地；双足布，即仿两刃臿所制也。铲币亦名空首布，则演进自石器。石器时代，以辟土除草，有事耕种，而磨石为铲，上凿圆孔，然后取木棍一端劈开，而以石铲嵌入；木棍上亦凿一圆孔，与铲之圆孔相值；则以木签插入，而柄固结不动矣。至铜器时代，而铲以铜制，惟铲有柄，上空而内以木柄。铲为农具，农人之所不可一日无；而或食有不足，则取农具以交换食品而暂作抵押；久之，渐成为交易之媒介物，而铜铲兼货币之用；然铲大而不便携带转徙，于是仿其制而小其体以成铲币，亦钱之鼻祖也，以其柄首中空，有空首布之称。于时，铲与两刃臿，农耕用为田器，斗争亦作武器。既而武器与田器分家，于是有刀；最先发见者，有殷虚出土圆环短柄之曲刃刀；而为齐刀、召刀之所昉。其后圆郭方孔之钱，盖由刀柄之圆环演进，而刀贝则减退而脱落也。所以召刀，有刀，有圆泉。

十五、汉杜嬬铺

此铺汉雕周篆，而形制亦特异。据《宣和博古图》著录之周刘公铺，《西清古鉴》著录之周旅铺，以及《宁寿鉴古》之周杜嬬铺，大多如豆之圆形而高，大足有柄。惟《宁寿鉴古》之周杜嬬铺，无足，有耳，略如簋[①]，而同归于圆，此铺独长方似簠而缺其四隅；高六点一公

---

① 簋，原作“毁”，今改正。

分，口径纵十二点七公分，横十七点四公分；底径纵九点五公分，横十四点三公分；满雕，两侧海波漩洑，一龙蟠屈；两端刻兽头，有鬣，似狮；而底下镂团龙，纹饰之为汉器，无疑。而器内铭大篆两行，文曰：“嫂坌[①]公作杜嬬尊铺永宝用。”凡十一字，阳文，亦异周器；盖铸以嫁女：“嬬”者，女名，而杜，则所适之夫氏也。惟《宣和博古图》之周刘公铺，铭十字，曰：“刘公作杜嬬尊铺，永宝用。”阴文，《宁寿鉴古》之周杜嬬铺，铭十九字，曰：“刘公作杜嬬尊铺，子子孙孙其万年永宝用。”亦阴文。盖两铺同出刘公嫁女之制。此铺铭词同周刘公铺；而“公”上两字不可识，当系公之姓名，疑汉人有女，亦适杜而作铺，因袭其词而易公之姓名。《宁寿鉴古》以“铺”即簠字，谓：“簠字，小篆[②]作□[③]，籀文作□，盖小篆从甫，而籀文以金。今铺字从金从甫，其为簠字无疑。”此铺似簠之长方，亦固其所；而似豆，似殷者，转为非类也。

十六、唐观音像

螺髻，削肩，披长袍而开领双垂；长身苗条，腰肢一搦；左手倒持净瓶，而举右手若有指画，铣足立于鲤背，衣角翩及向后，高二十二点五公分；鎏金，制作精研，此唐造像也。佛菩萨出身印度，一入中国，而塑像久中国型。

观敦煌石室[④]之历代塑像，在北魏及隋，而型为中国人之北相，大头大耳，方脸扁平，长身短腿。至唐再变，而成中国人之南相。初盛中唐之菩萨，虽亭亭玉立，璎珞明洁，尚于刚健中见婀娜；一至晚唐，则上身倾斜，腰肢一搦，纤纤柔媚，而成弱不禁风之美人型矣！此像与敦

---

① 校对人注，该字上为“八”，下为“土”。

② 篆，原作“传”，今改正。

③ 校对人注，小篆“簠”字，本篇下一“□”为籀文“簠”字。

④ 此处脱一“室”字，已补。

煌石室之唐塑一型；观其服装，螺髻，印度装；长袍开领双垂，中国装；而长身削肩，则纯乎中国美人型也。至衣褶之见于魏室塑像者，纤细而挺拔，如晋画家顾恺之之铁线描；至唐渐粗，亦如唐吴子作画之进入蓴叶条矣。此像衣褶，则唐画之蓴叶条也。像如列子之御风而行，衣角翩其反而，尤有吴道子吴带当风之致！此可以象征印度佛教之中国化，而亦可以见唐人雕塑绘画之典型云。

十七、唐六角铜粮罂

此器儿子钟纬在宝鸡购自一工友，云："无意发一古墓得之，中有积谷黝黑，触手成灰。"则为粮罂，粮罂者，古人盛米以置死人圹中；北齐颜之推《家训·终制篇》所谓"明器粮罂"，是也。惟陶器多而铜制少！此铜粮罂雕绘满眼，制作尤精，而形制特异，不见诸家图谱；敞口，长颈凸胸，束腰，侈腹，圈足，方格网纹底；高三十五点二公分；口径十一公分，底径九点五公分；胸围三十六点五公分，腹围四十四点五公分；自口以下至圈足，全身六角出棱；口边六角，每角透雕一鸟头，锐喙啄空；而屈鸟颈以联于器颈，中垂一环，六角六环，不知何用。而胸围六角，每角有上翘之锐齿片。器颈两侧有耳，则透雕为上缘之龙。器身自颈递历胸腹以及圈足；六面满雕，以无铭文，不知何代。而观其雕饰之鸟兽花叶，穷态巧妍，生动有致；然而略具轮廓，不如汉雕之线条分明，图案方板；亦有唐镜同此雕饰，故知其为唐器。

十八、仿古画大铜尺一对

余表兄孙莘农先生所赠；长二十七点一公分，阔三点七公分，乃北京琉璃厂之艺术品；合两铜尺以镂一画，长林丰草，高山湍溪；中流一舟，舟子持篙；倚舷一客，而岸上一主一仆，望舟之来，若待渡者；用粗笔点染，气势苍莽，得元人法，而刀法足以发其意趣。

石器演进，分两系：一玉器系，以象征人类之道德意识；一铜器系，以适应人类之现实生活，而造工具；有持以斗争，有施之日用。

（丁）古陶五件

一、古陶坯

陶瓦未烧曰坯；似琮，外方内圆；内径三点三公分，高四公分；上布黑点，耀日作金属光；此必三代古陶坯，而验其质白而细，颇似殷虚白陶，见之上海骨董肆，不知何处出土，亦不知何用，收之以待考论。

二、楚郢遗陶

长方，纵五点九公分，横五点六公分；一面凸，一面凹，凹面画十六格，成方框，每方篆一“郢”字。春秋时，楚建都于郢，即今沙市也。此为湖北当地文物，未见各家谱录，极为珍罕！

三、汉长乐未央宫瓦当

已截为砚，以胡桃木作椟；椟底镌记，曰：“长乐未央瓦当，高帝五年造也。天启丙寅作砚。”则椟亦三百年矣！尚系吴大澄遗物。其婿费树蔚属余草妇翁传，以余不受润，而检瓦当及周召公矛头、汉弩机为赠，以作纪念。其后周矛汉弩，为日寇掠去。此瓦当中央突起作馒头形，环以小突起十二，如连珠，而配置“长乐未央”四字于四周，界以双线，分为四区，与《书道全集》第三册著录之长乐未央第一瓦同；径十六点三公分。

四、汉陶鼎

尊、彝、鼎、鬲，三代之铜器也。然余读郑振铎辑《中国历史参考图谱》第一辑上古，中图版第八著录盘山型彩陶，第九著录马家窑彩陶仰韶初期，第十著录仰韶彩，第十三著录马厂彩陶，第十五著录辛店彩陶，第十七著录沙井彩陶，已有侈口缩颈、大腹圈足似鍑，侈口延颈大腹、长身似尊者，不一。图版第十六著录寺洼山出土陶器之七十图，则有一器，侈口两錾而足有三似鬲者。至图版第十之八十二图著录之仰韶期陶鬲，八十三图著录辛店寺洼期陶鬲，八十四图著录沙井期陶鬲，而鼎鬲之形备矣！所以铜器为陶器之演进，而铜器一切纹饰，亦多推本陶器。然汉墓出土之陶器以及宋人之制瓷器，则又仿铜器尊、彝、鼎、鬲，而明宣德制鼎炉，又仿宋瓷以别出铜器一系。所以事物演进，无不瞻前顾后，无划时代之可言。此陶鼎，乃张舜徽先生所贻；仿古鼎，高十六点二公分，耳高四点五公分，形制甚精；两耳三足，足作饕餮头，耳雕双螭；而鼎身则饕餮面与蟠螭相间，错以云雷纹，揭釉金黄。据日本景印《世界美术全集》第三册，中有文学博士关野贞《秦汉时代》一文，论及陶器，称："陶器素烧，亦有施绿釉及黄釉者。"此陶鼎乃施黄釉，不知估客何以加涂黑釉一层？黑釉剥落处，露底色金黄，富丽之至！细看一耳一足断，以黑漆接；想估客欲掩损补之迹，而因以涂及全身耶？

五、唐舍利塔砖

长方；纵三十七公分，横十八点七公分，厚四点五公分；上半凸雕一塔，塔顶在右楷书"法舍利塔"四字；又梵文四字，疑即"法舍利塔"四字之梵文也，亦凸雕；塔底凸雕莲台。台下重檐，檐下铭四行，文曰："诸法因缘生，我说是因缘。因缘尽改灭，我作如是说。"铭下承以莲座；左右吉祥花纹。竟体完整，雕镂工妙！而其楷书结体端严，风神成削，似欧阳通《道因法师碑》；妙以腴润出渟蓄，不仅以瘦硬为险峻；锋颖四出之中，无笔不渟蓄，方整遒丽，唐隶绝品；疑非欧阳率更父子不能办！然率更父子点画瘦，结体迫，不如此之浑然不露圭角，而笔力崭然；又疑率更父子不能办此！必不得已而拟其似，则以欧阳通《道因》之险峻，而参乃翁率更令《化度寺碑》之渟蓄；刚健婀娜，直逼隋开皇六年《龙藏寺碑》，不知是谁笔妙？疑隋唐间人书也。云出陕西。

（戊）古瓷二十五件

一、汉绿瓷重鬲

无釉者谓之陶，有釉者谓之瓷。瓷之原始釉，色绿。汉邹阳《酒赋》曰："醪醴既成，绿瓷既启。"据西人波西尔著《中国美术》第七篇论陶，称："中国人之知用釉，不知发明于何时？有古式之彩色瓷器，乃仿古铜器，而被以铜化重硅酸之黑绿釉，古色苍然；中国鉴赏家指为汉代物；其瓷片为牛黄色，坚硬而难以刀削；其瓷为细碎纹，呈胡瓜皮色，或山茶叶色，杂以乌云斑；历时愈久，则其色愈精彩浑厚。当为釉陶而转为瓷之原始器。陕西出土汉陶，大率仅烧一次；而有敷琉璃釉者，则烧二次，多见于陶尊及陶勺，以入土年代久而所敷之琉璃釉，经化学作用以成一种金银片，价值甚大！普通汉陶，造以细泥；惟钱范及瓦头、方砖三种，间有颜色纯青，坚如铁石者，则用核桃油和水浆，而搀以铁砂及石膏揉造所成；西安骨董商称为蓝火头，买价亦高。镇江陈进宧先生客陕西久，而贻书见告云尔。此器形制粗朴，三足圆腹似鬲，而上重出一层，束腰似胡卢。《礼记·丧大记》："陶人出重鬲。"疑即此也。腰以下突出三鸡头；其釉为黑绿釉，细碎纹；而腹下三足露胎，作牛黄色，坚硬如石，盖明器，高十八公分；腹围三十八点五公分；上重出一层，围三十四点五公分；腰围二十四点五公分。揭釉。

二、晋越窑粮罂

越窑，在扬州临海郡，今浙江温州，地属古闽越，又名东瓯窑，其器色缥，以当时瓷器尚缥。《说文》："缥帛，青白色。"《释名》："缥，犹漂；漂，浅青色也。"晋潘岳《笙赋》云："倾缥瓷以酌酃。"此器揭釉，色缥；以入土久，色褪而成灰白，然凹处青未褪尽，乃古之明器。北齐颜之推《家训·终至篇》有云："粮罂，明器，故不得营。"粮罂者，以盛米至圹中，估客谓之衣饭瓶，往往出土江浙古墓，与晋纪年砖同见；圆而身高，凸口，长颈侈腹，圈足，露胎；高四十八公分；口径七公分；底径九公分；腹围四十一点五公分，径围二十一点五公分；颈上凸花，而自口以下，绕以蟠螭；螭之下，一面鸡，一面鹿；又下，则依稀是人立者十三；皆凸纹，以与腹界；纹饰形制，仿古铜器而稍变化，古趣盎然！自然开片，细碎成鱼子纹。

三、唐越窑脂盝

连盖高四公分，盖与底同高；口径五点七公分；底径四公分；揭釉，色缥，有土锈，形圆似合；乃妇人妆具，以盛脂粉，所谓脂盝也；底足露胎，虽经入土，而细洁作玉色，乃越窑之征，以越窑澄白泥而为胎也。上下墙作直线条，仿铜器之直凿纹；而盖上凸花，菊枝袅娜，形制朴拙。唐陆羽《茶经》称："越瓷青。"而《唐书·李德裕传》：奉诏浙西供脂盝妆具；知指盝为越窑之特产。越窑在浙西道越州，今浙江余姚县上林湖。

四、越唐窑饭碗

高五点二公分；口径九点八公分；底径三点二公分；揭釉与脂盏同缥色，有土绣，以其覆而烧成，碗口无釉露胎；底有圈足，足内无釉，露脂泥细洁作玉色；底有螺旋纹，碗内底有划花，虽草草数笔，而折枝袅娜，碗外有弦纹四、五，如古铜器中弦纹鼎弦纹壶所见。唐瓷已渐妍丽，而朴古之意未堕！民国二十三年甲戌，浙江余姚发见一墓志，瓷质，为唐长庆三年所造，其釉浅青，而细润正与此同。

自来著瓷史者，推极宋瓷；而唐以前罕及，以其器不多见；今则出土渐多，然而汉多唐少，以其薄脆易碎！大多唐以前瓷，粗朴类古陶，多缥青色，底足露胎，与宋瓷同；而拓釉，不如宋瓷蘸釉之浓润淋漓，挂釉至底，而如泪之垂也。宋以前瓷，以笔拓釉，较薄，至宋而改为以胎倒入釉缸蘸，谓之蘸釉，浓润矣，而苦于不能到底！旋又改为吹釉之法，截竹为管，嘘气匀之。蘸釉者，其釉厚而浓。吹釉者，其釉薄而匀。宋元遗瓷，多见蘸釉，而明以后，则无不吹釉矣！

五、宋均窑朱砂红观音

高三十二点五公分，宋初京西路均州所造；今河南禹县也。性坚体重，釉具五色，浑厚浓润，以红若胭脂朱砂者为最，青若葱翠、紫若墨者次之。初制者，色纯，无少变杂；后制有青紫相错如垂涎，皆烧不足之故；而世人往往尊视此种！此观音像朱砂纯红，尚系宋初制品，惜手指稍断！

六、宋均窑如意尊

小口，短颈，大腹；高十七公分；口径五公分；底径六点五公分；

腹围三十九点五公分；胎泥露白，均案胎泥，有白，有灰，有红，有黄；而白者最上，蘸釉青葱而浓厚，如豚脂之融而下垂，凝于器底，成不规则之弧线，露底煮熟羊肝色；自肩以下窑变，濡红淋漓，如牛肝马肺；而口缘微黄，则以釉含风化玛瑙成份之故。北宋瓷釉含玛瑙，无论何色，器缘翻黄；虽白器亦染黄色。南宋则晶玉所化，自含冰雪之姿矣！明釉含玉质，斯腴润而浑含。清瓷含宝石及水晶，则瘦硬而闪烁矣！

七、宋黑均饭碗二件

均窑附近之神垕山，烧窑制器，胎白带褐，而釉黑，称河南乌金釉。磁州窑亦有黑釉，惟不如河南乌金釉均之亮润；而皆粗厚，意取坚牢，供日用品耳。此器敞口，小足，高九公分；口径十一公分；底径四公分，蘸釉，如口缘黑里翻黄，亦以釉含风化玛瑙成份之故；底足露胎，灰褐粗糙；而釉黑似漆，明似镜，须眉毕现，而浑厚浓润；外纯素，而内凸绘厥鱼一尾，圉圉洋洋，水藻交萦，作银灰色，相传珠粉所绘；黑白相映，古器盎然！宋碗，往往口敞而足小。

八、宋龙泉窑粉青暗花大盘

龙泉窑，在两浙路处州龙泉县，今浙江龙泉县也。其器敷海水绿之厚釉，色如春草初碧，昔人比之葱芽。县人琉田某氏建造，宋人呼为古龙泉瓷，以别于后出之哥、章二窑青瓷，哥窑有纹片，细碎如鱼子状，而龙泉窑无之。哥、章二窑紫口，铣足，而龙泉窑无之。哥、章二窑土细质薄，而龙泉窑土质颇厚。哥窑色青，浓淡不一；章窑有天青、翠青、粉青诸色；而龙泉窑青色，亦分深浅。此盘乃其浅者，口径三十二点三公分；底径十四点七公分；高六点五公分；中心有荷花带实之圆图案，墙凹凸作直线条；折边，缺刻成菱花形，形制古雅；而底露胎红润，相传用紫金水调白泥，骤观之似红泥，此乃龙泉窑之特征也。清雍正间，令景德镇御窑，仿造各种均器；底款篆文“雍正年制”。以及乾隆间，景德镇御窑监督唐英，仿有龙泉宝烧一种，底款“大清乾隆年制”；皆土细而质薄，后来居上以胜宋器！余旧藏龙泉水盂，乃端陶斋故物；青色视此盘为深，而益粗朴；揭釉，泥胎半露似陶，亦无纹饰，乃唐器也。

九、宋东窑水盂

东窑，在京东路开封府陈留县，今河南陈留县也；为民窑，青器，有碧青、淡碧青、油青，仿汴京宫窑，而欠浓润。此盂淡碧青，碎纹，色似暗淡，而窑变翻红，闪耀灵活，倍增古艳；其胎白中透灰，乃东窑特征；高七公分，口径四点五公分，底径九点七公分。

十、宋汝窑影青暗花太白大尊

仿古铜器尊彝，颈有三缘纹带；绕腹三蟠螭，浅凹雕，加釉以成所谓影青。影青者，谓浅雕花纹，而敷以青白色之釉，以反映出青色花纹也。釉汁莹厚而明如镜，螭纹依稀隐约，而纯静深穆，对之矜平躁释，口缘翻黄。汝窑，在京西路汝州，今河南临汝县也，创于宋徽宗大观元年，造青器，兼综南北之长，乃采定窑划花、印花之技巧，而敷以南方龙泉哥窑之釉色；其火候适中者，为粉青，如此器是也。其火候稍过者，谓之月白；而火候太过者，则成油灰；色至油灰，即起惊纹如乱丝；汝窑本不开片，而起惊纹者，则以火候太过耳！宋瓷绝少款识，惟景德镇官窑造青器，底有“景德”年号款字，乃真宗进御，亦极罕见！而此器底有楷书“宣和”二字，烧在釉内；高三十三点四公分；口径、底径各十一点六公分；腹围六十五公分。余藏汝窑印泥盒一，盖极墙浅凹雕游螭，底烧釉内“宣和”二字，楷书，与此器同，而色则火候稍过之月白也。故宫博物院藏有清雍正仿汝粉青虬耳壶一，底款“大清雍正年制”，篆书。

十一、宋土定观音大尊

土定出平阳窑，在河东路晋州，今山西临汾县；胎色黄而制仿河北路定州之定窑，惟不如定窑之洁白似粉；所以定窑称曰粉定，而平阳窑则称土定，其釉光而且润，细而发黄，多有蛇皮纹①开片；伪者色稍闪红。定窑薄且轻，土定粗而厚。此器仿古铜器之尊，颈有纹带，作素凸图案；胎厚而釉黄润发亮，蛇纹开片；高三十六公分；口径八点六公分；底径十三公分；肩部最宽，围六十一公分。

十二、宋永和窑衣禄碗

高六公分；口径十二点五公分；底径四公分；葬器；上粘一红纸笺云：“宋朝永和窑内紫金釉，芝麻浆，粉色，铁脚底，宋衣禄碗，珍贵之品。柯氏藏。”疑武昌柯逢时家物也。永和乃宋江南路吉州之一镇，今江西吉安县地，在宋有二窑：一曰碎瓷窑，土粗且硬，体厚而重，其色多未及粉青二色；其造法系用滑石配釉，再以低黑土及赭石擦后揩净，即隐含红黑纹痕，细碎可观，然而粗器。一曰吉州窑，胎薄而器精，与哥窑同价；以白器为主，兼制紫釉；而白器亦多紫花。此碗倚测粗硬，疑碎瓷窑出品；然蘸釉垂泪，露胎铁足，与均器同；而察其釉色浓黄，糁金点，间以黑纹；碗内底心，黑丝纹错综放射，璀璨浮耀；碗外滴釉淋漓，耀黑含英，发光颇为奇丽！

---

① 纹，原作“文”，今改正。

以上单彩类

十三、明五彩龙耳扁方尊一对

有古锦匣；高十四公分；口径纵四公分，横五点一公分，底径同；肩部最宽，径纵六公分，横七公分；式仿古铜器扁方壶，颈施两耳，作夔龙首，而全身施以彩绘。粉绘为明瓷重要之发明，有釉里彩，有釉外彩。釉外彩，先敷釉而后彩绘；釉里彩则反是，而彩外釉先起。此釉外彩也，上下四面，绘婴戏图六种；穷态极妍，母子依依；色泽古茂，人物有神，而两瓶骈列，四面人物，左右向背，无不对称，不差丝毫，尤征技巧！余年六十，予季孙卿贻作纪念。

十四、明成化蓝白瓷汤碗

高七点五公分，口径十五点七公分；底径六点二公分；敞口折边；底有“大明成化年制”款识，网以双圈线纹；瓷器纪年，至明始盛。宋瓷釉含风化玛瑙成分，所以器口釉薄，略闪黄色，而明瓷釉含玉，益以白润朗丽；白釉玉洁，青花冰清；绘婴戏图，已近脱胎透釉；碗外之花，碗内透见。青深浅相间，至三四层；淡描青固幽清绝伦，而如假山，如树干，如花叶，如栏杆，如发髻衣褶，无不深青浓染，骤见灰暗；而一映光，则通常视为灰暗之青，英华发外，益觉鲜艳无匹！青花器以瓷质洁白，蓝色分明者为上；蓝带绿晶，其年必久；此器蓝带绿晶。

十五、明成化二龙戏珠五彩炉

釉外彩；仿古鼎，连耳高十一点二公分，三足，有直立耳；沿口作雷回纹，中有“大明成化年制”款识，色彩颇欠朗润，成化五彩，继美宣德；青用南洋输入之苏泥勃青，红亦鲜红，而彩料精奇。此器青既暗晦，而红以矾红，民间用器；口内绘彩蝶为记。

十六、明万历五彩兽耳如意小尊

高九公分；釉外彩；底有“大明万历年制”款识；色彩浓艳，蓝颇冰润，而红则矾。矾红始于嘉靖朝，以鲜红器烧造艰，改制矾红色也。

十七、明白建杯

白建出福建德化窑。建瓷有紫建、乌泥建及白建三种：紫建、乌泥建，皆宋建。而白建后出，为明，滑润如象牙；器多凸花，此杯敞口狭底，作菱形，凸花老树两干；云中有龙有鹤，树下有虎有鹿；花纹形制，与波西尔《中国美术》第七篇之第十图中一杯同，高七公分；口径纵六点五公分，横九公分；底径纵三点五公分，横四点三公分。

十八、明仿宋弟绿梅口瓶

腹大而口小颈长，仅能插梅枝，故名，高十三点二公分；口径二点二公分；底径四点二公分；腹围二十七公分；紫口，米汤底；深绿、碎纹；俗或谓之绿郎窑。惟许之衡《饮流斋说瓷》称：“有所谓绿郎窑者，色深绿，葱翠可爱，满身细碎纹片，实则明仿弟绿之品也。”辨之最明。

十九、清康熙孔雀绿梅口瓶

孔雀绿，为康熙年间景德镇御窑监督臧应选新创之一特色，亦名蓝玉色；又以其色与翠鸟之羽相似也，瓷书称曰“翡翠”。其釉由铜硝之化合物制成，艳美而精纯，作细碎文，此瓶碎纹如鱼子细，而釉色艳美溢目；高十七公分；口径二点四公分；底径三点八公分；腹图二十五点五公分。

二十、清雍正蓝白如意尊

高二十五公分；口径七点五公分；底径六点八公分；腹围四十二公分；底有“大清雍正年制”款识；画《西厢记》“琴挑”一折，古拙苍茂，工而带逸，染青，楼台树石，人物仕女，衣冠髻发，钩廊青染，深浅相间，焕彩闪光，可与明成化蓝白瓷汤碗媲美！然而明青①细，染瓷无痕；清青粗，染瓷有迹。明青浑含，清青闪烁。

廿一、清乾隆粉底五彩美人肩大瓶一对

高二十九公分；口径七公分；底径同；口沿叠云垂珠图案；底沿雷回纹图案；自肩以下，工笔画《西厢记》“长亭”一折；楼台人物，两瓶对照；左右向背，一色无二；设色鲜妍，脱胎透釉；底有“乾隆年制”款识。

廿二、清乾隆圆琢洋彩蛋壳瓷碗一对

圆琢洋彩者，中西文物交流之一成功；而特创自乾隆年间，景德镇御窑监督唐英者也。英尝奉敕撰《陶冶国说》二十帧，各系以说；中第十七为圆琢洋彩，而系之说曰：“圆琢白器，白彩，绘画仿西洋，曰洋彩；选画作高手，调合各种颜色；先画白瓷片烧试以验色性火候；然

① 青，原作“清”，今据初稿改正。

后由粗入细，熟中取巧，以眼明、心细、手准为佳；所用颜色，与佛郎（地属德国，以出白瓷著名）色同。调法有三：一用芸香油，一用胶水，一用清水。油便渲染，胶便拓刷，清水便堆填也。”于时，景德镇有洋器作。洋器之用滑石作胎骨而工值重者，曰滑洋器；以其薄如蛋壳，亦称蛋壳瓷。然洋器之用滑石者不多，而用坯泥作胎骨，工值稍次者，为粗洋器；画法渲染，悉用西洋笔意。此碗为滑洋器，其白如羊脂，其薄如蛋壳，脱胎透釉。意大利教士郎世宁画一西洋女郎席草地坐，手拈折枝一花；仰视蝴蝶一双栩栩。上题诗曰：“折花忽逢双峡蝶，独坐芳园聘多时。”后有朱文“世宁”方章。此中西文物之艺术交流，征见于瓷者也；底有“乾隆年制”款识，高六点五公分；口径十四公分；底径五点四公分。

（己）旧砚七件

一、清萧一组琢荷叶大砚

圆而带匾；径纵三十公分，横三十六公分；因材取势，琢成一大荷叶，叶缘上卷成池，叶底镌铭曰：“乘太乙槎，可校吾书。击佛图钵，可催吾诗。盖莲叶自田田也，而石之坚锐如之！大清乾隆癸丑春，楚澴王宗璟题。”行书，下两小方章，朱文“石庵”，白文“宗璟之章”。叶背记者三人：一楷书镌曰：“康熙壬子冬月，萧一组喜如手镌。”下白文“一组私章”，方形，盖始琢砚之人也。一行书镌曰：“笔最勤，墨次之，砚其郭也。岂非静者寿而动者夭乎？吾于是得养生之术焉！松庵书。”下白文“松庵老人”一章，方形。一楷书镌曰：“松庵书法，于兹一见！陈传礼。”后白文“传礼①”一章，方形。

后篆书镌“百砚斋藏”四字；百砚斋者，王宗璟自名其所居也。宗璟，字楚澴，又号石庵，湖北孝感人，富收藏，尤喜聚砚；

① 原文为“体”，疑为“礼”，今改正。

遂以百砚名其斋。余见宋米芾铭端砚，背有明人王宠行书题数行；明顾见龙铭蕉叶白砚；清熊赐履铭歙红丝砚；皆镌“百砚斋藏”字样。

二、清梁山舟用长方小朱砚

纵八点一公分；横四点七公分；背上半镌一扇面，中梅花一树；下半方廓，中行书铭曰：“一片之石，三寸之翰；物不在大，取其便也。八十三老人山舟。”山舟老人，梁氏，名同书，浙江钱塘人，书法出入苏、米；乾、嘉间，名驰海外，日本、朝鲜、琉球诸国贡使，争以重金购之。

三、清陈簠斋藏长方大端砚

纵十八点二公分；横十二点五公分。紫端，有鸲鹆眼；极润腻，乃标准品；面镌仙人刘海喜钓蟾；背镌云中翔凤。两侧：一侧镌汉砖文“宜子孙，大吉利”，款署“黄小松所藏本，牧父手摹”。一侧名曰：“山川之精，宇宙之英！琢成无税田，培成丹桂根。”行书，下署“簠斋藏”。簠斋，陈氏，名介祺，字寿卿；山东潍县人；善鉴别金石古器；同、光间，称海内收藏第一。世所称第一铜器之公毛鼎，即出其家。著有《簠斋吉金录》。

四、日月大歙砚

纵二十三点五公分；横十三点三公分；细润发墨；面刻七弦琴；背因琴轸作足，中突起作瓦当式，内一亚字形，廓内篆“日月”二字，绕以象形文四字，待考。

五、石鼓文砚

纵十三点二公分；横八点六公分；背镌石鼓文；而音训则镌于正面池中。原十鼓全，今只剩此第七鼓。

六、云南大理石砚

七、湖南辰坑砚

（庚）旧墨六件

一、清蔡升元康熙甲子藏谷璧

圆形；径五点五公分；仿古谷璧，中有一孔；一面凸雕谷纹，一面大篆“谷璧”二字；侧边有“康熙甲子年蔡升元珍藏”款识。蔡升元，浙江德清人，康熙二十一年壬戌状元，授职翰林院修撰，以鼎甲高科而恬退不乐仕进；方由修撰迁中允，即以母老告终养。至四十二年癸未，康熙四次南巡，升元迎觐嘉兴，奏对久之，翌日得旨：“蔡升元在讲筵甚久，家计甚贫！赐银六百两为葬亲费，事竣即来京。”墨署“甲子”，则康熙二十三年也。

二、清王道远乾隆辛未贡墨

长方；纵十三点五公分；横九点七公分；有紫檀盘承之；一面仿博古图凸雕一盉，饕餮纹；上有盖，右有兽头之把，与盖相系以链；左在兽头之注，略似今之酱油壶；而下有三足，用以盛酸咸甘辛苦之苦味；名之曰盉者，盉之为言和也，所以调和五味也，盖三代铜器之一；而一面凸雕钟鼎文而系以释文，为（立旗形）孙。边侧：一侧楷书记“乾隆辛未年仲春月”，一侧记“臣王道远造”。

三、清嘉庆碧琳馆制墨

取意“碧琳”二字，两面凸雕丛竹，下倚假山，上拂层云；纵九点六公分；横二点八公分；形长而缘凹凸，式尤古雅。

四、清嘉庆飞云轩制墨

纵九公分；横三点八公分；形长而六角，略似菱形；一面凸雕云龙，一面云濛楼台。

五、清同治甲子梁惺吾制墨

纵七点五公分；横一点八公分；金字，一面楷书“同治甲子孟春番禺梁惺吾制”，一面分书“隶华书屋书画墨”；侧有“徽州胡开文造”小字一行。

六、峄山桐

纵八点八公分；横一点五公分；仿琴在囊，囊以金制而有菊花纹；一面楷书“峄山桐”三字，涂金，侧有“胡开文制”小字一行。

以上六墨，有历史性，有艺术美，不同常品。墨须渐废不用，然吾国用墨作书，过二千年，而以造墨名家者，历代多有。故宫博物院藏有南唐李廷珪墨，珍同拱璧。明人程君房，方于鲁两家墨，亦为四宝。程氏墨图绘工细，出自人物名家丁南羽手笔；然后铸铜以成范；山水花鸟，细入毫芒。而方氏墨形制花纹，斗新角异，上自符、玺、圭、璧，下至杂佩，无不应有尽有。姑检所藏以代表文物之一。

（辛）古拓十一件

一、桐城吴廷康问礼庵藏商周礼器拓片横幅

凡四器；中商父乙尊一，字①丁簋一，周令史颂德鼎一，宎子伯簠一；器连文字拓，其器皆满雕蟠夔饕餮纹，为三代标准铜器。上有记曰："吾乡李伯时精鉴三代彝器，博识古今奇字，白描图绘全器；基宣和之粉本者，均有开必先矣！余不敏，忝附乡末；性嗜篆籀，博习五十寒暑；虽历沧桑，年逾古稀，犹不时钩拓，摹绘形影，监治成幅，心摹手追，所得已不少矣！所幸各省友好，时以新出吉金，纷以见视；耳目从此益广！临池精熟，升平复睹，眼福益茂；岁月不曾虚度，寝馈于斯，犹未艾也！龙飞同治甲戌展重阳，桐城吴鼎康题于问礼庵，时年七十有六矣！"下有白文"吴印廷康"、"康父"两章。吴廷康，字康父，安徽桐城人，亦号龙眠山人；工篆籀，精鉴别而富收藏，尤多藏砖。此幅署："同治甲戌"，为同治十三年。而阅戴正诚撰《郑叔问先生（文焯）年谱》，载：光绪六年庚辰，桐城金石家吴康父大令（廷康）时居杭。先生夙慕其名，以秋游武林，晤谈甚欢，赠龙眠老人歌一首。则吴氏年八十二，尚健在而游四方也。

二、商立戈父癸觯拓片

器连文字拓，未裱。

---

① 字，初稿本作"子"。

三、汉长乐未央宫瓦当拓片

未裱。

四、汉蟠龙瓦当拓片

未裱。瓦当有文字者多，而雕绘者少；边镌“宜都杨氏家藏”，当系杨守敬家物。杨守敬，字惺吾，湖北宜都人，自少好治碑版考证之学；清光绪间，随香山何如璋、遵义黎庶昌出使日本；知吾国孤本秘笈，多流日本，而国内以佚；旋交其医士森立之，见其与涩江道纯同撰之《经籍访古志》，乃按志搜采，而藏于好古家者，不可以金币得；属有天幸，守敬行笈所携之古金石文字拓本，多日本汉学家所未见，争以藏书相易。日本人言“我国书法之不囿于唐欧宋苏，而知趋向六朝，寔自杨氏启之；而为日本书道界之一大革命”云。时日本明治维新，唾弃汉学，所有经史善本之为国内不经见者，亦充塞坊肆；惟守敬之所择，每得一书，即为考其原委，而成《日本访书志》，满载以归。既而日人大悔，其后四十年，日人岩崎氏以日金十一万八千圆，购归安陆心源皕宋楼藏书归国；岛由彦桢撰《皕宋楼藏书源流考》，追述其事，以为足相报云！

五、汉史晨前后碑明拓全本两幅

此极珍罕，国内当无几本！据东武王维朴《商盉堂金石丛话》，自诩：“史晨前后碑，明拓本，孔虞金故物。孔，嘉、道时人，曾题跋《说文统系图》。此本‘秋’字泐甚轻；‘宫’字仍未泐为‘官’。”今吾此本，不但“宫”字未泐为官；而前后碑许多“秋”字，无不完好；

不惟泐甚轻而已！日本景印《书道全集》第二册著录《史晨碑》，“秋”字未泐，“宫”字依旧，同我此本；然以相校，前碑“出王家谷《春秋行礼》”之“谷”字半泐，“春”字全泐；后碑“既至升堂”之“升”字全泐；“春秋行礼”之“春”字微泐；“南注城池”之“城”字泐“丁”之一笔，而我此本无不完好。前碑幅下端，收藏章自右而左，有“吴大澄印”、“愙斋”两章；“寄舫审定”一章；“赵之谦”一章①；“吴氏让之”一章；“张之万印”、“子青”两章；“何绍基印”一章；“覃溪”、“苏斋”两章；及“平斋审定”、“两罍轩收藏吉金之印”两章，皆著名金石家。后碑尾有张廷济叔未以朱笔题诗曰：“好古吾成癖，奚囊到处随。披云探旧迹，剔藓读残碑。玉篆摩秦汉，蝌文变籀斯。千秋留宝墨，师法在临池。叔未张廷济漫题。”下白文“叔未”长方章，亦以朱笔描成。诗后又跋曰：“此幅乃史晨后碑，即刻于前碑之阴。《隶释》云：‘前碑再奏请之章，此碑叙飨礼之盛。’其补垣墙，治渎井，种梓守冢，皆在飨庙之后，字画亦大小不等，盖史居孔林中事，不一书也。叔未识。”下朱文“廷济”方章，亦以朱笔描成。又记两行曰：“余细察观此碑拓手，却在明代无疑；盖玩其墨色纸本，非近世所能焉，志以质之；为然否？叔未再记。”下朱文“叔未”方章，亦朱笔描。章与题字一色朱，迄今百余年，朱色粲然如新！张廷济，字叔未，浙江嘉兴人，执贽于仪征阮元之门；嘉庆戊午解元，公车数报罢；遂结庐高隐，以书画金石自娱；所居曰清仪阁，收藏之富，与阮元之积古斋颉颃；著有《清仪阁金石题识考证》，尤称精核。

六、隋开皇三年造像拓本

未裱。有白文“簠斋藏石”方章。簠斋，为陈介祺之别号，见前；收藏甲海内，筑簠斋以珍弆之；凡三代彝器数百件，三代陶器亦数百

① 原文缺“一章”，今补上。

件，周、秦、汉、魏印万余，秦诏版十余，乃至六朝造像亦数百，从来收藏家所未备也。

七、唐墓志两种合册

一李文，以唐高宗永徽二年卒，麟德元年葬；后有张汉仆一跋，据志以纠金石评考之谬。又一刘守忠，卒葬年月已泐。

八、唐三塔寺碑

在云南大理，乃唐玄宗开元中元南诏所建；其时云南未入我版图也。碑已剥蚀，文字可辨无几。而塔内梵文一碑，未经风雨而完好，然普通金石著录，往往遗之。未裱。

九、明华中甫刻《真赏斋帖》上中下三卷拓本全十一张

未裱。此帖乃明嘉靖中吾邑华夏字中甫以家藏钟、王墨迹，倩长州章简甫钩摹上石。章简甫，名文，号篔谷，以字行；工书，尤善钩摹上石，与文征明同里。征明以书名一代，而所书非简甫刻石不快！一时如祝允明、王宠、陈道复及彭年，皆名书家；有所书，亦必属简甫，无不人人各当其意；简甫他所摹刻，华氏《真赏斋帖》而外，有陆氏《怀素自叙》，孙氏《太清楼右军十七帖》及文氏《停云馆帖》，其能夺古人精魄如生动！太仓王世贞撰《章篔谷墓[①]志铭》，极意扬诩，见《弇州山人续稿》卷九十一。而《停云馆帖》之唐人双钩王方庆所进王氏右军而下十帖，以及三希堂之钟太傅《荐季直表》，皆出《真赏斋帖》。王世贞《弇州山人四部稿》卷一百三十三跋真赏斋曰：“《真赏斋帖》

① 墓，原作“摹”，今改正。

三卷：第一卷为钟太傅《荐季直表》；初在苏城沈启南所，李贞伯、吴原博俱定为真迹，后归吴氏。第唐以来落何人手；不入天府及窦暨《述书赋》，肩吾、怀瓘《品》、《断》中。又卷首有米芾印；芾自言："生平睹真迹，自晋而止，无汉魏者。"宝章各待访诸录，亦不及太傅，此为后人妄益无疑！结体虽与《宣示》、《墓田》少异；余赏评之：隶法十六，楷法十四，要非二王以下人手！第二卷右军《袁生帖》，妙甚！徽宗时进御者。第三卷唐人摹王方庆进先世书，凡二十八人；其存者谨此，内右军二帖，有篆、籀、隶、分法；暗淡古雅，出蹊径之外！余帖虽有刚柔擨瑑之异，种种可玩！沈启南尝从华氏乞得文征仲双钩。复刻停云馆中，此华氏本也；摹本既精，拓法亦佳，为尔时法书第一。"而帖中附刻宋人岳珂，元人陆行直、郑元和①、袁泰、张雨，明人李应祯、吴宽、文征明诸人跋，亦征流传有自。其中钟太傅《荐季直表》、右军《袁生帖》，及唐人摹王方庆进之右军《姨母》、《初月》二帖，见《书道全集》第五册，皆云"采《真赏斋帖》"。而钟太傅《荐季直表》首行标题之"候"字、"季"字、"表"字，标题下朱文"陆行直印"之"行"、"印"两字，眉间"米芾之印"之"米"字，表文第一行"臣自遭遇"之"自"字、"遇"字，第二行"建安之初"之"安之"二字，第十二行之"臣愚欲"三字，末行署名之"钟繇表"三字，右军《袁生帖》第一行"一一为慰"字，皆损；或全模糊；或点划剜。此帖则竟体完好，字字锋棱如新！

十、清何绍基《金陵杂咏诗草》石刻

何绍基，字子贞，晚自号猿叟；湖南道州人，与湘乡曾国藩同举道光丙申进士，官翰林院编修；书根篆分，会通欧阳率更父子、颜鲁公、李北海、苏东坡诸家，自成一体，而以结有清三百年书家之局，蔚成风

① 和，或作"佑"。

气；其书早年仿北魏，致力于《玄女碑》[①] 甚久；通籍后，始学鲁公，悬腕作藏锋书，日课五百字，大如碗，横及篆、隶，晚更好摹欧阳，故其书沈雄而峭拔。此《金陵杂咏》三十二绝句，又五绝句草稿，乃寓贻曾国藩者，尤于恣肆中见逸气；往往一行之中，忽而似壮士斗力，筋骨涌现；忽又于衔杯勒马，意态超然；尾署："同治甲子季冬月九日"；同治甲子，乃同治三年，太平天国以是年六月亡，而曾国藩入据南京。绍基以同年故人作揖客；大兵之后，访旧伤乱，而感慨兴废，往往加注，亦颇有资于文献。

十一、狼山观音岩刻历代观世音画像拓本全十张

自唐阎立本、吴道子以下，宋贾师古、牧溪、阙名，元钱选、赵孟頫、赵雍、颜辉，明仇英、徐渭、夏泉，清陈洪绶、道济、华岩、净符、读体、周之恒、元弘、禹之鼎、徐灿、金农、罗聘、冯箕、施王仁、陆瀚、如山、顾麟士、王震、张善子，凡三十人，三十二像；其中吴道子有三像，由铁线描，而蓴菜条以至兰叶描，无不备，可以见历代人物画之演变。刻既选手，拓亦清朗；后附张誉书《观世音经》、僧智憧书《大悲心陀罗尼》各一纸。近以战乱频仍，石渐损泐；此南通费范九先生所赠，尚系初拓也。未裱。

（壬）书画墨迹二十三件

一、唐王维[②]《秋江待渡图》直幅

纸本。从前为英国女子陶美所收。陶美毕业伦敦画学院，而来研究中国画；一日，晤余婿石声淮，为言："此图苍古之中，寓以秀好；人

① 即《张黑女墓志》。
② 维，原作"为"，今改正。

物生动，意趣简远，明丽洒脱，西洋所无！”婿归以告。余以画圣笔妙，罕而益珍，代远年湮，无论真赝，必当为祖国争此一纸以俟论定。遂归于余；展视，缋秋江待渡，两岸红叶错绿。右岸停一舟，舟子拄以篙，一童扶叟垂登，而行囊已在舟中。左岸四人，则待渡者。岸边一叟望对岸，右手持杖，而举左手若招。一人侧身倚树，把以左手，而反背右手，亦向对岸而望；身后一童，负琴囊而望对岸。一叟则弛担席地坐而望岸。此叟之后，有小楷两行，曰：“开元壬戌秋九月中瀚，画秋江待渡。太原王维。”作率更体，细如蝇头。而对岸一望，遥山层叠，近山[1]远霭，村舍历落，可望而不可即。上有王安石题绝句：“山色青空翠欲流，风流掩映暮江秋！茆茨落日寒烟外，对岸行人待渡舟。临川王安石题。”行楷，下白文“王安石印”、朱文“半山”两方章。又朱熹题七言古曰：“大江东西渡南北，轻舟日送劳生客！汀州薄暮霜满林，未渡支节看山色。山色无古今，行人几来往！王公妙迹咫尺间，写尽江天足幽赏！前通三年岁次丁亥春三月七日，观于吴郡范氏石湖斋中，因题。朱熹。”下朱文“晦翁”长方章。范氏石湖，谓范成大；此图藏其斋中，出视熹而因题，与王安石绝句皆隽妙，而检本集无之。入明，为项元汴家所有；有朱文“天籁阁”、“项子京家珍藏”长方章；“子京父印”、“墨林珍赏”方章；白文“墨林项季子章”横方章，遍印四角。轴首另幅元人顾安题诗，首行标题“唐画圣王摩诘秋江待渡图”十一字，其诗曰：“青山植圭璧，崇崖耀金紫。澄江澄无波，霜林灿如绮。归人望茆茨，伫立江之涯。扶杖来何迟，暮色已如此。岂不念安居，毋乃天所俾。薄田入几何，科差殊未已。怀哉鹿门翁，足不履城市！”诗后跋曰：“摩诘此图，用笔遒丽，设色妍雅；其点缀人物篱舍，丹枫翠巘，与余曩见摩诘翁所作《辋川图》同一法度，且有朱晦翁、王临川二公题咏，逾足称艺林瑰宝，漫题俚句以志眼福。至元庚辰夏仲之望，观于吴门，因题。淮东顾安。”下白文“顾安私印”、朱文“定之”两

[1] 山，原作“青”，今改正。

方章。余诵其诗，融情入景，寄慨劳生，妙得风人讽谕之旨。摩诘图或出临本，而顾安之题字无疑。顾安，字定之，仕为泉州路总管府判官；善墨竹，有文与可风；作行草书，行笔亦圆熟，见王世贞《弇州山人续稿》卷一百六十二题《元名人墨迹》。故①宫博物院藏顾安《拳石新篁立幅》。然顾安以书画著，而诗绝罕见；不意沨沨移人乃尔！故宫博物院藏有宋本《南轩文集》，卷首模刻朱熹序稿手迹，景印《故宫周刊》第四十九期，草草如不经意，而姿态溢出，正与此图题字同一笔意，大小亦仿佛；则摩诘图亦未必遽出临本，纵出临本，而有王临川、朱晦翁之集外诗，有顾安不经见之诗，无不吐属隽妙，亦足以拾文献之缺，而出以珍护也！董思白谓："文人之画，自王右丞始。"盖摩诘使用渲染，一变拘斫之法，遂为南宗开山，而遗墨传世以仅存者：一《伏生授经图》，一《高仕碁图》，一《雪溪图》，一《江干雪霁图》。四者皆人称剧迹，彰彰耳目！其中《高仕碁图》，有"项墨林父秘笈之印"长方章，亦曾藏项元汴家，而后转入清宫。《伏生授经图》，《宣和画谱》标题为"写济南伏生象"六字，左方上角有"宣和中秘"四字玺，徽宗所钤也，民国初元，为完颜景贤所有。景贤，字朴孙，满洲镶黄旗人，与端方游，精鉴赏，著录所藏，有《三虞堂书画目》；而《伏生授经图》，则以转售日本阿部房次郎，为爽籁馆中压轴之品。然明人都穆著《寓意编》，于此图颇有微词，谓："古人之坐，以膝着地，未尝箕股。而秦汉之书，当用竹简。今像乃箕股而坐，凭几伸卷，此则余所未晓！"《雪溪图》，洒粉为雪，焦墨作画，亦宣和旧藏；明季归董思白，有思白行楷两跋，然板滞似木刻，宋人米友仁已有讥评。至《江干雪霁图》长卷，思白推为海内墨皇，而谓："画绝工细，有轮廓，不皴染，而微露刻画之迹。"尚未脱拘斫之习，而不足以代表南宗。独此图出以渲染，而拘斫之法胥变；人物尤妙，行笔简率而精神迥出；疏逸之气，溢于纸墨；即非中郎真面，亦可窥虎贲之似也。

---

① 故，原作"启"，今改正。

二、宋岳飞草书七言联

得之破寺，纸已黯敝[①]而幸未破残；上款署“绍兴戊午秋八月下浣”，下款署“征西将军岳飞”，下朱文“岳飞私印”、“鹏举”两方章；行书“楚天不断四时雨，花气浑如百合香”两句；字大过半尺，振笔一挥，而有虚和之致，不为剑拔弩张，想见儒将裘带风流，与习见《出师表》书迹不同。岳武穆书，以草书诸葛武侯前、后《出师表》为最著。余旧藏石本四十一张，乃项城袁保恒所藏。同治间，湘阴左宗棠用兵陕甘；保恒以内阁学士帮办军务，而摹刻于陕西者也；余前年回里，检赠苏南文物管理委员会[②]。而墨本不一见：一本前、后《出师表》，分装两卷；裱头脱落；卷高一尺五六寸，长丈许；纸墨已极黯敝[③]，中有数行驳落；字大二寸许，峭健跳荡，不落当日苏、黄、米、蔡窠臼；而异军特起，特以瘦硬通神，飞行绝迹，如行空之天马，足以发其心中之豪逸！尾跋：“绍兴八年秋一月，至南阳，谒武侯祠，遇雨，宿祠中。读祠前石刻二表，不禁泪下如雨！道士出纸索书，军务多舛，辄作此以摅抑郁耳！岳飞走笔。”忠愤之气，洋溢纸墨！按史：绍兴八年三月，秦桧复起为尚书右仆射同平章事兼枢密史。七月，秦桧遣使王伦如金，定和议。而武穆则以征西将军为荆湖、江西兼荆南制置史，复襄阳及随、唐、邓诸州；先一年十二月，奏请出师中原以图恢复，久不报；宜其读武侯《出师表》，而感军务之多舛，泪如雨下，发愤一书也！尾有白文“鹏举”、朱文“岳飞之印”两方章，雄姿逸态，颇疑其真；盖倚侧倾险之态可摹，而生峭流动之气难能也！

---

① 敞，疑为“敝”。
② 此处疑脱一“会”字，已补。
③ 敞，疑为“敝”。

《前出师表》卷首署“精忠余波”四大字，楷参隶意；次以武侯半身像，高尺许；署“中行陈遇”，笔意墨色，与“精忠余波”四大字如出一手；盖四大字，亦出陈遇书也。又一本亦卷子，则仅《后出师表》，纸亦黯敝①而较完整；卷首篆书“宜尔子孙”四大字，有朱文“乾隆御笔”方玺。乾隆御览书画，多盖“宜尔子孙”之章，亦子孙永宝之意。次为岳武穆半身像，横额篆书“岳宗武公遗像”六字，侧款亦署“中行陈遇”。次为《后出师表》本文，武穆草书，戈森戟舞，最②后跋云：“绍兴戊午秋八月望前，过南阳，谒武侯祠，遇雨，遂宿于祠内。更深秉烛，细观壁间前贤所赞先生文词诗赋及祠前石刻二表，不觉泪下如雨！是夜竟不成眠，而坐以待旦。道士献茶□③出纸索字。挥涕走笔，不计工拙，稍舒胸中抑郁耳！岳飞并识。”后白文“岳飞之印”、朱文“征西将军”两方章。下角有白文“陈氏珍藏书画之印”长方章。其后左宗棠同治十年七月旬又一日跋称：“筱坞学士出视忠武岳鄂王《出师表》两巨轴，展视一过”云云。筱坞学士，即袁保恒；岂即保恒用以刻石陕西者耶？惜石本不在手头，无以勘定之！跋与前卷意同而词较繁。前卷署“绍兴八年秋一月”，而此署“绍兴戊午秋八月”；绍兴戊午即八年，秋一月当为七月，岂七月书前卷，而八月又书此卷耶？未敢定也！前卷诸葛武侯像，此卷武穆像，皆署“中行④陈遇”，当无人伪；以陈遇非甚知名。盖陈遇，字中行；元末，官江东书院山长，明太祖起兵，致之幕下；工写照，为太祖纪容，见明人会稽徐沁著《明画录》。然知其人者卒鲜；两像而外，他无传作也！此联上款署“绍兴戊午秋八月下浣”，当与《出师表》同时，岂亦南阳武侯祠中物耶？“楚天不断四时雨”，亦是遇雨即景口吻；而南阳在春秋时，固楚地也，似不偶然。

① 敝，疑为“敝”。
② 最，原作“入”，今改正。
③ 校对人注，原文为“□”。
④ 中行，原作“行中”，今乙正。

三、宋马远墨笔山水长卷

马远字钦山，河中人，生当南宋光、宁两宗朝，授画院待诏；山水、人物、花鸟种种臻妙，院中独步也！宁宗尤爱远画，每进一纸，则命杨后之妹杨娃题语赐两府。遗画仅存者：故宫博物院有花鸟《梅竹山雉》；有山水《秋泊闻雁》，皆团扇也。有山水《剡溪访戴》，册页也。有人物《秋江渔隐》，小立幅也。有人物《山僧对碁》，小横幅也。此外人物有《松厓孤生》小横幅，有《孔子像》大立幅；人物兼山水有《踏歌图》大立幅，景见上海有正书局出版《中国名画集》，如此长卷极少！而《孔子像》藏平等阁；从前客授上海时，欣获寓目；绢本，黯敝，而有破损，粗缕，与此卷同质；像之下右角署“马远”两字，亦与此卷署“远”字同一浓肥。此卷绢经裱工洗刷；然而墨色深入缣①里，淋漓滃郁。世评马远画多残山剩水，不过南渡偏安风景耳，又称为“马一角”。明成祖见马远、夏珪画，辄斥去，曰：“是残山剩水！”今展此卷，纯用水墨，水天空处，着以渔舟，一来一往，风波低昂，若迎若距；两厓渐展，重岩复障，万木亚风；而茀茨翛然，随厓错落；云气吞吐，极微茫杳霭，粘天无际之势，固不仅残山剩水之一角！王右丞诗云：“江流天地外，山色有无中。”是诗人极俊语，若不啻为此卷咏！吾尝挟短笻，登黄鹤楼，于轻阴薄暮时，置身黯淡间，云山苍茫，一江襟带；而峰峦出没，草树滃郁，恍然此卷之在目；而传神阿堵，正在含吐间；可以意会，而不可以迹求也！惟卷末有朱文“明昌御览”方玺，明昌为金章宗年号。章宗明昌元年，为宋光宗绍熙元年，经六年而改元承安，则为宋宁宗庆元二年。而远以光宗朝待诏艺院；及宁宗②受禅，后杨氏承恩握内政，有妹以艺文供奉内廷，凡远画进御及赐贵戚，必命

① 缣，原作“谦”，今改正。
② 宗，原作“宋”，今改正。

杨妹子题署，见陶九成《书史》；是为远得意之日，而此卷经明昌御览，则先流入金，当在宋光宗绍熙之日，故不及杨妹子题署，而声名早著；章宗钤玺御览，故不以残山剩水轻之矣！幸毋以绢损黯淡而狼藉之；画绢黯淡而画意渊永！从前见平等阁藏远《孔子像》绢本，同此黯淡也！卷首有朱文“武英殿审”☰☷双龙圆玺，“合肥李氏书画珍藏”长方章。而卷末则自明昌一玺而外，有白文“内廷画史蒲田吴彬文中画印”方章，白文“宋参军书画珍藏印”长方章，白文“曾经沧海”、“丹徒陈国华之珍藏印”两方章，朱文“苏氏家藏”椭圆章，白文“李氏珍藏”，白文“金亚泉”印方章。其中可考者，“内廷画史吴彬文中画印”一章。盖吴彬，字文中，明人；万历中，以能画授官中书舍人。故宫博物馆院藏有吴彬画《文杏双禽》立轴；《楞严二十五圆通像》册页，董思白、陈眉公为之题记，备极推崇者也。

四、元黄公望《北固山江山览胜长卷》

元画，黄公望与吴镇、倪瓒、王蒙，称四大家。四大家出，一变宋人董源、巨然以来之湿笔，而用干笔，又简单化唐以来之多色、重色，而为浅绛，于是元画自成一系以别出于宋；其中王蒙具体董、巨，倪瓒得笔荆、关；而公望与吴镇，则取神于董、巨，植骨于荆、关。公望，潘氏，亦名坚，继永嘉黄氏，字子之，号一峰，又号大痴道人；常熟人，居富春山，工山水，转益多师以自名家；其格有二：一作浅绛色者，山头多矾石，骨力坚苍；而设色则与墨色融洽为一，渲染烘托，蹊径都化。一作水墨皴纹，笔意尤为简远。故宫①博物院藏黄公望《雨岩仙观》一轴、《富春山居图》一卷，即水墨而取神于董、巨者也。其他名迹仅存者，则立轴之《天池石壁图》，为公望最得意之作，数峰天表，皴法如草隶，层峦叠嶂，长林映带，气象雄伟，直接荆、关之传，

① 宫，原作“公”，今改正。

与他画绝异。《松溪高隐图》，旧藏平等阁；石法树法，变化无穷，用笔于生涩处见纯熟，细密处见浑沦；作叶丛树苍茫，多而不乱。《芝兰室图》，则为卷子，画石仅钩廓，无皴法；画树仅点缀，无干本；石极澹而树又极浓，屋宇似木刻，又似小儿临帖，而和顺积中，英华发外；虚空粉碎，迹象难寻，而系以室铭，小楷而有隶意。董思白云：“此画之老以取力，此书之嫩以取态，皆变体也。”皆见景印本。而余藏公望两画，皆浅绛：一为册页，纸本，绘秋山行旅；峭嶂重崖，一线曲径；飞瀑自高峰陡折而下以贯板桥，桥上一叟扶筇，一担者负重前行；一童挟琴囊后随，自崖而上，用粗笔点染，气势苍茫，而千岩万壑，尺幅千里，款署“至正己丑秋日，写寄铁崖道契，黄公望”，有朱文“黄公望印”、“一峰道人”两方章。一则此《江山览胜长卷》，乃绘米芾《望海楼》诗意，而系以记，书于后左上角，其辞曰：“至正戊子中秋月，余同罗静修道人游北固山，过甘露寺。京口，乃古润州；昔米元章曾作州守，别号海岳；因建海岳庵望海楼于上。予仿佛对景写图；山光江色，雅澹可观，与静修斋中悬玩。道人神游海岳，观画，江山万里矣！元章之书画，人皆知之；其诗律之妙，人不皆知之！予爱其《望海楼诗》，妙绝，漫录如上：云间铁瓮近青天，缥缈飞楼百尺连。三峡江声流笔底，六朝帆影落樽前。几番画角催红日，无事沧州起白烟。忽意赏心何处是，金焦风月两茫然！”“大痴道人黄公望”下白文“黄公望印”、朱文“大痴道人”两方章，楷书出隶，古媚与《芝兰室铭》同迹。其画粗笔焦墨，浅绛设色，著意海岳诗起四句，刻划“望”字，中绘城墙再曲，危楼百尺，俯临江流，上接青云；而平田方罫，旗亭风帆，凭槛一望，樽前如接诗所谓“云间铁瓮近青天，缥缈飞楼百尺连。三峡江声流笔底，六朝帆影落樽前”者也。其他江中款乃，路上行人，古树虬屈，连嶂层耸；对景写图，随事点缀；仰则遥峦傅青，俯则枫叶炫丹，茆茨土墙，传明散彩；而四围之山，即目尽黛；苍然暮色，自远而至，与《富春山居图》，同一元气淋漓，用笔苍润，粹然以化！绢本。卷前

"乐意静观"四大字，署"戊子春日题，成亲王"，下白文"成亲王印"、朱文"皇十一子"两方章。后有两跋：一明人唐寅曰："米元章得甘露寺峻岭，作海岳楼，日观江云之变状；故其翰墨云山，日造奇①胜。元黄②子久敬为师匠，善摹其诗，便写出南宫气象，作诗中画耳！是卷江山奇胜，非子久画；此是丈夫胸怀物，何关笔墨耶！庚寅仲秋月之望，吴越唐寅识。"下朱文"唐寅"、白方"六如居士"两方章。一清人伊秉绶题诗曰："元章翰墨世称良，近代痴翁更擅长！海岳尚余清胜在，一江秋色两微茫！汀州伊秉绶题。"下白文"伊秉绶印"、朱文"墨卿"两方章。伊氏行书罕见，而出以隶笔，饶有别趣。

五、明杜琼山水立轴

绢本，水墨。杜琼，字用嘉，号鹿冠老人，江苏吴县人，世称东原先生，明经博学，太守况钟屡荐，不起；筑瞻绿亭于山圃，以画自给；山水宗董源，墨气滃郁，神韵迥出，然而画颇罕见！同郡沈恒尝从学画，亦入神品，即有明第一画家沈周父也。沈周画《采菱图》卷子；杜琼以成化七年辛③卯为题，而署"年七十又六"。此轴署"成化四年三月二十六日，东原杜琼"，则年七十又三作也。

六、明陈一章山水立轴

纸本，浅绛，树石苍润，而出以粗笔点染；笔气沈厚，不减沈周也！右下角细楷端书"崇仁陈一章"；下"朝"、"山"两方章，朱文盖其字也。画家浅绛，始于董源；成于黄公望；谓之吴章。至明中叶，沈

① 此处原脱一"奇"字，据初稿本改。
② 黄，原作"皇"，据初稿本改。
③ 此处脱一"辛"字，已补。

周与文征明，遂成专尚；浓艳如金碧，淡韵如白描；水墨间一为之耳！陈氏亦衍其绪，而特媲于沈。

七、明吴嘉佑山水立轴

绢本，设色。同一写意画，而陈一章出元，骨力坚苍；吴嘉佑仿宋，风貌松秀。遥山数峦，风柳几枝，浅草平沙，笑语春容，右上角题曰："绿杨隐隐草萋萋，昨夜东风雨一犁。流水桃花人语外，柴门鸡犬夕阳西！仿赵大年法于京华读月酌花之馆。海涌峰樵吴嘉佑。"傍白文"韵之"方章，盖其字也。赵大年画，平远绝似右丞，秀润天成，真宋之士大夫画，然而不耐多皴，虽云学维，而维画乃有细皴者，乃于重山迭嶂见之；赵未能尽其法也，见明人莫云卿《画说》。

八、明赵左山水立轴

绢本，水墨。赵左，字文度，江苏华亭人，与董思白同时同乡。思白亟赏其画，每倩代笔而自署名。其画出元人，以上追董源、米芾，而有时亦用焦墨枯笔为之；其后吴下苏松衍为流派。此轴峰岚圆厚，树木苍浑，右上角题曰："丙子夏五月，仿高尚书《夏日山居图》笔意。华亭赵左。"下白文"赵左"、朱文"文度"两方章。所谓高尚书者，元高克恭，字彦敬，号房山；其先西域人，占籍大同，后居燕京，仕为大中大夫、刑部尚书。故宫博物院藏有高尚书《两山图》、《云横秀岭图》两轴；专学宋人米芾，点势全横，润以烟岚，愈增深厚！倪瓒题黄公望画云："虽不能梦见房山，时有笔思。"则房山之在元代，声价可知，所谓米家云山，是也。然云山实不始米芾。芾画推本董源，而撰《画史》，称："李成淡墨如梦雾中，石如云动。"又称："范宽势虽雄桀，然深暗如暮夜晦冥，土石不分。"可见米家云山，不过耳濡目染，为当日一种风气画。赵氏此画仿高房山，可由房山以窥见米家云山一斑。

九、明陈洪绶《五老图》立轴

绢本，设色。画假山傍一株古松，参天夭矫，侧枝撑拏，而缀以苍润之松针；松下五老人，拱揖笑语，神态各具，而仪度甚伟，不仅苍颜白发，右角上分书题“五老图”三字；侧署“癸未春三月，仿龙眠笔意，洪绶”，下白文“洪绶之印”、朱文“章侯”两方章。癸未为明怀宗崇祯十六年，明年甲申而明亡矣！洪绶，浙江诸暨人，号老莲，章侯其字；甲申后自称“悔迟”，悔其死之迟也。工画人物，躯干伟岸，衣纹清圆细劲，兼有公麟、子昂之妙；公麟即宋李龙眠，子昂则元赵孟頫也。衣纹描绘有二种：赵子昂出宋李龙眠；李龙眠则出于晋顾恺之，此所谓铁线描。南宋马和之、马远，则出于唐吴道子。道子早年行笔差细，中年行笔渐粗似蓴叶条，又或以其似兰叶而谓之兰叶描者也。洪绶则铁线描出李龙眠，少时渡钱唐，拓杭州府学摩刻龙眠七十二贤像石，闭户临摩，以意变化，而设色学吴道子；其力量气局，超拔磊落，见者谓在仇英、唐寅之上，盖元以来三百年无此手也。

十、清王翚山水立轴

绢本，青绿。王翚，字石谷，号耕烟外史，江苏常熟人，少问业太仓王鉴、王时敏，挈之游江南北，得尽观摩收藏家秘本，仿临宋元，无微不肖，而融之一手，自谓：“于青绿静悟三十年，始尽其妙！凡设青绿，体要严重，气要轻清；气愈清，则愈厚，得力全在渲晕。”又以大痴浅绛之山水，参会宋院楼台之工致；声名大起，与王鉴、王时敏齐名；而时敏之孙原祁稍后起，称四王，而翚有画圣之目！康熙中，以画征，尝奉诏作《南巡图》。皇太子允礽召画扇，而书“山水清晖”四大字以赐，盖用谢灵运诗语也；后遂自号清晖老人，与人读画，谓："以元人笔墨运宋人丘壑，而泽以唐人气韵；皴擦不可多，厚在神气，不在多也！"遂为一代宗工，以迄清末，戴熙、张之万，历二百年，莫能脱其窠臼！此幅青松丹枫，竹木丛翳，有宇翼然；当门二人，席地相对；遥山一抹，临湖半湾，帆樯林立；中流两舟，荡桨欲近；超然秀逸，有钩勒，少皴擦；而敷色淡雅，墨晕冲和，含沈厚于轻清；右上角楷书题曰："辛丑夏日，写马远长卷，以解奇热而消烦闷耳！石谷王翚。"下白文"王翚"、朱文"之印"方章，及朱文"石谷"方章，辛丑当是顺治十八年，尚少作也。

十一、清王翚山水卷子

绢本，清绿。有山有水，重檐连屋，古木交荫，风柳披拂；屋中一叟当门席地，一童侍。庭中一童持帚扫地，双鹤耸翮挂足。门外两叟，一随童而来，一扶杖以迎，而终以湖水一曲，鱼舟垂钓；两农夫沿湖岸行，荷锄赴田；布境幽深，末署"石谷王翚"，下朱文"石谷子"、白文"王翚之印"两方章。其上有张之万题曰："初幅为清初石谷子前辈所作，青绿设色山水；其岚烟满握，空翠盈襟之气象，流露于腕底；诚以学足胜人耳！爰识数语以实其末云尔。光绪辛卯春日，子青张之万谨题。"白文方章模糊。按之万以光绪二十三年夏五月卒，年八十有七，而辛卯为光绪十七年，年八十一矣！其右又陆恢题曰："石谷先生画意可餐；工细，层迭分明，可称历来画家之先师，甲寅春三月，廉夫陆恢题于海上。"下白文"廉夫"及"陆恢之印"两方章。按甲寅为民国三年；而恢以八年己未卒，年七十三，与之万同跻于垂暮之年。之万，河北南皮人；以状元宰相而擅丹青，究极四王之迹，而尤醉心石谷，作画苍厚秀润，人以为戴熙以后第一手也！陆恢则久客吴大澄，馆于其家，尽摩所藏，转益多师；山水专宗四王，渲染尤能逼肖。而大澄巡抚湖南，相随幕府，为作《衡山纪游图》八幅，自谓生平第一匠心之作云！

十二、清年羹尧行书七言联

纸本。语曰："和气春风贤者事，静山流水玉人来。"单款"年羹尧印"、朱文"抚远将军"两方章。据史：清世宗雍正元年，年羹尧以平西藏，封三等公；寻授抚远大将军，平青①海，而以功高见杀，威名至今犹传人口。其实出身词林，楷法端秀；旧见其殿试策卷，此为再见！

十三、清张照墨梅卷子

纸本。张照，字得天，江苏华亭人；康熙己丑进士，累官刑部尚书，谥文敏；工诗书画，兼擅三绝，高宗列之五词臣。而书特有名，初从董香光入，继乃出入颜、米，天骨开张，画擅墨梅，纵横挥洒，一用行草书法。此卷用淡墨湿笔，虬干铁枝②，笔意苍健，而疏枝横斜，著花正繁，极疏旷淡隽之致！卷端题曰："疏衣岂逐淄尘化，铁石心肠冰雪姿！雍正元年，摹元章笔于西湖禅院。"后白文"名余曰照"、朱文"张氏得天"两方章。元章者，元人王冕，字符章也；与梅道人吴镇同时，工画梅；而镇花少，冕花繁。画梅，自宋人华光石室皆以墨渍花头；至杨无咎补之，始用圈法，铁梢丁橛，横斜水石间，极有格致；嗣之者徐禹功、赵子固、吴莹之以及王冕、吴镇。冕雅自标置，不轻为人作，所作花繁阑任意，镇则奇崛沈姿，务出人意外；尝作一株梅，如三四寸蓄缩冻虺；一旁攒五六丁，祇作二花；一在纸地钩圈；一就更渍出，见明人李九嶷《紫桃轩杂缀》云尔。张氏此图繁花，蓝本元章。

---

① 青，原作"清"，今改正。

② 枝，原作"折"，今改正。

后有吴陈琰题两绝句曰："汪伦有癖爱湖山，山下疏梅着意攀。去做热官仍耐冷，知君宦味在萧闲！"其一。曰："孤山横对栖霞岭，旧邑汤阴少保祠。展对此图寻故里，岁寒犹见后凋姿！"其二。跋云："葆初年学兄将之任汤阴，以所藏《孤山墨梅卷》属题。口占赠别，并正。钱唐弟吴陈琰。"后白文"吴陈琰印"、朱文"宝崖"两方章。葆初当是杭州汪姓，住家孤山而作令汤阴者。

十四、清施景墨梅立轴

纸本。施景，字补梅，安徽歙县人；虬干繁花，亦王冕一脉，而沈郁顿折，独臻老横；右下角署款"施景"，下白文"臣景印信"方章。上题字两行云："小研五兄，工书嗜画，与余交有素，尝称歙人施梦梅雅擅墨梅，得王元章三昧，津津不置口。暇日，余一过访，欣然出此见视。适小研将有航海之行，即题数语以志别。千里故人，一展对间，不啻西窗剪烛时也！戊寅十月三日，铁樵弟汪士骧记。"楷书参隶，得钟太傅意；下朱文"松斋"方章，左下角小研又记七行。

十五、清女士马荃花卉长卷

绢本，设色。江香①女史马荃，江苏常熟人；父扶羲，得法于武进恽寿平。寿平花卉为清三百年开山大师，专宗北宋徐崇嗣，不徒为鲜妍，而得趣野逸。江香受学其父，于寿平为再传；而此卷用笔秀媚，色泽鲜妍，乃似黄荃父子；尾署："辛丑春三月，临江鹅馆没色。江香女史马荃。""没色"者，谓为丹青之色所掩没，而不见墨骨，始于宋初徐熙之子崇嗣，画花卉不作墨钩，以丹青渍染迭出，亦谓之没骨花，如江香此卷，是也。署名下有白文"马荃"、朱文"江香"

① 香，原作"春"，今改正。

两方章。后有汪恭、改琦二跋，姚元之一诗。汪恭云：“名花如处女，以处女写名葩，真为稀世之宝！此卷画花卉三十六种，均极神妙之至；妍雅秀绝，清丽精致，洵香奁中妙品，三生有幸，得阅此卷，爰书数语；翰墨因缘，聊以远结也！竹坪汪恭识。”下有白文“汪氏恭章”、朱文“竹坪”两方章。改琦云：“马江香，常熟人，扶羲女孙，善花卉草虫，极得赵昌神致；用笔设色，秀丽之中，仍存庄静，脱画闺阁中胭脂积习，卓有大家风格，洵堪宝贵！辛未八月六日，七芗居士跋。”下有朱文“七芗”、白文“改琦”两方章。姚元之诗曰：“平居写尽群英态，众卉联芳转更新！一年好景君须识，万紫千红总是春！戊子秋中之月，竹叶亭生姚元之题。”后朱文“元之”葫芦章、朱文“姚氏伯印”方章。汪恭擅山水，改琦工仕女，皆画家。姚元之名位尤显，嘉庆乙丑进士，累官刑部侍郎，好蓄古书彝器，善隶书，兼工绘事，自署竹叶亭生。然就画论画，改氏一跋最为精识，谓：“用笔设色，秀丽之中，仍存庄静。”不徒以秀丽逞妍媚，此江香所以不可及也！惟江香为马扶羲子逸之妹。《琴川新志·马元驭传》：“子逸，女荃，皆能传其业。”则是女而非女孙也。江香适同乡龚充和，夫妇俱工书画；家贫，偕至京师，以绘事给衣食；既而夫亡，归里，鬻纑染翰，饮冰茹荼；当事重其节，为作《节妇传》，见《江南通志》。而汪跋乃以处女为喻，拟非其伦也！此卷系旧藏。尝有一客持视一卷，卷尾厉樊榭题绝句二十八字，叶东卿跋称百金得之吴门也。非措大所能办；迟一月，询之，则有主矣，颇以为恨！

十六、清钱澧行书七言联

纸本。句曰：“故简岁亲无厌倦，深杯时引入希夷。”单款署“澧”一字；下白文“澧印”、朱文“南园”两方章。日本《书道全集》第二十一册着录澧楷书“文正传家经史重，昌黎进学斗山尊”一联，下款单署一“澧”字，系白文“澧印”、朱文“南园”两方章，全与此同。惟句作楷书，与此联行书有别；然此联行书，沉厚跌宕，实得颜鲁公《争座位帖》之神，远胜楷书之得颜貌！澧，钱氏，字东江，南园其号也，云南昆明人，乾隆辛卯进士，累官御史，直军机处。宰相和珅方用事，讼言其失，遂为所忌，摧挫感疾以死！清初书法多学赵、董；而澧以颜书之方刚，一洗赵、董之柔靡，尤用力于《大麻姑仙坛》、《元结墓碑》及《争座位帖》，而深会其聚散合拓之所以，正可于此联得之，余事尤工画马。

十七、清刘墉小楷与英和行书合装长卷

纸本。刘墉，字崇如，号石庵，山东诸城人，仕乾、嘉两朝，累官东阁大学士；以嘉庆九年甲子卒，年八十五，谥文清。清代书家之有刘墉，犹画家之有王翚，皆参会古今以自名家，为一代宗工。墉之书，称集帖学之大成；早年亦自赵、董入手，珠圆玉润；壮则大字用力颜鲁公，而造次书翰，则参以苏东坡；七十以后，潜心北朝碑版，虽精力已衰，未能深造，然意与学识，超然尘外！此卷写韩愈《杂说》四首，丰厚腴润，出入颜、柳，而尤媲于鲁公《小字麻姑仙坛记》；尾署“乙卯立夏日书，石庵”，下朱文“日观峰道人”长方章。乙卯，为乾隆六十年，计年七十六矣。后小楷一行云：“丙辰春二月辛仲，侄将回渝城官署，既索余书；兼以此赠之。谦士记。”亦仿石庵书，想瓣香所在也；朱文方章已剥落①，似是“李起”二字。卷端下角有朱文“济南赵氏珍藏金石书画”长方章。英和，字煦斋，满洲人，乾隆癸丑进士，出刘墉之门；官亦至协办大学士。此卷临赵子昂书，婉如顿挫，自然遒媚；尾署“伯昂馆文清玩”。伯昂即姚元之，见前。

① “朱文”前有衍文“香”字，已删。

十八、清郑燮行楷屏条四幅

纸本；其词乃记寄舟禅师画墨兰一事，词趣诙诡，忆何书见过；而检《板桥集》无之。寄舟似是常熟僧也。此屏第一幅下角有白文“板桥道人”大方章；第四幅尾署“板桥郑燮”，下白文“郑燮之印”、朱文“板桥”两方章；又白文“潍东长”方章，较大。下角稍偏，有白文“完颜崇实鉴赏书画印”方章。其书乃以篆隶之结构用笔作行楷，别饶机趣；一世风动，而赝迹百出！当时已有扬州某观道士学其体，足以乱真；视郑燮，亦不自辩也！郑燮，号板桥，江苏新化人，乾隆丙辰进士，历知山东潍县、朝城等县，其书初学晋帖。雍正辛亥书杜少陵诗横幅，余见之妇兄王西神处，体仿黄庭；后乃自为一体，铅山蒋士铨指为晚摹《瘗鹤》兼山谷者。

十九、清张问陶山水立轴

纸本，浅绛；上层高峰重崖，下层老树密叶，中茅屋三楹，一人凭槛而眺；峦头戌削，枝柯苍健，俱用粗笔点染；气势苍莽，墨彩沈厚，出人元人梅道人、黄大痴，而力能参随；右上角署“嘉庆乙丑暮春，船山张问陶”，下白文“张问陶印"，下角有朱文“船山”方章。张问陶，字仲冶，船山其号也，四川遂宁人；自以貌似猿，又号蜀山老猿；乾隆时进士，以检讨出知山东莱州府；工诗善书，雄健纵恣，援笔成立，而画少见！此幅笔力峭跋，亦务出其胸中奇气，与古人相角；署“嘉庆乙丑”，为嘉庆十年；而问陶以十九年卒，年五十一；则四十二岁写此幅也！

二十、清杨岘隶书立轴

纸本。杨岘，字见山，号庸斋，浙江归安人，晚号藐翁，宦游江苏。光绪初，掌权松江知府。能为诗古文，语喜生峭，迥不犹人，有《庸斋文集》、《迟鸿轩诗钞》；而书工隶分，尤得力于《褒斜道》、《石门颂》。此轴端整流丽，天骨开张，署“藐翁岘”；用白文“藐翁”、朱文“老藐”两章，当是晚年笔也。

二十一、清张之洞手札

张之洞，字孝达，一字香涛，直隶南皮人，晚自号抱冰，同治癸亥进士，以第三人及第；至光绪末，乃以大学士入为军机大臣，兼管学部，而前后为两湖总督，镇武昌者二十年；首开速成师范学校，以渐成立两湖完全师范、方言，及普通中小各学堂；选派学生，留学东西洋；其讲武，则武备，将并各学堂，而练新军一镇，炮马辎重各营，无不具备；其他办大冶崇通煤铁矿，兴铁厂、枪炮厂以及纺纱、织布、缫丝、制麻、制革各厂，创制百端，而经费无所出，则设官钱局、造币厂①，银行钞票，铸银圆、铜圆以剂盈虚；一切新政，无不倡自湖北，而以之洞开风气之先；至其兴学练兵，尤辛亥革命人材之所自出！此手札一册，凡十四通，得十五纸，乃其早年在武昌，尚未及办学校，而创办两湖、经心、江汉各书院以致监督梁鼎芬者，计其时约在戊戌政变前后，虽随笔草草，而真气溢于行墨，亦湖北文献之所系也！其书法出苏东坡。

二十二、《书经图说》两函十六册

此系光绪二十九年，长沙张百熙管理京师大学堂，奉旨纂辑；交大学堂编书局，延聘江南画师，凡有事实可图者，逐句为图；以三十一年成书，刊行，派讲官轮班进讲，而颁发各省学堂，作读经课本，一以图

① 厂，原作“造”，今改正。

为主，而系以说。地理诸图，本清儒胡渭《禹贡锥指》。而人物衣冠以及器用，则依据晋顾恺之《列女传图》、宋聂崇义《三礼图》及明张居正《帝鉴图》。世传《清宫词》八十二绝句，中第四十绝句曰："宝鉴编成号治平，宣仁初政致清明！尚书图说曾钦定，更选儒臣值迩英。"注："同治初，孝贞皇后、孝钦皇后，垂帘听政；命南书房、上书房诸臣，取历代帝王治术，足资法监者，汇纂成书，进呈，命曰《治平宝鉴》。光绪癸卯、甲辰间，命南书房翰林撰《书经图说》，按日呈览，书成，颁行。丁未冬，又派儒臣七人轮班进讲；孝钦及德宗，每日办事后，听讲于勤政殿。"《治平宝鉴》，今不可考！而《书经图说》①，此本仅存；按之上古，验之当今，一言以蔽，曰："政权之转移，无不视民众之向背。"自古为然，于今尤烈！图绘工致，版刻精能，而楼台界画，人物钩勒，穷态极妍，犹见北宋院画遗规。

二十三、西南遗民摩些族象形文残卷两纸

此系本系旧同仁徐嘉瑞先生得于云南丽江而以相付。书体横行，一纸染彩，一纸墨描；几祇见为图画而不见文字，与楚郢遗陶同一不易得，以两面有文字，未能付裱，最可装一镜框。

（癸）标本图书石二十五件

一、大青田方章一对

每方高九点五公分，方四点七公分。一白文"王印锡麟"，一朱文"幼石"；白文者，侧款"仿汉光禄大夫印，薛坪刻"。朱文者，侧款"仿汉光禄大夫印，薛坪刻"。全身满雕云龙；其石青色错黄，含英耀翠，半透明，为青田之上品；所谓洞石也。浙江青田县城东南二十里，

① 书经图说，原作"尚书图说"，今改正。

山麓之地，曰图书山；深入不十里，至岭溪坑，石出处也。石以洞石为最。石在溪中，雇工戽干溪水，乃得之，质燥硬。洞石又在水石之中，如石之有玉，不可多得；而况材之大如此！又进而上。最美者曰灯光冻，其色青黄，其质光润，灯前视之，明如水晶而体凝重，使人不敢狎视；品在晶玉之上！

二、大青田灯光冻方章一块

平顶；高八点二公分，方二点六公分；净明深穆。据明人屠隆《考盘余事》，中有一条论印章，称："青田石中，有莹洁如玉，照之灿若灯辉，谓之灯光石；今顿涌贵，价重如玉；盖取其质雅易刻，而笔意得尽也；今亦难得！"则知灯光冻之在明坑，已难得也！而况材之大如此，尤为珍品罕见！未刻。

三、大田白方章一对

吾亲家翁汪星源先生于十年前贻余书，称："田黄在清末光宣间，其价已与赤金埒，今更倍徒！田白远胜田黄；弱冠时，曾于费蛇怀世丈念慈处一见，视同拱璧！此田白大方章一对，每方高一零点五公分，方四点二公分。一白文"陈氏月秋"，一朱文"元方"，篆法甚劣；不知是何伧父，磨旧重刻，玷此石矣！此石温润密栗，莹白逾玉，皆一面题诗，三面刻画。其画云山掩蔼，芳草连芊；其间一人泽畔行吟，仰视则风雁数点，远视则风帆一叶；无崇崖峻壑，密蒨深林；祇以疏旷之笔，写澹远之神，妙入元人之室。而题画诗亦超然旷逸，味之无穷！其一题曰："水声翻在上，山势欲俱东。趁舵如归焉，惊枝有断鸿。高波喧乱叶，众绿压孤蓬！甲辰五月端阳日，诸可权家藏。"可权为合肥李鸿章门生。鸿章总督直隶，任北洋大臣时，以光绪十八年壬辰，七十，赐寿；可权祝以楹语，见《合肥相国七十赐寿集》中。而张之洞总督两湖时，可权以政事文章见赏，知江夏县；甲辰则光绪三十年，余年仅十八也。又一方题曰："不见涛飞处，涛飞满眼中！天低两岸木，秋亚一帆风。落日摇千影，奔云截半空！自然老人赏题之珍。"自然老人，为可权晚年别号；行楷得王大令《洛神赋》意，俊骨逸韵，配画与诗，足称三绝；而石之珠圆玉润，又勿论也！福建福州之北六十里，芙蓉峰下有山焉，连亘秀拔，曰寿山；有溪环其足。山产石如珉，曰五花石，以其五色备具，光彩四射。红如鞣鞨者，曰田红。绿如翡翠者，曰田绿。黄如蒸栗者，曰田黄。白如珂雪者，曰田白。黑如髹漆者，曰田黑。今所常见者，田黄而已！田白已不多见；田红、田黑，则如田黄、田白偶现一点两点。宋时故有坑，官取以造器；居苦其劳役，辇致大石以填其坑；乃罢其开采。至清初康熙时，闽人陈日浴等入山重采；而耿精忠方据闽，特用兵力罗掘殆尽；而在山之石罕佳者，故赏鉴家以旧藏者为贵，田坑第一，水坑次之，山坑又次之。昔人品艾绿为第一；吾闻其品矣，未见其石也！

四、大田黄匾方章一块

高六点八公分，面七点三公分，侧三公分；有玻璃光，深黄如蒸栗而错田红，缦□[①]顶，侧成霞片。据老估客言："田黄、田白之有红霞片，或红瘢者，皆明以前坑出也。"白文"明月清风无价"，正面凸琱两人争榼相持。

五、大田黄方章一对

狮纽；每方通纽高八公分；方三点二公分；黄如蒸栗，而霞片绚

① 校对人注，该字左为"糹，右为"闌"。

丽；一方白文“与兰为友石为兄”，一方朱文“无言自芳”。

六、大田黄方章一对

圆顶；高七点二公分，方二点三公分；正面刻菊花；黄未莹熟，而隐约有萝卜纹；未刻。

七、田黄狮狗章

全石刻一狮狗，踞崖而耸其尾；高四公分；纵四点五公分，横阔处二公分；黄处如蒸栗，而狗后足连崖麓，露白色，俗称金银田黄；其实田黄根也，白文“此中有真意”。

八、田黄小椭圆章

高三点五公分；纵二点五公分，横阔处一公分；顶尖，因石势刻作一峰，群猴嬉戏，亦黄亮而参白；未刻。

九、田黄方章

未刻；双螭互蟠纽；通纽高六公分，方二点三公分；黄莹渐透。田黄难得透莹！忆余年二十四，客乡人廉南湖先生泉之小万柳堂，出视乾隆用田黄玺，色莹而糯，黄如蒸栗，同已；而难在竟体透莹，云：“庚子拳乱在京师，以白银六千两，得诸一德国兵。”其玺并不大，而非大材不成；其玺以一石琢为三：一椭圆，朱文“乐天”，单行，夹以双龙。而方者两纽：一朱文“乾隆宸翰”，一白文“惟精惟一”。玺皆不大，高寸许，而一玺系以一链，琢原石为环十余，以上总为大链，环亦稍大，连环又数十；自玺以至总链之末一大环，乃一石琢成，长二尺余，竟体莹黄，烂然耀目；生平未见第二品，而今不知何在！此石黄亦渐莹，而微有损璺，不妨以为标本！

十、田黄方章一对

每方高五点八公分，方二公分；黄如蒸栗而竟体莹糯，平顶；一方朱文“李印星沅”，一方白文“梧石”。清季咸丰初，太平天国洪秀全、杨秀清起兵广西。清廷①起林则徐为钦使大臣，驰往讨御，中途而殁。乃命两江总督李星沅代之，抵广西，又未及有所措施而卒；此其遗章也。李星沅，字石梧，湖南长沙人，一时称为名臣。

十一、田黄②方章

麒麟纽，通纽高五公分；纵二点一公分；阔一点八公分，金黄莹透，竟体作琥珀色，乃田黄之极品也！白文“慕古希高”，篆法颇不佳。

十二、白寿三大方章

田白、田黄者，谓田坑中之白之黄也。自此而下，不论水坑、山坑，统称寿山。山坑燥而不致，最下。水坑亦湿润密栗。此章亦玉润而有红瘢，当为水坑；独角兽纽，通纽高六点二公分，方四点五公分；朱文“王石蕃，字匡子，号仙斋”。

---

① 廷，原作“林”，今改正。
② 黄，原作“房”，今改正。

十三、芙蓉寿山方章

视前章稍燥；而白质红章，色泽古艳；瓦纽，上琢一兽，通纽高六公分；方二点九公分，白文“烟霞入眼”。

十四、黄寿山大方章一对

未刻，平顶；每方高七点八公分，方二点八公分；看似黄润而质松脆；此为山坑。

十五、昌化鸡血大方章一对

未刻，平顶；每方高十一公分，方三点九公分；整块鲜血，淋满沾濡，实为罕见；不但材大，产浙江昌化县距城百余里十二都山中，所谓鸡血石者是也。亦有青紫如玳瑁者。然近百年来，求石质明活，而斑鲜若鸡血者，渺不可得！

十六、昌化玳瑁紫方章一块

平顶；高七点五公分，方二点二公分；黄晕青紫而质密栗，白文“时还读我书”。

十七、广东韶州桃花石方章一对

平顶；高七点一公分，方二点一公分；质理不甚致洁，而色作桃花红；白文“柯印逢时”，朱文“巽庵”。柯逢时，湖北武昌人，清末光、宣间，累官广东巡抚，禁烟大臣。

以上十类，大小二百一十一件；自商周三代，历汉、唐、宋、元，以迄于明、清，具体而微；昔以供国文教学之实物示范，今移以应文物研究之启蒙；皆数十年笔耕舌耨之余，以渐积累；其中亦有珍罕，可遇而不可求，不敢自私，以竭区区而襄盛举，不胜大愿！

（作于1952年12月，油印本，今藏华中师范大学历史博物馆）

文物研究（乙本）

一、文物管理与文物研究

文物管理者，人民政府之法令，而新民主主义文化政策之一，以展开人民之民族文化自觉，而阻遏帝国主义。

帝国主义，不出侵掠；一切侵掠，无不乘虚而入；文化侵掠，亦不例外！苟其自我文化充实，则亦何畏于帝国主义之侵掠！

侵掠有种种目的物；而中国之文物，亦目的物之一种。

一国之文物，乃先民之遗产，历史之物证，所以代表一国之文化；中国文化之充实，亦可证之于文物；有三四千年以上之文物，现代世界各国，所见有几！民族开化之早，器物制作之精，雕缋满眼，都出手工；而图案之配当，技巧之美妙，先民之劳动创造，有现代机器国家之所不能及！

外国人之于中国文物，不但政府公然侵掠，如庚子一役，八国联军，满载而归以陈列各国博物馆；而且有私人组织！外国经营中国古玩公司不少。据我所知：从前美国即有两大家：一通运公司，在纽约，又有一家为卢芹斋私人经营，总公司在纽约，巴黎设分销处；而北京、上海，从前都驻有买办。欧美收藏家，多以两家为居间，托代搜罗。英人猷摩佛蒲拉司，从未涉足中国，然而收藏中国古玩极多，即多经卢芹斋之手。卢氏资本既厚，眼光尤灵；往往一物，中国人自己绝未注意，抛弃路旁；而卢氏一见，即认为宝！吾江苏丹阳县萧梁诸帝陵墓。有石辟邪，重一千五十磅；即为卢氏运走，后在巴黎。河北易县明泰陵后之八佛洼，有瓷烧罗汉坐像八尊，高与人齐，色彩妍丽，历久常新；欧美游历家呼作唐三彩罗汉，其为唐陶无疑。民国三年，卢氏买通本地人运出，分销欧美、纽约艺术博物馆，近水楼台先得月，独得其二。此外波士顿美术博物馆、宾夕法尼亚省大学博物馆、昂托里利欧博物馆与英国博物馆，以及日本松版氏，各得其一。尚有其一，则在运输途中撞碎；使在吾国本土，无不作碎瓷片，随地抛掷；而卢氏则视作宝贵礼物，郑重分送：美国渥海渥克利佛来艺术博物馆藏上半身残片，而法国鲁浮博物馆及德国法兰克福工艺博物馆各藏下半身残片之一块；亦不以残片为非瑰宝，而郑重接受，郑重陈列。二十年前，有古董商告我此事。我觉外国人对于我历史遗产之文物，巧取豪夺，无所不用其极，固为可恨！然而一种郑重爱惜之意，吾国人惟有自己惭愧！只因吾人不知吾祖吾宗之传我以宝，搁在家中不识，何怪人家识者之转念，谝不动，出钱买！吾人如一家破落户子弟，不知祖宗之收藏，历史之遗产，积累不易，一心只想变钱使用；又无当家者作主，渐渐消磨，非当尽卖绝不止！

现在人民政府，三令五申，禁止文物出口；自中央至地方各行政区，无不组织文物管理委员会；当家者已经作主，不能任意盗买盗卖。然非人民自知历史遗产之文物可贵，自己发心爱护，一旦禁令稍弛，苟外国人不惜出钱，终有人贪利盗卖出运。所以文物侵略之最好国防，就在人民自己发心爱护。知其为宝，自然发心爱护，然而苦于不知！现在国内地主大姓，都已破产，所有收藏大量流出，然而无人知其为宝。字画碑帖、古版秘笈，秤作废纸回炉；钟鼎彝器，秤作废铜回炉；乃至瑞玉宋瓷，视同瓦砾；自己文物，自己摧毁！老实说：现在一般青年，已不知自己之历史究竟如何，如今更摧毁一切物证；无文物，即无历史；无历史、无文物之国民，遇外国人侵掠，无论如何不能建立心理国防；因为人民不知自尊自重，斯不知不觉造成民族自卑心理。

苟欲提高国民之文化自觉，而文物研究，当视之为国民常识，无一国民可不注意！人人注意研究，不但以防止文物之侵掠，而且以发皇民族之意识！

二、文物研究与考古学

文物研究，必有事于考古学；然而考古学，不足以尽文物研究。

文物研究，必先知何谓“文物”。1.“文物”不同于物。《易·系辞传》：“物相杂，故曰文。”“文”者，物之相互。曰物，可以认识尽；曰“文物”，则不能以认识尽。所以文物研究，当注意于物物之相互，而观其生灭错综，以应用唯物史观辩证。然非博物，无以见物之相互。2. 文物者，物之相互；而以表见文化之历史发展者也，不限于古物；而考古学则以古物为主，往往尤偏于远古：西洋则偏于希腊、罗马以溯先史，中国则偏于夏、商、周三代以秦、汉。所以考古学不足以尽文物研究，然文物研究，必有事于考古学。

考古学由来已久，中国自宋代已盛行搜集考证金石古器；至清人而益发达。西洋之考古学更早，希腊时代之末叶，已有研究古物之风；其后自罗马时代以迄文艺复兴，无不有人讨究古典，搜藏古物以发扬考古学之兴趣。瑞士学者戴昂那著《考古学之价值及其方法》一书，而追原考古学之所由起，以谓：“人生有一种好奇性，斯知识之所以发生，而为学术之根源。人类之目的虽在向前；而亦有时不能不顾后。方其未开化，好奇心不过倾向于现在及将来之所需要，而一切过去，失其需要，即成过去，无心去问；积时渐久，而思古之幽情勃发，追念过去，不无醰醰有味，而历史考古学遂渐发生。”所以非进化之人类，不能有考古学。然而往之考古，亦仅以发思古之幽情而已；不必成学也。至于考古之成学，在西洋，则创于十八世纪中叶之日耳曼学人温克尔曼。温克尔曼者，以一七一七年生于柏兰敦堡之斯廷达尔。父为靴匠，而家甚贫，则以居近德勒斯登博物馆而常瞻眺，乃有志于研究古代美术；既而游罗马，所学益邃，而著《古代美术史》以成不朽之名著；而考古学之称以立。前之研究美术作品者，不过注意于记录之文献。至温克尔曼出，乃一变而直接观察古代遗物之本身，悉心钻研以阐明雕刻型式之发展演变，而考古学之真面目以出。所以欧洲学者推为近代考古学之祖。然温克尔曼之从事考古，不过以罗马古物为主，而上推希腊；又限于美术，而不涉一般文化之历史发展；所以一谈考古学，不禁令人想为希腊、罗马之美术考古学也。一至现代，而所谓考古学者，不以西洋古代之美术品为限，而所包者广，从有史以前以及有史以来东西两洋之古物，无不为考古学之所有事；推而大之，至于无垠；则由于十九世纪中叶，北欧学者之努力，而丹麦学者发凡起例以最着先鞭。汤姆孙始以斗争利器为主；而于一八三六年发明人类之文化，以次演变，分为石器时代、青铜器时代、铁器时代，称为考古学之三时期。其后石器时代，又分为旧石器时代与新石器时代，乃英人鲁坡克于一八五六年所定。又有学人于青铜器时代以前置纯铜器时代；而新石器时代与青铜器时代之过渡期间，称为金石并用时代；乃意大利人齐类西所创，终至建立有史以前之考古学，而与人类学、动物学及地质学等之自然史研究者相提携；遂与希腊、罗马之美术考古学，蹊径渐别而不无相关。至锡里曼出，乃作希腊、罗马先史时代之研究，以溯古代文化之渊源，遂反与青铜及石器时代，而希腊、罗马之美术考古学，与自然史之先史考古学沟接矣。惟先史时代之文化，无论东西两洋，新旧大陆，演变发展，无不类似；所以考古学渐涉世界性也。

考古学有补于历史，而不能以尽历史；则以考古学者，研究过去人类之物质遗物之学也。历史则重在整理过去人类之文献记录，而参证考古学之所阐明，以网罗佚坠。所以考古学者，可以补史之阙文耳。

文物研究与考古学，同一唯物史观。然考古学研究过去以复活古代。海盐张廷济，仪征阮元门人也，以道光末相造于积古斋，瞻其鼎彝以为陈器，曰：“如生三代以上！”元亦欣然！德人胥里曼以一八七一年，发掘希腊之屈罗亚，曰：“荷马世界复活矣！”而文物研究，则研究过去以阐明现在及未来。了解未来，必根据现在；然而局于现在，不能了解现在，必追溯过去，而观其生灭错综，以渐发展。惟过去之时代，有远有近；时近，则文献足备；代远，则文献零落；更远以上溯先史，乃至文献无征；所以愈古，愈远，而文物愈不可少！文物之近者，不难得文献以资研究说明；而愈古愈远，乃至无文献；则惟有以文物本身研究文物而已；斯故西洋考古学之所长也。

三、普通人家之收藏为何等文物

文物者，以征见历代渐次发展之文化；有遗物、有遗迹。遗物，通常形体不大，位置易变，可搬运；如钟鼎、陶瓷、绘画等是也。遗迹，乃形体大之遗物及遗物之集团，非可以人力搬运；如桥山黄帝墓、曲阜孔林、大同云岗石窟、敦煌石室等，是也。吾国人民政府以一九五〇年五月二十四日颁发《禁止珍贵文物图书出口暂行办法》，规定文物十一类：一曰革命文献及实物。二曰古生物，如古代动物植物之遗迹，遗骸及化石等。三曰史前遗物，如史前人类之遗物、遗迹及化石等。四曰建筑物，如建筑物及建筑模型，或其附属品。五曰绘画，如前代画家之各种作品、宫殿、寺庙、冢墓之古壁画，以及前代具有高度美术价值之绣绘、织绘、漆绘等。六曰雕塑，如具有高度艺术价值之浮雕、雕刻、宗教礼俗之雕像，以及前代金石、玉、竹、木、骨、角、牙、陶、瓷等美术雕刻。七曰铭刻，如甲骨刻辞、玺印、符契、画版之雕刻等；及古代金、石、玉、竹、木、砖、瓦等之有铭记者。八曰图书，如具有历史价值之简牍、图书、档案、名人法书、墨迹及珍贵之金石拓本等。九曰货币，如古贝、古钱币之刀、布、钱、锭、交钞、钞票等。十曰舆服，如具有历史价值之车舆、船舰、马具、冠履、衣裳、带佩、饰物及织物等。十一曰器具，如古代生产工具、兵器、礼乐器、法器、明器、仪器、家具日用品、文具、娱乐用品等。不但古物而赅今物。其中建筑物，当然属于遗迹者多；而古生物、史前遗物以及绘画、雕塑四类之中，亦有属于遗迹而搬运不易者，遗迹非普通人家之所得收藏；而普通人家之收藏，必为遗物。现在各地方文物管理委员会及博物馆之所保管与陈列，大率人家收藏之遗物。

遗物，有知其来历者，有来历不明者；西洋考古学者，往往以发掘所得为标准，而分别等级：第一等遗物，考古学者自己发掘，发掘地与同出土之物，无不了如指掌。第二等遗物，只知发见地，而其他茫如。第三等遗物，发见地不明，而真伪须待鉴别。吾人研究之时，当以第一等与第二等为依据，以试行其综合分析；而第二①等遗物，非得第一等与第二等比照，不易判定其年代及真伪也。

普通人家收藏，皆第三等遗物；或购自估客，或搜诸土人，不可不鉴别真伪。土器陶器，伪物不多。而古铜器伪造之法，明人赵琦美《铁网珊瑚》已有阐明。旧玉之提油伪造，清人陈性之《玉纪》亦有论及。尤其贵重之小品，伪造不少，而其中亦有别：有出于无知之估客，以意杜撰者，明眼人自能别之。有模仿真物惟妙惟肖者，则非精识不能辨；然吾人明知其假，而以真物之不多见，视为模型，亦资参考；如三代铜器之宋仿，以及清人阮元仿制散氏盘二器，人固不以其假而一笔抹倒！至于宋瓷之明清仿烧不少；清雍正间，令景德镇仿烧各种均器；以及乾隆间，景德镇御窑监督唐英，仿有龙泉宝烧一种，皆土细而质薄，后来居上以胜宋器，更当别论。亦有物真非伪而经变造者，则真物之原样，走动而经改制，一种破损之修补；此非有意作伪以淆耳目。又一种铭记之后刻，中国古铜器，尽多无文字，而估客以图善价而增刻文字者。瓷器亦有本无纪年款识，而加烧或伪造纪年款识者，苟能辨其文字及款识之伪，则亦无害原器之真，以裨研究。然伪造变造，手法纵极巧妙；而一与真者对照，形制可以模仿，而玩其色泽，辨其手法，会心真不在远。所以希腊雅典之国立博物馆，所有伪造之遗物，一体陈列，以便观客之比较研究。无伪不能显真，既有助于鉴别，而亦无真不能有伪；伪迹必出真迹摹制；真迹湮没不可得，得伪迹，亦可以考见一时作风也。

---

① “二”疑当为“三”。

四、文物之研究

真伪既已鉴别，尤当进而研究年代以完成历史之物证；而研究年代之在西洋考古学者，参用三法；乃法人得启利特之所倡导。第一为层位法，与地质学所用以研究地史之法同，用之于发掘，从地下层位之上下，判别出土遗物之年代；下层出土者，比上层古。若地点不同，须求其连续之层位，或同一性质之层位，在同一层位之遗物，自然同一时代，推之而两物不能同一层位，必然先置在下，后置在上。而在地表上，则由有机物以及其他所构成之土壤，亦以同一比例堆积；历时愈久，则地表愈厚。惟上[①]壤构成之比例，不能一律；有时层位之深浅同，而历时不必尽同。遗物所在之上下，固以表示历时之久暂；然亦有后来之埋藏，而同上下层，不必同时代者，亦不可不察也。此适用于第一等遗物。然吾人之所习见，不过普通之人家收藏；而出土已久之遗物，发见地不明；纵知发见地，而地下层位之上下不知，不能不舍层位法，而别觅途径。其次曰体制法，创于瑞典之考古学者蒙德留斯博士。

体制者，谓器物制作之形式及其纹饰也。器物之体制，历久演变，一如生物界之演变。后生之新体制，无不从原始之古体制，逐渐演变而出；不知岁月之几何，而后从简单渐变繁复，从自然渐变巧琢，与生物进化论同，所以遗物可以体制参互比较，而判别时代先后。其三曰土俗法。遗物之发见地不明，用途不明，乃至体制之来源亦不明者，不得不用类推比较之法以相阐明，而以现代之野蛮民族，类推先史之吾祖；以野蛮民族之土俗，类推吾祖之古风；则知同一环境，同一文化程度之人类，利用制器。美国考古学者如贺尔木等，研究印第安人土俗以阐明发见之土器石器。而日本古坟中发见一件曲玉，不知何用？及见现代野蛮民族之狩猎以归，则以所获之兽齿，佩身以明得意，乃恍然于曲玉之所

---

① “上”疑当为“土”。

由来也。遗物发见之装饰品，如应用土俗学，可以阐明不少。

三者之中，尤以体制学者为普遍适用于一切遗物。遗物之发见愈多，而愈以见文献之不足，其中有羌无故实而文献全无可征者！亦有有而不可靠者；尤其遗物出于先史，不得不藉独立之批判，而所谓独立之批判者，非武断之谓，而必出于实事求是，据体制以与既知既定之遗物比较研究，而因同求类以得其大归，进而即同见异，以阐其细微；体制既判，而时代自明，于是体制学代文献学而起以成考古学之中心，多谓："考古学所需要者，在即物穷理以认识遗物作品之本身；文献传说，经不起实物考验，往往无征不信！"此文献学之所以废绝而温克尔曼以来之所盛倡也，然考古学之废绝文献学，譬之一人自断所坐之树杖而失其据依！假使生今之世，一切无文献可据依；而得一遗物，如何凭空而认识其体制以作判定耶？从先史之遗物亦必据后史之文献，追溯摸索以得一假定，然后由假定而渐进确定，据既知既定之遗物，以勘验未知未定，而求其所为类、析其所以异，固已舍文献而事体制；然追原既知既定之所以知与定，则必有文献据依以追溯摸索。如绝无文献足据而仅有体制，人人异见，往往凿空；乃至一人一物而前后持论不同者，亦时见之！其不废文献学而能折衷一是，以示考古学之范式者，当推十九世纪中叶之德人沃妥央，乃以文献学说明体制学，而充实考古学；如据希腊古文字学以判定意大利务尔奇出土之希腊彩陶时代，即其一例。据沃妥央之见："凡用美术之观察以把握美术之特殊条件，不如应用文献学之类推法以把握复杂之事例，能观其通。"沃妥央据希腊时代之诗歌以证明希腊美术之多取材于日常家庭生活，亦为断断于体制者之所不解，而考古学之面目一新。所以文献学虽有可议，而不能废绝；尤其遗物之铭记，不可忽视；多有不经见之遗物，而因铭记以知其时代与用途者。吾人当知文献学之所必要，在由训诂解释之学问以考释字句。文学之历史，非如此不能生根站脚。考古学何莫不然！所以文献学及款识学之类，必依据严格之文法学，以与体制学相辅而证明其必要。于是体制学盛极一时之后，而文献学又渐抬头！新事物不绝发见，旧方法随以消沉，然新方法几经考验而不能无弊，旧方法又渐抬头，如潜水员沉入水底之不能不浮水而出以伸头水上！无新不旧，亦无旧不新，新旧流转，不仅考古学如此！考古学必与文献学打成一片，而后能结构成历史以深根不拔。西洋考古学如此，中国文物研究何莫不然！

中国之基本文献，在经与史；所以文物研究，史必读《通鉴辑览》；经必读《尚书》、《诗经》、《周礼》、《仪礼》、《礼记》、《春秋左氏传》、《尔雅》及《说文》，卑之无甚高论，不敢以言十三经、二十四史也！且所谓读者，非草草涉猎一过，而必精读、熟读，读经必细读注疏；好学深思，心知其意，而后读其他研究文物之书，乃能有所悟入，而触类旁通。吾国之言上古文物，必及殷墟甲骨。而治殷墟甲骨者，必推本海宁王静安先生国维。然先生为博言："天下无易事，学问无捷径！吾早岁从罗叔蕴先生游，欲治殷墟甲骨文，而先生诏我先读十三经注疏；乃日读注疏尽数卷，如是者数年。"所以其治殷墟甲骨文也，考之史事制度与文物以知其时代之情状；本之《诗》、《书》以求其文之义例；考之古音以通其义之假借；参之彝器以验其文字之变化，所撰《殷卜辞中[1]所见先公先王考》及《殷周制度论》，义据精深，而于周代立制之源及成王周公所以治天下之意，言之凿凿；岂特殷墟甲骨文当如此，而推之治钟鼎彝器、治碑帖、治书画以及其他文物，莫不皆然；则以文物者，历史之遗蜕；而六经皆史，其论固不易也。

五、文物之陈列

世界各国博物馆，陈列文物，三十年来，今昔不同。在上次欧战以前，各国博物馆无不注意分类陈列；凡物品之不同时代，而同属一类者，则以之陈列一室；而一室一类之陈列，则按时代之先后为顺序。及

① "中"字原缺，今补足。

欧战以后，乃董理所藏，一变而按照社会发展史以为编排；凡同一时代之不同器物，形形色色，大大小小，归一处陈列以反映每一时代之人民生活，而觇社会之发展演变；几乎世界一致，斯实有当于唯物史观辩证，而比分类为进步。

六、文物之纪念物法

文物既以表示过去文化，而为民族精神之所系；所当善为保存以为后人之纪念；凡为国民，咸与有责；而无意识之破坏以及国外流出，例所必禁。凡在文明国家，无不制为法律，名曰纪念物法，先由政府指任适当之学者、技术家与行政官吏，组织委员会，公布纪念物之品目，指定登录。而登录有两法：其一附以等级而区别其价值，名曰等级法；为法国所采用。其二不分等级，一体登录，名曰目录法；为英国所采用。两者之得失互见，惟采用等级法，而物之列级下等者往往视为不足重轻，而怠于保存；然纪念物，乃古代所仅遗：往往一物之微，初不经意，而一失则不可复得。目录法，则无此失；与其过而失之也，宁过而存之。

纪念物登录以后，须有详细插图之目录出版，以供众览，资研究；英国各州纪念物目录，可法也！纪念物之保存，莫善于记录；而记录必出版。盖纪念物，无非先民遗物；遗物多出自遗迹之发掘；而遗迹之发掘，实即破坏遗迹之自身！若有记录出版以公诸国人，传之后世，永远加所保存；而破坏之罪障稍减！故发掘而不记录，记录而秘之枕中；则是以民族之遗产、历史之物证，而为个人之私藏；遂以毁灭先民残留空间之生命，而一去不回；不得谓非罪恶！

埃及考古学泰斗帕特莱教授，著《考古学之研究法及其目的》一书，中涉考古学之道德，谓："未来之人类，亦俱有过去遗物之权利；故人于坟墓寺院及其他遗迹，须长保存其状以留贻后人，破坏即为罪恶！过去之人类，亦有其存在之权利；而过去之人类，弹精力，费岁月以留贻我后人之遗迹，是即过去人类存在于今日之生命也！”然则遗迹破坏，何可不慎！十九世纪初期，欧洲考古学者，发掘漫无计划，往往搜掘零落之遗物；而以破坏大规模之遗迹，得不偾失！然欲为有计划之发掘，非得通晓古代建筑，焯有经验之建筑家协力，而一任役夫之卤莽灭裂，往往遗迹破坏，不成片段，无从考索；而最初注意发掘之不破坏遗迹，而兼筹并顾，以得建筑家之协力者，则一八七二年，奥地利政府派遣发掘希腊沙摩屈拉克岛之亚历山大孔采也！孔采首先聘访勤勉而有天才之建筑家二人，勘视设计，而后按部就班以从事发掘焉；于是发掘始以全体为主，而一物之细，亦不忽视，全体之结构，无不与零星之末节，融结一致而观其通，以考索其时间经过、所发生之变化；无一细物，不深究其于全体发展之中占何地位；无一物，不有造于全体之结构。而无全体，亦不见一物之从何来；此发掘之新认识也。及其既也，又必以破坏遗迹之一整体，恢复原状；更非建筑家不能善其终；而建筑家必制成发掘平面图，与部分模型图以遗后人；宏规远模，发端于孔采之发掘沙摩屈拉克岛！其后一八七五——一八八〇年，德国考古学权威古尔丘士，在新兴德意志帝国威廉皇帝拨款六十万马克鼓励之下，指导建筑家威廉兑培尔德，以发掘希腊莪领普亚之亚尔造司神域；一切发见品，无不期于最后之复原有用，而处以有组织之整理，保存与发掘同时并行；即一破片之在堆积层中，如何位置与深度，无不慎密记录，而由其深度以决定发见物之年代者极多！于是建筑家之协力以事考古学发掘者，益见成功！而法兰西学会会长莪摩尔以一八九三年，指挥北希腊大祭礼中心德尔菲之发掘，则是追袭前踪，而以成不易之法规。从前发掘，只为搜掘遗物；苟有可以搬取之雕刻及铭记，囊括以去；遗迹破坏之后，土石狼藉，以渐湮没，则亦已耳！惟遗迹有关历史，虽不得已发掘以事研究；而不可不力图复原，以永留后人纪念，实为天经地义；因附及之以终于篇。

一九五三年三月，写于华中师范学院，庆祝历史博物馆成立。钱基博。

（作于 1953 年 3 月，油印本，今藏华中师范大学图书馆）

附录：钱基博先生主要论著辑录

一、主要著作

1.《孟子约纂》，无锡辅仁中学，1919 年刊行。

2.《论语约纂》，无锡辅仁中学，1919 年刊行。

3.《春秋约纂》江苏省立第三师范学校，1919 年 3 月出版。

4.《礼记约纂》，铅印本，1919 年出版。

5.《技击余闻补》，又名《武侠丛谈》，商务印书馆 1921 年出版。

6.《国学必读》，中华书局 1924 年出版。此书还有多个版本：华中师范大学出版社 2012 年出版；上海古籍出版社 2012 年出版；北京联合出版公司 2014 年出版，收入《民国大师文库》。

7.《读〈庄子·天下篇〉疏记》，收入《万有文库》，商务印书馆 1930 年出版。

8.《版本通义》，商务印书馆 1931 年出版，北京古籍出版社 1957 年再版。

9.《周易解题及其读法》，商务印书馆 1933 年出版。

10.《古籍举要》，原名《后东塾读书记》，上海世界书局 1933 年出版。

11.《文史通义解题及其读法》，中山书局 1933 年出版。

12.《四书解题及其读法》，商务印书馆 1933 年出版。

13.《古文辞类纂解题及其读法》，中山书局 1933 年出版。

14.《明代文学》，商务印书馆 1933 年出版。

15.《现代中国文学史》，又称《现代中国文学史长编》，初稿成于 1922 年，原由无锡国学专门学校于 1922 年 12 月集资排印，世界书局 1933 年 9 月出版，后多次再版，1974 年收入台北文海出版社出版《近代中国史料丛刊·续刊》。1986 年 5 月岳麓书社据 1936 年增订版改版印行。

16.《骈文通义》，上海大华书局 1934 年出版。

17.《老子道德经解题及其读法》，上海大华书局 1934 年出版。

18.《文心雕龙校读记》，原由无锡国学专门学校于 1931 年排印。1935 年无锡民生印书馆印行。

19.《韩愈志》，商务印书馆 1935 年出版，1958 年重印。

20.《经学通志》，中华书局 1936 年出版。

21.《中国文学史》，1939 年作为湖南蓝田国立师范学院教材在蓝田印行，1993 年由中华书局出版。

22.《孙子章句训义》，商务印书馆 1939 年出版。

23.《近百年湖南学风》，1940 年由湖南蓝田袖珍书店和翻南安化桥头河求知书店印行。

24.《堠山钱氏丹桂堂家谱》，作于 1948 年 6、7 月间，1948 年刊行。

25.《金刚经心经章句信解》，铅印线装本，1948 年 12 月出版。

26.《精忠柏石室藏印》，精忠柏石室石印本，1951 年 12 月出版。

27.《文物研究》，华中大学讲义，作于 1951 年，油印本。

二、主要文章

1.《中国舆地大势论》，《新民丛报》1905 年第 64-67 号。

2.《说文》,《国粹学报》1905 年第 12 期。

3.《论学校作文之文题》,《教育杂志》1915 年第 7 卷第 3 期。

4.《国文教授私议》,《教育杂志》1915 年第 7 卷第 4 期。

5.《孔学直诠谈》,《无锡新报 · 思潮月刊》1923 年 1 月 16 日刊。

6.《治学篇》,《清华周刊》1925 年第 24 卷第 4 期。

7.《国学历代变异的问题》,《南通报 · 文艺附刊》1925 年第 1-7 号。

8.《近五十年许慎说文学流别考论》,《清华周刊》1925 年第 24 卷第 11 期。

9.《读太史公谈〈论六家要旨〉考论》,《清华周刊》1928 年第 25 卷第 10 期。

10.《读〈庄子 · 天下篇〉疏记叙目》,《清华周刊》1926 年第 25 卷第 11 期。

11.《读孔颖达〈五经正义〉题记》,《清华周刊》1926 年 15 周年纪念增刊。

12.《汉儒显真理惑论》,《清华学报》1926 年第 3 卷第 1 期。

13.《韩文读语》,《光华大学半月刊》1933 年第 2 卷第 1-4 期。

14.《选印四库全书评议》,《光华大学半月刊》1933 年第 2 卷第 1、2、4 期。

15.《骈文漫话》,《光华大学半月刊》1933 年第 2 卷第 5 期。

16.《读〈礼运〉卷头解题记》,《光华大学半月刊》1935 年第 4 卷第 2 期。

17.《史记之分析与综合》,《光华大学半月刊》1935 年第 4 卷第 3 期。

18.《周秦诸子聚讼记疏证》,《光华大学半月刊》1935 年第 4 卷第 5、6 期。

19.《十年来之国学商兑》,《光华大学半月刊》1935 年第 3 卷第 9、

10期。

20.《班超之精神生活》，《光华大学半月刊》1936年第5卷第1期。

21.《江汉炳灵诗文谈》，《武汉日报·文学副刊》，连载于1948年—1949年。

以上参考《华中师范大学学报·纪念钱基博先生诞辰百周年专辑》(1987年增刊)；刘梦溪主编：《中国现代学术经典·钱基博卷》，河北教育出版社1996年版；曹毓英选编：《钱基博学术论著选》，华中师范大学出版社1997年版；傅宏星编：《钱基博学术论著一览表》。特作说明。